《浙大学术精品文丛》总序

近代以降,西学东渐,接受西方先进科学技术成为开明人士的共识。杭州知府林启(1839—1900)会同浙江巡抚和地方士绅,积极筹备开设一所以西方科学体系为主要课程的新型学堂。经清廷批复,求是书院于1897年3月在杭州设立(1901年改为浙江大学堂)。这是近代中国最早的几所新型高等学府之一。

求是书院几经变迁,到1928年,成为国立浙江大学。1936年,杰出的气象学家和教育家竺可桢(1890—1974)出任校长,广揽英才,锐意改革,很快使浙江大学实力大增,名满东南。抗日战争期间,全校师生在竺可桢校长的率领下,艰苦跋涉,举校西迁,在贵州遵义、湄潭办学,一时名师云集,被英国著名科技史家李约瑟誉为"东方剑桥"。

浙江大学的人文社会科学研究历史悠久,底蕴深厚,名家辈出。1928年,浙大正式设立文理学院,开设中国语文、外国语文、哲学、心理、史学与政治等学科。1934年增设史地学系,1939年,文理学院分为文学院、理学院,1945年成立法学院,后又陆续增加哲学系、人类学系、经济学系等系科和一批文科类研究所。与求是书院同年创建的杭州育英书院,1914年成为之江大学。陈独秀、蔡元培、陈望道、胡适、蒋梦麟、马叙伦、马一浮、郁达夫、夏衍、吴晗、胡乔木、施蛰存、郭绍虞、林汉达、经亨颐、汤用彤、谭其骧、劳乃宣、邵裴子、宋恕、蒋方震、许寿裳、沈尹默、邵飘萍、梅光迪、钱穆、马寅初、张荫麟、张其昀、贺昌群、钱基博、张相、夏承焘、姜亮夫、朱生豪、王季思、严群、许国璋、王佐良、薄冰、方重、裘克安、戚叔含、李浩培、孟宪承、郑晓沧等著名学者曾在这两所学校学习或任教。

1952年全国院系调整,浙江大学一度变为以工科为主的高等学府。它的文学院和理学院的一部分,与之江大学文学院、理学院合并成为浙江师范学院,后演变为杭州大学。它的农学院和医学院则分别发展为浙江农业大学和浙江医科大学。1998年9月,同根同源的原浙江大学、杭州大学、浙江农业大学、浙江医科大学合并成为新的浙江大学,这是新时期中国高校改革的一项重要措施,新浙大是目前国内学科门类最齐全、规模最大的研究型综合性大学之一。

新浙江大学成立后,人文社会科学得到了更大、更好的发展机遇。目前,浙江大学拥有文学、哲学、历史学、语言学、政治学、艺术学、教育学、法学、经济学、管理学等人文社会科学的全部一级学科,门类齐全,实力雄厚。而在人文社会科学与自然科学、技术科学的学科交叉和相互渗透方面,浙江大学更具有明显优势。为了有力推动浙江大学的人文社会科学研究,新世纪之初,学校确立了"强所、精品、名师"的文科发展战略,从机构、成果、队伍三方面加强建设,齐头并进。《浙大学术精品文丛》就是这一发展战略的重要组成部分。

自然科学、人文科学和社会科学共同构成了人类的知识系统,是人类文明的结晶。历史与未来,社会与人生,中国与世界,旧学与新知,继承与创新……时代前进和社会发展为人文社会科学的研究提供了广阔的空间。在经济全球化与文化多元化的时代趋势下，人文社会科学的地位和重要性正日益凸现，每一个有责任感的学者，必将以独立的思考，来回应社会、时代提出的问题。编辑这套《浙大学术精品文丛》，正是为了记录探索的轨迹，采撷思想的花朵。

浙江素称文化之邦，人文荟萃，学脉绵长。自东汉以来，先后出现过王充、王羲之、沈括、陈亮、叶适、王守仁、黄宗羲、章学诚、龚自珍、章太炎、鲁迅等著名思想家、文学家、史学家、科学家，南宋后更形成了"浙江学派"，具有富于批判精神、实事求是、敢于创新的鲜明学术传统。浙江大学得地灵人杰之利，在百年发展史上集聚和培育了大量优秀人才，也形成了自己"求是创新"的优良学风。《浙江大学学术精品文库》将以探索真理、关注社会历史人生为宗旨，继承优良传统，倡导开拓创新的精神，力求新知趋邃密，旧学转深沉。既推崇具有前瞻性的理论创新之作，也欢迎沉潜精严的专题研究著作，鼓励不同领域、不同学派、不同风格的学术研究工作的同生共存，融会交叉，以推进人文社会科学的健康发展。

《浙大学术精品文丛》是一套开放式的丛书，主要收纳浙江大学学者独立或为主撰写的人文社会科学领域的学术著作。为了反映浙大优良的学术传统，做好学术积累，本丛书出版之初将适当收入一些早年出版、在学界已有定评的优秀著作，但更多的位置将留给研究新著。为保证学术质量，凡收入本丛书者，都经过校内外同行专家的匿名评审。"精品"是我们倡导的方针和努力的目标，是否名实相符，真诚期待学界的检阅和评判。

同样诞生于1897年的商务印书馆向以文化积累和学术建设为己任，盛期曾步入世界出版业的前列，而今仍是在海内外享有盛誉的学术出版重镇。浙江大学和商务印书馆的合作有着悠久的历史。早在1934年,商务印书馆就出版过《国立浙江大学丛书》。值得一提的是,浙大历史上有两位重要人物曾在商务印书馆任职。一是高梦旦(1870—1936),他1901年任刚刚更名的浙江大学堂总教习,次年以留学监督身份率留学生赴日本考察学习。1903年冬他应张元济之邀到商务,与商务共命运达三十余年,曾任编译所国文部部长、编译所所长,主持编写《最新教科书》,倡议成立辞典部,创意编纂《新词典》和《辞源》,为商务印书馆的发展做出了重要贡献。一是老校长竺可桢,他1925—1926年在商务印书馆编译所史地部主持工作,参加了百科词典的编写。在浙江大学努力建设世界一流大学的今天,百年浙大和百年商务二度携手,再续前缘,合作出版《浙大学术精品文丛》,集中展示浙大学人的研究成果。薪火相继,学林重光,愿这套文丛伴随新世纪的脚步,不断迈向新的高度!

目 录

序 …………………………………………………… 任绍曾 1

东西方文化

安诺德之文化论 …………………………………… 梅光迪 13
卡莱尔与中国 ……………………………………… 梅光迪 23
英文里的中国字 …………………………………… 佘坤珊 35

文学批评

西方当代文学批评方法述评 ……………………… 蒋炳贤 55

文学研究

诗歌、散文

哲理诗人鲁克锐提乌斯 …………………………… 鲍屡平 69
论《坎特伯雷故事集·总序》中的人物和人物描写 … 鲍屡平 125
谈莎士比亚十四行诗及译诗问题 ………………… 戚叔含 158
济慈叙事诗《伊莎贝拉》的分析研究 …………… 鲍屡平 178
赫立克的人和诗 …………………………………… 佘坤珊 210
A BRIEF COMMENTARY ON HAZLITT'S
MY FIRST ACQUAINTANCE WITH POETS
………………………………………… Bau Lüping 238

戏剧、小说

莎士比亚的性格 …………………………………… 佘坤珊 255
谈莎士比亚研究 …………………………………… 张君川 266
哈姆雷特的内在矛盾 ……………………………… 张君川 282
时代的风暴——论《李尔王》…………………… 张君川 304
《麦克白》的悲剧性 ……………………………… 张君川 337
英国小说 …………………………………………… 戚叔含 363
《劳伦斯评论集》前言 …………………………… 蒋炳贤 375

语言研究

英语连锁疑问句 …………………………………… 李增荣 391
几组异名同译的文学词语辨析
　——兼评《大俄汉词典》 ……………………… 浥　尘 402
关于植物名词的翻译
　——兼评《大俄汉词典》 ……………………… 冯昭玙 416
全尾形动词时间意义的商榷 ……………………… 李增荣 422

序

  拂去历史的尘埃,展现在我们面前的是闪耀着智慧光华的珍品——一组出自20世纪30—40年代浙江大学外文系教授的传世之作,内容涉及中西文化,文学评论,文学中的诗歌、散文、戏剧、小说研究,语言学中的词汇学、语法学和词典学。这是浙江大学的精神财富,是浙大外国语言文学研究传统之所在。在进入21世纪的今天编印出版这些论文,对我们后学来说,在敬佩仰慕之中,从中吸收营养,认真思考如何治学大有裨益。

  SARS肆虐,足不出户,拜读华章,诸位先生的音容笑貌始终浮现在眼前,仿佛又回到了半个世纪前的学生时代,聆听教诲,经历了难以忘怀的欣喜、感动和震撼。当你边读边思,有所领悟,受到启迪,不禁喊出"原来是这样!"的时候,你能不欣喜吗?当你看到先生们在广阔的学术天地里纵横驰骋,古今中外,旁征博引,你能不为他们的学识赞叹,不为他们为此付出的几十年"寒窗"乃至毕生的精力而感动吗?当你听到法国大革命的思想基础与孔子哲学有关,英美建立文官制度时皆屡举我国科举制度为例,看到两千年前古罗马哲理诗人的思想为近代物理学家波伊儿和牛顿所接受的时候,你能不感到震撼吗?在这些著述中,先生们所论不一,风格也各异,但异中有同。这共同的显著特征似可概括为:博大精深、细致入微、探源求真,处处都透露出一种人文精神。现不揣鄙陋,简述如下。

1. 博大精深

在外国语言文学研究中博大莫过于论中西文化,不极上下古今、中西之功,难以涉足。泛论不易,专论更难,要论及两国至圣、泰斗当然就难上加难了。《卡莱尔与中国》一文中我们看到卡莱尔对孔子"屡屡称颂",甚至为卡氏撰写传记的威尔生"喜以先生比孔子"。梅先生不以为然,曰:"孔子至圣,吾人不愿与任何他人并提。然吾人至少可置先生于'蓄道德而能文章'之韩文公欧阳公以及近代之曾文正公之列而无难色。"没有博大精深的学识,不了解在英国卡氏是与约翰生博士齐名,同为大师;不了解中国历史上的这些大学问家,怎能作出这样的比较"而无难色"? 在《哲理诗人鲁克提乌斯》中我们看到了另一个广阔的画面。诗人凭借他的"科学思想、反宗教态度和诗才",以长诗的形式传播伊壁鸠鲁的哲学思想,这就很自然地进入了文学和哲学以及哲学所统领的自然科学和社会科学的广阔领域,因而涉及人、人生和世界的深奥主题。论文论述到长达 6 卷 7400 余行的"咏万物之道"的性质和要义。内容严肃,卷帙浩繁,要想从中提炼出"用原子论的观点看宇宙万物"的要旨,没有广博的学识和坚毅的精神是绝不可能的。只要看一看论文的部分内容:认识论、科学思想、物质、天体、生物、心理、初民、神祇、死亡、自由意志、至善,就可以看出鲍先生学识之渊博。这里我们还仅就长诗的内容而言,尚未提及这种研究在语言功底和文学修养上的要求。《英文里的中国字》表面是探讨英语如何从汉语中获得借词,但实际上是讲述中国文化对西方文化的贡献。代表中国文化的丝绸、瓷器和茶叶,在输出到英国以后,不仅使英语里出现了"silk""china""tea"以及这些词的派生词,更重要的是影响了现代英国的文化。佘先生指出:"总而言之,我们的瓷器不知不觉地给了西方200多年的美术教育,使他们从日用的器具里得到无限的美感。""中国的茶对于帮助近世文明的发展有它不可抹煞的功绩!"中国字怎样进入英语,又怎样进入名家的著作,如何影响西方的文化,文中都有交代,显示了佘先生对中西文明史深厚而透彻的了解。其他论文,如戚先生的《英国小说》、蒋先生的《西方当代文学批评方法述评》、李先生研究英俄两种语言的语法论文、冯先生对大俄汉词典的两篇评论无不显示了极其深厚的学术功底。

2. 细致入微

梅先生曾说"凡治一学,必须有彻底研究"。彻底研究不仅要有深厚的功底,而且要有严谨的治学态度。在这一篇篇论文中,我们随处可以见到在翔实材料基础上的综合,也见到从不同方面着手的细致入微的分析,还有为突出人物性格或语言特征所作的比较。乔叟有两行诗:"假如他没有在某一本书里说过,他即在另一本书里说过。"(Introduction to the Man of Law's Prologue)大学问家往往如此。要了解他们的见解,就得在他们的著作里求索。

卡莱尔"于中国文化非有专门研究之人,更无祥瞻而有系统之论述"。然而,与"号称汉学家者"相比"盍有上下床之别"。那卡莱尔"值得介绍于中国人"的"一鳞半爪"的意见,梅先生从何得来?研读卡莱尔的大量著作。梅先生提到的《伟人与伟人崇拜》、《过去与现在》等五部,几乎是卡氏的所有重要著作。梅先生之研究不能不说彻底。在文学研究中也存在同样的情况。文如其人,但莎士比亚"总是把自己隐藏在幕后","宁愿化生为许多不同的角色,让他们的行动和言论代表他个人的一小部分"。要了解莎氏的性格就不得不研究他的剧作和诗文。佘先生根据莎氏剧作从幽默等四个方面揭示了莎士比亚的性格特征,功夫之深显而易见。对于一个作家,特别是有争议的作家不综观历史,兼收各家之言,就难以定论。对劳伦斯的评价就是如此。《劳伦斯评论集》前言就简述了对劳伦斯评价的错综复杂的历程,如何受到赞誉,作品被称为"字字珠玑的文学名著",如何难"为大多数同时代人所理解、所接受",甚至作品被斥为"废墟",后来又如何获得承认,"跻身于英国小说伟大传统之列"。蒋先生引证了各家不同观点,如持肯定观点的利维斯、穆尔,持反面观点的爱略特,在社会意义和语言分析的基础上给劳伦斯作出公允的结论。语言的专题研究一般都是建立在对实际语言现象观察的基础之上的。李先生的《英语连锁疑问句》和《全尾形动词时间意义商榷》都是从大量语言材料中引出结论的,显然也绝非一日之功。

　　文学作品的分析应该首先是语言分析。先生们的论文无一不是如此。现仅举一二例。且看鲍先生对《伊莎贝拉》的分析。先生点出了济慈利用篇章手段中的省略,如"不提洛伦佐被害的具体情况,把他留给读者去想象";篇章中的重复,如"音乐,音乐""回声,回声""抬起你们的头……抬起你们的头"。不仅如此,先生还进一步指出:"我想,假使 Malancholy 不是四音节词而是二音节词,济慈也会把它重复一次的。"这里先生对韵律和篇章手段同时进行了分析。鲍先生指出济慈利用语法中的同位语,如"'蜜蜂'后面跟一个同义短语'那些春日绿荫处的小讨乞',马上使'蜜蜂'生动活泼起来";还有音律的使用,如"这两行诗充满了[m],[I],[ou]等声,传达委婉、哀怨、呜咽、如泣如诉的思想感情"。戚先生在讨论莎士比亚十四行诗时指出:"And unfair that 即是 And that unfair,unfair 是动词";"第 25 首中 unlook'd for 是分词,joy 作动词用";"129 首中 Lust in action 是主语"等等。试想,若没有这样的分析能真正读懂英诗而加以研究吗? 比较是研究的一种方法,先生们也常常使用。张先生总是通过比较突出人物性格,比如在讨论哈姆雷特的心理状态时,他援引了歌德的《浮士德》中浮士德的思考过程,但丁在《神曲》中写他灵魂的探索经历,甚至和《红楼梦》中的《好了歌》的情绪比较;在讨论《麦克白》中的麦克白和麦克白夫人这两个人物的时候,他引用了弥尔顿《失乐园》中的撒旦作比较,等等。这就将莎剧的人物放在一个更广阔的背景下加以审视,但不具备中西文学的功底,审慎的思考是无法做到的。莎士比亚的十四行诗有 154 首之多,对之研究要下多大的功夫可以想象。戚先生对这种诗的沿革作了探讨,从社会和语言特征上论证了十四行诗为何采取这种形式。在阐述格律时,戚先生将十四行诗与中国古诗作比较,通过陶渊明的《归去来辞》显现十四行诗的诗律,可见先生诗学功底之深厚,治学之严谨。

3. 探源求真

科研的目的在于求知、求真,在于通过不懈的努力,根据一定的理论,利用恰当的方法,不依傍他人,独立探求新的知识。梅先生说:"盖谓求真之法,在审慎与客观二者。审慎则观察事物务统观其全体,是否利害之真相,皆折中至当,而后发为定论,非潦草塞责、卤莽灭裂者所能为役也。客观则不参成见,不任感情,而以冷静之头脑,公平之眼光,以推测事理。See things as they are."先生们毕生治学皆实践这一原则,不断求索,所以他们的论文富有真知灼见。就文学而言,研究者的任务在于揭示作品的社会意义和艺术价值以及作家如何创造性地利用语言体现作品的意义和价值。鲍先生在研究哲理诗人鲁克锐提乌斯的长诗时探讨了诗人的思想渊源和艺术渊源。思想渊源是伊壁鸠鲁的学说,这是非常清楚的,但是艺术渊源就不那么显而易见了。他的长诗形式源于"咏自然",但他也得益于荷马史诗。为了证明这一点,鲍先生列举了鲁氏长诗中若干描写的出处,如"金绳"典故(ii. 1154),就出自《伊利亚特》(viii. 19),他诗中的 ii. 24—25 一段就是从《奥德塞》vii. 100—102 借来,此外还有许多。如此追根索源,证据充足,结论就不由得你不信了。佘先生为了说明中国字进入了英语,实际上是进入了英语的基本词汇,一方面提供了许多派生词,如从 China 就派生了 China-man,China-woman,China-paint,China-glaze,China-blue,China-hunter,China-fancier,China-closet;另一方面说明这些词进入了文学作品,先生所引利用借词的作家有:罗马诗人维吉尔(Vigil 诗中用了 serres),Sir Thomas Brown(pocellane),Charles Lamb(china),Mrs. Poizzi(china-ware),Mrs. Gaskill(China-blue),Pepys 日记(a cup of tea),Alexander Pope(tea),Chaucer(galingale),Coleridge(Kubla Khan),Gray(China's gayest art),Milton(Sinaean Kings),Ben Jonson(China-worm)。这些语言事实令人信服地证明随着丝、瓷和茶叶进入英国,相应的词进入了英国语言,也影响了英国文化。在这篇论文里我们还可以了解 China 与"秦"有无联系,"契丹""支那"和"国泰"为何同义,"茶"为什么英文会有两种形式,teh 和 tea,等等。我们既可以学到实际知识,也可以围绕这些词了解中西交流的一段历史。

对于文学作品的分析当然不能局限于语言分析。作品的形式、主题、人物都可以是分析的对象,也同样可以作出有见地的结论。比如英国小说为什么不用韵文,戚先生从时代的特征出发,说明"18世纪是理性时期,同时也是散文时期,散文体的流行也就决定了小说的形态"。散文之所以流行,先生列了三个原因:政治宗教辩争,短文为有力之武器;周报、月报之类的刊物流行,宜于短文发表;读者群的增加,尤其是妇女读者的增加。读到这里,大概多数人都会有恍然大悟的感觉吧?就人物而言,乔叟笔下的29个人物,经鲍先生的分析,他们性别、地位、职业、性格的差异已不再停留在诗篇里,而成了有声有色(先生特地分析了"色彩运用")有个性的活生生的人物,这不是增加了我们对当时社会的了解了吗?张先生研究两个莎剧中的悲剧人物——李尔王和麦克白,通过具体分析他告诉我们他们却是不同性质的悲剧人物,令人信服。张先生主张从文本和演出两个方面研究莎士比亚。这是因为文本的研究,如悲喜成分的交织,可以指导演出;而具体的演出可以提供具体的社会文化背景,从而深化对剧本的理解。这是对莎剧研究的独到见解。基于大量语言材料的研究结论应该是有效的、可信的。李先生关于英语连锁疑问句的研究区分了连锁疑问句和链式疑问句,同时特别指出当疑问代词在疑问句中起主语作用时,不能用that,这比一般语法书规定一律不能使用that显然进了一步,使这条规则更为准确。关于全尾形动词时间意义,李先生根据实例就其复杂性作了系统阐述,结论全面而明了,是对俄语语法的重要补充,对于实践也有指导意义。以上所述无一不是探源求真的结果,无一不是真知灼见。

4. 人文精神

细读这些论文总感到一股人格力量,这是因为先生们无论在作什么专题研究,始终在思考是与非、真与伪、善与恶、正与误、进与退、益与害的根本问题,始终坚持他们人之所以为人的基本信念。他们孜孜以求的是通过做学问体现人生价值,实现他们做人的原则。很自然,我们可以从他们的研究中看到他们的为人,感到一种人文精神。

细心的读者也许会问先生们为什么会选择卡莱尔与中国、古罗马哲理诗人的长诗、乔叟的诗篇、莎士比亚戏剧、莎氏十四行诗、有争议的劳伦斯这些艰深吃力而未必讨好的研究课题呢。其实,正是从这些选题中我们可以看出一种极为严肃的治学精神。就拿鲍先生研究《坎特伯雷故事集·总序》来说吧。先生虽然参考了现代英语的版本和中译本,但他坚持研读 F. N. Robinson 编辑的中英语(Middle English)版本,以求准确理解原著,而且先生不用现成的译本而根据自己的理解把他所引用的诗行译成中文。这种近乎苛刻的自我要求不正体现了追求尽美尽善的境界吗?读戚先生翻译的十四行诗,你会感到那似乎是取自什么经典著作的古诗,那确是诗!然而翻译中既要考虑原诗的内在含义又要推敲中国古诗的格律形式,绝非易事。然而先生做得如此炉火纯青,其中的辛苦是可想而知的。先生乐在苦中,这不是一种精神在起作用吗?冯先生对俄语的权威词典《大俄汉词典》提出了批评,匡正了其中释义的错误,比如对 СОНЕТ 一词,词典的定义以意大利十四行诗为准,可例证却取自莎士比亚十四行诗,例证推翻了定义;又如,他指出我国的"桂冠""桂皮""桂花"三个词中的"桂"分别指三种不同的树,但俄语大词典张冠李戴,先生一一指出,加以纠正。这里除了先生学识渊博外,还可以看到先生的学术胆识,敢于挑战权威。值得一提的是如果看一看先生这两篇论文的题目,就可以发现"评俄汉大词典"是作为副标题出现的。这里先生让我们看到的是他的缜密,还有他的谦虚。

先生们不仅独善其身,而且忧国忧民。余先生发出的感叹在当时具有代表性。他说:"我们丝、茶和瓷器的国外市场几乎被日本人抢尽,只有桐油的市场一时或不易被人家夺去。"一个"我们",一个"人家",道出了先生情之所系。先生们对中国文化的崇敬心情上面已有提及,不再赘述。从另一方面看,先生中许多位留学英美,但丝毫没有崇洋心态。他们了解西方文化,喜爱英美文学,与英美学者为友,但他们仍指出英美的不足。梅先生就当时英国文化状况直言不讳:"而其特短,则在偏重实行,功利熏心,全其形骸而丧其精神。"又说:"英人缺乏智慧,偏重实行,以致弊端百出。"余先生谈到美国人学麻将时说了这样的话:"结果美国人头脑终是简单,哪里有耐性去研究里面的奥妙,他们一时的好奇心很快就过去了。"美国人是否事事头脑简单我们姑且不问,先生如此坦诚直率,足以表明先生中国学者的轩昂气宇。到新中国成立以后,先生们的为人则表现在主动吸收新思想、新观点,并自觉身体力行。在研究中力求用正确的世界观和人生观分析文艺思潮和文学作品。蒋先生在综述西方当代文学批评方法时,在论述了道德功用论、心理分析学、形式主义及原型批评方法之后着重阐述了马克思文学批评方法,介绍英美马克思主义文学评论家的著作,并提出要以马克思主义的立场、观点和方法,批判吸收一切有益的东西。鲍先生在评论"咏万物之道"时,力求运用辩证唯物论和历史唯物论的观点,并总结性地说:"他们都是从唯物主义的经验论出发,说明宇宙万物的本性实质和运动规律。""这种哲学基本上是正确的。"戚先生在评论十四行诗时,把诗体放在当时历史条件下考察,指出:"时代现实要求决定莎氏诗体。""他的诗是打击资产阶级奄奄无生气的现状的。"张先生在研究莎士比亚时总是用历史唯物主义的观点分析剧作,比如,他指出"《哈姆雷特》还是莎士比亚主观把握当时现实的产物,反映了作者的立场、观点,追求理想的激情。"他还说:"莎士比亚的悲剧从来借古讽今,实质上反映现实,以人文主义感受现实,思考现实。"先生们接受了新思想,使之成为他们的信念,并付诸实施,这是他们一向执着追求、言行一致的做人原则使然。

上面呈献给读者的仅仅是个人管见,挂一漏万,难以展现先生们的全面成就和风范,然而我们还是可以领略到先生们广博深厚的学术功底、缜密严谨的治学态度、刻意求真而获得的研究成果以及他们严以律己、淡泊明志、真诚奉献、执着追求的人文精神。他们的为人决定了他们的治学,而他们的治学又充分体现了他们的为人。从他们的为人和治学中我们切实地感到他们的人格魅力或者说一种文化素养。这些也许就是先生们用毕生实践所创造的学术传统、留给我们后学的宝贵财富。

先生们的论文给我们启示,也令我们思考。思考的首要问题是如何继承他们的传统,这需要我们在毕生的学术活动中细心琢磨、不断学习、时时砥砺、逐渐养成,眼下不为浮躁的潮流所动,不做梅先生所说的浮滑妄庸之徒,也许可以作为起点。其次,发人深思的课题还有许多,比如跨文化研究的原则、文学批评的理论与方法、作品研究的路子、语言研究的范围与理论、语言和文学的结合都应该随着时代的前进不断明确、不断发展、不断更新、不断丰富。

具体问题需要考虑的也不少,比如佘先生在评赫立克一首诗的时候说:"第一句完全不像他平常的口气,好像从弥尔顿十四行诗里取出来似的,第四五句颇有莎士比亚早年作品的味道。"不体会到诗的神韵、诗的风格,佘先生难以作出这样的评论,但怎样从诗学和语篇分析的角度证明这"平常的口气"、"好像"以及"作品的味道"很值得探讨。

在编辑过程中我们碰到一些具体的问题,如译名问题、语体乃至语法问题。我们的原则是保留原貌。比如,译名中"海纳""葛德""西比利亚"我们都没有改动。语法上,如以"的"代"地",我们也尊重当时的用法,未作更动。

在文集即将付梓的时候,我们感到遗憾:尽管我们想方设法联系,但最终没有能得到方重先生、郑儒针(?)先生和陈楚怀先生的文稿。对于他们我们也十分怀念,对他们的博学、睿智,我们也非常仰慕。我与企平、胡强师生二君怀着一种不可推卸的历史使命感通力合作,勉力完成了这本文集,谨以此寄托我们三个不同年代的后生对所有先生的深深思念,同时谨祝李先生健康长寿。

任绍曾敬识
2003年5月于莲花港

安诺德之文化论

梅　光　迪

十九世纪中叶，为西洋文化过渡时代，盖承法国革命之后，民治主义大昌，欧洲各国，无不从事于政治社会之改革。又以科学发达，工商业兴，多数人民，乃起而握有政治经济诸权，在国中占最重要位置。此多数人民，即所谓中等阶级者是。故民治主义中之大问题，在如何使中等阶级，执行其新得之权，管理一切事业而有成功。换言之，即在如何使其领袖一国文化也。夫中等阶级之特长，不过朴诚勤劳，维持寻常生活，而其特短，则在偏重实行，功利熏心，全其形骸而丧其精神。若不先事教育，使进于高明之域，而遽付以大权，则所谓民治主义所造成之新文化，仅为中等阶级之根性习惯之结晶品，有何优美完备之可言乎。当时英人对于民治主义所持之态度，约分三派，一曰，大文家卡莱尔（Carlyle），以人类多数愚顽，无自治之能，视民治主义如洪水猛兽，循此则人类将复返于野蛮，而深信统治人类者，端赖贤豪，如克林威尔、拿破仑之流。其言曰："民治主义，乃自灭之道，因其本性如此，终生零数之效果。"（见其 *Chartism*，第二章）又曰："高贤在上，伧父在下，乃天之定律，随时随地皆然者也。"（见其 *Latter day Pamphlets*，第一章）英伦三岛居民，在彼视之，皆蠢物耳。而彼所最轻视者，厥为美国。谓美国固为民治主义之好例，然并无伟人奇思大业，足令人崇仰者，不过"人口增加极速,每二十年多一倍,至今已产生十八兆最可厌之人,此其历史上奇勋也"(同上)。二曰,保守党,不欲放弃其贵族特权,故仇视民治主义。三曰,自由党,其分子皆属于中等阶级,以下议院为其势力中心。十九世纪英国之许多改革,如推广选举,自由贸易,贫民救济律,皆该党之功。故英之民治主义,该党实为之代表。政界名人如布莱脱(John Bright),科布登(Richard Cobden),格兰斯顿(William Ewart Glandstone),皆为该党党员,然三派皆非也,盖贤豪不世出。如卡莱尔言,则世之理乱,归诸天命而已。保守党纯为自私,不问多数之休戚存亡,自由党以凡民为标准,而无久远之计划,宏大之志望,故安诺德一生之文化运动,乃为反抗以上三派而起。卡莱尔以愤世嫉俗之怀,雷霆万钧之力,发为文章,世人感其心之苦,声之哀,以理想家目之,未见其言之可行也。保守党实权已失,虚荣徒存,惟自由党为新进,又深合于当时潮流,其魄力之雄厚,声势之煊赫,实有牢笼一切之概。故安氏作战之目标,独在自由党。于卡莱尔、保守党两派,视为无甚轻重,略一及之而已。盖安氏非反对民治主义之本体也,特为理想家,故不满于时尚之民治主义,急谋所以补救之,而期其臻于完善耳。

安氏亦认英国旧式贵族,不适用于近世,代之而起者,即为多数人民。其言曰:"吾英贵族,至今已不能统治英国人民。"〔见其"论民治主义"(Democracy)〕又曰:"人民至今,正欲自显其本质,以享有此世界,一如往昔之贵族也。"(同上)然人民尚无正当之准备,惟醉心于民治主义而已。故曰:"今日殆人人信民治主义之发展,论之惜之,然及时准备,乃最后一事也。"(同上)夫无准备,安能自治,故曰:"如今之中等阶级,决不能操政权。"〔见其"伊布斯威起(Epswich)工人大学演辞"〕然自由党政客如布莱脱之流,方逞其广长之舌,喧呶国中，以要誉于中等阶级，谓若者为其美德，若者为其伟烈，而彼之所谓美德伟烈者，正安氏指为弱点之所表现，菲果恶痛绝，不足以见真正民治精神，用怪其当时之四面受敌，不见信于众人也。

英之中等阶级，安氏曾加以诨名，即所谓"费列斯顿"（Philistine）者，译言流俗也。费列斯顿名词，源于古代小亚细亚一民族，其所居地，为费列斯梯亚，Philistia，未受犹太文化，甘居黑暗，而不肯进于光明之域。安氏之言曰："在昔创此诨名者之心中，费列斯顿原意，必指刚愎冥顽，为优秀而有光明之民族之仇者而言也。"〔见其《论海纳》（*Heinrich Heine*）〕费列斯顿最大之弱点，即在缺乏智慧，而缺乏智慧者，莫如英人，中等阶级尤然，虽然，英人已早脱离中世纪而为近世进步国民，然其进步也，本诸习惯，而不本诸理智，于习惯上有不便时，则除旧布新，若出于万不得已，其苟且因循，补苴罅漏，乃成为天性。故安氏曰："英人与他国人较，为最不能容纳思想。"（同上）英人之所以见轻于外邦名流者亦以此。海纳（十九世纪德国文豪，原名见上）之言曰："若英国无煤烟与英人，吾或可托身焉，惟二者吾不能任容其一。"（同上）海纳之所最恶于英人者，盖即"英人之狭陋也"（同上）。葛德亦有言曰："正当言之，彼英人实无智慧。"（见安氏"伊布斯威起工人大学演说辞"）艾墨孙（Emerson）论英人性质，亦见其"对于理想之怀疑"〔见其《英人性质》（*English Traits*）〕。英儒狄更生（G. Lowes Dickinson），现今思想家而极力称扬中国文化者也，尝游中国、日本、印度，著书曰《外观》（*Appearances*，1914年出版），论及在中国之英人，不表同情于"少年中国"之革新潮流，而归本于英人之重实行而轻理想，其言曰："此时英人之所以激怒于少年中国者，因彼等遵笼统理想而行，一国宜如何管理，如何组织，而不从其社会特殊情形入手，为片段之补救。英人之意，谓少年中国,宜先寻道路,后制宪法,先除肺痨,后订法律。"又曰:"不能藉以收实效之智慧,英人视之为全无用。"盖英人之缺乏智慧,由于偏重实行,偏重实行者,或迷信实行之功效,以智慧为空虚而轻视之,或尽其心力于实行,无暇及于智慧,或习于实行而成自然,觉其甚易,故于智慧则畏其难而避之。三者有一于此,已足以智慧缺乏之原因,况普通人类,往往三者并有乎。

偏重实行之弊,在诱于功利,崇尚物质文明。其推察事物也,但观外表而不顾真象,囿于一隅,而不计全体,有所特好,则固陋自守,不容其他,无流转变化之妙,遂至偏僻性成,各是其是,而无公共之标准。此种生活,谓之机械生活,实由于头脑简单,无智慧以为之训练也。而普通英人不察,沉迷于机械生活,反且沾沾自喜,宜安诺德之不能已于言矣。

近世英国,以富强甲于天下,其中等阶级,与为其代表之政客,盖咸以此自豪,谓英人专尚实行之美界也。然自安氏视之,不过机械耳。其言曰:"格兰斯顿君在巴黎演说,(他人亦尝同此论调)曾称若欲为将来社会之物质健康立一广大根基,则现在倾向财富与工商主义之大潮流何等紧要云云。此种辩护中之最恶者,则在其多向即尽心力于此大潮流者而发,无论如何,彼等必挟最高热望以聆之,作为彼等生活辩护,遂致助彼等深入于谬误。"〔见《文化与世乱》(*Culture and Anarchy*)〕以富强为英人莫大荣誉,为之张大其词,号于众人之前,因而得其欢心者,无如布莱脱。彼盖代表极端之中等阶级的自由主义(Middle Class Liberalism)者也。安氏每喜引其说以反讥之,有言曰:"此君或大声以向人民,谓致英国富强之责,实彼等肩负。又或大声谓之曰,且观汝等所成者何事,余周视国内,见汝等所营之大城,所建之铁道,所出之制造品,以世间最大之商船,输运货物,余又见汝等已以苦功使往日之一片荒土(即英伦三岛)变为蕃殖之花圃。余知此天府为汝等所手创,汝等乃一名震全球之民族也云云。然此种颂扬论调,正亦乐伯克君或罗君用以败坏中等阶级之人心,使之为费列斯顿者也"(同上)。

英人第二种之机械生活,则迷信自由是已。英人固自夸其国为自由之祖国者也,故个人权利思想极盛,而有"各自为己"(Everybody for himself)之说。其弊也自信过甚,好为立异,一切事业,无统一制度,为自由而自由,不问其是否当于情理,利于公众,徒为无意识之纠纷而已,非机械生活而何。自由党政客如乐伯克等,以英人之幸福,在各人言所欲言,行所欲行。泰晤士报尝评他国人讥英人在外者之服饰举止,而谓英人之人生理想,即在各人任其服饰举止之自由。然安氏则谓乐伯克君所称之言所欲言者不足取,必在所言者有可言之价值耳。泰晤士报所称服饰举止之自由者亦不足取,必在服饰举止之真有美观耳。然英人自由之弊,尤见于宗教。自十七世纪清教(Puritanism)大兴,其教徒专以信仰自由号召,反抗国教,党见极烈,故终身瘁其心力于驳辩团结,愤气填膺,而宗教之大义与其和平博爱之真精神尽失矣。此安氏所以引为深憾,不惜反复言之也欤。

然清教之危害,犹不止也。安氏尝论希腊精神与希伯来精神之别。谓前者重智慧,后者重品德。英人偏重实行,故希伯来精神,最合英人性质。而清教者,又极端希伯来精神之表现也。在彼视之,一切智识艺术,皆为引人入恶之谋,故在克林威尔之"清教共和"时代以宗教施诸政治。人民一举一动,莫不由政府根诸宗教信条以规定之。封闭戏院,焚毁美术品,除圣经外,不准读他书。清教共和虽失败,而清教犹在,即近世之所谓"不遵国教"(Non-conformity)者也。其教徒仍以品德为人生唯一需要(The one thing needful)。安氏之言曰:"清教徒之大厄,在自以为已得一准则,示以唯一需要,乃对于此准则与其所示之唯一需要,仅有粗浅了解,已觉满意,谓智识已足,此后只需行为;但在此自信自足之危险情形中,任其本身之多数劣点,得有充分之恣肆。"〔见其《希腊精神与希伯来精神》(Hellenism and Hebraism)〕又曰:"世无所谓唯一需要,能使人性省去其全体同臻至善之责任者,盖吾人真正之唯一需要,乃在使本性全体同臻至善。"(同上)夫人性至复,须为全体平均之发展,若只计及某一部分,则他部分固受其累,即其所计及之某一部分,亦不能得美满结果。清教徒自诩曰,吾知圣经。安氏则应之曰:"人若不兼知他书,即圣经亦不能知。"(同上)故清教徒反对异己,暴厉残刻,焉有所谓品德。安氏又言曰:"日前报纸宣传,称有名史密斯者自杀,此人生前为一保险公司书记,惧致贫困与其灵魂之永丧,因而自杀。余读此数语时,觉此深可怜悯之人,以其择出两事,摈去其他,且将此两事并列实为吾国人中最有势力有体面而最足代表之一部分之模型。所举两事,吾国中等阶级,人人有此思想,故余称之为费列斯顿。不过吾人少见有如此可悲之结果而受惊耳。然吾国人民之主要事务限于致富与拯救灵魂者,何比比皆是,吾人对于世俗事业之狭隘与机械的主张,即由吾人对于宗教事业之狭隘与机械的主张而起者,何其尽然。由此两种主张之结合,吾人之人生,已受何等损乱,盖因第二主要事务(按即拯救灵魂)所与吾人之唯一需要,如此印板狭隘与机械的,乃能使鄙陋如第一主要事务者(按即致富),有存在之理由,而取得同样执拗与绝对的性质也。"(同上)近世英人之弱点,既如上所述矣。然则安氏纠正之法维何,彼尽一生以与其国人作战,所目为"费列斯顿"之死仇者也。

英人缺乏智慧，偏重实行，以致弊端百出。就精神上言，乃残缺不完，失其常度之人也。故安氏欲以"文化"(culture)救正之。文化者，求完善(perfection)之谓也。完善在内而不在外，故轻视物质文明如铁道工厂之类。完善在昔遍之发展，故含社会化性质，不容有极端之个人主义，完善在均齐之发展，故不如清教徒之独重品德。然则如何可得文化乎，安氏则以为必由智慧。彼尝谓其一生事业，在"灌输智慧于英人"。又言文化之目的，在了解自身与世界，而达到此目的之手续，则在知世间所思所言之最上品也〔见《文学与科学》(Literature and Science)〕。当时科学大兴，文学与科学两者所包智慧之多寡，两者在教育上人生上之轻重比较，乃为一紧要问题。安氏谓文学所包为多，当重文学，以反抗当时之主张科学者，如赫胥黎之流。谓欲知自身与世界，须求之文学。盖彼之文学界说甚广，谓"凡由书籍以达到吾人之智识，皆为文学。"(同上)故若欲考知希腊罗马情形，非但读其诗文雄辩，必兼及其政法军事之制度，算术物理天文生物之学说，欲考知近世各国情形，非但通其文学，必兼及其科学发明，如哥白尼、牛顿、达尔文之著作也。就此说观之，盖凡人类最有价值之贡献，不问其为文学，为科学，为政治，皆在安氏所称智慧范围之中，然吾人于此，不以辞害意也。盖世间之智慧无穷，欲兼收并蓄，非但力有未逮，亦且大愚大惑也。安氏所谓科学政法之类，非欲使此等学问萃于一身，成为专门名家，不过知其大要，与其精神之所在而已。彼所重者，特在文学，谓科学为工具的智慧，于人之所以为人之道无关，文学则使人性中各部分如智识情感、美感、品德，皆可受其指示熏陶，而自得所以为人之道，故其称诗为人生之批评也。

　　安氏既重文学，则其深信世间所思所言之最上品，必于文学中求之，自不待言，故以文学批评为业。就其所知文学中最上品，为之解释介绍于其国人，其文学批评之界说曰："批评者，乃无私之企图，以研求宣传所知所思之最上品也。"〔见《现今批评之职务》(The function of Criticism at present time)〕由是可知安氏之文学批评，乃为达到文化之手续矣。今观其《批评集》内容，则见收罗宏富，不限时地，皆所谓最上品者。希腊文学，至矣尽矣，而安氏所取者，尤在其智识的解放，即能以批评眼光观察人生，而有彻底之了解，不致迷惶失措是也。安氏以希腊史家修西底得斯(Thucydides)与英国十六世纪史家罗理(Sir Walter Raleigh)相较，则知修氏以批评眼光，叙述雅典与斯巴达之大战，不为当时俗说所误。罗氏之《世界史》，则首言天堂地狱之位置，星辰及于人事之吉凶，皆如当时星相家言。修氏虽生于纪元前五世纪，罗氏虽生于纪元后十六世纪，而两人智慧之相差乃正与时代之先后相反。若言近世精神，为批评精神，为已有智慧的解放者之精神，则修氏于近世为近，罗氏则犹中世纪之人也。安氏之推重歌德，则以其非仅为近世第一诗人，实以其人生批评之精深闳博，而为近世第一人物也。于海纳则取其为近世智慧解放战争中之健将，于乔治·桑(George Sand,法国19世纪小说家,近世第一女文豪)则取其主要情怀，为理想的人生，于威至威斯，则取其讨论全体人生，为较多于他诗人。而安氏文学批评之方法与精神，盖多得力于近世法国批评大家如圣伯甫雷男之流，法人为富有智慧之民族，批评者，智慧之事，所谓"心思之自由运用"也。

安氏以高谈文化，鄙夷实行，有"费列斯顿之死仇"之号，而当时自由党政客与言论家，尤多冷嘲热骂，无所不用其极，名其文化为论"月光"（即美而不实之意），称其人为"羊皮手套教派之牧师"

(High priest of the kid glove persuasian，犹言满身锦绣之人斯文作态摆空架子也)。只能与无事之斯文妇女，闲谈诗歌美术也。布莱脱之言曰："彼所谓为文化者，乃在学得希腊拉丁两死文字之皮毛耳。"（安氏《文化与世乱》序文中引此言）然安氏不为所动也，常以极和婉从容之态度，重申己说，以为答复，安氏固擅长辩论者，故反对者亦无如之何耳。

吾固谓安氏乃理想家也，其所言之民治主义，乃在智慧充足，已受文化之人，起而为一国领袖，主持一切公共事业，如政法经济教育宗教等，提高多数程度，使同进于文化，非如普通政客之所谓民治主义，降低程度，以求合于多数也。许曼教授（Prof. Stewart P. Sherman，现今美国批评大家）有论安氏之言曰："在少数文化阶级中，而为多数费列斯顿所环绕，彼决不快意也。彼所企望者，在一似雅典之民主国而无其奴隶制，彼冀有一人人风貌堂堂之社会出现，此社会中之自由平等友爱，一如罗拔士比（Robespierre，法国大革命激烈党之领袖）所想像者，然其精深美备，又如贝里克里（Pericles）所实享者。简而言之，彼愿人人有贵族化，其愿贵族化，乃至如此，以彼心中存有此种远大理想，故称自己为未来世界之自由党人。"〔见其《如何研究安诺德》(Matthew Arnold : How to Know Him)〕

夫此种理想的民治主义，一时安能实现，而其不能实现者，盖有二因焉，一则太高，非恒人所易行，二则为自然感化的，不能借用势力威权，以强人之必从。故安氏终身不入政党，不为政治活动，不为团体运动，不发表"宣言书"或"我们的政治主张"，虽为视学员，然不设立教员机关，以垄断教育，虽为牛津大学教授，然不滥招门徒，收买青年，尤不借最高学府利用学者声价，以达其做官目的。理想家之主张固足重，其高尚纯洁之人格，尤可贵也。此盖古今中外之真正理想家,无不如是,世有反是而行者,虽自命为文化家,吾宁谓之为费列斯顿,虽自命为文化运动,吾宁谓之为费列斯顿运动而已矣。

原载 1923 年 2 月《学衡》第 14 期

卡莱尔与中国

梅 光 迪

西洋史家称十八世纪为理智时代。在法国革命以前数十年间，学者文人，好谈理智主义，以指斥当时政治社会上由于中世纪宗教迷信与封建习惯所积成之一切弱点。而中国文化，则为理智主义来源之一，故往往称中国为理智国家。而其对于中国之认识，则得自明清之际来华之天主教徒。当时法国文坛第一魁杰佛尔德（Voltaire, 1694—1778）尤喜赞扬中国，在彼之眼光中，孔子实一理智宗主也。中国式之绘画建筑园林，亦盛行于贵族生活中。论者谓法国革命，受中国文化之启示者颇多。同时英国文人中之好称引中国者，有瓦尔勃尔（Horace Walpole, 1717—1797）、戈尔斯密斯（Oliver Goldsmith, 1728—1774）等。戈尔斯密斯之《世界公民》一书（刊于1762），假设一中国哲人，侨游英伦，将其所见英人风俗习尚之异于中国者，以讥弹之笔，作为书札，寄其北京友人。此与法国哲学家以《法意》著名者孟德斯鸠（Montesquieu, 1689—1755）之《波斯通讯》，借波斯哲人之口吻，以讽刺当时之法国者，同一用意。即谓戈尔斯密斯之窃效孟德斯鸠，亦不为妄。自康熙晚年，以至乾隆初年，因中国天主教徒是否准许敬祖问题，清廷与教皇，相持不下者数十年，清廷屡有禁止传教之令。同时欧洲天主教国家，受理智主义之熏染，渐渐漠视宗教，各教会之来华传教者，失去其本国政府之援助,教会团体,且相继被令解散。法国革命以后,战乱频仍,无人顾及来华传教事业。故自法国革命前夕,以至十九世纪中叶,百年之间,欧洲文学中,鲜有提及中国者。英国古代名著之翻译工作,亦告沉寂。英国李格(Legge)与法国霞芳(Chavannes)之翻译大业,皆成于十九世纪之末与二十世纪之初。而中国自鸦片战争失败以后,屡次丧权蹙土,国几不国,西方人对于中国文化之信念,亦随之而消失。直至最近二三十年,始又有盛加称许者。今则欧美各大学,多设汉文讲座,或汉文系,巴黎尤为研究汉学之中心。盖犹承十八世纪之遗风,而为中国文化复兴于西方之征也。

当中国文化,在西方之衰落期中,独有英国卡莱尔(Thomas Carlyle)者,屡屡称颂之。先生为苏格兰人,生于一七九五年,卒于一八八一年,享寿八十有六。在19世纪英国文坛上,为无上权威。其雄才硕德,足以推倒一世之豪杰者,垂五十年。先生于中国文化,非有专门研究之人,更无详赡而有系统之论述。然其基本人生观,甚多与吾国圣哲相似者。故每一举及吾国,辄中肯綮。较之今世西方号称汉学家者,专其力于琐碎之考证工夫,往往白首穷年,得椟遗珠,"见树而不见林",于吾国文化之精粹,始终茫然者,盍有上下床之别。则先生关于中国之意见,虽一鳞一爪,亦值得介绍于国人。

英国文学史上之两大人师,一为约翰生(Samuel Johnson,1709—1784)博士,一即为先生。两人皆因人格之雄杰崇高,当时从之游者特多,故其生平事迹,传之于世者亦特详。又各得一极富文学天才之弟子,为之作传。千古文人身后之幸运,无可比于此两人者。包斯威尔(Boswell,1740—1795)之《约翰生博士传》,佛路德(Froude,1818—1894)之《卡莱尔传》,皆数十万言之杰著,在世界传记文学中,无第三部可与比者。故至今脍炙人口,读之者如闻两老之謦欬。而受其感化,奉以为修身立命之典范者,尤不可胜数。因两老秉性之坚强,矢志之艰贞,宗教道德信念之诚虔深厚,最足以代表英国民族性之优点也。最近苏格兰人威尔生(Davia Alex Wilson,1864—1933),又集佛路德所未及见之材料,尽毕生之力,更著一《卡莱尔传》,为六巨册。(全书于1934年刊完)而先生之伟大,因藉以益显于世矣。威尔生自称此书之范本有二,一为包斯威尔之《约翰生博士传》,一为中国之《论语》(见此书自序与其在第十四版《大英百科全书》中所作之卡莱尔小传)。两书貌为无组织之片段记载,然于孔子、约翰生之思想性情状貌,描写尽致。全书读完,则两人之整个精神,活现于吾人之脑中,威尔生者,在缅甸为英廷法官者多年,深喜东方文化,而于孔子尤服膺之至。故其书中常以卡莱尔与孔子相较。而于其所称中国之处,当然为之标出。一般读先生文集者,向不注意此点,佛路德所作传中,亦未尝提及。得威尔生之指示,再检先生遗著,始知其生平有极富趣味之一段中西文化因缘,此本篇之所以作也。

先生最早一书,名为《衣之哲学》(初于1835年刊于美国之波士顿,又于1838年刊于伦敦),其一生之主要思想,已在此中发凡起例。此书之作者,假设为一德国之乌托大学教授。其人万物皆备,尤好深沉之思。又曾漫游地球上诸文明古国,到中国则见万里长城。文言曰:"长城为灰色砖块所筑,墙顶则用花岗石,惟其筑城技术,只可称为二等。"又称曾受业于各国大学,惟中国国学,则未之进。当时去嘉庆白莲教之乱不远,教授则比白莲教于意大利之秘密革命团体,名为"卡波纳里"(Carbonari)者。道光帝方在位,教授亦提及之。又见中国店铺,多悬"童叟无欺"之照牌。此书中所述之关于中国者,仅此数端,亦无甚多之发挥也。

先生第二名著,与中国有关者,为《伟人与伟人崇拜》(刊于1841年),其中标扬伟人在人类历史上之重要地位,而对近代民治主义之流弊,痛加绳正。列举北欧神话时代之统治者与教主穆罕默德,宗教革命家路德诺克斯,政治革命家克林威尔、拿破仑,诗人但丁、莎士比亚,以及近代文人约翰生博士、卢梭等,为伟人之代表。其独到之见,则为伟人本质皆同,其在世间所建树事业之不同者,则受偶然环境之所支配而然。故莎士比亚若处拿破仑之环境,亦可为拿破仑,余可类推。而在近代文人一章中,尤称文人当为社会统治者,乃引中国科举制度为例。其言曰:"据我所闻,关于中国人最有意味之一事,虽不能明其详,然引起吾人之无限好奇心者,即中国人真正企图,在使其文人统治社会。若谓吾人明了此制如何推行,其成功至若何程度,固为吾人之轻率。凡此等事,当然失败居多,然即其细微之成功,亦可宝贵。即其企图,亦何等可宝贵乎。在中国全国中,有不少之努力,于青年中搜求才智之士。学校为人人而设。夫于学校中训练此等青年,固不为甚智之事,然仍是一种办法。青年之露头角于初级学校者,则升之于高级学校中之优越地位,愈升愈高,升入仕途,而为将来之执政大员。盖先行试用,以定其能否,因其才智已显,故希望最佳。彼虽尚未执政,而尽可试用之。彼或系无能者,然必有相当之聪明。而为执政者,非无聪明者所能也。聪明并非工具,乃一能利用任何工具之手。故尽可试用此等聪明人,因其最值得试用者也。吾人相信,凡吾人所知世间任何政制宪法政治革命以及社会机构,无有如此事之可以满足吾人研究上之好奇心者。贤智之士,身居冲要,乃一切宪法与政治革命之主旨。因吾人始终宣称且相信真正贤智之士,乃心地高俊而忠义仁勇兼备之人。得其为统治者,则一切皆得。不得其为统治者,则虽宪法之多如山莓,议会遍于村落,亦一无所得耳。"(《伟人与伟人崇拜》第五章)先生于吾国科举制度之内容及其实施情形,当然所知无几,其所征引,亦未云得之何书或何人。然其纯从原则上着想,以阐明经世治国之大法,则即起吾国古昔圣哲而问之,亦当无异词。夫贤智在位,本吾国政治之特色。威尔生亦云先生之言,无异于基督教圣经及希腊、罗马、印度、中国之古代文学中所称说者(威尔生著《卡莱尔传》第三册第 93 页)。惟如何选拔伟人而授之以大权,先生则以为非聚众人而用平等投票之法所能解决,此其所以深赞吾国之科举制度也。昔者柏拉图著《共和国》一书,亦以贤哲在位为极则。亦即吾国内圣外王之大道,而未言明如何求得贤哲而登庸之之法。罗马帝国全盛时代,帝位亦传贤而不传子,颇合吾国禅让之意。先生且举西藏达赖喇嘛继承人之搜求法,远过于王位之传于长子或长女者(《伟人与伟人崇拜》第一章)。可知君主世袭之制,先生所不许可者也。自《伟人与伟人崇拜》之书出,其友好中多以如何识拔伟人之法相问者,先生亦从无明白切实之解答,只益坚持己说。且谓近代西洋文明,已濒临破产,非得奇杰非常之人物,为之领袖,则前途茫茫。其后,《克林威尔》与《普鲁士王菲力第二》两大著,及第论政治社会劳工诸问题,皆以雷霆万钧之力,鞭策当世。英国人生,任何方面,无不受其深刻之影响者。不久英美两国,皆厘定文官考试制度,以选用常务官与政府机关之技术人员。当其在国会中讨论此制时,皆屡举中国为例。此制之成为国宪,多少受先生学说之赐,亦可断言。然考试仅及于常务官与技术人员,则非先生之本意,亦非中国创制之本意矣。

先生愤于当时之英国贵族为英国之统治阶级者,名不副实,恣居高位,而不尽其高位所赋予之本职,故揭出伟人主义。伟人者,即明了上天所赐其智慧之本意,艰贞刻厉,勇迈无伦,以领导众庶共入于光明之途者也。故又揭出勤工主义。"勤工即宗教",为其中心思想之所在。先生本其悲天悯人之怀,于一八四三年,刊行《过去与现在》一书。其中有痛击英国贵族之言曰:"彼等为英国地主,其所共认之职务,乃在满意的消耗英国之地租,猎杀鹧鸪小鸟,若有贿赂与其他便利时,则盘游于国会中,或为地方法官。吾人对于此种惰废之贵族,有何说乎?吾人对皇天后土,只有悄然惊疑,无话可说而已。此一阶级,有权取得地中之精华,以享其优裕之生活,乃许其毫无工作,以为报效,此乃吾人星球上所从未见过者。除非天道已亡,此种人决是暂时例外而不能久存者。"(《过去与现在》第三卷第八章)因此先生于他种挽救之法外,又举中国为例。昔者中国,每于立春之日,天子照例亲耕,以重农事,正合于先生所颂扬之勤工伟人也。其言曰:"再让吾人一观中国。此吾人之友之中国帝王,乃三万万人民之教主。此三万万人民,皆生存而兼工作者,已历许多世纪,而又真为上天之所庇护者,故其必有一种宗教无疑。此帝王教主,对于天道,实有宗教的信仰。以宗教的严重性,奉行六十代前有灼见者所给予之仪礼三千。此仪礼三千,亦系天道之副本,而为上天所指为不谬者。中国之帝王教主,并无许多宗教仪式,而独如西洋之旧时僧徒,深信勤工即宗教。彼所最公开之宗教举动,即是每年某日,当惨黑之隆冬已过,上天已再以春光唤醒大地之时,彼乃以庄严态度,亲手执犁,在绿地之胸口上,翻开赤土一块,为全国农犁发动工作与敬天之信号。此真可称为盛典也。"(《过去与现在》第三卷第十五章)。

  先生于其《衣之哲学》中,曾言有两种人,乃其所最心折者。一曰劳力者，农夫是也；一曰劳心者，智人是也。而两种之中，以劳心者为上。在先生书中，伟人、智人、英雄、领袖、先觉者，皆同一意义，故随时互用，而意义无改。先生谓吾人所见所闻之有形宇宙，为无形天道之所表现。人生最高责任，在法天，在使天之无形意旨由我之勤工为其达出，故曰勤工即宗教。即吾人所谓"天行健，君子以自强不息"之意。中国之帝王，在先生之眼光中，可谓以一人而兼劳力劳心者，为尽职之统治者，远胜于惰废旷职之英国贵族，故乃真正伟人也。先生尤知中国人之力田敬祖，为中国人之宗教。盖力田为天意好生之工具，亦为尽天所付与人之责任之表示，敬祖为敬天之一端，亦为人生不朽意义之所寄，非宗教而何。先生之言曰："中国帝王与其三万万人民，每年谒其祖墓。于是时寂立于其先墓之前，上为寂然之苍天，下为寂然之坟墓与大地，所可微闻者，只有其心中之脉息，此真是一种宗教。若人不能从此墓门，以窥见人生不朽之意义，将于何处窥见之乎？"(《过去与现在》第三卷第十五章)吾国贤哲论孝，无过于先生所言之警辟者。孝者，承前启后，个人刹那之生命，因此得附于天地之永久性。而人生之微妙玄奥，幽明相通，天人一贯，尤可于肃立招魂时觉之。先生最富于宗教心，以有形之宇宙为幻境，无形之天道为实际。又称有形之宇宙，为无形天道之具体化者。人生本原与意义之重可知，此其所以善解中国之孝道也。

先生又总论中国政治之成功，备极揄扬，以反证西洋政治之失败。其言曰："吾人之友中国帝王教主，以宽和而带慢视之态度，准许佛教各派自建寺庙。任其以各种仪式，如诵经纸灯高唱，甚至喧扰终夜，只要其信徒，略得安慰而已。彼帝王教主，虽对此种举动，甚慢视之，然乐许其流行无阻。彼之智慧，乃远出于多数人所想像之上也。彼乃地球上唯一教主,对于最高宗教效果,即实行的伟人崇拜,曾作特殊而有系统之企图。彼在不断努力中,以真正忧劳之态度,于其庞大人口中,搜寻选拔其最贤能之士,以统治此三万万人民。此法好似上天亦所嘉许者。此三万万人民,实际上正在制造瓷器、茶叶及无数他种物品,而在上天指挥旗之下,向生存之需要而奋斗。彼等之战争,与他几万万人民之七年战争、三十年战争、法国革命战争,以及他种残酷之战争相较,实远少也。"(《过去与现在》第三卷第十五章)此论当然以理想眼光视中国。然中国政教合一,虽儒家所称之圣王,实际上寥寥无几,然由科举以进之名卿贤相,历代多有。中国科举之弊,不在其立法之不善,在其用法之不善也。而中国对于各派宗教,素持宽宏态度,宗教战争之惨祸,在西洋史上占一大部分者,在中国史上乃绝少,此尤为西洋人士所羡称。十八世纪社会改革家如佛尔德等,视中国为理智国家者,其主要原因,亦在乎此。先生归功于能使贤智在位之考试制度,及帝王之对于人民迷信,不加干涉,而使其简陋之精神生活上,得到调剂,因之安居乐业,无待求诸战争,以泄其暴戾愤郁之气,乃深解吾国过去政治之意义者也。

先生之政治思想,本于宗教之唯一条件,在有高尚纯洁之灵魂。有高尚纯洁之灵魂,而后有深粹优越之智慧,而后不愧为人群领袖,社会常治者。先生斥当时英国贵族,沉溺于物质享受,灵魂丧失,智慧无从而得,乃是假领袖假统治者。而所谓功利主义之自由派,正欲取政权于贵族之手而代之者,误认政治问题为物质问题,其所标"最大多数之最大幸福"之信条,与人生之大道无关。先生目睹当时之数十万平民,颠连无告,甚有父母毒杀其三子,以取得公家之丧葬费而苟延其残喘者。乃以声泪俱下之文,痛斥当世,而归咎于假领袖之得志。故其《过去与现在》一书出，举国震惊，引起言论界之绝大反响。始则先生以伟人主义著声，保守派误信伟人主义，即贵族主义，欲引为同调。又其伟人主义，为不满于现状之革命主义，自由派亦欲奉之为党魁。其于《过去与现在》一书中，为平民呼吁，"工作须得相当之报酬"，为其解决劳工问题唯一之原则。又言劳工须有组织，以求公平之待遇。故劳工运动者，又皆受此书之感化，而有目先生为社会主义者。实则先生皆非其俦也。嗣后貌似先生之说者繁兴，超人主义及最近之法西斯主义、纳粹主义，尽破宗教道德之防，复驱人群于弱肉强食之猛兽世界，论者竟有混先生之说为一谈者，更谬以千里矣。先生之真意，在彻底改革人类，以涤荡其灵魂，使之归于高尚纯洁之境，而后有领袖可言，乃本诸基督圣经之教义，而我国修齐治平之大道，亦多暗合者。故先生在文艺思想界之地位，独往独来，纯属超然，时彦怪惑，莫测高深。然皆畏其口而敬其人，病其立言之激，而叹其忧世之切。大哉先生，非实行其伟人主义者，曷克臻此乎。

　　先生之性，偏重实际。故虽笃信宗教，以有形之宇宙为幻境，游其神于理想世界，然无宗教家出世之想，尤不愿谈来世与灵魂不灭之说，于近代科学家之宇宙原始及其范围与究竟诸说，皆在不论之列，以为不切于人事，亦非人类智识之所及也。故喜引孔子"未知生，焉知死"之语。当其晚年，来世之有无论，甚嚣尘上，一般杂志主政之人，屡欲先生撰文，参加此问题之讨论。一八七一年，先生答一杂志主政之求文者曰，"吾人于死与来世，毫无所知，必须置之不谈"。（威尔生著《卡莱尔传》第六册第227页）某次与其至友美国文豪艾曼生（Emerson，1801—1882）论近代科学家侈谈人生以外之事，比之于问孔子之童子。盖世传有一童子，问孔子天空星辰有多少,孔子答以不知。又问人之头毛有多少,孔子答以不知,且不欲知。(艾曼生著《英国民族性》第十六章)孔子与童子之问答,不见于古籍,系后人伪托。然与"子不语怪力乱神"及"未知生,焉知死"诸说,同可代表孔子之精神。故西人之论孔子者,每喜称引之。先生虽受德国哲学之陶冶,而不喜其玄想,虽深于宗教,而不愿谈来世,非一专重人事之中国儒家而何。

先生于当时吾国情形,亦常注意及之,而不满于英国之在华行为。一八五七年,英军攻陷广州,翌年掳总督叶名琛以去,此时印度亦有兵变。先生与某友谈及中国与印度,痛心于英国当局之误国,纵谈数小时,态度严肃。最后慨然曰:"凡一人对其本国政府,不能尊信,乃甚可悲之事。"(威尔生著《卡莱尔传》第五册第297页)一八六八年,又与人谈及此事。当时与此事有关者,香港总督蒲林爵士,亦其一也。蒲林本以政治批评著名,自命为爱国之士,而又奉守功利派哲学"最大多数之最大幸福"之信条者。先生嘲之曰:"蒲林爵士,所称为典型人物之一者,彼辈想象其自身,为一切道德之典型,但实为与道德相反之典型。彼亦是爱国者,当局欲使其安静毋噪,乃遣其至中国。彼至中国后,乃向人类三分之一作战。彼是爱国者,笃守'最大多数最大幸福'之信条者,而乃立即与人类三分之一开战。"先生乃大笑。又曰:"以我所知,彼乃全错也。"(威尔生著《卡莱尔传》第六册第157—158页)先生于戈登(Gordon, 1833—1885)之协助清廷,以平定太平天国,亦不谓然。一八六二年,有少校奥斯包(Captain Osbon)者,将至上海,操练水军,以供李鸿章之驱遣,先生斥之为海盗。(威尔生著《卡莱尔传》第五册第485页)一八七六年,有某夫人与之谈及中国第一次建造之铁路,先生即回忆往年英国新造铁路之时。其言曰:"此乃我人一切非常变化之开端。此种变化,致使老年人对于此世界,视为异怪之物。"(威尔生著《卡莱尔传》第六册第 189 页)翌年友人密得福(Mitford)新自东方归,先生与之夜步,听其畅谈中国日本之风土,久而不倦。(威尔生著《卡莱尔传》第六册第 420 页)密得福者,后为英国驻华代办,著《在北京之代办》(刊于 1900 年)一书者也。可知先生始终不忘中国,而对于十九世纪之英国侵略行为,尤所深恶者矣。

先生之称引孔子与考试制度等等,不知其据自何书或何人。一八三八年之冬,读德文译本之诗经,甚赞美之。(威尔生著《卡莱尔传》第三册第 24 页)是冬与翌年之春,正在预备《伟人与伟人崇拜》之演稿时,博览古代经典如基督教圣经,回教可兰经,中国印度之经典等。(威尔生著《卡莱尔传》第三册第 26 页)一八五二年之春,有友人赠其法国教士乌克(Huc,1813—1860)所著之《鞑靼西藏中国游记》(刊于 1844—1846 年,此书颇行于世,至今西方之研究中国者,犹引用之)。先生曾答此书之赠者,云当于休假时读之。(威尔生著《卡莱尔传》第三册第 26 页)此外未见关于中国之书籍,为先生所知者。其生平更未尝遇一中国有学之士。英国人中所谓"中国通"者,会有数人在先生交游之列。除密得福外,又有麦朵斯(Thomas Meadows),曾著《中国人及其革命》(刊于 1856 年)。此书颇祖太平天国,先生之不喜戈登将军与奥斯包少校之协助清廷者,盖本诸麦朵斯之意者为多。十九世纪中叶构衅者,二十余年。当时朝野谈论,报章记载,关于中国者,自必不少。先生素轻视报章,不一寓目,每日只由夫人阅后摘要告之。然以其名声藉甚,交游亦广,朝野名流,几无不识,加以博览德法文书籍,故除其直接所知中国经籍译本外,当以得于德法文书籍与平日谈论者为多。此类所得,有记载可稽者,威尔生盖已尽量采用。余则只能存诸吾人想象中,不能据为事实也。

先生为十九世纪英国首屈之文学家，思想家，而尤为人生之领导者。在全部英国文学史中，前有约翰生博士，后有先生，两大人师，余子无足比数，所谓"吐辞为经，举足为法"者。虽其于中国，多凭理想，不免过情之誉。又以有激而言，借题发挥，夸人之长以箴已之短，不免改革家之通习。然非先生之与中国文化，脾味相投，能倾倒备至若是乎。其友某君，尝称先生为"东方圣人"。威尔生尤喜以先生比孔子。孔子至圣，吾人不愿与任何他人并提。然吾人至少可置先生于"蓄道德而能文章"之韩文公、欧阳公以及近代之曾文正公之列而无难色。总其生平，如犀之笔，杂以诙嘲，读之者啼笑皆非。冰清玉刚之操，名满欧美两洲，而居贫守约，五十年如一日。泰山岩岩之气象，翛然布衣，而王公大人，硕学鸿材，趋之请益者，听其上下古今，若决江河，辄敛容屏息，不敢侈与之辨。若而人者，周情孔思，固所当然。惜其限于时地，未能博观吾国典籍，于数千年来之圣哲贤豪，更多心领神会，在沟通中西文化之事业上，作有系统之贡献，以垂百代也。然命世哲人，包罗万有，其思虑所及，不待困勉之功，而抉摘窈微，有以异于人人，片言只字，亦至足珍。自威尔生之书出，吾人又觉中国文化，多一西方知音；而对于先生之爱敬，益以深挚，对于中国文化之信仰，益以坚定矣。

原载 1941 年 6 月《浙江大学文学院集刊》第 1 集

英文里的中国字

佘　坤　珊

　　两种文化有了接触之后,总免不掉互相影响的,而文字上的相互借用常是这种影响最忠实的记载。将来中国的历史家若是要研究这二十世纪前半叶我们从西方各国所受到的种种影响时,他用不着走得很远去找他的证实,他只要把日常用的文字仔细的考虑一下它的来源,就可以看出一个很清楚的轮廓来。卡车、脚踏车、飞机;面包、黄油、冰淇淋、哗叽、领带、毡帽、皮鞋;新闻纸、自来水笔;极权政体、普罗文学、摩顿、白热化……每一个名词岂不是都代表西方文化的一种特点,而我们中国人或是为了时髦的心理,或是因为生活上的需要,把这些特点一样一样的搬到了家里来。我们的生活是变得这样的快,我们可以想像若是五十年前的人拾起一张今天的日报一定会看不懂的。反过来看一看,在同一个时期里,西方各国所受到中国文化的影响,真是少得可怜。我们这半世纪的文化可以说是破产式的入超文化。

　　但是这个入超是用不着我们担忧的,也不是什么本位文化运动所能阻止的。每一个文化都有它的吸收时期,也有它的向外发展的时期。很可能的,我们这入超的时期就是将来发展的准备,吸收或许就是进步的表现。

　　在过去我们的文化也有它的特长是西方所没有的而很快地就

吸收了去的,我们现在试就英文中的中国字,或是描写关于中国事物的字,来计算一下在历史上英语民族所欠我们的文化债。这一番工作比较统计近年来我们欠他们的文化债容易得多。这或许是人之常情:就个人论,我们岂不是常把人家欠我们的记得特别的清楚,而同时有忘记或是故意的忽略了我们欠人家的习惯?不过其中还有一个实际上的理由。英美人对于他们共同的语言曾经下了一番整理工作。在英国有那伟大的牛津词典,它对于大部分字的历史能够贡献准确可靠的材料;在美国有那韦氏和Century字典贡献美洲一部分的材料。反过来看,中国还没有一部类似牛津词典的书可以供我们参考,大部分的材料需要靠一个人或少数人的收集,其结果的准确性当然是很有限的。

中英直接的交通不过是近三百年的事。在这时期以前,英国所有关于中国的知识都来自书本或是欧洲大陆人民的传说,凡是欧人称"中国"或是"中国人"的英文里都有。古时埃及和希腊人称中国为Sinai。这个字据说是从阿拉伯Sin字来的,归根大概是和China由同一个来源:"秦"字,因为法文里有好多S音的字是由ch音的字变的。Sinai的形容词Sinaean,在英文中一度也被采用过,即如十七世纪米尔敦的诗里讲到中国的时候就用过这个字:

    From the destined walls of Cambalu

    To Paquin of Sinaean Kings.

在现代英文里Sinai仅留下了一个活动的字首Sino-,Sino-gram,Sino-Japanese等。

和Sinal同时还有Serres也是指中国人。古时欧洲通中国有陆海两路。经陆路所接触的中国人称Serres,经印度洋通过的中国人称Sinae。一直到十七世纪才明白经出南北两路所遇见的人都是属于一个国家的(见《大英百科全书》)。Serres 是中文"丝"字的译音,在希腊文中就是丝的意思,在现代的英语中,和 Sinai 一样,也仅成了一个字而已,如 sericulture。

中世纪的欧洲人多称我们为 Cathay(就是"契丹"的译音)。据说这词是意人马可波罗带到西方去的,其实中亚细亚的鞑靼人早已把这个名词传给了俄人,至今俄人和其他经由陆路和我们接触的仍称我们叫"契丹";沿海国家现在多采用"支那"了。英文中的 Cathay 已经渐渐的指那古色古香的旧中国。最近我国沿海都市的电影院和西式旅馆利用这富有诗意的古名来增加它们的号召力,Cathay 再译回中文来不是"契丹"了,而是带有吉利口彩的"国泰"了!

关于现在最普通用的中国国名 China 的来源,牛津词典只有几句简单的断语说它本不是中国字,只知道在一世纪的梵文里就有 China 的记载,同时亚洲各民族普遍的称中国为"支那",马可波罗称中国为 Chin。很可能 China 归根还是中国"秦"字的译音。因为在秦时我国的国势是最初向外发展的一个时期,而最初感到威势的当然是南洋和印度一带的民族了。

现在我们把英语中的中国字,或是来自译音或是来自译意,分类的检讨一下。第一,我们先讲关于"丝"一类的字,因为丝业最初是中国发明的,也是我们物质文明最早传布到世界的。据大英百科全书的记载,我们养蚕和缫丝的方法在三世纪的时候传到了日本。日本派了几个高丽人到中国来学习,这些人回到日本去的时候带回了四个中国女子专教皇宫里的人各种纺织的技术,后来日人为了这四个女子建了一座庙以纪念她们的功德,稍后一点缫丝的知识也传到了印度。有一个传说讲一个中国的公主把蚕种和桑子缝在她的帽子里然后才偷到了印度。等到地中海的人学会养蚕的时候已经是六世纪了。当时罗马帝王 Justinian 派了两个波斯的传教师到中国来学习各种缫丝和纺织的秘密，后来这两个人把蚕种藏在一根竹杖里带到了君司旦丁。于是"西欧一千二百多年的蚕业都发源于这竹管里的宝藏"。

可是在没有学会纺织以前，他们的丝绸都仰仗于中国的出口。在一世纪的时候罗马人已经把绸缎看做极高贵的衣料，一般的妇女们特别喜欢穿。丝的价值和同样重量的金子是相等的。有的罗马人就极力的反对这极奢侈的风气，不许家里的人有一件绸衣，可是没有用，丝的销路一天比一天广。

丝是中国的代表出产也可以从 Serres 的历史看出来。这字本来是"丝"字的译音，后来成了"中国人"了，可见他们脑筋中的中国就是蚕丝的国家。西方人对于蚕吐丝的事实好久不能了解，于是有了很有趣的观念。有的以为丝是一种植物，生长在树上的。牛津词典引十五世纪的一句话如下："有一种人名叫 Serres, 他们那里有一种树长着有如羊毛的叶子。"英人常称丝叫 Serres' Wool（中国的羊毛）。这种观念的历史很古，罗马诗人 Virgil 就是这样说的：

  How the Serres spin

  Their fleecy forests in a slender twine

  （英诗人 Dryden 的翻译）

  （中国人把他们羊毛的树林纺成细纱）。

一直到十六世纪 Lyly 的书里还记载着很奇怪的传说，以为丝的衬衫能使皮肤出血！

从 Serres 这字不但有了现在的 silk 和 sericulture, 同时还有了 serge。Serge 本来是一种丝织的绸，后来变成一种细润而结实的毛织品，而原来的绸只得称作 silk serge 了。

后来中国和西域的海上交通发达起来，我们输出的丝织品种类也渐渐的多了。一种是广东绵纱，译名叫 Cantoncrape 亦称"中国绉纱"（China crape）。现在这两个名字都不大见了，而被法文名字 crépe de Chine 所代替，因为英美的妇女们所喜欢穿的已经不是中国织的绉纱了，而是法国人所仿造的绉纱了。绉纱之外还有山东的府绸也是英人所爱穿的。英文里的名称很多，有时叫它 pongee（即"本机"的声音），有时叫 Chefoo silk"芝罘绸"，或 Shangtung silk"山东绸"，甚而有时叫 Shangtung pon gee silk，以免误会！China-silk 有时也指府绸，但是常指一种染色和有花纹的府绸。

再往北走，北京缎也是被英人所赏识的，他们就叫它 Pekin。不但是丝织品，南京的黄棉布也曾经有一个时期销路颇广。因为那布的颜色是和皮肤一样，英国男子常用它来做裤子；

  make his breeches of nankein,

  most like nature, most like skin,

做成的裤子就叫 Nankeens。

除了丝之外代表中国文化的就要算是磁器，我们中国的国名也因此竟被移用。起初，英人称磁器为"Chinaware"，意思就是说"ware form China"（中国货）。随后 China ware 的意思变成 ware made of China（磁器），末了把 ware 也省去了，于是 Chinaware 变成了 China。现在"中国"和"磁器"在英文里分别只是字首的大写小写的区别，可是在说话里 Chinaman（中国人），China-man（卖磁的人）和甚至于 China man（磁人）三个字都是一个读音！

我们中国的磁器最初是十六世纪的葡萄牙人带到欧洲去的。他们不像英国人那样含糊地叫它"中国货"。他们特别的取了一个名字叫它 porcellana（后来就变成英文的 porcelain），意思就是"蚌壳"。他们把那光润乳白的质地比作螺甸那样的可爱。欧洲的国家最早仿造磁器的是爱好美术的意大利。一五七五年在那有名的 Florence 城里就开设了一个陶业工厂专门研究和制造。他们起先不知道中国磁的化学成分，以为表面的光彩是玻璃。直到十七世纪英国的那位博学的医生兼文学家 Sir Thomas Browne 还不相信磁是泥土做的，仍把这问题当作悬案：

> We are not thoroughly resolved, concerning Porcellane of China dishes, that according to Common belief they are made of earth.

英国的陶业到了十八世纪才有，以前都是依靠由中国输入大量的磁器。磁器店的生意非常的发达，一般的主顾都是些贵族和财主，因此做一个磁店的主人（China-man 或是 China-woman）总是被看为阔而有势的人。Ben Jonson 的戏里有这样羡慕的话可以作证：His wife was that rich China-woman that the courtiers visited so often.

随着陶业的发展，许多技术上的名词也进了英文。起先他们由中国输入不可缺的原料如高岭土和白土子。Kaolin 是江西景德镇西北"高岭"的译音（牛津词典误把景德镇放在长江之北）。高岭土译名 China-clay 或 porcelainclay 或 China-metal。据说这些名词的使用是因为从前的磁厂把造磁的原料看作一种专有的秘密。Petuntze（白土子），也是原料之一，但是没有高岭土的价值贵。关于磁器中这两种土应该配合的成分，牛津词典有这样一句记载:"好的磁各半;普通的用三分高岭土对六分白土子。最初的也使一分高岭土对三分白土子。"制成了器形之后第二步当然是要加彩色,于是 China-glaze, China-paints, China-blue, China-stone,种种磁釉的名词也跟着来了。最初他们着眼于模仿中国磁器上的花纹,所以"麒麟"(Kylin),"凤凰"(Feng-Hwang)和"柳叶"(willow pattern)也被他们学了去了。关于柳叶花纹的采用,牛津词典供给很准确的材料,说是英人 Thomas Turner 于一七八〇年输入英国的。后来这个图案很受欢迎,于是日本商人看到有机可乘,就大量地仿造,廉价卖给英美的平民。

现在美国的"五分和一毛"百货店里所有的柳叶茶具底下可不是都印有"日本造"的标记。

英美人喜欢好磁和古董不亚于我们中国人。好读 Charles Lamb 的人总会记得他的名句:"I have an almost feminine partiality for old china, when l go to see any great house, I inquire for the china-closet, and next for the picture gallery."英人有以欣赏磁为雅人引以自豪的特长。特别是一个做主妇的。她若是没有好的磁器陈设在家里,那就表示她的美术教育有了大的缺点。Mrs Poizzi, Samuel Johnson 的好朋友,在她的游法日记里有这样一句:"His collection of China-ware is valuable and tasteful."可见她的兴趣的所在和内行。十九世纪的 Crabbe 描写一个女子的磁癖有这句诗:"Her china-closet, cause of daily care."女作家 Mrs Gaskill 描写一双蓝眼珠的时候,露出她对于磁器的知识:Her eyes were soft, large, and china-blue in colour. 因此每个家庭,像 Lamb 所说的,都有它的盛磁器的橱柜:China-closet。有磁癖的人被称为 China-fancier 或是 China-hunter。

磁器店成了 China-shop 或是 China-house，开店的或是 China-man 或是 China-woman；里面陈列的免不掉有花瓶之类的东西和 Mandarin Jar 或 Mandarin vase。总而言之，我们的磁器不知不觉的给了西方二百多年的美术教育，使得他们从日用的器具里面得到无限的美感。

中国的第三种代表性产品就要推茶了，这种饮料对世界文明的贡献恐不亚于丝和磁器。

从阿拉伯人的记载可以得到证明，在九世纪的时候中国人已经在饮茶。《大英百科全书》记有最先发现茶的传说，值得我们这里再重复一遍。印度有一个和尚立下了一个愿要睁着眼打坐九年，三年终了的时候他发觉两只眼睛闭上了，于是割去了眼皮继续打坐，到了第六年终了正疲倦要睡的时候，偶然的伸手把身旁一片树叶摘下来含在口里，顿觉精神百倍，使他达到九年不睡的初愿。

这故事虽然有些离奇，却把茶的功用和人生最高的境域联系起来。

欧洲最早的茶商是葡萄牙人，他们在十六世纪的末叶到中国来买茶，那时他们采用普通的读音 Chaa，后来远东的茶叶都操在荷兰人的手里，但是这些荷人都集中在南洋一带，所以厦门人先把茶叶由中国运到 Bentam，然后用荷兰船载往欧洲各国。厦门人称茶叫 te'h，荷人也跟着读 te'h，因此欧洲人凡是喝荷兰茶的像法、德、丹麦等国的人都采用厦门音，而喝大陆茶的俄、波诸国都保持官音。英国最早也是采用官音，后来因为大量的购买荷兰茶的关系把 Cha 废掉而用 Tea。Tea 字最初在英文中出现是在一六一五年东印度公司的一个职员的信里。一六五〇年以后英人才大量的喝茶，起初英人把茶看做一种极珍贵的饮料，每磅价值总在六镑到十镑钱之间。我们若是想到三百年前英镑的价值比现在的价值高上多少倍,茶值之贵也就可想而知了。现在我们看了那时茶商的广告也觉得它是古色古香的:"That excellent and by all Physitians approved China Drink, called by the Chineans Tcha, by other nations Tay, alias Tee, is sold at the Sultaness Head, a copheehouse in Sweetings Rents by the Royal Exchange, Loneon."英国第一个茶商 Thomas Garway 在广告里描写泡茶的方法和茶的美德之后也有下面动人的句子:"茶的产量是那样的少而且珍贵,只有赠送或款待贵宾或王子时才使用。"他所定的价已是低了不少,每磅已降至十五先令到五十先令。英国文里第一次记载吃茶是在那著名的 Pepys 日记里:"Sept 25, 1666: I did send for a cup of Teh, a china Drink of which I never had Drunk before."可惜他没有提到对于茶的感想如何。

渐渐的茶不但是贵族的饮料,也成了一般平民日常所不可少的饮料。同时英人也不需靠荷兰茶商的供给,他们自己到中国来采购各地的名产,一时茶类名目之繁引起了下面的四句诗:

What tongue can tell the various kinds of tea?
Of Black and Grieens, of Hyson and Bohea;
With Singlo, Cogon, Pekoe and Souchnong,
Cowslip the fragrant, Gunpowder the strong?

Bohea 就是福建的"武夷";Pekoe,"白毫";Congou,"工夫茶";Hyson,"熙春";Youngg hyson 亦名 Yii-chien,"雨前";Oolong,"乌龙";Twankay,"屯溪"。砖茶(Brick-tea)也颇有销路。它的质地当然是较劣:枯干、污秽和碎的茶叶或茎子参了胶质再用模型压成形状然后放在灶里烘干。瓦茶(tile-tea)比砖茶还要差,英国人吃的很少。大部分是销售给鞑靼人和高加索或是西比利亚那一带的人民。那地区的人吃茶的方式与英人大不相同了：他们把"牛奶、奶油、盐和蔬菜参在茶里煮，这样子茶变成了一种食品而不是一种饮料了"。还有一种粒茶名叫 tiste，就是把茶叶卷成豆粒大小的形状，再细一点的粒子英人叫它 gunpowder ter，近乎我们的茶叶末了。

吃茶叶的习惯影响了英人的生活方式。他们吃茶不像我们这样的简单，随时随地的都可以吃，他们用茶是有一定的时间，而且除开茶以外还要有其他的食品，如白糖奶油、面包、蛋糕之类，因此有种种的名称如 high-tea、meat-tea 产生了。最普通的下午的那一顿茶(five-o'clock tea)变成社交上很重要的一个方式。据 F. A. Kemble 个人的经验这个风气始于一八四二年，他说：

My first introduction to "afternoon tea" took place during this visit to Bejvoir(in 1842), I do not believe that the now universally-honoured institution of "five o'clock tea" dates further back than this. 这个风气的盛行也是极自然的一桩事，因为在一天的工作完毕的时候我们的精神正是需要休息和调剂，一面吃茶一面和朋友寒喧也是最适当的事。

在这种场合之下女太太们是不能缺少的，一来谈话是女性的特长，二来有了她们在座谈话就有兴趣不至于太庄重或是太粗俗。因此吃茶的时候一个作主妇的责任是相当的重大。她不但是要准备或计划茶点，给每一个客人斟茶，她还得无形之中做聚会的主席，她得要领导客人中谈话的趋势，避免或调解彼此间言语的冲突。在一个题目谈到差不多的时候她应该能够把话题转到一个新题目上去，她要对于文学、艺术、经济、政治各方面至少有发问题的知识,她要顾到每个客人的心理或专长,使每人都有发言的机会。这样看来我们若是说茶会是近世文明最优美的一点也未尝不可。有人不是曾经说过文明最高的成就是聚两三个人在一间屋里谈话,而中国的茶对于帮助近世文明的发展有它不可抹杀的功绩!

喝茶和谈天是有分不开的关系的。可巧中国茶在英国盛行的时候正是英国文学史上谈风极盛行的时期。英国散文的接近白话也就是从那好喝茶好谈天的十八世纪开始的。在一七一一年,Addison 在他的社评里就提倡大家吃茶。他说:"凡是有规律的家庭总在早晨规定一个时间吃茶、面包和黄油。"不但散文是如此,十八世纪的诗也是和说话一样,诗里的内容也是讲些平凡社交的问题,当代的名家 Alexander Pope 就有这两句取笑那时女王的茶癖:

Here, thou great Anna! Whom three realms obey, Dost sometimes counsel take and sometimes Tea. Matthew Prior 是当时社会诗(society verse)专家,他常用幽默和漂亮的手笔描写时髦男女间的故事:

He thank'd her on his bended knee;

Then drank a quart of milk and tea,

一七六二年一位无名氏有这两句讽刺的话:

No crowding sycophants from day to day,

Came to admire the babe—but more the tea.

喝茶的时候当然免不了有一种人要多嘴造谣,所以 Congreve 的戏剧里有一个角色在谈吐中露出这样一句话来:They are at the end of the gallery, retired to their tea and scandal—after-dinner,还有一部分英国人以为饮茶能使人懦弱,称喝茶的人叫

Tea-spiller 或 Tea-sot。从茶字英文也得了一个成语：To take tea with,意思是和人计较,特别是含敌对的意思。据说这个成语是由殖民地转来的俗语。归根恐怕还是中国去的,因为中国不是常把两人的争执到茶馆里去解决吗？（俗名吃话茶）

因为吃茶的习惯英人日常的生活里增加了不少新东西不胜枚举：Tea-cloth, cup-figut, (-party), -gown, -kettlepot, -rose, -service, -set, -urn, -spoon, -table, -things, -tray etc.

茶字和好几个其他的中国字一样,到外国去了一趟,经过了一种特殊的发展以后又回到本国来了。现在比较经济的招待客人的方法我们叫"茶话会",这就是仿效西方的喝茶。和茶没有关系的牛肉汁我们也叫它"牛肉茶"（英文是 Beeftea）。

除了茶叶之外我们还有好多种的植物输到英美去。如花草之类：China-aster（蓝菊）, China-pink（钱桔）, China-rose（月季）, China-berry（？）；水果之类如 China-orange, 亦名 mandarin orange（金钱橘）, loquat（芦柑或枇杷）, litchie（荔枝）, cumquat（金橘）, whampee（黄皮）；蔬菜之类如 China-pea（豌豆？）, China-bean（？）, China-squash（南瓜？）。有很多词缺少准确的中国本名,这一番工作要等待中国的植物学家来做了。中国的苎麻（China-grass 或 China-straw）据说是自然界中最坚固的纤维。我们丝、茶和磁器的国外市场几乎被日本人抢尽,只有桐油的市场一时或者不易被人家夺去,桐油英文是 tung-oil 或 wood-oil。

西方人很早就感觉到中国药材的丰富。最有趣的一个现象就是有两种我们当药吃的东西在他们那里渐渐的变成了日常的饮料或是食品。China-root 就是一个例子,这种植物是和 sarsaparilla（沙土）很接近,香味几乎是一样,远在一五三五年这东西就由印度输入英国当作治脚气病的圣药。普通的英汉词典给我们三种不同的译名：土茯苓，蕧根，山归来，可见我们还没有能够确定它到底是什么东西。我们的药物家在这个问题上或者可以给我们一点贡献。后来英人很爱它的香味，颇有开胃解渴的效能，于是拿来叫 China-ale，或 China-broth 或 China-ale-beer。美国的 root beer 虽然词典上说是很多植物的根作成的，其实主要的香味还是 China-root。近年来我们也似乎感觉到这种饮料的可口，因此在沿海一带的城市里美国的"可口可乐"汽水（Coco Cola）有那样好的销路！

另一个例子是大黄。中国用大黄最早，而且中国大黄的品质高于其他产地的大黄。据 H. Soier 的分析，中国大黄含药百分之五十八，而其他种类最高只含药百分之二十一。英文名字 rhubarb 是来自希腊文 rheon＋barbaros，意思就是"外国来的大黄"。所以最初大黄是否从中国去的很难确定。最有趣的是英人发现大黄是可以当作甜菜吃的，至今英美家庭里常在饮后吃一角 rhubarbpie，味道还不算坏。

中国的郭（？）良姜在英国有极长久的历史。牛津词典说 galingale 大概是来自中文的（Koliang·Kiang）意思是（mild ginger from Ko）a prefecture in the province of Canton，这种药除了当药用之外，主要的是作烹饪的香料。凡是中古欧洲的厨子都要会用这不可以缺少的调味姜。英诗人 Chaucer（1340—1400）在他的 *Canterbury Tales* 里不是说他的厨子有专门本领做姜煨小鸡吗？

  A Cook they hadde with hem of the nones,

   To boille the chiknes with the marybones,

   And poudre-marchant tart, and galingale.

可是远在 Chaucer 以前三百五十年英文中已经发现有 galingale

这个字了。这一味姜和普通的姜有什么区别？它在中国的用处并不普遍，而在中古的西欧反受欢迎。为什么缘故现在完全被人遗弃？这些都是诱人的问题。

从前鞑靼人常把中国产的人参叶子制成茶的样子运到欧洲去。后来他们发现这种叶子也富有药性的：3 or 4 cups Of Ginseng taken everyday for a week would so on remove most of her complaints，现在人参在西药里已经被放弃了，可是我们仍旧把它看做珍贵的东西。自从我们发现西洋参的凉性，美国人每年把他们的废物运到中国来卖好价钱。

我们再看看关于商业和沿海生活一类的字。西方人来和我们通商，第一当然要明了中国的度量衡和监制，有的名词如"两"(liang)，"细丝"(sycee)，"里"和"厘"(Li)，他们就译音。"细丝"本来的意思是指银子的纯粹，后来就变成"元宝"的另一个名称，至今英人煤油公司采取元宝作一种煤的商标，他们在图下面注的英文字是 sycee。中英的商业当然是由南洋渐渐的北移到沿海的中国本土，因此有几个名词英国商人就懒得译音，而采用他们所熟识的马来字来代替：tael(银两)，catty(斤)，picul(担)。下面几个名词很能在我们的脑海里凑成一幅当时沿海商埠的画：comprador(买办)，sampan(舢板)，junk(帆船)，tanka(疍家)，typhoon(台风)。Comprador 是葡萄牙文，但是在英人里只限于指中国的买办。Junk 本是爪哇字，可是它代表的方帆平底船是十足的中国东西。Typhoon 的身世可以代表文字史上极有趣的一个现象，这词本是中文"大风"的化身，经过希腊文，阿拉伯文然后传到英文，它的字声和字义上都起了变化，它现在并不指任何的大风而指南洋海上的可怕的一种风浪，我们没有经历过的人读了 Joseph Conrad 的描写觉得很能理会到 typhoon 的可怕和伟大。所以等到 typhoon 传到中国来的时候我们才认识它的本来面目了,而创一个新字来翻译它!

上海是世界上各种民族杂居的地方,它的黑暗也是世界闻名的,所以 Shanghai 在英文里的意义也特别多,除掉代表三种特产外:如①一种鸡(据说能生双黄蛋);②一种油(恐怕就是桐油);③一种枪,还代表一种绑票行为,一只船缺少劳工,他们常到岸上去找一个人把他用药酒灌醉,放到船上叫他做苦工。上海还有一种特产,就是那富有诗意的语言我们叫洋泾浜,英美人叫 Pidging,据说 pidging 或 pigeon 是英文 business 的中国语音:the Chinese not being able to pronounce the word business, called it "bi-geen", which has degenerated into "pig-on"。这种鸽子话是中英民族文字天才的结晶,是一个不懂英语的中国人和一个不懂中国话的英国人要想交换意见的自然产品。它采用英文的长处、中文的文法和有限的英文字而临时凑成的一个语言工具,应用的时候各方佐以手势和种种脸上的表情,随机应变。类似 pidgin 方式产生的词是 cumshaw,词典上说它是粤语"感谢"的音译,可是很可能的就是 commission 的误读,同时 cumshaw 的意思并不限于牛津词典所注的"礼物"、"小账",而实在有"佣钱"的意思在里面。

中国历史上的人物也颇有几个在英美人的脑海里留下了深刻的印象。孔子和他的哲学(Confucius, Confucianism, Confucianist),老子和他的道教(Laotze, Taoism, Taoist)都成了普通的名词。元时的忽必烈汗和成吉思汗的威望不但在欧洲历史上留下了影响,特别在诗歌里他们的英名和极美的诗境联在一起时。大诗人 Milton 或 Coleridge 是特别喜欢宏亮的名字的。Cambusean、Cambalu 一类的词使得他们回忆到古时东方帝王伟大的声势,英文诗里最有魔力的一首是被 Kubla Khan 引起的。

> In Xanadu did Kubla Khan
> A stately pleasure-dome decree:
> Where Aiph, the sacred river, ran
> Through caverns measureless to man
> Down to a sunless sea.

大部分是因为他们二人的关系,Khan 这个词已经是和 Caesar 一样,成了王者的普通名字了。

从近代的中国历史里英人采取了两个和他们有直接关系的字:Taiping(太平)和 Boxer(义和拳)。英国名将 General Gordon 曾经一度帮助中国政府攻打太平天国。民国以来除了增加了 Kiuomintang(国民党)这个新字以外,还恢复了一个旧字 War-Lord(军阀)。War-Lord 本是德国统一以前的特产,每一个郡主都拿战争当买卖做:谁出钱就替谁打仗。我们还记得小说家 Thackeray。想不到在二十世纪时历史上的名词又在东方获得了新生命,专用以描写中国的军阀。

我们中国的国民总是很富有同化异族的力量,而自己本身很不易被人家同化。美国自称各种族的一个"融化锅",可是他们却不能消化华侨,结果几个大都市都有它的 China-town,在里面住的中国人一切生活习惯和服装都保持"天国"的方式。我们甚至于把家乡中的斗争也移到外国去解决。美人叫它 tong-war,tong 分明是"堂"的译音。

其他如中国的官制名词也流入了英文:yamen(衙门),tipao

(地保)，Tsung-liyamen（总理衙门），wai-wu-pu（外务部），Wai-chiao-pu（外交部），hsien（县），mandarin（官）。Mandarin 似乎很像"满洲人"的译音，其实是来自葡萄牙文的 Mandarim，原意是"顾问"。现在这词的意义很多。最主要的①指满清时的九品官；②指"落伍的政党领袖"；③指一件人形的玩具穿着满清的朝服，头颈是铁丝做的，动它一下头就点个不止。第一个字母若是用小写的 m，mandarin 也代表三样东西：①金钱橘，因为它的黄色是很像大官穿的黄缎子；②一种黄颜色；③一种酒也叫这个名字。西藏也奉献了几个政治名词，如 lama（喇嘛）、Dalai-lama 或 GrandLama（达赖喇嘛）、amban（?），英人对于西藏的政治兴趣之浓由此可知。西藏还传给英美人马球（Polo）的游戏。

最后，关于中国风俗习惯和各种娱乐的字可以放在一起讲，颇能看出我们在英人头脑中所留下的是怎样一个印象。Tangram 照牛津词典的描写分明是"七巧图"，可是关于这词的来源现在还没有解释。Cracker 或 fire-cracker 就是我们的爆竹，现在成了美人庆祝国庆节的必需品，好像这个市场还没有被人抢了去。我们的金鱼（gold-fish）在十七世纪末年就传入英国，从 Gray 的那首名诗里（On a Favorite Cat, Drowned in a Tub of Gold Fishes）我们晓得连养金鱼的缸都是要中国运去的：Twas on a lofty vase's side, where China's gayest art had dyed, The azure flowers that blow…我们的不倒翁（Chinese-tumbler）和我们的纸灯节（Chinese-lantern）也是受他们欢迎的。最近他们跳舞会里挂的灯笼已经很少是中国造的了，大部分都改为日本灯笼了。英美人对于我们赌博如番摊（fan-tan）似乎很少兴趣，可是对于麻将（mah-jongg）有一个时期非常的喜欢，特别是美国人。在时髦的交际场上麻将竟代替了 bridge，颇有几个中国留学生被请作家庭教师而得到每小时八元美金的酬报！同时许多的投机分子也出版麻将专书。结果美人的头脑终是简单，哪里有耐性去研究里面的奥妙，他们一时的好奇心很快的过去了。

Chop-suey 起初当然只是一碟难登大雅的"杂碎"，可是现在已经成为中国菜的总名了。中国菜馆因此也成了 Chopsuey house，西方人吃中国饭的大障碍显然是那两根筷子，他们译成 Nimble sticks，现在都叫 Chopsticks。我们的迷信也是他们所注意的：Feng-sui 就是"风水"的译音。Joss 是来自葡萄牙文的 deo（神），在中国特指神像，于是我们的庙宇他们叫 Joss-bouse，里面点的香叫 Joss-stick。

我们自古是礼仪之邦，我们的礼节不免给西人很深刻的印象。Chin-chin 是我们口头语"请请"的译音，但是牛津词典把这句话的原义解释错了，它说"请请"是 of greeting and farewell！它的根据是下面这几句话描写。

We soon fixed them in their seats, both parties repeating chin chin chin chin, the Chinese term of salutation。这里的"请请"分明是让坐的意思而不是说"你好呀？"，客人出门的时候彼此都请对方先走没有"再会"的意思。可是在文字上一个错误的来源是无法纠正的，to chinchin 已经成了普通的动词了，意思是"to Salute, greet"。关于旧式的叩头(kow-tow)，牛津有这一句富有幽默的记载："The Chinese were determined they should be kept in the constant practice of ceremony of genuflection, and prostration."

有时候西方人觉得我们过分的拘泥礼节了。法国人很幽默的：一切的官样文章为 Chinoiserie；这词的精彩很快的就被英国人所赏识，于是就借了去变成 Chinesery，但是拘泥形式并非中国人独有的习气，由下面英国人批评他们财政部的一句话可以看出来：

The Treasury goes on with its old Chinesery。我们有时因为顾到对方的面子起见不肯当面表示异议，英人称这虚俗叫 Chinese compliment；牛津的定义也是有趣的：

A pretended deference to the opinion of others, when one's mind is already made up.

我们对于英文最得意的贡献恐怕就要算"顾全面子"这句话了。这并不是说在和我们接触之前英国人就不知道有"面子"的观念。我们不过把这个感觉给它一个极巧妙的描写就是了，真是 Pope 所讲的：

True Wit is Nature to advantage dress'd,

What oft was thought, but ne'er so well express'd. 英人很快的就感觉到 to save one's face 的精彩，因而这句话成了极通用的成语。牛津记载这句话的来源是这样的：

Originally used by the English community in china, with reference to the continual devices among the Chinese to avoid incurring or inflicting disgrace. The exact phrase appears not to occur in Chinese, but "to lose face"（丢脸）；and "for the sake of his face" are common.

可是韦氏词典却承认 to lose face 在美国的普通性。

本文所举的词不过是英文中和中国有关的几个比较重要的词，每个读者或者都可以指出遗漏的词来。作者的原意只是给大家一个节略的轮廓，同时使大家明了我们在这一方面所做的一些有益的工作。英国的语言学家的中文知识是很有限的，所以对于许多词的根源和解释,牛津词典是不能使我们满意的。譬如说,现在常用的 Ketchup 这个词,牛津的注解是:Probably from Chinese Koe-chiap, brine of pickled fish. 这腌鱼汁到底是中文的哪两个字? Tangram 的 tan 到底是什么字? 要解决这些问题,校正它的错误和误解是我们中国人应有的责任。

1942年载贵州文通书局《语文学丛书》单行本

西方当代文学批评方法述评

蒋 炳 贤

西方当代文学与文学批评之间有着密切的联系,两者是相互包容、相互渗透、相互影响的。二次大战后,随着各种文学流派和文学思潮的出现,形形色色的文学批评方法也应运而生,从不同角度、不同要求对文学作品进行探讨和评价,其中影响较大的主要有:道德功用论的批评方法、心理学的批评方法、形式主义的批评方法、原型的批评方法和社会学的批评方法。更重要的是,英美马克思主义美学家,以马克思主义经典作家的观点为依据,认为只有马克思主义方法学,才能创立科学的艺术风格理论,从而对资本主义社会条件下艺术趣味的异化和衰落问题,进行正确的文学批评。一般说来,西方资产级意识形态危机,导致最进步最活跃的知识阶层寻找马克思主义的方法论,进行文学艺术本质及其社会地位的探讨,这已成为一种方兴未艾的倾向,决不能加以低估。

(一)

道德功用论的文学批评方法,历史悠久。柏拉图是提出文艺道德功用论的第一个人,他对荷马以下的希腊文学遗产作了全面评价,认为文艺给人产生伤风败俗的影响,因此把诗人从他的《理想国》里逐出去。贺拉斯认为文艺有教谕和娱乐的两重功用,给古典主义文学理论奠定了基础。文艺复兴时期的锡德尼,在《为诗辩护》中强调诗的价值:诗启迪人、娱乐人,诗是"说话的图画"。英国古典主义后期的代表人物约翰生博士,提出艺术摹仿自然与指导生活相结合的原则,在《诗人传》中,他对诗人创作的社会道德功用作了详尽的探讨。总之,历来强调文艺道德功用的评论家,关心的不是文学作品怎样说法、怎样安排,而是说些什么,给人什么样的教益。

二十世纪的道德功用论批评家——"新人文主义者"(Neo—humanist)最感兴趣的是,文学对生活的"批评",文学的目的是在影响人,文学是在人的思想活动和生活实践中产生的精神财富。他们继承文艺复兴时期人文主义者的衣钵,认为人之所以异于禽兽,在于人有理性和道德标准,他有自己的尊严,有无限发展的潜力,他的生活理想是个性解放、理性至上和人的全面发展。这种思想在当时来说是有一定进步意义的,但在今天已面临末日的西方资本主义社会中,新人文主义者强调人的价值、个性自由与全面发展的思想,本质上仍为本阶级利益服务,而其核心——个人主义的道德价值意识,完全违背社会发展的基本规律,不可能用来作为衡量一切文艺作品的准绳。

基于这种哲学思想的二十世纪初期的文艺批评运动,发轫于美国。一九〇四年穆尔[①]发表一部论文集;一九〇八年巴比特[②]出

[①] 穆尔(Paul Elmer More,1864—1937),美国批评家和编辑,曾在哈佛大学讲授梵文。他的人文主义思想表现在他力主崇尚旧时权威、反对盲目乐观主义思想、政治上的保守主义与二元论等方面。

[②] 巴比特(Irving Babbitt,1865—1933),美国教育家、批评家、古典文学家,主张发扬希腊精神与东方思想,晚年与穆尔两人参与新人文主义的论争。

版了一部《文学与美国学院》,阐述同一观点,响应者不多。他们力图恢复传统价值意识和文艺创作中自我表现的实验,但他们的呼声,在反传统论者、反神论者和实验主义者的叫嚣声中被淹没了。直到二十年代,以福斯特①为首的一批作家附和他们,形成了"新人文主义"的文学批评流派。

新人文主义者反对自然主义和浪漫主义,同时代的自然主义和浪漫主义流派的文艺作品,遭到他们无情的抨击,因而与他们持不同意见的作家,斥他们在文学道路上倒行逆施、顽固地坚持极端的正统观点。三十年代初这一运动日渐衰微,青年批评家被较新的本体论的或社会学的文学批评方法所吸引,巴比特与穆尔相继于一九三三和一九三七年去世,新人文主义潮流销声匿迹,取而代之的是一种叫做宗教人道主义的批评派。后期的T. S. 艾略特成了"基督教人文主义者"的倡导人,力主宗教复兴,不少文论家均随声附和。

当然,强调文艺道德功用论的批评家,不仅限于"新人文主义者",英国的利维斯②和美国的温特斯③都继承传统的道德功用论的文学批评方法,甚至在一些形式主义的文艺批评家中,也会持有此种观点。T. S. 艾略特在《宗教和文学》④一文中说:"文艺的'伟大'不能取决于艺术标准;虽然,我们必需记住:是不是文学,只能

---

① 福斯特(Norman Foerster,1887—1972),美国当代文学评论家,在新人文主义运动中是个活跃人物,著有《人文主义与美国》(Humanism and America,1930)一书。

② 利维斯(F. R. Leavis,1895—1978),英国当代文艺批评家,著有《伟大的传统:乔治·艾略特,霍布金斯,艾略特和庞特》(The Great Tradition:George Eliot, Hopkins,Eliot & Pound,1948)等文集。

③ 温特斯(Yvor Winters,1900—1968),美国诗人及评论家,著有《原始主义与颓废主义:美国实验诗歌研究》(Primitivism and Decadence:a Study of American Experimeut Poetry)。

④ 见《艾略特论文选 1917—1932》中《宗教与文学》(Religion and Literature)一文。

以艺术标准来衡量。"

（二）

本世纪二十年代初，弗洛依德的美学方法论曾被广泛应用于文艺创作及文学批评方面。布里尔(A. A. Brill)把《性理论的三项贡献》(1910年)和《梦的解释》(1912年)译成英语。琼斯博士[①]首先以弗洛依德观点分析评论莎氏的《汉姆莱特》，为心理分析学的文学批评方法开风气之先。这一方法给文学批评家提供了如何研究文艺创作过程、艺术家无意识的意志，以及小说人物的动机等等的诀窍。

众所周知，弗洛依德心理分析学说对西方文艺创作产生过很大的影响。文艺是"原始欲望升华"一说，比较显著地体现在 D. H. 劳伦斯、舍伍德·安德森等人的作品中；此外，在当代作家如乔埃斯、凯赛琳·曼斯菲尔德及格林等的作品中也都不难看到心理分析学的深远影响。在文学批评中比较全面地运用心理分析方法的则有康拉德·艾肯[②]，《群众》杂志主编迈克斯·伊思曼(Max Eastman)等人，英国的格雷夫斯[③]和里德[④]也都鼓吹心理分析批评

---

① 参看琼斯博士的《解释汉姆莱特奥秘的依狄普斯意综》一文，刊于《美国心理学杂志XXI》(1910)。后经不断修改补充，1949年以题名《汉姆莱特和奥狄浦斯》发表，成为研究小说人物的心理分析批评方法的经典作品。

② 康拉德·艾肯(Conrad Aiken, 1889—1973)，乔治亚诗人和小说家，著有《怀疑论述：当代诗话》(Scepticisms, Notes on Contemporary Poetry, 1919)，以心理分析学方法评述当代诗歌，颇有创见。

③ 格雷夫斯(Robert Graves, 1895—1985)，当代英国诗人和小说家，文艺评论集有《现代派诗歌述评》(A Survey of Modernist Poetry, 1927)一书。

④ 里德(Herbert Read, 1893—1869)，英国诗人和文学批评家，在《理性与浪漫主义》(Reason and Romanticism)一书中，强调运用心理分析学方法进行文艺批评的必要性与价值。

方法的功用,并身体力行,写出不少文学批评论著。

一般说来,在文学批评实践中,往往有三种不同的心理分析批评途径。

第一种是从文艺创作过程的分析着手。理查兹[①]就是这一派的倡导者。他在《文学批评原理》一书中详尽分析美感经验的因素,跟他持同一观点的奥格登和伍德在《美学基础》(1922年)中给"美"下了定义:美是"有助于综合平衡"的感受,也就是说,美感是由一件艺术品在观众中激起的一种特殊的和谐的反应。理查兹学说的影响很大,文论家如柏克(Kenneth Burke)就这一论点探讨了作者和读者之间无意识的关系,论断很精辟。

第二种是从研究作家的生平着手,美国文学批评家威尔逊(Edmund Wilson,1895—1972年)提出"历史的批评方法",认为心理学可以帮助传记作者深入探讨作家生活的"内部"情况。采用这一途径进行文学批评,有利于认识作家和作品的内含关系。D. H. 劳伦斯则认为作家可以在自己创作中求得"解脱",文学批评家犹如一个病理分析者,把作品看作"病症",通过剖析而发现潜藏在下意识里的被压抑的东西,这一发现可以帮助读者理解或解释作品的内涵意义。

第三种是把心理分析方法用来解释小说人物的性格。卢卡斯(F. L. Lucas)在《文学与心理学》(1951年)一书中提供不少生活实例,阐明驱使小说人物行动和反应的因素。这样的批评家就成了心理分析学家了。他的唯一目的是在寻究促使人物行动的潜意

---

① 理查兹(I. A. Richards,1893—1983),英国著名文学批评家及语义学专家,所著《实用批评》(*Practical Criticism*,1929)、《文学批评原理》等书,均强调文学批评必须进行文学语言的分析,开创了"新批评"的途径。

识,从而证明"文艺是原始欲望的升华"。

当然,心理分析学派文学批评方法受到两方面的非难。一方面,不少评论家认为这一方法过于简单化,在一些专事猎奇探异的评论家手里,往往任意滥用,乃致穿凿附会。另一方面,有些评论家认为,艺术究竟与做梦不同,艺术家多数能控制自己的作品,做梦的人却无法自我控制。柏克等人在不少文章中反复阐明梦与艺术创作的根本区别,并指出,无论对读者或作家来说,心理学的应用不能是无限制的。

此外,还有一派发展了弗洛依德的学说,以"自我本能"代替泛性欲旺盛论。还有一些流派企图清除弗洛依德心理分析方法论的局限性,提出了用"历史心理学"的和"社会心理学"的艺术方法去补充心理分析学。

(三)

形式主义文学批评方法,或称美学的、逐字逐句按原文校勘的方法,"本体论"的批评方法,更通俗地称为"新批评"。T. S. 艾略特是"新批评"流派的主要人物之一,他声称艺术作品有独立存在的价值,艺术不是政治、宗教、道德或社会思想的翻版。他主张批评家切忌脱离作品本身侈谈思想内容或社会效果。总之,他的目的是创立一种新的文学批评方法,反对用历史的、道德的、心理学的或社会学的分析方法,这一方法只注重作品的美学价值的探讨。"新批评"派中另一个主要人物是 I. A. 理查兹,他和奥格登(Ogden)合著的《意义中的意义》提供一系列探讨语义的词汇,为在文学批评中进行语义探讨的方法奠定了良好的基础。理查兹对"新批评"派最大的贡献也就在于他对语义的调查研究。他的研究成果,一方面给后来的语义学的研究开创了广阔的前景,另一方面也促使埃帕生(Empson)和布莱克默(Blackmur)等人写出不少对作品进行语义分析的文学评论。

"新批评"派对维多利亚时代评论家和新人文主义者的文艺道德功用论,对以历史的、文学传统和作者生平为依据的研究方法,对印象主义者随心所欲地把每一部文学作品作为批评家探险之境的做法,以及对心理分析学派强调文艺作品是原始欲望的化装表演一说,均加以猛烈的抨击或彻底否定;同时,"新批评"派这一类形式主义文学批评派对强调文学的社会功用的马克思主义文艺学说,也是个反动。尽管如此,在三十年代西方文学批评中,形式主义批评方法获得较大的发展。虽然在"新批评"派中间,论点不一,意见纷纭,但是他们的信仰、态度和实践方法基本上是一致的。

五十年代,美国形式主义批评家内部产生了分歧,形成两大派别。一派是"正宗"的形式主义者,另一派叫做"芝加哥学派"(Chicago School)。两派在意识形态上是相同的,都强调对文艺作品进行"内部"分析的必要性,力避涉及社会的、道德的、哲学的以及作家生平问题,文学批评的唯一方法是"文本"的研究,也即是说,文学批评必须从具体作品着手,把注意力集中在作品的产生、文本的传达、作品的内含因素、作品的语言价值等方面。但芝加哥学派则认为文学批评必须有个基本的美学根据,如亚理斯多德式的理论一样,以便区别文学作品的类别,并从同类作品中演绎创作规律。"正宗"的形式主义者的所谓"一元论",也被芝加哥学派大加指责。他们认为,在根据文学不同类型的法则进行具体作品的分析后,对整个作品的社会的、道德的、历史的各个方面,也应加以足够的注意,才能认识作品的超美学的价值。威姆赛特[①]对此持不同见解,他认为把文学作品纳入分类过细的类型,未免太僵硬,这样做势必导致批评家无视文学作品中真正起作用的要素;他甚至责难这种"新亚理斯多德派"的文学批评方法是谬误的。[②]总之,这两派之间的分歧,说来说去,无非是兄弟阋墙之争,但他们之间的论争,跟他们和其他文学批评流派之间的争议,是不可相提并论的。

(四)

原型批评方法,有时称为"图腾"的、神话学的或原始仪式主义的批评方法,其目的在发掘文学作品所反映的文化型式和作品对人类所产生的感染力。在这派批评家中影响极大的有弗雷泽(Sir James George Frazer)和琼格(Carl Gustave Jung)两人。弗雷泽是苏格兰人类学者,他的《金枝》(*The Golden Bough*)一书,自一八九〇年至一九一五年陆续出版十二卷。该书对巫术和宗教作了详尽的探讨,追溯史前若干神话的来源。在二十年代,一批英国剑桥大学学者,如哈里森(Jana Harrison)、康福(F. M. Cornford)和默里(Gilbert Murry)等,把从弗雷泽那里获得的知识,应用于古典文学研究中去,在研究希腊悲剧和荷马史诗中,

---

① 威姆赛特(W. K. Wimsatt, Jr),美国文艺评论家,与布洛克斯(Brooks)合著《文学批评简史》(*A Short History of Literary Criticism*, 1957)。

② 见《芝加哥学派批评家》一文,刊于《比较文学》杂志(*Comparative Literature*)第五卷第一期(冬季,1953)。

探讨仪式斗争的始末。他们的共同观点对后来的詹姆士·乔埃斯及其他作家产生了直接影响,他们都创造性地利用神话进行创作。

另一位代表人物琼格,原系弗洛依德的忠实信徒,后来他的观点跟他的老师有分歧。就原型批评家来说,他的主要贡献在于他倡说的"集体无意识"论。所谓"集体无意识",指的是文明人不自觉地保留史前的知识,而这种知识都隐晦地反映在神话中。

弗雷泽和琼格的学说引人入胜,激起不少作家丰富的想象。D. H. 劳伦斯的所谓"血缘意识"论,显然是受他们的影响而创立的。T. S. 艾略特在《荒原》的注释中承认他从《金枝》中得益匪浅。他认为通过这种研究,我们可以树立一个带有普遍性的人的原型,诗人就可以把它和当代"荒原"中的人物作出比拟和对照。此后,不少作家如罗伯特·格雷夫斯、詹姆士·乔埃斯、耶茨等均从神话中找到关于人类活动的种种解释。C. S. 刘易士重述《赛克和丘比特》(Cupid and Psyche)的故事,说明这一神话故事之所以有经久不衰的巨大感染力,因为主题显示了人类为争取永恒的爱而进行无穷无尽的斗争。

这样,原型文艺批评家在评论一部作品的时候,首先要发掘作品中潜在的神话型式。弗洛依德学派认为,仪式和图腾是原始人有意识的产物,现代文明人则无意识地进行这些活动。琼格一派则认为,神话是种族的原生型式,人们一再重复这一型式,说明他们在"集体无意识"中顺乎自然地参与此项活动。

原型文学批评方法流行的结果,一方面批评家转向文学的人类学方面的研究,另一方面人们往往取笑此种方法的研究成果。有人认为原型文学批评方法不可能很好地评价一部作品。也有人认为原型批评家往往挖空心思,胡说八道。所作的论断不足置信。考利(Malcolm Cowley)认为这一派的作为无非是"把一大堆弗洛依德的和基督教的符号"和稀泥地杂拌在一起而已。

但是,原型文学批评方法反映了当代人不满足于把人视为最有理性的那种科学观点。人类学的文学旨在把人恢复到整个人类原有的地位,珍视人性中最原始的本质。在当代文学批评界中,原型批评方法已被评论家广泛应用,最近浦劳克斯运用这一方法研究《红楼梦》,可谓在红学研究中别开生面,也是值得我们借鉴的。[①]

(五)

早在马克思列宁主义文艺批评出现以前,有进步思想的评论家,往往十分重视文学创作和社会的密切关系。他们认为,文艺作品不仅是个人的创作,而且是作者生活着的时代与历史环境的反映,因此这类社会学的批评家,专注于理解创作的社会背景,以及作者对之反应的程度与态度。

威尔逊把这种批评方法追溯到十八世纪意大利的维柯[②]。这位伟大的历史哲学家在研究荷马史诗中显示了古希腊诗人所处的社会情况,他认为荷马时代的希腊是英雄的时代,荷马本人就是这

---

① 浦劳克斯(Andrew H. Plaks),美国批评家,著有《〈红楼梦〉中的原型和寓意》一书,把《红楼梦》人物与情节均纳入"阴阳五行说"的"集体无意识"模式中。

② 维柯(Giovanni Battista Vico,1688—1744),意大利历史哲学家,著有《新科学》(1725年初版,1730年增改版),把近代西方哲学家的注意力引到原始社会发展和历史哲学的方向,强调史料的学问与哲学批判必须结合,这就是语言学和哲学的结合。

个时代的英雄诗人、希腊社会理想的代表人物。十九世纪的赫尔德尔(Herder)继承了这一传统,把文学批评看作批评家的移情、直觉、主客打成一片的过程。他说,"批评家是作家的仆人、他的朋友、他的公正的评判人……"法国的丹纳(Taine)发扬了这一方法论,应用社会学和心理学于文学批评和研究。他认为,文艺的决定因素是种族、社会气氛(Milieu)和时机三种。文学的目的在于表现人类长久不变的本质特征——原始人的本能特征。文学批评家应着重从文艺与社会生活的联系、文艺的社会根源、文艺与社会心理的角度评价文艺作品。从此,社会学的文学批评方法成为一种有用的方法。遗憾的是,不少文艺批评家把这一方法庸俗化了,成为庸俗社会学的批评方法,流毒很深。

但是,自从马克思列宁主义创始人马克思和恩格斯阐明文艺创作的生产劳动的性质和作用之后,文艺批评界起了巨大的革命。文艺创作既是一种劳动,作品必然是形象思维的产物,这一种生产过程,不仅是认识活动,也是既改造客观世界又改造主体自己的实践活动,除了意志之外,必然涉及作者对自己自由运用身体和精神的力量这种活动的欣赏,因此,文艺创作成为人生第一必需。从马克思主义的实践观点出发,马克思主义文学批评强调作品的客观效果与社会功用,无论在理论上或实践上,均远远超过资产阶级学者的社会学的批评论。马克思主义文学批评家必须掌握辩证唯物主义方法论,运用历史唯物主义对文学作品作具体分析、探讨作品是从现实生活出发,还是从公式概念出发,形象思维与抽象思维在作品中的思想性或倾向性如何处理,艺术价值与思想教育价值的结合等等问题。

近年来,马克思主义文学批评在美国有了较大发展,美国文艺批评刊物如《新群众》、《左派评论报》等相继出版,为传播马克思主义文艺思想起了不少作用。二十世纪三十年代美国共产党机关报《工人日报》上刊登不少文章,强调文艺是阶级斗争的最强有力的武器。

在英国,马克思主义批评家福克斯所写的文艺评论《小说与人民》于一九三七年出版。该书对三十年代英国颓废派文艺思想进行无情的批判,并缕述英国与欧洲小说发展史上的现实主义传统,对小说发展前景作了可喜的展望。考特威尔的《幻想与现实》,用历史唯物主义观点分析批判了英国诗歌的产生与发展,号召诗人创作有利于社会的无产阶级的诗歌。

战后,马克思主义文学批评阵线更为扩大。一九四五年出版不少马克思主义艺术理论书刊。一九四七年《马克思、恩格斯论文学和艺术》文集英文版的出版,进一步推动马克思主义文学批评的发展。

二十世纪六十年代美国马克思主义研究院出版不少文学批评论集,其中有《马克思主义和异化》、《马克思主义和现代文学》、《莎士比亚——马克思主义文学书评》等等,不少评论都旗帜鲜明地反对西方现代派的"文学无边际"观点。

令人惋惜的是,七十年代英国出版的一些马克思主义文学批评集,虽然采取马克思主义的新手段新方法,但其中混杂不少貌似革命而实际是折衷主义的观点和随意性。一九七四年 M. 所罗门汇编的《马克思主义和艺术——古典的和现代的论文》中,竟然把马克思主义美学称为特殊的乌托邦美学,那就离开科学的马克思主义太远了。

纵然如此,近年来西方文学评论家在用马克思主义观点进行文学批评方面,也还取得一些成绩。一九七六年四月下旬在华盛顿举行的"国际莎士比亚协会主办的学术报告会"上①,不少学术论文论证今天用马克思主义文学批评方法进行莎士比亚研究,已取得巨大的成就,主要表现在打破传统的形式主义观点,打破对莎士比亚作品的纯语言和纯心理学研究态度与方法的局限性。马克思主义评论家认为,莎士比亚作品反映了伊莉莎白时代的矛盾斗争及社会变动;不仅如此,作为特殊生产方式的戏剧艺术,莎氏剧本与当时社会之间有相互影响的关系。这个关系就是过去与当前历史的关系。因此,在研究莎士比亚作品时,我们必须认识过去和现在之间的统一和矛盾,特别是莎士比亚艺术和思想的历史意义和当前的社会功能问题。在这一方面,马克思主义对人类历史活动的统一性的观点,一定可以指导评论家进一步探索莎士比亚戏剧的历史的和现实的意义。

总之,在当代西方文学批评和研究方面,越来越多的批评家运用马克思主义方法学,对具体作品进行具体分析,从中寻找科学的、客观的根据,反对文学批评中的主观主义和随意性。看来,从社会学的文学批评方法,发展到马克思主义文学批评方法,也是社会思想发展的必然结果。

综上所述,西方当代文学批评流派纷繁多样,门户之见较深,每一流派都把自己认为是自含自足的体系,因此总不免带些片面性,但是主张博采众长的也大有人在。最近,布莱克默在《批评家的职责》一文中,认为各种文学批评流派各有千秋,过分强调自己

---

① 有关这次报告会上的学术报告,可参看美国的《科学与社会》(*Science and Society*)杂志 1977 年莎士比亚研究专刊。

的方法是唯一正确的方法是不明智的。他主张在文学批评中应该反对"一元论"的批评方法，各种方法只要有助于阐明作品的思想内容、艺术特点与社会价值，均可以借鉴和运用。这种主张兼收并蓄的、以形成内涵的广泛的体系与方法论的观点，是有其可取之点的，但他在文中认为一个文学批评家不该有"倾向性"这一点，一般是不能苟同的。总之，不管采取什么样的文学批评方法，总是受一定世界观的指导。我们要坚持马克思主义的立场、观点和方法，在对待西方当代文艺批评各流派不同方法的态度方面，应该如继承一切优秀的文学艺术遗产一样，批判地吸收其中一切有益的东西。凡值得借鉴的，均应加以了解和研究，既不能全部接受，也不能一概拒斥。譬如"新批评"派主张在密读细读文学原著的基础上进行文学批评的做法，很值得我们借鉴。过去有人进行外国文学评论时，往往放松或降低外语锻炼上的要求，无视文学是语言的艺术、文学作品的思想内容是通过艺术语言表达的这一事实，仅仅通过外国文学的汉译本来写文学批评，更不必说掌握原始资料和对作家作品作周密、全面、深入的研究了。借鉴"新批评"方法，就可防止这种概念化的文学评论泛滥成灾的现象。

西方当代文学批评不同流派不同方法的研究成果，都值得我们加以了解，我们应该以马克思主义为指导，善于学习，悉心研究，兼收并蓄，创造出更新更完美的文学批评方法，开创外国文学批评的新局面。

1985年12月刊于《杭州大学学报》第15卷第4期

哲理诗人鲁克锐提乌斯

鲍 屡 平

一、鲁克锐提乌斯的生平

关于古罗马哲理诗人替图斯·鲁克锐提乌斯·卡汝斯(Titus Lucretius Carus,约公元前99—前55年)①的生平事迹,我们所知极少,又极不确定;除了从他的长诗《咏万物之道》(De Rerum Natura)中可以发现一鳞半爪外,我们几乎全部要靠希厄洛尼模斯的拉丁文《编年史》(Chronica)上的简略记载。在《编年史》"内亚伯拉罕1922年"——即公元前95年——项下,带有这样一小段文字:

> 诗人替图斯·鲁克锐提乌斯·卡汝斯生[于是年]。渠尝以春药致疯,于清醒期间成诗数卷——盖即契喀洛所校订者,迨四十四岁自裁死。

这段紧缩的文字,提到诗人好几件事:出生,得病,写作和死亡。但是这个记录是否准确,屡曾有人怀疑过。

---

① 以后提到历史人物,皆不列原文名及年代。篇末附有"人名汇录,请参考。又中文人名,大都系按原文音译;通行已久的中译名,即袭用之。

多那图斯在他的《维耳季立乌斯传》(Vita Vergilii)中说：维耳季立乌斯于公元前55年10月15日①改着成人装，而"恰巧鲁克锐提乌斯就在这一天去世"。契喀洛在公元前54年2月写给他兄弟的一封信里谈到他们最近读过的鲁克锐提乌斯的诗作。从《咏万物之道》尚需润饰的状态来看，它显然是在诗人死后才发表的；这也就是说，鲁克锐提乌斯必定死在公元前54年2月之前。根据契喀洛和多那图斯两处的简单资料，我们推想鲁克锐提乌斯大概死于公元前55年；不过我们还不敢贸然接受10月15日那个日期，因为它很可能是虚构出来象征维耳季立乌斯的艺术渊源之一的②。假定希厄洛尼模斯所说的鲁克锐提乌斯四十四岁的寿数没有错误，我们可以算出诗人生于公元前99年，而不是95年。

我们不能断言鲁克锐提乌斯诞生在什么地方。他或计是罗马城人，因为他有着罗马城人对罗马国家的那种热爱。他提到"祖国的多难之秋"(i. 41)和"祖国的语文"(i. 832; iii. 260)。长诗中述及城市——大概是罗马城——的面貌处甚多，如：城门口的铜像(i. 316—17)，戏院的天幔(iv. 75—77; vi. 109—10)，群众的活动(iv. 784)等等。

关于诗人的家世，学者议论不一。有人以为诗人的姓——卡汝斯——通常不是贵族家庭的姓，而是奴隶或已脱奴籍者的姓，就断定他是一个已脱奴籍者。当然，鲁克锐提乌斯这个氏族虽是罗马历史上显赫的氏族，但我们既不晓得诗人的父母是谁，我们也很难说他出身贵族家庭。不过，卡汝斯这个姓并不总是奴隶或已脱奴籍者的姓，也有自由民而姓卡汝斯的。况且，《咏万物之道》整篇

---

① 这一天是维耳季立乌斯的十五岁生日。
② 维耳季立乌斯很受鲁克锐提乌斯诗作的影响，这影响特别显现在他的"农事诗"中。

傲岸的调子,诗人在作品中所表现的自由思想和大胆评论的态度,以及对贵族朋友梅米乌斯的平等的口吻,都表明鲁克锐提乌斯的社会地位不低。所以,我们揣想诗人或者是贵族,或是是自由民。

在鲁克锐提乌斯中了春药的毒害变得疯狂、最后又自杀身死这个轶闻上,学者们真是众说纷纭。对于希厄洛尼模斯的话,我们既找不到有力的佐证或反证,就不必完全相信或完全不信。有人用《咏万物之道》第四卷末诗人对性爱的猛击(iv. 1058—1191)做理由来拥护那个轶闻。有的学者甚至附会说,给鲁克锐提乌斯春药吃的是他的妻子叫做鲁契立亚(Lucilia)的。① 诗人非难性爱,恐未必由于私人的原因,而是从他的人生哲学里得出的必然的结论。至于诗人是否结过婚,我们也无法查考。若说《咏万物之道》是一个疯人在他"清醒期间"写成的,尤其不像事实。虽然诗人在作品中显露出一个奇特的性格,他的性格有阴沉的甚至悲观的色调,但长诗的篇幅那样大,思想内容那样丰富,艺术性又那样高,我们很难相信它是一个神经不时错乱的人的作品。诗人四十四岁就死了,他是不是自杀而死的呢?既没有别的古代文献提到这件事,相信它的人就用诗人对死的看法做证据。不错,诗人聚精会神地写宇宙万物这样主题的诗(i. 142—45; iv. 969—70),心理处于紧张状态,加上他阴沉悲观的性格和认为死亡毫不可畏的见解(iii. 830—1094),他是有可能寻求自我毁灭的。不相信诗人自杀这个传说的人,当然也可以举出理由说,诗人不怕死,却不一定要寻死,因为他所信奉的伊壁鸠鲁的哲学并不主张自杀。

---

① 例如,英国诗人滕尼生在他的一首诗——《鲁克里歇斯》(*Lucretius*)中就是这么说的。

鲁克锐提乌斯平生的著述就是长诗《咏万物之道》。从六卷诗的内容来看，诗人已经基本完成他的力作。他在第六卷的前部曾提到他即将结束他的诗篇(vi.46,92)；第六卷的长度还稍微超过每卷平均长度；而诗人在全部六卷中业已充分地解释了伊壁鸠鲁的学说，无须再有增益。不过第六卷写到雅典瘟疫为止，这段描述不像是长诗的适当的尾声，大约诗人未来得及写结论就逝世了。长诗于诗人死后发表，它完整性的略嫌不足，显示它的作者在死前不久还在执笔。长诗各卷创作的确切年份，已不可考；但第五、第六两卷，未经最后修正的情形特别显著，当是诗人晚年之作。

契喀洛"校订"长诗之说，引起过许多学者的争论。据较可靠的意见，契喀洛便是那位文豪马耳枯斯·吐立乌斯·契喀洛，并非他的兄弟昆图斯·吐立乌斯·契喀洛。"校订"云云，颇多疑问。诗人自己未及作最后的修正就去世了。假使契喀洛真的校订过长诗，其中许多位置不妥当的部分应加调动，字句甚至整段重复或过于啰苏的地方应予删削，节段与节段之间缺乏联系处应为弥补。可是他并未这样做过。事实上他对这首长诗不见得熟悉。大概他并未将诗稿加以整理、改正和润饰，只因他一向乐于荫护文人，他就愿意用由他赞助的名义把长诗给发表了。

二、鲁克锐提乌斯的时代

鲁克锐提乌斯生活在公元前第一世纪的前半期，那时罗马的状况是政治混乱腐败，社会动荡不安。贵族统治阶级在国内贪污贿赂，在殖民地拼命榨取。元老和官吏只注意自己的利益，不问人民的死活。个人野心家常常不择手段地竞取权力，你争我夺，战个不休。意大利中部和南部的居民,名义上是罗马的"同盟者",一般却享受不到公民权,不能与闻罗马的政治。意大利人痛恨罗马统治阶级,不时起来反抗。公元前91年,保民官朱苏斯为意大利人争取公民权,竟被贵族暗杀。这件事激发了意大利人的觉悟,他们展开了起义斗争(公元前90—前88年)。起义在形式上是失败了;压平这次起义的主要人物是罗马军官苏拉。接着(公元前88年)小亚细亚的本都人又掀起反罗马的运动。奴隶主认为时局艰难,须将军政大权集中于一人之手。从贵族出身的苏拉和平民出身的马略争夺出征本都的军队领导权开始,苏拉派和马略派进行了六年内战(公元前88—前82年)。苏拉派得到最后胜利,苏拉本人于公元前82年就任终身狄克推多。在奴隶主加强政权期间,意大利发生了由斯巴达克领导的一次历史上最大的奴隶起义(公元前73—前71年)。被奴役的阶级组织了一支强大的军队。他们的解放运动最后虽归失败,但罗马统治者的军队也受了惨重的牺牲,而且奴隶主的恐惧与日俱增。在惶惶不安中,奴隶主觉得军事独裁政权仍有必要。到了公元前60年,三个企图做狄克推多的军人野心家结成了以颠覆共和为目标的"三人同盟":庞培,恺撒和克剌苏。克剌苏于53年死去。庞培与恺撒都想实行个人独裁,后来不惜刀兵相见,进行内战(公元前49—前48年)。

　　鲁克锐提乌斯就生活在这个共和制度逐渐解体的时期内。他在长诗中确切点明这个时期的仅有一处(i. 41—43),但长诗有一种阴暗的背景,却不能不说是受时代的影响。他明了战争的情景(ii. 40—43, 323—30),他更感觉到世界的朽败(ii. 1150—74; v. 91—96; vi. 601—7)。他厌恶野心家的扰攘,渴求着精神的宁静:

　　　　没有更适意的事了,比起崇高地统驭

>那为圣贤的智慧所护卫的宁静的领域;
>
>从那里可以俯瞰走了错路的人们——
>
>迷失了方向的、乱寻生命道途的人们;
>
>看见人们赌赛才能,争求品位;
>
>看见人们昼夜无休,不辞劳瘁,
>
>要获取极量的财富,绝顶的权威。(ii. 7—13.)①

　　公元前第一世纪在精神上也是一个混乱时期。道德和信仰都在衰落。传统的罗马宗教信仰——以为世界上有无数神祇干预人世的信仰,早已失去真正的力量。宗教的形式当然还在,如执政官和祭司到时候会奉祀,预言者继续做他们的神秘工作,人民逢节日休假,等等。但这些形式都是空虚的,已经没有实在的基础了。人们缺乏深挚的宗教情感;他们只是隐隐地觉得冥冥中尚有神祇,并恐惧死后遭受惩罚而已。②

　　一般知识分子对宗教抱着怀疑的态度。那些主张应在人民中间维持宗教信仰的人,又当别论;他们不过是替统治阶级说话,想使宗教服务于其反动统治。然而单纯的怀疑也满足不了一般人的心理要求。罗马宗教曾受希腊宗教的影响。现在罗马人怀疑宗教了,他们在精神上要求一些正面的东西,于是仍然从希腊文化里去寻找。他们找到了希腊的哲学。希腊哲学的派别很多,并不是每一派都能吸引罗马人。深感时代是不太平的,社会是不安静的,环境是不遂心的,他们渴望知道,在现状下如何可以过比较满意的生活,他们迫切需要实际的生活指导。最能适应这种需要的有两派

---

① 文中所引诗句,系笔者自译。原诗用六音步诗行,不押韵。
② 参看《咏万物之道》贝立氏英文译注本(*Lucretius on the Nature of Things*, translated, with an Introduction and Notes, by Cyril Bailey; 2nd ed., 1921),页 6。

哲学:斯多噶主义和伊壁鸠鲁主义。斯多噶派认为宇宙是一个整体;它是物质的;它同时又有灵魂,即自然或理性,神或天命。他们用宿命论的观点去解释宇宙万物的必然性。他们主张依照自然或理性而生活,听天由命,恬淡寡欲,追求美德,以达到"忘情"(apatheia)的境界。伊壁鸠鲁派认为宇宙万物全是物质的,并用修正过的德谟克里托斯的原子论予以解释;他们强调自然律,反对宗教迷信;他们劝人摆脱对神祇和死亡的恐惧,追求精神的快乐,以达到宁静或"不动心"(ataraxia)的境界。这两派在许多理论上都是敌对的,然而他们所提倡的生活理想,忘情和不动心,并没有什么差别。当时罗马的知识分子,对宗教的信仰是恍惚淡薄的,他们在思想上不是相信斯多噶派的学说,就是相信伊壁鸠鲁派的学说。大约斯多噶主义易为有较强的宗教感者所接受,伊壁鸠鲁主义易为有较科学的宇宙观者所接受。

鲁克锐提乌斯就是在这种气氛中成长的。诚然,知识分子对宗教没有浓厚的兴趣了,普遍抱着怀疑的态度了,可是,时代的阴暗失常,仍易使人迷信胆怯。诗人说过,即使是口头上漠视死亡的人遭逢灾祸时还是会以黑牛等等献祭的(iii.51—54)。他自己有一副科学脑筋,他想把人们从迷信束缚中解放出来,特别要赶掉他们对死亡的恐惧,他于是成为伊壁鸠鲁主义的一个热心的宣传者了。

讲到文学,鲁克锐提乌斯那一辈的罗马诗人,已经不再从希腊初期和盛期的文学寻取灵感了。当时的文艺风尚是研究、欣赏和模仿希腊晚期(约公元前第四世纪末叶至第二世纪终)的诗人。希腊晚期的诗篇,表现出作者渊博的学识,也表现出作者远离现实的倾向。那都是一些按照特定的文艺传统而写出来的闭门造车之作。它们的辞藻、格律和表现技巧颇有可取,但它们的题材往往缺少重要性。它们顶多是纤巧之作。其中有好些教导诗,如阿剌托斯、卡利马科斯、欧福里翁、和尼康得洛斯等人的作品;这一部分正是罗马诗人所喜欢仿效的。①

鲁克锐提乌斯也受到当时文艺风尚的影响,但他主要的模范不是希腊晚期的诗人,而是荷马、恩珀多克勒斯和罗马诗人恩尼乌斯。他所创制的长诗,规模宏大,内容是依照伊壁鸠鲁的哲学全面处理自然和人生问题。

三、鲁克锐提乌斯的思想渊源和艺术渊源

伊壁鸠鲁的学说,在公元前第二世纪的前半期已经传到罗马,不过那时的罗马贵族统治者觉得这个学说对他们自身不利,因而迫害伊壁鸠鲁主义的宣传者。到了公元前第一世纪的前半期,罗马社会的传统标准失坠,希腊文化大量散播,伊壁鸠鲁的哲学对罗马人起了很大的作用,它特别影响了感觉敏锐的大诗人鲁克锐提乌斯。鲁克锐提乌斯用他毕生的精力阐发伊壁鸠鲁的哲学。他的长诗《咏万物之道》的主题,正如它的标题所指示的,是宇宙万物的真象。其思想内容的直接来源就是伊壁鸠鲁。这,诗人是极明白极谦虚地承认的(iii. 1—13;v. 55)。

伊壁鸠鲁是古代伟大的唯物主义者。他确信:人所共具的感觉是认识的唯一基础;感觉总是真实的;如果认识发生错误,那是

---

① 见麦开尔,《拉丁文学》(J. W. Mackail, *Latin Literature*, 1895),页 41,42。

起于对感觉经验的解释与判断,而非起于感觉本身。从这个认识论的观点出发,他在物理学上很自然地采用德谟克里托斯的原子论来说明宇宙万物。像德谟克里托斯一样,他设想物体的表面不断放出质地极为细薄、运动极为迅速的"偶像"或"形象",进入感觉器官,造成印象;而物体所以会放出"偶像",乃由于其组成原子的运动。他断言:宇宙中只有两种东西——原子和虚空;万物都是原子碰击结合的结果。但和德谟克里托斯不同,他认为原子在空间作等速直线下降运动;他又认为原子有时会发生"偏斜",这样,它们才有碰击的可能。这个概念否定了德谟克里托斯的机械必然性也即宿命论的说法。万物的形成皆由于原子的运动组合,人和神也非例外。人死时,他的灵魂原子飞散,他的感觉官能终止。神祇是最细致的原子组成的,他们决不干预世事。伊壁鸠鲁教人不用畏惧神祇、死亡,以及各种自然现象。在伦理学上他相信人生目的和至善就是快乐——快乐乃是我们所能感觉到的。快乐的真义在于:避免痛苦和烦恼,达到宁静独立的境界。因此,他劝人少参加社会活动,适度地节制欲望。

鲁克锐提乌斯完全接受了如此处所概括的伊壁鸠鲁的哲学,并加以发挥和普及。对于伊壁鸠鲁,鲁克锐提乌斯的态度是恭敬的,他从心底发出一种狂热的爱戴。他觉得能接触并了解师祖的学说,实在是人生中最有意义的事;他要以传播师祖的学说为自己毕生的任务。然而他并不是盲目地崇拜伊壁鸠鲁,他是体会到伊壁鸠鲁对人类的伟大贡献后才崇拜他的。我们且听他给伊壁鸠鲁的颂赞:

> 当人类那么明明白白地俯躺,
> 为宗教的死重的分量压倒在地上,

> 当面貌狰狞的宗教从四处八方、
> 蓄意威吓地怒目瞅着人类的时光,
> 一位希腊志士首先肉眼圆睁,
> 挺立起来,准备与宗教抗衡;
> 种种神祇的故事既吓他不倒,
> 天空的闪电和阴霾也对他失效,
> 这些倒激发他的刚勇,使他最先
> 渴望击碎那紧束自然之门的锁键。(i. 62—71.)

伊壁鸠鲁这样坚决勇敢地跟宗教迷信斗争,结果探察出自然神秘的究竟,发现了事物所遵循的规律。

> 于是轮到宗教俯伏在他的脚底,
> 我们藉着他的胜利而高与天齐。(i. 78—79.)

伊壁鸠鲁有这样大的功劳,人们获得这样大的益惠,难怪鲁克锐提乌斯要紧紧地追随他了。

> 我跟从你,你这希腊人的光辉翘楚,
> 在你的足迹上我踏着坚定的脚步。(iii. 3—4.)

心坎里一股钦敬的热忱,使他决意效法伊壁鸠鲁。他只是追随,并不敢媲美,因为:

> 你,师祖啊,是发现了事物规律的人,
> 你用一个师祖的学识充实了子孙:
> 赫奕的夫子,我们似蜜蜂在谷里啜芬芳,
> 从你定下的珠玉般的字句吸取营养——
> 珠玉般的、最值得千古宝爱的字句啊!(iii. 9—13.)

伊壁鸠鲁用了宏亮的声音宣明宇宙万物的真象,以期扫除人们心中的恐惧。鲁克锐提乌斯自己的感觉是:

>我以此深感一种神妙的欣喜,
>
>一种震颤的敬畏:由于你的威力,
>
>自然的真象彰显了出来,无论巨细。(**iii. 28—30.**)

对于这样一位圣贤,我们会称赞过分吗?他发现自然和人生的道理,使人从黑暗走向光明,从风险走向安谧;鲁克锐提乌斯于是把他看作人类的救星,奉之为神明了:

>他是神,是神,啊! 尊贵的梅米乌斯!(**v. 8**)

在第六卷的卷首,鲁克锐提乌斯热烈地宣称雅典带给人类最贵重的礼物就是她所产生的伊壁鸠鲁。道理在于:

>因而他用真言涤净人们的心胸;
>
>他制限人们的欲望和畏恐;
>
>他阐明我们所追求的至善的究竟,
>
>指点我们藉以赢得至善的途径,
>
>要我们沿着一条狭道行进。(**vi. 24—28.**)

鲁克锐提乌斯在长诗中还提到别的哲学家。他尊敬德谟克里托斯(iii. 371, 1039),逢到伊壁鸠鲁的见解跟德谟克里托斯的有抵触处,他却总是同意伊壁鸠鲁的。他反驳了赫剌克勒托斯(i. 638)和阿那克萨戈剌斯(i. 830)的学说,不过他对他们的学说不像有透彻的了解。对于斯多噶派,尽管并未提名(i. 370, 465, 1053 等),他抱着典型的伊壁鸠鲁主义者的仇视态度。

除了思想渊源,我们还得溯探鲁克锐提乌斯的艺术渊源。他的长诗的形式,无疑地归功于恩珀多克勒斯的教导诗《咏自然》①。他称扬恩珀多克勒斯为西西里最有声誉、最受敬爱的人(i. 729—

---

① 这原是一首很长的诗,现在仅存三百五十行之谱。

30)。他在第五卷中叙述动物的产生及其自然选择的部分(v. 805—906),便可能采用了恩珀多克勒斯的说法。鲁克锐提乌斯是熟悉荷马史诗的。他用的"金绳"典故(ii. 1154),就出自《伊利亚特》(*Ilias*)viii. 19;他的 i. 741 和 iii. 1026 两行,分别为《伊利亚特》xvi. 776 和 xxi. 107 两行的回声。他所叙述的俊秀青年手执灯火以照夜宴一段(ii. 24—26),系自《奥德赛》(*Odusseia*)vii. 100—2借来;神祇的住处不受风、雨、雪等的侵袭一段(iii. 19—24),便是《奥德赛》vi. 42—46 的意译。他褒誉荷马为诗人的魁首(iii. 1037)。鲁克锐提乌斯也相当熟悉希腊悲剧;第二卷中论人的物质组成一段(ii. 991—1004),就是模仿欧里庇得斯的"克汝西波斯"(*Chrusippos*)残篇中的句子。他在第六卷末描述公元前 430 年的雅典瘟疫,是以图库狄得斯的《伯罗奔尼撒战争史》ii. 47—54 为蓝本的。

在格律上,他颇受契喀洛早年译出的阿刺托斯"星球现象"的拉丁文本的影响。在遣词造句方面,他从罗马早期大诗人恩尼乌斯(i. 117—119)的作品中得益最多。他有好几行是取自恩尼乌斯的(iii. 1025,1035;iv. 409;vi. 195[①])。

鲁克锐提乌斯承袭了伊壁鸠鲁的思想,受了一些希腊诗人和罗马诗人的影响;那么,他的独创性在哪里呢?根据狄俄革涅斯·莱耳提乌斯的希腊文著作《著名哲学家的生平与言论》,契喀洛、塞涅卡、普鲁塔耳科斯和鲁奇阿诺斯等人的有关的评论,以及伊壁鸠鲁自己同他门徒们的断简残篇,我们可以相信鲁克锐提乌斯对伊

[①] 这几行首先由拉黑曼指出,笔者据梅里尔的转引。见《咏万物之道》梅里尔氏编注本(T. Lucreti Cari *De Rerum Natura*, edited, with an Introduction and Notes, by W. A. Merrill;1907),页 41。

壁鸠鲁的哲学的解释是准确的。伊壁鸠鲁的著作大部佚失，我们不能拿《咏万物之道》来和他的现存的零碎文字比较，藉以发现鲁克锐提乌斯在思想上补充了些什么。大致鲁克锐提乌斯并未为伊壁鸠鲁的哲学增加很多的新义，但他的长诗也不仅仅是复述一下伊壁鸠鲁的哲学，它是以伊壁鸠鲁的哲学为内容的一件伟大艺术品。在他同代的和以前的作家中，已有宣传伊壁鸠鲁的理论的，所以他并不是伊壁鸠鲁主义的最早的罗马宣传家，但他的作品却是讨论伊壁鸠鲁主义的最早的拉丁文诗，甚至除了恩尼乌斯的作品外也是讨论希腊哲学的最早的拉丁文诗。而它是什么样的一首诗啊！鲁克锐提乌斯用非凡的才能将哲学变成诗，赋伊壁鸠鲁主义以新的生命。他的诗具有重大的现实意义：它旨在消灭当代的精神梦魇。我们今日的读者还能感觉出他带着火一般的热情，用有力的诗句显示自然和人生的究竟，向他的同胞们传布伊壁鸠鲁主义的真理。如果我们读一读伊壁鸠鲁的枯燥的断简残篇，这一点就更为明显。

在他陈述伊壁鸠鲁的哲学时，他的解释不仅出之以诗，而且其中的特别是涉及法律和医药的许多例证和细节，都是根据他自己的知识和经验的。这是诗人独创性的另一方面。

在契喀洛的全部著作里，只有一处提到鲁克锐提乌斯：

> 鲁克锐提乌斯之诗，耀其天才之光彩，复显其高度之技巧，诚如弟函所云。〔《致昆图斯胞弟书》(*Epistulae ad Quintum Fratrem*, ii. 11.)〕

这写在诗人死后约四个月的一句话，倒是一则重要的批评。鲁克锐提乌斯的作品代表那种能够反映罗马精神的老派拉丁文诗。可是契喀洛似乎以为鲁克锐提乌斯既有老派诗祖恩尼乌斯式的天才,又有当代新派诗人的技巧。这不能不说是对鲁克锐提乌斯的赞赏呢。①

四、《咏万物之道》的性质和要义

鲁克锐提乌斯希望通过他的长诗,说服人们用原子论的观点看宇宙万物,破除宗教迷信和怕死心理。他自己的哲学思想得自伊壁鸠鲁,他的长诗系统地阐述伊壁鸠鲁的学说,是我们了解伊壁鸠鲁的学说的主要依据之一。他既然志在教导读者,使他们信仰伊壁鸠鲁主义,他就按伊壁鸠鲁的哲学的原理,解释自然界和社会中种种重要的事件和现象。他的创作是一首长篇的教导诗。教导诗本不容易写,它往往跳不出韵文体科学论文的格局。《咏万物之道》却是真正成功之作,一则因为它的内容在当时仍不甚为人所熟悉,颇能激起读者的好奇心和想象力;二则因为它有高度的艺术性,有强大的感染力量。

名义上,《咏万物之道》是为梅米乌斯写的(i.26)。这个人物,鲁克锐提乌斯仅仅简略地介绍过:他的家庭是显贵的(i.42),他被诗人视作可取的人(i.140),他是诗人的朋友(i.141)。学者考证出这人就是盖雨斯·梅米乌斯。他是一个二流政客兼三等诗人。他于公元前58年任司法官;公元前57年任必替尼亚(Bithynia)总督,曾将诗人卡吐鲁斯和钦纳邀到他的任所;公元前53年因于执政官竞选中行贿而被放逐;公元前49年回到意大利后不久就去世

---

① 见达夫,《罗马前期文学史》(J. W. Duff, *A Literary History of Rome from the Origins to the Close of the Golden Age*, rev. ed., 1910),页 277,278。

了。他对希腊文学有尚浓厚的兴趣,自己写过一点情诗,喜欢与文人交游。他过着放荡的生活,他的性格与鲁克锐提乌斯对他的敬意之间颇有距离。他在口头上也许是个伊壁鸠鲁主义者,鲁克锐提乌斯想要他确实了解并信仰伊壁鸠鲁的哲学。然而他未从他的诗人朋友那里获得应有的教益。

这首长诗只是在名义上献给梅米乌斯的。我们读这部作品时,只觉得梅米乌斯的名字越来越不重要,而读者们在诗人心中的地位却越来越重要。提到梅米乌斯的名字的地方,第一卷有四处(i. 26,42,411,1052),第二卷有两处(ii. 143,182),第三卷和第四卷皆付阙如,第五卷有五处(v. 8,93,164,867,1282),第六卷又没有了。这个名字"常常像是为了音律的方便才写在诗行里的"①。诗人在 i. 922—34 一段内说起他希望获得赞誉,这显然是诉诸一般读者的。他实在是对群众进行教育工作,愿他们藉着文艺女神的"甘美的黄蜜"(i. 938;iv. 13),喝下良言的"苦涩的艾汁"(i. 940—1;iv. 15—16),以臻心理的宁静。

长诗是一道对宗教的檄文。诗人对宗教的态度,不像他的许多同时代人那样止于怀疑,而是明白的反抗。他不像斯多噶派那样将宗教理论化,他根本否认神祇干预世事。宗教是他的仇敌,他不能跟它妥协。他看出宗教是人类忧患甚至罪恶的根由(i. 82—101;iii. 59—86);人类要过幸福的生活,就必须铲除迷信心理。他从伊壁鸠鲁的哲学里懂得了自然和人生的真谛,他就用伊壁鸠鲁的哲学当武器来进行战斗工作,为他的同胞们服务,使他们抖脱宗

---

① 《咏万物之道》饶斯氏编订英译本(T. Lucreti Cari *De Rerum Natura*, edited, with an English Translation and an Introduction, by W. H. D. Rouse;3rd ed. ,1937),页 vii.

教的桎梏。

我们可也不应当把《咏万物之道》仅仅看作一部反宗教的作品。它包含一个完整的思想体系:伊壁鸠鲁主义。伊壁鸠鲁和鲁克锐提乌斯并非随便拼凑一些理由来抗击宗教,或一些论据来讲解人生道理;他们都是从唯物主义的经验论出发,说明宇宙万物的本性实质和运动规律。《咏万物之道》的思想内容是一种严肃的哲学,这种哲学基本上是正确的,我们必须严肃地对待它。

鲁克锐提乌斯的目的是崇高的,任务是艰巨的,成就是伟大的。这些事实,他自己清楚得很。我们且听他自己的声音:

> 我的主题多晦暗,我的内衷全明晓;
> 然而招致赞誉的热望震动了我的心,
> 在我的胸中激起了对文艺女神的热情,
> 以此我兴致勃勃地跋涉前往
> 那无路好走、无人经过的文艺女神的故乡。
> 我爱拜访那些无人尝过的诗泉,
> 并且痛饮;我爱摘新鲜的花朵,愿
> 赢得文艺女神所从未赏赐过的一顶
> 荣誉的花冠来复盖我的发鬓;
> 首先,因为我的言论是高想深思,
> 我还要解开紧紧扣住的宗教的结子;
> 又因为我用清晰的字句歌咏宇宙谜,
> 将我的韵文饰以文艺女神的美丽。(**i. 922—34.**)

诗人自觉有三点凭借可以获致令名:他的科学思想,反宗教态度,以及诗才。他的主旨在教育说服读者,他所处理的辩论性的题材确实不容易化为真正的诗,但是他的雄伟的风格却恰当地表达了他的主题。他用虔诚喜悦的心情阐明宇宙万物,激烈地攻击宗教迷信,热爱大自然的美丽,同情遭受苦难的人群:这一些乃是造成长诗胜利的因素。

就是对于今日的读者,这首诗仍有很大的激励作用。尽管两千年来,人类在各方面的知识都丰富了许多,我们也不难指出鲁克锐提乌斯的学说中哪些已成老生常谈,哪些已为事实所否定,然而我们决不会感觉不到他的信仰的正确方向和深厚热情。古代作家中,的确少有像他那样直接地教导着、感动着我们的。①

《咏万物之道》计分六卷,长达七千四百余行,基本上是完成之作。当然,它没有完全整理好,有些伏笔缺了下文,有几段是重复的,有几段没安放妥当;但是,我们知道,倘使诗人多活几年,他会在什么地方作什么样的修改的。

诗人阐述伊壁鸠鲁的自然哲学,目的在于消除人们对神祇干预世事和死后灵魂受难的迷信的恐惧。他指出,宇宙万物受"自然律"(foedera naturai, i. 586)的约束,灵魂将随身体的死亡而毁灭。长诗的大部分发挥伊壁鸠鲁的原子论宇宙观;诗人也触及伊壁鸠鲁的以快乐为人生目的的道德哲学,和以感觉为认识基础的认识论。他的中心思想是:无数的原子在无限的空间运动;万物的形成由于原子的结合。鲁克锐提乌斯的哲学是唯物主义的,但他并不是个像德谟克里托斯那样的宿命论者。②

----

① 见《咏万物之道》,雷瑟姆氏英译本(*Lucretius on the Nature of the Universe*, translated, with an Introduction, by Ronald Latham; 1951),页 8。

② 见《牛津古典文化辞书》(*The Oxford Classical Dictionary*, edited by M. Cary, J. D. Denniston, J. W. Duff, A. D. Nock, W. D. Ross, and H. H. Scullard; 1949),页 516。

在比较详细地剖析《咏万物之道》的内容前,我们不妨概略地介绍一下每卷的要点。六卷诗中,两卷论述原子学说,两卷解释心理活动,两卷说明自然界和社会的发展以及令人惊异的自然现象。

第一卷讲事物的通性。诗人认为宇宙万物不外乎物质与虚空;物质是不灭的,它的本原是实体的、不可分割的、永恒的原子。诗人批驳了赫剌克勒托斯、恩珀多克勒斯和阿那克萨戈剌斯诸家关于万物根源的学说。最后他表明宇宙——原子和虚空——是无限的。

第二卷探究原子的特性。它们的形状、运动和组合。原子数目无限,寿命永恒,由于本身的重量不停地在空间运动,当原子脱离垂直方向而作偏斜的运动时,彼此就会碰击,结成物体。宇宙万物都按自然规律在发展着,与神祇无涉。诗人说,原子不具色、温、声、味、臭等性质。最后他论及宇宙中有许多世界,论及它们的发生和毁灭性。

第三卷处理灵魂问题。诗人探讨灵魂的形成及其与躯体的关系。灵魂是物质的,由极细致的原子组成,将随躯体的死亡而毁灭。诗人提出一系列的证据——从灵魂结构和疾病现象得来的证据,说明灵魂的可毁灭性。灵魂既将毁灭,对死亡的畏惧便是愚蠢。

第四卷大部分考察感觉和思维的心理过程。诗人以为视觉是由于物体放出"偶像"或"形象"进入眼睛的缘故。他进而讨论感觉和思维的性质,并认为感觉总是真实的,错误则起于思维。在本卷的后部,他说明某些生理活动,他特别谴责性爱。

第五卷讲地球和星球。在解释地球的形成时,诗人反对神学观点和目的论。他说,地球既有开始,也将有结束。他探讨了一些天文问题,如太阳、月亮、星球、日食和月食的性质。随后他追溯植物和动物的起源,人类的起源,人类的进化,原始社会和文明的发展。

第六卷讨论自然界中一些令人惊异的现象。在天象方面,有雷、闪电、水柱、云、雨;在地理方面,有地震、火山、海、河、毒湖、温泉、磁铁、疫病。全诗以雅典瘟疫的描述作结。

五、鲁克锐提乌斯的认识论

伊壁鸠鲁的哲学的起点,是一个认识论的问题:我们如何获得关于客观存在的知识?伊壁鸠鲁对待这个问题,是具有丰富常识的人的态度,而不是唯心主义者的故弄玄虚。他要把他的哲学系统建立在一个稳固的基石上,那基石就是他的唯物主义感觉论。客观世界是可知的,对客观世界的认识的基础便是感觉(i.422—23,694)。人所共具的感觉乃是认识的泉源,它是真实可靠的。只要感觉给我们明显的指示,我们就应当相信那指示是正确的。我们必须否定任何与感觉相抵触的假说。倘使关于某一事物有好几个解释,而它们又都符合我们的感觉经验,我们暂时不妨全部承认它们(vi.703—11)。感觉是真理的标准:

　　事实上你将会明了:真理的概念

　　起于感觉,而感觉又不容抗辩。(**iv.478—79.**)①

感觉非但是真理的标准,简直还是生命的基础:

　　假如你不敢信任你的感觉,

---

① 参看 i.699—700。

> 以避悬崖诸险而向平夷举脚，
>
> 不单那理性作用会完全崩溃，
>
> 就是生命本身也将迅速摧毁。(iv. 507—10.)

感觉既是真实的,就无所谓错误;但根据感觉经验而作推理时可能发生错误,那却要怪悟心：

> 事物的本质非眼睛可以懂得。
>
> 这悟心的错误你莫要眼睛负责。(iv. 385—86.)①

非感觉所能经验的事物,也同感觉所能经验的事物一样,在遵循自然规律,运动发展。因之,我们可以根据后一类的事物,解释前一类的事物。伊壁鸠鲁的哲学中的某些论断,便是由类比而来的。至于认识过程,伊壁鸠鲁派的看法是:悟心通过感觉得到许多表象,表象造成概念,概念就作为比较推断的资料。但一切的根本仍为感觉。②

虽然鲁克锐提乌斯直到第四卷才正式讨论这认识论的问题,他却始终是依据伊壁鸠鲁的原则的。③ 我们要了解诗人的思想,便不能忘记他的认识论。例如,照他的想法,我们看到太阳和月亮有多么大小,它们就各有那么大小(v. 564—84);我们必须信任感觉。又如,关于昼夜的循环(v. 650—704),天体的运行轨道(v. 614—49),日食、月食(v. 751—70)等,可以各作数种解释,因为感觉既未提供明确的证据,各种假设——只要它们不与感觉抵触——都可考虑承认。也正是这个根本原则,使鲁克锐提乌斯常常用普通感觉所及的事物去解释感觉所不及的事物。例如,我们感觉不到原

---

① 参看 iv. 464—66。
② 参看梅里尔编注本,页 34。
③ 见贝立英文译注本,页 13,14。

子,但可根据感觉得到的东西像风、气味、冷热、声响、水气、金属、石条和生物等断定原子的存在(i.265—328)。又如,我们感觉得到风的吹拂,却看不见风(i.271—79),但它也是物质的川流,像看得见的水一样(i.280)。

伊壁鸠鲁派以为知识基于感觉,感觉可以告诉我们事物的真实或近似的面貌。我们感觉到物体,那么物体就必定存在。宇宙里只有两样东西:物质和空间——物质在空间不停地运动。这是伊壁鸠鲁派的根本理论,全部伊壁鸠鲁主义都从这儿演出。灵魂就是极细致极活动的原子的组合。善就是快感——舒适愉快的感觉,起于灵魂原子的运动。宇宙就是这么一个物质的宇宙,我们不应当假设神祇干预世事。

鲁克锐提乌斯所阐发的感觉论的观点,贯穿在他的全部哲学中,它基本上是正确的。但我们不能不感到鲁克锐提乌斯深受历史条件和当时科学水平的限制,因为他在应用这个观点时常会引起我们的疑问。他过于重视感觉在认识过程中的功能,而贬低思维的积极作用。例如,他在第四卷中提到许多错觉幻象(iv.387—461);他说我们的感觉是不错的,错在悟心(iv.462—68)。事实上,不正是悟心发现了我们看到的那些现象是错觉幻象,与现实不符吗?再如,他认为太阳和月亮就有我们所看到的那般大小,否认距离会影响我们的视觉,这难道不是无条件地信任感觉的弊病吗?诗人是喜欢用类比的。有的类比精当之至,有的却过于大胆。他用木头冒烟,火生热,蝉蜕、蛇蜕和犊的胎膜等事例来说明一般物体都放射极细薄的"偶像"(iv.54—64)。我们不晓得在当时的读者中是否真有相信这种臆说的。

六、鲁克锐提乌斯的科学思想

1. 关 于 物 质

根据伊壁鸠鲁派的认识论,我们认识客观世界是要依靠感觉的。我们能感觉到的是什么呢?只是一个物质世界。世界上是否全部为物质呢?不是的。我们的感觉告诉我们,物质是不停地运动着的,运动就必需空间,所以世界上除了物质外还有虚空(i.329—34)。而且,物质是无限的(i.1008—9),否则万物的形成就不可能(i.1017—20)。物质总在运动,故空间也必然无限,否则物质将沉于底部,也不会有万物了(i.988—95)。

关于物质根源问题,鲁克锐提乌斯在第一卷的中部批判了别派的学说(i.635—920):有的否认虚空,这样就使运动成为不可能的事;有的认为物质可以永远分割,这样就否认物质单位的存在;有的以为物质的单位会变化,有的以为物质的单位会毁灭,这样都引起有归于无的结论。只有原子论跟我们的感觉不冲突。伊壁鸠鲁接受了德谟克里托斯的自然哲学,并予以重要的修改。鲁克锐提乌斯所阐发的便是伊壁鸠鲁的原子论。

无中不能生有(i.150,155—56,205,265—66,543—44),事物的发生必有前因,故宇宙决非神造(i.150,157—58)。宇宙是物质的,宇宙中只有两种东西:原子和虚空(i.206—7,329—34,418—48)。诚然,原子是看不见的;但是原子的存在,实不容怀疑:

我已教导你无中不能生万物,

而既成之物也不会回归于无;

可是你或许怀疑我的言辞，
因为肉眼看不见我所讲的原子；
那么想一想世界上种种看不见的、
却无容否认其存在的物体的实例。
首先，激动的风：它使波浪翻腾，
倾覆海上的巨舶，撕裂天空的飞云；
有时刮过平原，将大树东撒西扔，
有时猛打山峰，砍倒成片森林。
这乃是风在狂怒之中的神情，
它还发着恶狠狠的吼声和哼声。
毫无疑问，必是风中不可见的质粒，
在扫荡海面和陆地，以及天上的云衣，
横冲直闯地扑击、卷动后者这些。(**i. 265—79.**)

原子是实体的，不可穿入的，不可分割的，不会毁灭的(i. 485—86,500—2)；每个原子的内部不含虚空，各个原子是永存的。原子有不同的种类，不同的形状和大小(ii. 333—37)：圆形的、有棱角的、带钩的、有枝的、光滑的、粗糙的等等。形状的数目有限(ii. 479—80)，而每一种形状的原子却是无数的(ii. 523—25)。虚空也是无限的(i. 958—59)。德谟克里托斯以为原子的形状无数；伊壁鸠鲁反对这个说法，因为果真那样，势必会有很大很大的原子了(ii. 481—99)。

原子并不是静止的，它们不停地在运动(ii. 80—82)。它们由于自身的重量而作直线向下的运动(ii. 184—86, 201—2, 217—18)，又因为它们在空间是不论重量的大小都作着等速的运动(ii. 225—29, 238—39)，它们本来永远不会碰击(ii. 221—24)。不过，在不可预测的时间和地点,它们会离开垂直方向而稍作偏斜的运动(ii. 218—19, 292—93),这样它们就会碰击了,搅混在一起,像太阳光线中的微尘一样:

> 你可注意,当日光射进屋宇、照明
> 它阴暗的角落时,看有何种情景:
> 你会见到众多的微粒以各种方式
> 搅混在光线所及的全部空间里,
> 好像从事着永恒的冲突与斗争,
> 大阵大阵地交锋,毫无片刻的停顿,
> 冲来撞去,时而合,时而分。(**ii. 114—20.**)

原子这样结在一起,就有无数的组合,原子的组合终于形成万物。物不自无中来;物也不会回归于无(i. 215—16, 248, 266, 544)。物体虽可毁灭,但这不过是说,它的组成原子将分散开来重新组成别的物体。原子本身是不会毁灭的。

分散的原子在空间不停地运动(ii. 83—99)。便是物体内的原子,也在不停地运动(ii. 100—4, 106—8):一个原子碰到别的原子后就要改变方向,这样不断地碰击,彼此的力量抵销了,所以物体的完整性仍能维持。诗人用了两个生动的譬喻说明物体表面静止而内部的原子却在动荡不息:

> 常有羊群在那山腰上啃食嫩草尖,
> 时左时右地慢吞吞地移步向前,
> 受着饰有晶莹鲜露的绿卉的招邀;
> 苗壮的羔羊尽在一旁角抵、欢跳;
> 但我们远远望去,只见一片模糊——
> 一段白色静静地钉在青山的腹部。

再者,进行战事演习的大队官兵,
云集在原野中,作着忙碌的调动;
武装的眩目的闪烁上射到天表,
刀矛的亮色照耀着战场的周遭;
地面响着成千上万的武士的跨步声,
左近应答的群山把嘶喊直送星空;
突有骑兵急驰闯进战场的中央,
他们猛烈的冲击震撼着那块地方。
然而你若从峰间的某点向下了望,
这些人物只像是地面上静止的光。(**ii. 317—32.**)

各种东西,都是原子组成的;它们的性质,依其组成原子的形状、大小、数目和排列,及其体内空间而定(ii. 381—477)。生命也是由于原子的适当的组合,而不是什么别的,因为灵魂是物质的(iii. 161—62)。连人的自由意志,也不过是原子偏斜的结果(ii. 251—60)。

鲁克锐提乌斯的原子论略如上述。二十世纪的人,对原子的认识有了很大的不同。我们知道世界上有 92 种天然的基本物质,就是 92 种元素。元素的最小组织单位是原子。但原子虽是元素的最小组织单位,我们可不能说它就是物质的最小的、再也不能分割的单位。因为实验证明,原子虽小,还可分割,而且本身的构造相当复杂,不啻一座微小的太阳系。每个原子有一个重的带正电的原子核在它的中央,有若干(1—92)个带负电的电子绕着原子核旋转。整个的原子却是中性的,因为原子核的正电荷数与电子的负电荷数刚好相等。原子核里有若干个带正电的质子和不带电的中子。每个原子的电子数同质子数总是相等的。各种元素的性质,是由电子的数目、分布和运动状况决定的。原子并不是很稳定的。最重的几种元素有天然放射性,各可分化出或转化为别的元素。物理学家和化学家还可以用人工方法在比较轻的元素中引致放谢性。今天的科学家更可利用裂变反应分裂原子核,获得原子能。

鲁克锐提乌斯设想:原子是物质的最微小的粒子,原子是实体的,仅有形状、大小和重量的差异。现代原子论却告诉我们:原子虽是极微小的物质粒子,它只"是物质的一系列复杂化的形式中的一个阶段"①,它的内部有更微小的粒子和大量的空间,它可以分割,它有种种复杂的物理性质和化学性质。鲁克锐提乌斯关于原子运动的说明,尚不能免于矛盾。他认为原子在空间的运动是采取直线朝下的方向,这与他的宇宙无垠的说法显然抵触,因为空间无限,哪来上下之分?关于物质的形式,他的说法也欠周密妥当。首先,他不承认单纯的物质的存在,他没有元素的观念。他以为世界上没有一样物质是只由一种原子组成的(ii. 581—88, 686—87)。其次,他不晓得分子的存在;据他的假设,一切东西——不管是元素也好,化合物也好,混合物也好——都是直接由原子组合起来的。这样,原子的组合便是混乱不定;他自然未想象到定比定律和倍比定律。

我们可以说鲁克锐提乌斯所叙述的原子论颇为粗糙,并且有错误,然而我们不能不承认它是一个天才的臆测。它和现代原子论有很大的距离,但它对近代科学仍有重要的贡献。因为鲁克锐提乌斯用原子论来解释自然时,他是坚定地站在唯物主义的立场

---

① 尤金,罗逊塔尔:《简明哲学辞典》(中译本,1955),页375。

上的,而唯物主义的立场乃是科学的前提。鲁克锐提乌斯的唯物主义还是很朴素的,但他继伊壁鸠鲁之后试图唯物地解释宇宙万物,功绩实在不小。他发挥了伊壁鸠鲁的思想,宣称:无中不能生有;世界非神所造;自然界的一切都是物质的,由永久存在着永久运动着的最微小的物质粒子——原子——所组成。他实已认识到世界的物质统一性。他又提及万物的运动发展:他实已认识到运动发展的普遍性。鲁克锐提乌斯的原子学说于十七世纪为伽桑狄所复兴,又为波义尔和牛顿诸家所接受,以后迭受科学家的重视。现代实验物理学详确地说明了原子的构造和作用,使鲁克锐提乌斯的学说显得太陈旧,可是后者的基本方向并不算错,不过诗人处于实验科学尚未萌芽的古代,实在无法全凭想象而能准确地揭明原子的真象。

在他的自然哲学中,鲁克锐提乌斯预示了几个近代物理学的基本概念。他断言无中不能生有,有也不会变无:前者表示宇宙的根本是物质,而物质不会凭空增加;后者则表示物质不会减少。合起来看,两者正预示物质守恒定律。物质的形式可以发生变化,这变化不过是原子的组合与分解的作用,而物质的本身——原子——不会消灭。万物的现象尽管变化,物质却是永存的,它的总量不会增多,也不会减少。鲁克锐提乌斯说得很清楚:万物互为消长,一样东西解体了,别样东西就被产生(i. 250—64);万物互为消长,由于原子的移动,这样东西增加了,那样东西减少了,而物的总和不变(ii. 62—79);万物互为消长,创造与毁灭保持平衡(ii. 569—80)。物质守恒定律,实也包含能量守恒定律。万物的变化消长,表示能量在形式上的变化消长;正像物质不灭和物质总量不变,能量也是不灭,能量的总和也是不变的。鲁克锐提乌斯指出:

运动是不可毁灭的,运动的总和,像物质的总和一样,是不会改变的(ii. 294—307)。

诗人还下过一则极有洞察力的断语:物质不论大小轻重,在空间(真空)降落的速度相等(ii. 238—39)。他又观察到光的速度远大于声(vi. 164—72);出射角等于入射角(iv. 322—23)。

2. 关于天体

诗人以为自然并无计划和目的(iv. 843—57),万物的形成只凭原子的机遇的运动结合(i. 1021—28;v. 187—94);宇宙中有无数的世界(ii. 1048—66),我们的世界仅是其中之一,而且它也要服从自然规律而将毁灭(ii. 1148—74;v. 235—46)。布汝诺曾根据世界无穷多这个概念和哥白尼的学说,断言我们的太阳系不过是众多太阳系中的一个。[①]

在讨论天体的性质和运动中,诗人的解释有时是正确的,如关于日食和月食的部分说明(v. 751—70)。但他多数的解释都有错误。例如,他相信地球定居在宇宙的中心(v. 534—38);这不仅违背事实,而且不合他自己的逻辑,因为他说过,宇宙无垠,并无中央(i. 1071—82)。他又固执地宣称太阳的大小正如我们看到的那样(v. 564—74);他是知道太阳距离我们极其遥远的(iv. 410—13),可是他误认为远处的火看来并不减小(v. 566—69)。月亮的大小,据他说也是一样(v. 575—84);他的理由是,月亮的轮廓清晰,它看来必未减小(v. 579—84)。

---

① 见梅里尔编注本,页29。

3. 关 于 生 物

诗人说过：

生物——如我所主张——产生于无感觉体(**ii. 870**)。

所谓"无感觉体"，是指的原子。在他看来，生物与非生物有共同的根源：它们都是原子组成的。可惜他未说明何以只有形状大小的差异的某些原子结合起来就能产生生物，虽然用了"种子"(semina, i. 59)和"创生体"(genitalia corpora, i. 58)等名词来称原子，他并未真正触及生命起源问题。

在叙述古代生物时，他提到环境对于生存的影响，部分地预示了达尔文的学说。他说，起先有许多畸形的和器官残缺的动物，不能适应环境，不能生存和繁殖(v. 837—54)。还有许多种动物，既不能自卫，又得不到人类的保护，因而死掉(v. 855—77)。

诗人关于原始生物的出现及其种类的说法，是有点可笑的。依他想，最早的生物就是草木那些植物和鸟兽那些动物(v. 783—800)；单讲动物，则鸟类先从地上的卵孵化出来(v. 801—4)，然后兽类从地上的子宫里产生出来(v. 805—15)。这决不是进化观念。再者，他虽然认识到不同种类的生物逐渐出现，却不了解原有的某些较简单的生物种类可以慢慢演变为较复杂的生物种类。他真正接近进化观念的思想，是他关于人类才力与文明的发展的见解。

4. 关于初民生活

在人类原始生活和人类社会发展的描绘中，鲁克锐提乌斯显示着惊人的想象力和洞察力。他用"心眼"瞧见远古的地球上出现了千百种生物，彼此作着生存竞争。这些生物，有的增殖下去了,有的活跃一下就消灭了。在原始生物中,也展现着人的形象(v.925—1010)。那时的人,比现在的人天生强韧得多。他们不用耕种,饿了便摘树上的果子吃,渴了就饮溪水。他们住在山洞里和树林里,没有火,也不穿衣服。社会组织和法律均付阙如。性行为是混杂的。他们的日常生活是:

>信赖着手和脚的非同小可的力气,
>
>他们扔着石头,挥着粗重的树棍,
>
>去追猎林居野处的四足畜生,
>
>他们敌得过多数,却须躲避几种;
>
>迨夜幕骤降,他们宛与毛獾相等,
>
>就地躺下天然发育的赤裸的身躯,
>
>只用树叶树枝的被单来盖覆。(**v.966—72.**)

白天,他们打猎;夜晚,他们所惧怕的不是黑暗,而是野兽。……

慢慢地,他们的景况光明些了。他们建造粗陋的小屋,用兽皮做衣服(v.1011)。闪电把东西烧将起来,或者树枝相互摩擦而燃烧,他们采摘那异样的红花,带回洞中,他们有火了(v.1091—1101)。看到太阳热力的作用,他们开始熟食(v.1102—4)。男的和女的正式结合:他们有家庭了(v.1012—18)。这时,语言已变得清晰了(v.1028—90),金属也发现了(v.1241—96)。自此以后,人类在作长足的进步。有了家庭,邻居们发生了关系,觉得彼此都不该用强,这样就形成了社会的组织。绝对的和谐虽不可能,但大体上大家是能遵守约言信义的(v.1019—27)。财产、法律和政治制度逐渐兴起(v.1105—60)。

鲁克锐提乌斯的正确的虽尚朴素的发展观念,贯穿在他关于自然界和社会的全部思想之中。他对人类社会的看法,有值得特别重视的地方。他认为：人类的进步，是由于身体需要的满足和知识的增加；社会和国家是建立在契约基础之上的——这乃是社会契约论的滥觞。

鲁克锐提乌斯的时代没有真正的科学方法，他不可能用真正的科学方法。然而他有非凡的想象和准确的洞察力。这种想象和洞察力突出地表现在他对原始人类生活的描绘上。如果记得他的同代人大都相信原始人类"黄金时代"的传说，我们更感到他的为后来科学所证实的速写多可惊异！当地想象远古历史时，他毫无实物的凭藉，而他的结论却多么正确！今天，人类学、社会学、考古学和历史学都十分发达了，我们有鲁克锐提乌斯所臆想不到的各式各样的材料和证据，可以构出一幅详确的初民社会图，但这幅图画只是充实了诗人的原图，我们并未完全把后者涂抹掉。

5. 关于心理

在讨论灵魂问题时，鲁克锐提乌斯用了两个名词——animus 和 anima；前者指灵魂的首脑部分(iii. 138—39)，姑译作"悟心"；后者指灵魂的其余部分(iii. 143)，姑译作"精神"。他似乎很注意这两个名词的区别，不过事实上它们的应用并不严密，他有时用其中的一个而泛指二者。依他的意见，悟心和精神各为人的一部分(iii. 94—97, 117)，都是物质的(iii. 161—67)，属于同一种的物质(iii. 136—37)，是极细小的圆形原子组成的(iii. 228—30)，但是这物质并不简单(iii. 231)。悟心位于胸腔的中央(iii. 140—42)，是意志、思想和情绪的所在(iii. 144—46)。精神散布于全身，服从悟心的意志和命令(iii. 143—44)，有感觉的功能(iii. 158—60)。灵魂与躯体相互依存,躯体予灵魂以存活之所,灵魂使躯体有感觉、能活动,二者分离便都死亡(iii. 323—49)。对于生命,悟心较精神尤为重要(iii. 396—407)。

照鲁克锐提乌斯的想法,物体表面不断地放出与本身相像的膜一般的"偶像"(iv. 29—32,42—43,50—52),极薄(iv. 110—11),飞快(iv. 176—79);正是这种"偶像"碰到眼睛才使我们看见(iv. 216—17)。其他的感觉也相仿佛:声音的质粒碰到耳朵使我们听见(iv.524—25),食物的质粒碰到舌和颚使我们尝味(iv. 615—21),气味的质粒碰到鼻孔使我们闻嗅(iv. 673—74)。概念的产生,乃是更薄的"偶像"作用于悟心的结果(iv. 749—56)。"偶像"多得很,人要想一样东西时,一个"偶像"就到他的悟心里去,激动悟心的原子(iv. 724—31)。悟心根据"偶像"而作推理;悟心所常见的"偶像"形成概念。

在伊壁鸠鲁派看来,感觉是现实的唯一见证,感觉不会错,但是推理却容易发生错误。研究感觉经验以外的东西,我们要靠理性,而真理的标准仍然是感觉经验;我们的信念如果正确,它自必会为将来的经验所证实,至少也不至于跟感觉抵触。[1]

鲁克锐提乌斯提出灵魂作为心理活动的机构,以为它也是原子组成的;这种观念自然是幼稚的。然而他在心理问题的研究上,仍有重要的贡献;他的贡献在于强调灵魂与躯体相互依存的关系,在于强调灵魂的物质基础。事实上他已指出意识产生于物质。这样,他的理论就跟二元论和唯心主义毫无瓜葛。但是,虽然他唯物主义的出发点是对的,由于他那时的生理学水平极低,他的许多心理解

---

[1] 见饶斯编订英译本,页 xiv。

释都是毫无事实根据的臆说。他重视悟心与精神的分别。就照他的说法，他的思想仍然存在着好些矛盾。他以为悟心比精神重要，但他曾说过感觉为理性、生命等一切的基础，而感觉正是精神的功能，怎么现在又把悟心抬在精神之上呢？将意识机构分割为悟心与精神两部分，这个办法的不妥当，甚至诗人自己也察觉到了，因为他后来说他将不顾它们的分别，而把它们当成一样东西了(iii. 421—24)。他完全不明了神经系统，不知道人有头脑，不懂得意识乃是一种复杂物质——人脑——的机能。他竟以为悟心在胸腔内。思维如何来自物质的原子，意识如何与原子的不停的运动相联系，他并不能详确地说明。他着重感觉，这是正确的，但外界事物由于原子的运动而激起感官的作用，为何这一样激起视觉，那一样激起听觉，又一样激起嗅觉？特别关于视觉问题，他以为物体放出"偶像"，进入我们的眼睛；但我们知道视觉实起于光的刺激作用。在第四卷中他举了一系列的错觉幻象(iv. 324—468)，认为感觉并不错，感觉是真理的依据(iv. 469—84)，宁可承认推理有舛误也不要摧毁理性与生命的根基——感觉(iv. 500—12)。这种说法是不能叫人心服的。譬如，看远处方塔如圆状(iv. 353—63)，这正使我们怀疑视觉的可靠性了。其实，单纯的感觉是有局限性的。诗人又曾严肃地解释狮子怕见雄鸡的道理(iv. 710—21)，这真是荒诞之言。

七、鲁克锐提乌斯的人生观

1. 对神祇的态度

反对宗教，是鲁克锐提乌斯人生观中最重要的方面。他这个态度的严肃性和坚决性,成为他的哲学思想的主动力,也赋予他的风格以特色。他找到了原子论这个武器,用它来打倒迷信,否定宗教的权威,解除常常盘踞在人心中的两大恐惧——恐惧神祇干预人生和恐惧死后灵魂受罪。

在长诗中,鲁克锐提乌斯显得与宗教有不共戴天之仇。他形容它为死重的(i.63),丑恶的(ii.660)。他在开篇不远处描述宗教的罪恶——伊菲革涅亚(Iphigeneia)①被骗去献身,正是宗教的牺牲品:

其实不然,常常
正是宗教在孳育罪恶、凶邪的勾当。
回想一下女猎神在奥利斯的祭坛
如何涂上了伊菲阿那萨的鲜血,而干
这事的便是那班英武的希腊将官。
头带刚刚束好她童贞的秀发,
而发丝原甚均匀地飘垂于她的双颊;
忽然她瞥见她父亲惨伤地站在坛前;
他的随从看到她就把短刀藏掩,
她的同乡看到她都流起眼泪;
吓得说不出话来,她双膝下跪。
可怜的姑娘,一个国王的长女的尊荣,
到了这种时刻,还有什么功用!
经人扶起后,她就被领到祭坛上,
浑身都在战慄;她无须再瞻望
那婚姻的圣礼以及婚神的高唱;

---

① 诗中用她的别名伊菲阿那萨(Iphianassa)。

>她的命运乃是，临喜期竟变成
>
>罪恶仪式的无罪的牺牲，为亲父手刃，
>
>不过为了一支舰队的顺利启程。
>
>宗教煽起的罪恶正如此地严重。(**i. 82—101.**)

他用激情诉述人类在宗教的重压下精神完全挫折了(i. 62—63)。人们相信神祇干预世事；相信那些无所不在的超自然的力量，对人常含敌意，须以祭祀与祈祷来博其欢心。鲁克锐提乌斯则认为神祇与世事人生毫无关系，他们既非人类的敌人，也非人类的朋友。这主张使宗教信仰变得毫无意义。例如，他举了将近十种理由，说明雷电并非由于神怒(vi. 379—422)，目的就在攻击传统的宗教和愚蠢的迷信。

原子论可以解释宇宙万物，它表明每一件事物、每一个现象都有前因，盖有不生于无。一切都须遵守自然律(v. 56—58)，却又不是合乎目的的(iv. 834—35)；这就双重地打击了神造万物的说法。世界非神所造(i. 150, 157—58; ii. 167—81; v. 195—99)。自然创造所有的世界和世界上的东西，自行活动，并不需要神祇的帮忙(ii. 1090—1104)。他们实在连干预的余地也没有。

像他的师祖伊壁鸠鲁一样，鲁克锐提乌斯并不否认神祇的存在。诗人在长诗的开端还祈求过爱神维纳斯(Venus)的帮助(i. 1—49)。这当然可用诗艺传统来解释。至于对一般神祇的看法，他认为他们是自然创造物的一部分，永远不死的生物(ii. 647)，身体的构造极轻灵(v. 148—49)，不住在任何世界上(v. 146—47)，而住在世界与世界之间①。

---

① 契喀洛说："伊壁鸠鲁使神祇住在两个世界之间以策安全。"(《论预言》，*De Divinatione*, ii. 40.)

> 神祇的庄严同住处都显出来了，
> 他们安谧的住处决不为风暴所动摇，
> 不为雨云所浸湿,也不为由那严霜
> 凝成的白雪所涂抹；无云的青霄在顶上
> 庇护他们,还散发着四射的光芒。
> 他们种种的需要都由自然供应，
> 永无任何事物会损减他们的宁静。(iii. 18—24.)

他们的生活可作人类的榜样,但是他们与世事人生决无牵连。

> 因为神祇的本性就必然如是：
> 他们享着永恒的生命,绝对的宁谧，
> 远离着、毫不过问我们人间的事；
> 他们遭受不到苦痛与危忧，
> 自身有大能大智,对我们无所需求，
> 不关心我们的功劳,不为恣怒所左右。(ii. 646—51.)

这样看来,尽管鲁克锐提乌斯承认有神,但神祇与万物与人事都没有瓜葛,他们存在与否对人类来讲并无意义,我们若说诗人在实质上是无神论者,当不为误。

不过,在神的有无这个重要问题上,伊壁鸠鲁和鲁克锐提乌斯都受时代的限制。他们究竟不能将传统信仰彻底推翻,不能说没有神。神既存在,必有实体,他们因而说神祇是极轻灵的原子组成的。可是神祇与人无涉,所以伊壁鸠鲁和鲁克锐提乌斯让他们住在世界与世界之间,享受永恒的、宁静的生活,成为快乐的典范。

2. 对死亡的态度

鲁克锐提乌斯还企图解除人类对死亡及死后命运的恐怖。他说，像别的东西一样，灵魂也是物质的，是原子组成的(iii. 161—67, 228—30)；它之所以有感觉，便由于它的组成原子的形状和运动(ii. 894—96)。它与躯体紧密联合着，彼此相互依靠，单独都不能存活(iii. 323—26)。人死时，灵魂也就随着躯体毁灭了(iii. 417—24)，死后永无可以恐惧的事物(iii. 838—42)。人死后，他的个体消灭了，但是原来组成他个体的原子继续存在，因为它们是不可毁灭的(ii. 1002—6)。可怜的人们，由于迷信，误以为灵魂永生，又因为看到世上的苦难，想象人死后进地狱，受刑罚的折磨(iii. 978—79)。这全是愚蠢而不必要的想法。

　　长诗第三卷是一个杰出的部分。它的主题是灵魂的性质和归宿。这一卷的目的，是要证明灵魂会死，证明我们毫无理由恐惧死后灵魂受惩罚之苦。诗人列举了将近三十种理由，反对灵魂不死之说(iii. 425—829)。这些理由，有的是根据灵魂的构造，有的是根据疾病与医药，有的是根据灵魂同躯体的紧密连系：它们一齐证明灵魂和躯体相似，不可离开躯体而单独存活，所以必然随同躯体的死亡而毁灭。① 这些理由，我们无须逐条研究其正确的程度，但每一条都是用有力的笔锋写下来的。我们姑举一例：

　　　　其次，假使灵魂本性就不死不灭，
　　　　而在我们诞生的时候钻进了躯体，
　　　　我们为何不依稀记得前世，
　　　　为何未保留前生事迹的遗痕？
　　　　如果心田的作用已经变了十分，
　　　　以致前此活动的印象全无影踪，

---

① 见贝立英文译注本，页292。

> 那状态——我要问——与死亡有几许不同?
> 因此你得承认:曩昔的灵魂已消,
> 而现在的灵魂却是新近的创造。(**iii. 670—78.**)

三十种论据的结语,自然是:

> 因此,死亡无足轻重,不值挂怀,
> 既然灵魂的性质表明它将毁坏。(**iii. 830—31.**)

自此直至卷末,乃是克服怕死心理后的一支凯歌。

人死后,他的感觉失去了,死还会带给他痛楚吗?死后之事我们无从知道,正如生前之事我们无从知道(iii. 832—42)。死后之事与我们无关,正如生前之事与我们无关(iii. 972—77)。但临死之人留恋生命,未死之人叹伤逝者,这种悲哀也是人情之常,是完全真实的,鲁克锐提乌斯哪里会不晓得呢?

> "不久你的家庭就不再给你欢迎,
> 你的爱妻娇儿不再奔抢你的热吻,
> 并激起你心中难于形容的甜蜜的深情。
> 你再不能获致财富,保护亲朋。
> 真可怜!"人们说,"一个毁灭性的时辰
> 剥夺了你在生命中的每一件珍品。"(**iii. 894—99.**)

诗人却不能让沉郁的调子继续唱下去,他勇敢的仁怀是这样鼓舞着人类的:

> 他们可没跟着道:"然而如今
> 你也不再受这类欲望的缠困。"(**iii. 900—1.**)

生者实在不必为死者进入永久的安息而惋惜。将死的人不应悲悼自己眼前的命运。他若这么一想就会难以为情的(iii. 931—51):如果自己生时快乐,正应当心满意足地离去,否则,又为什么要

延长这痛苦的人生？不死，难道还有什么新鲜的东西等待自己吗？我们还可以想一想(iii. 1024—44)：过去有多少比我们强的人都死掉了，如国王、武士、智者、诗人、哲学家——伊壁鸠鲁也在内！——等，我们还不应当用理智与安静对待死亡，接受这人类的公例吗？

3. 意志自由问题

鲁克锐提乌斯的主要目的，在于消除人对神祇和死亡的恐惧，使人从宗教迷信的重压下解放出来。我们不容易从他的言论中构出一个完整的伊壁鸠鲁派伦理学的系统。然而宗教问题毕竟与道德问题有密切的关系，长诗中散布着许多关于道德问题的意见，从这里我们可以归纳出伊壁鸠鲁派伦理学的基本原则。

人认识了宇宙万物的本质，认识了自然律，就不再畏惧神祇和死亡了；他从宗教迷信中解放出来了，他自由了，可以过幸福的生活了。然而人是不是"自由的"呢？伊壁鸠鲁派用自然律证明神祇无法干预世事；宇宙万物，从巨大的到微小的，从古老的到新奇的，莫不受因果律的约束。人是否可以越出这因果律的范围呢？他真的可以指挥自己的行动吗？难道他的一举一动不为种种因素所影响？德谟克里托斯对待人类意志问题，是提出了绝对的决定论：人的行为同样受严格的因果律的约束，意志自由并非事实。伊壁鸠鲁的回答可不一样了。他觉得，除非人的意志是自由的，你告诉他应该做这个或做那个，便毫无意义。他以为人都有意志作用的经验：肢体服从悟心的命令而动作(ii. 261—62, 269—71)，就是显著的例子。怎样解释这个意志呢？伊壁鸠鲁的回答是，原子的偏斜(ii. 251—60)。万物皆受自然律的约束，人也不能例外，可是人同时有意志的自由,这种自由并非不可思议,而是与人的组成质粒有关的。人可以做他所要做的,正因为悟心原子有一种主动性。原子在下降运动中可以发生偏斜,这偏斜就显示原子的主动性,也就是自然界中被人们认作偶然性或机会的东西。悟心是由极细致的原子组成的,这些原子的偏斜就促成意志的自由活动。意志既是自由的,思想家便可以向人们提出此种或彼种的道德哲学了。①

伊壁鸠鲁派不让自然律排斥偶然性,不让因果关系排斥自由意志,这正是他们思想的进步处。但他们把原子的偏斜归原于它的主动性,暗示着原子本身多少是有意识或意志的:这却是一个带有浓厚的唯心主义色彩的想法。

4. 至 善 问 题

伊壁鸠鲁认为感觉是知识的泉源。在人类行为的领域内,感觉告诉我们什么呢?很明显,人人都能感觉快乐和痛苦,并且自然而然地在追求快乐、避免痛苦。伊壁鸠鲁于是找到道德真理了:快乐就是善。感觉既已提出证据了,我们还能否认吗?但是快乐的意义究竟是什么,快乐究竟会引导我们发出如何的行为?按照伊壁鸠鲁的哲学,人是躯体和灵魂合成的,痛苦由于人的组成原子的排列及运动的凌乱,快乐由于那些原子的排列及运动的协调(ii. 963—66)。所以,快乐必定与躯体和灵魂都有关系,并且是那种表示原子平衡的宁静的快乐。②

伊壁鸠鲁决不主张耽溺物欲,——他的快乐说常常被曲解,而

---

① 见贝立英文译注本,页 16—18。
② 见贝立英文译注本,页 18。

且被曲解得太久了。躯体需要快乐,但是真正的快乐应当没有痛苦伴随,而追求欲望的满足,势必含有痛苦的成分,因为未满足前的焦渴和既满足后的反感都给人痛苦。我们要得到真正的快乐,却该维持躯体的健康,适当地节制欲望。鲁克锐提乌斯描写过人体得到快乐的光景:

> 当人们伸开四肢仰卧于柔软的草地,
> 傍着溪流,头上罩着高树的杈枝,
> 不需糜费就能舒畅他们的身体;
> 更好则天公展着笑容,季节又
> 用鲜花点缀着碧绿草场的时候。(ii. 29—33.)

在这种时候,我们的身体还要什么奢侈品!

使灵魂获得快乐,原则亦复相同。首先,必须解除它的特殊痛苦:对神祇和死亡的恐惧。这样,它才可以企求它的特殊快乐:哲学或自然研究所供给的快乐。哲学就是伊壁鸠鲁所首先发现的那种"合理的人生规划"(v.9)。真的,探究自然,获得知识,不但是快乐,而且是敬虔:

> 真正的敬虔倒在于静心地观照宇宙。(**v. 1203**)

伊壁鸠鲁派的主张,可以用鲁克锐提乌斯的话来总括:

> 你竟未察究,
> 自然是在大声喝着两样要求:
> 一是身体不受痛苦;一是心头
> 解除了忧虑和恐惧,获致快感的享受!(ii. 16—19.)

获致真正快乐的道路不难寻找。人生最大的幸福就是宁静的快乐。凡是跟这个目标冲突的都要避免。我们应该过简朴的生活,不应该奢侈。我们身体的需要原来是很少的,只须免除身体的痛苦就够了(ii.20—21)。财富和门阀对身体没有用处,对心灵也没有用处(ii.37—39)。大自然供应了一切可以满足我们生理需要的东西,使我们能过安适的生活,只要我们懂得利用我们所已有的。聪明人可简朴而快乐;不知足的人虽饶有财富也难快乐。初民社会向前发展时,私有财产制的建立和黄金的发现改变了人的精神面貌,使人追求权力,遭遇危险(v.1113—35)。人们丢弃了兽皮,穿起华美的衣服,却也为了后者而忧虑、而争战(v.1418—29)。人总是这么贪得无厌,自寻烦恼,彼此残害(v.1430—35)。至于荣耀和品位,即使获得了也不会给人满足的,都不过是毫无意义的东西(ii.7—13)。

至善本不难致,但人心不洁净,虽然追求,也得不到。我们要生活得好,必须洗涤我们的心(v.18)。人心有两团污毒,一是欲望,一是恐惧。二者需要制限,像伊壁鸠鲁所教导的那样(vi.25)。有欲望,那么战争、忧虑、骄傲、卑琐、残忍、淫佚、怠惰就都跟着来了(v.43—48)。人类的幸福,在于消灭不愉快的感觉,创造愉快的感觉,这唯有节制欲望才能达到。恐惧有两种:对神祇和对死亡的恐惧。对神祇的恐惧,常为罪过与邪恶之源(i.82—83,101)。对死亡的恐惧,常为贪婪、野心与残忍之根(iii.59—86)。恐惧普遍存在,使许多人痛苦(vi.14—16)。这种宗教迷信,皆因无知而起(v.1161—1240);要解除它,就须依靠知识。我们只要了解自然,了解自然律,必定可以消除迷信(i.146—48;ii.59—61;iii.14—17,91—93;vi.39—41)。迷信消除了,人类就抬起头来了(i.78—79)。总而言之,靠理智和哲学,人类简直有希望过神祇式的生活(iii.319—22)。

伊壁鸠鲁派的伦理学是个人主义伦理学。他们教人远离社会，他们不重视"利他"的美德。但是事实上人不能离群独处，他总要与别人发生关系的，这关系应当如何调理呢？伊壁鸠鲁承认"利他"有其必要，因为这样大家才能互相尊重，互不干涉各自的快乐的寻求。按他的说法，正义不过是一种社会习俗，本身并没有很大的价值。鲁克锐提乌斯描述初民共营社会生活时说，邻居们建立了友谊，就是为了互不伤害（v.1019—20）。各人遵守公约，但自己保留着自由，也为了自己的缘故而尊重别人的自由。逾此他们就漠不关心了。鲁克锐提乌斯不主张参加政治，不主张做官，因为统治者的野心和烦恼最能乱性，平平安安地服从远胜于渴欲统治世界（v.1129—30）。①

　　鲁克锐提乌斯劝人独立生活，莫依赖别人。这并不是说不跟人来往，但他所赞成的交谊，是和朋友共享自然之乐（ii.29—33），共享学问之乐（i.140—45），而不是普通的交际应酬。他深识天伦之乐（iii.864—96），但他反对当代诗人所讴歌的性爱。性爱并不能鼓舞人干高尚的事业，它只是使人沉溺于肉欲而不能自拔。放任这种欲望的人，完全依凭对方的意愿，精神上毫无独立性：哲学家可以容忍他们吗？！鲁克锐提乌斯的斥责（iv.1058—1191），多激烈、多严肃啊！性爱妨害理智，应该注意避免。沉溺其中者终必受苦。性爱的快乐永难满足，一次的满足又产生新的欲望。而且性爱会耗尽精力、钱财、责任感和荣誉心。单方面的爱，当然更糟，又何必开始呢？爱使情人糊涂，他可以称赞他情妇的缺点。爱须敷衍对方，这必定叫人心境不宁。鲁克锐提乌斯对性爱的这种看法，在一定限度内不是没有道理的，但是弊在趋于极端。

----

① 见贝立英文译注本，页19，20。

鲁克锐提乌斯以宁静为生活的理想。他提出这个主张的动机是未可厚非的,因为他确愿人人获得那被他理解为最大快乐的宁静。然而这个主张本身,对人民大众却是不利的,因为,要是人民大众真的相信它,努力实行它,他们还会为自己的物质生活和政治权利进行斗争吗?!

八、鲁克锐提乌斯的诗才

1. 造 意

我们常以为哲学和诗是两回事,各有各的范围,因而会怀疑鲁克锐提乌斯在《咏万物之道》中将哲学和诗结合起来的企图是否成功,恐怕长诗只是韵文而非真正的诗。鲁克锐提乌斯的写作,服务于他的思想事业,即伊壁鸠鲁的哲学的传播。他在长诗中将师祖的学说巨细靡遗地加以阐发,他讨论到:物质和空间(第一卷);原子的形状和运动(第二卷);生命和灵魂(第三卷);感觉、思维和性爱(第四卷);天体、地球和人类文明(第五卷);气象、地质和疾病(第六卷)。这些内容,他处理得相当明白晓畅。诗人自己说他结合了美丽与清晰,所谓美丽,实不仅指文辞格律而已。长诗的题材是宇宙万物;用宇宙万物当题材,写一篇规模宏阔的诗,这难道不是一个诗意的想法吗?[①] 他的认识论,他的科学思想,他的人生观,诉诸常识,适合普通心理,能感动一般人;因此,他的哲学可以与诗接近。何况他的天才是一种奇特的天才,在他,哲学的思维和

---

① 参看达夫,《罗马前期文学史》,页 292。

诗的技能几已融合无间。事实上,他制作了一首伟大的创世史诗。倘若说《咏万物之道》这首教导诗不是真正的诗,则赫西俄多斯的《工作与时日》同维耳季立乌斯的《农事诗》都算不得真正的诗,不,我们简直要废除教导诗这个名词了。

长诗中确有许多部分很枯燥,只像是有节奏的散文,但我们也很容易指出大量惊人的描写和感人的抒情。一首教导诗是否为成功之作,不应当根据其中孤立的节段或词句来判断,主要得看整篇的精神。尽管若干部分有毛病,《咏万物之道》的整体却诗意浓郁,生气盎然,足见鲁克锐提乌斯的诗才。道理在于诗人把他追求真理的热情,追求伟大目标的热情,对人类的爱和对大自然的爱灌注在全篇诗内。

2. 崇 真

《咏万物之道》中有些不易控制的材料,几乎无法赋予完美的形式。在处理这种材料时,鲁克锐提乌斯又决不愿意找些花里胡哨的文辞来掩盖他的困难。他是严肃的导师和坚定的辩士,他不能让诗的藻饰干扰他的议论。他常常单凭强大的腕力将复杂的推理组织起来。① 在第四卷的开端,诗人表明了他的态度(iv. 1—25):占据他心中第一位置的乃是他对真理的热爱和传播真理的热忱;艺术的喜悦与光荣尚在其次。人类被囚在迷信无知的桎梏中,他的神圣使命就是用那比阳光还要明亮的真理之光赶掉精神的黑暗。

他有极强的自尊心和自信心。他不是冷冰冰的逻辑家,而是

---

① 见麦开尔,《拉丁文学》,页 42,43。

有宗教那般热忱的反宗教的哲学家。他相信真理总归胜过诳言(iii.523—25),而他的自然哲学比阿波罗(Apollo)[①]的神谕还要准(v.110—12)。哲学家在那宁静的高处看到熙熙攘攘的愚笨无知的人们为了毫无价值的东西在浪费生命(ii.7—13)。鲁克锐提乌斯劝人们听他的话,接受他的真理(iv.912—15);否则他们就要走错路(ii.82,229;v.23)。他要人们好好考虑他的言论:如果是对的,就应该承认;如果是错的,尽可提出理由来反对(ii.1042—43)。假使他们盲目地抗拒,他可以成年累月、滔滔不绝地举出论证向他们劝说(i.412—17)。他鄙视他的敌派斯多噶派的学说:他不能和用脑袋走路的人辩论(iv.471—72);他们的意见不但无价值,而且是疯狂的(i.692,698)。鲁克锐提乌斯明白他自己占着第一个伊壁鸠鲁主义诗人的可傲的地位。他还以为自己是伊壁鸠鲁哲学的最早的拉丁文译者(v.336—37),这倒是可置疑的。[②]

3. 仁 怀

在诗人自由思想的背后,有一颗仁爱的心,也有一派忧郁的情怀。他自己似乎并未获得他所鼓吹的伊壁鸠鲁式的宁静,他挂念人事。他可以痛恨迷信与恐惧,嘲鄙虚荣与性爱,但他对一般人的错误,还是闪着怜悯的眼光的。他了解人类的无知、忧伤和苦难,正像伊壁鸠鲁曾经了解过一样:

> 然而,他又发现每家都有痛心人,
>
> 他们不断地受着无法缓和的剧痛,

[①] 或称福伊布斯·阿波罗(Phoebus Apollo),诗中作福伊布斯。
[②] 见梅里尔编注本,页21,22。

> 不得已地发着悲怨之言重重。(**vi. 14—16.**)

对心灵混乱的人,他只有怜悯。怜悯是他的动力,它激起他要自精神痛苦中救拔人类的热情。① 关于伊菲革涅亚的悲惨命运的叙述(i. 84—100),显示诗人情感之深挚。我们当然还可以举出许多别的类似的例子。他说过,新生的婴儿,赤裸裸的,自己毫无办法,就像水手被凶恶的波浪打上海岸一样,它的嚎哭正象征着生命将给予它的苦恼(v. 222—27)。生是值得欢庆的,然而伴着婴儿的啼声总有丧亡的哀号(ii. 576—80)。

诗人的同情心甚至及于神祇和兽类。半神的库锐忒(Curetes)用狡计阻止萨吐耳拿斯(Saturnus)吞食他的儿子俞匹忒耳(Jupiter)②,免得他

> 在那母亲的心上加以永不能愈的创伤。(**ii. 639**)

诗中最著名的节段之一,描写母牛哀鸣着去寻找她那已被牺牲的犊儿:

> 例如,在堂皇的神庙前,常有一头
> 被屠的犊牛倒在香烟缭绕的祭坛旁,
> 一道热血之流奔出它的胸腔。
> 而丧失了亲儿的母牛徘徊于幽谷里,
> 细察地上她所熟识的偶蹄印迹;
> 她东张西望地搜寻失了踪的亲亲,
> 她暂停,她的哀声充塞多叶的丛林;
> 她一而再地回到牛舍去观看,

---

① 见达夫,《罗马前期文学史》,页 295,296。
② 诗中用他的别名约维斯(Jovis)。

>满心凄苦地渴欲见着她幼儿面;
>鲜嫩的柳枝,带着露珠的牧草,还有
>她所喜爱的涨得高与岸齐的溪流——
>这些全慰藉不了她,解除不了悲痛;
>瞧见鲜嫩牧草中的别的犊牛,也不能
>娱悦她或者减轻她心头凄惨的重负:
>她固执地要寻觅一只独特的动物。(**ii. 352—66.**)

诗人的沉闷,在许多描写中都显露了出来。那年老的农人摇着头,叹息着,知道他的辛劳全是白费(ii. 1164—65)。世界正在毁灭的途中(ii. 1150—74;v. 91—96;vi. 601—7)。想到这一些,诗人怎能完全镇静而无动于衷呢?可是人类不肖,他自己的国家里就有争夺杀伐,他当然不免悲愤了。

长诗的最末部分,是根据图库狄得斯的记载而写下来的关于雅典瘟疫的生动叙述(vi. 1138—1286)。鲁克锐提乌斯本来也许想写一个较为使人兴奋的结论的,然而这实存的尾声,或者象征着他的诗人气质压过他的哲学家气质吧![1]

4. 描 写

长诗的力量,也在于诗人的精密的观察,丰富的想象和对大自然的热爱。长诗中散布着许多秀美的小幅画和壮丽的大幅画,它们是取材于日常生活和常见的自然景物,而用以说明诗人的理论。鲁克锐提乌斯从不忘记他写诗的主要目的,从不为描写而描写,他的文字画乃是他的哲学的图解。

---

[1] 参看雷瑟姆英译本,页 13,14。

为了解释他的学说,他喜欢举日常生活中的事物做例证或比喻。这些例证和比喻,多数是极其恰当的。诗人描写准确,显出他的观察功夫,他能从普通事物中发现重要意义,显出他的想象力。我们想列举若干则。衣服变潮和晒干(i.305—6),指环年久变薄(i.311—12),滴水终可穿石(i.313),铁制犁镜用久变小(i.313—14),石铺路面逐渐耗损(i.315—16)等事实,可证明物质微粒即原子的存在。原子组成万物,正如字母组成字句(i.196—98,823—29;ii.688—99,1013—22)。原子的运动碰击,好似日光射入暗室时光线中尘粒的搅混一样(ii.114—20)。物质的性质决定于其组成原子的形状大小,故香料的气味不同于尸体的气味(ii.414—17)。原子无色,故紫布逐缕扯开则颜色淡去(ii.830—31)。门路可喻镜子反映形象的作用(iv.269—91)。人人有错觉幻象的经验,如:远处方塔被看成圆体(iv.353—63);航行船中,则稍远处静止的东西像在移动(iv.387—90);晕眩的儿童觉得房屋和柱子转动(iv.400—3);桨和舵在水中似作弯状(iv.440—42)等等。梦极普遍,不仅人类有,动物也有,如:马在睡中喘息流汗,必是梦到参加赛跑(iv.987—90);猎犬在睡中忽然抖腿伸舌甚至跳起乱追,必是梦到奔逐猎物(iv.991—97)。铁石相击冒出火星(vi.161—63,314),可以说明闪电的道理。某些气味有毒,如灯烛熄后的气味对于患羊痫疯者(vi.791—93),酒的气味对于发高烧者(vi.804—5)等便是。①

鲁克锐提乌斯是个长着诗人眼睛的博物家。他观察了山木河海,鸟兽虫鱼,发现大自然的足以新人耳目的或令人肃然起敬的美

---

① 这些例子,大部分曾被梅里尔举过,见其编注本,页44。

丽与庄严,对大自然怀着热烈的爱心。他喜悦,他羡赞。他的观察提供了宝贵的诗料,他的诗中有许多生动的自然图景;那种开朗的气氛,显著地增加了长诗的情趣。他描写过:清晨的阳光(ii.144—49),流过岩石与青苔的山溪(v.948—52),缀以鲜露的绿草(ii.319;v.461—62)和缀以鲜花的绿草(ii.32—33),海滨的贝壳——

> 同样道理,我们也看到繁多的贝壳
> 装饰着大地的边缘,就在那海洋
> 用柔波拍洗曲岸上的渴沙的地方。——(**ii.374—76**);

夏日的蝉蜕(iv.58),荆棘中的蛇蜕(iv.61—62),鸽颈的颜色——

> 注意鸽子颈项上和近顶处的羽毛
> 展现在太阳光线中的常变的色调:
> 它有时染着红玉一般的亮丹;
> 再若从另外一个观点去察看,
> 它却显得是碧绿混和着天蓝。——(**ii.801—5**);

丛林中幼雀的鸣声(i.256),僻处或山中的回声(iv.572—76),山上啮草的羊群(ii.317—20)等等。①

他还描写过或提到过雄伟的自然力量和自然景象,如:蔚蓝的天空(v.772),普照万方的太阳(vi.736—37),常变形状的行云(iv.136—42),蓝色的大海(v.481),水柱(vi.423—50),急雨(vi.517),彩虹(vi.524—26),冲折树木、冲毁桥梁、冲走岩石的洪流(i.281—89),横扫海、陆、空的狂风(i.271—76),枝条碰击着火的山树——

---

① 这些例子,大部分曾被达夫举过,见其《罗马前期文学史》,页296,297。

> "但是,"你会说,"在大山上时常发生
> 这样的事情:高树顶部的枝条靠得近,
> 被有力的南风吹击时便相互摩擦,
> 忽然间开吐出一朵朵火焰的花。"——(**i. 897—900**);

火山的爆发(vi. 639—46),倾山、倒屋、制造陷坑的地震(vi. 535—600)等等。

鲁克锐提乌斯的图例很少取材于神话,但他也留下几段有关神话故事的综合性的描绘,如:战神与爱神的温存(i. 32—37),伊菲革涅亚的牺牲(i. 84—100),地母的扈从(ii. 600—43),四季的递邅——

> 春日来了,爱神驾到,而她的无驱、
> 带翼的小爱神奔在前面,西风又居
> 行列的最先端,紧跟着他的是花神、在途上
> 密密地撒着鲜艳的颜色和浓厚的芬芳。
> 次一班是烘人的暑热,还偕同
> 尘土满身的谷神和吹拂着的东北风。
> 秋日随在后边,夹有酒神的欢闹。
> 继之而来的是别的季节、别方的风飘,
> 有高空鸣雷的东南风和司闪电的南风。
> 辉煌行列的后头,是短昼与隆冬,
> 带来了白雪与严霜,殿以颤齿的寒冷。(**v. 737—47.**)

这些描绘,鲜明生动,好像每段都是描摹一系列实有的图画或雕刻的,而且其中的人情趣味极浓厚。此外,长诗开端的一段(i. 1—20),很值得我们的注意:它是对以爱神为象征的自然创造力的一支欢欣虔敬的赞美歌,一项令人难忘的艺术概括。

鲁克锐提乌斯的全部图例,都是用明晰的笔致刻划出来的。读

他的图例,最觉得一目了然,因为他不像维耳季立乌斯那样爱用典故。他的优良效果,就是由于他能用直接的方法创造清楚的形象。

5. 文　辞

鲁克锐提乌斯想用简单有力的文字陈述伊壁鸠鲁的哲学。但他有时做不到。伊壁鸠鲁的哲学基本上是一个平易的学说,诗人又无意于故弄玄虚,那么问题在哪里呢? 他的主要困难,据他自己讲,在于拉丁"语文的贫乏"(i.139,832;iii.260)。当时的拉丁文尚无一套标准的哲学和科学的语汇,他得不时自造新词。其次,他用六音步的诗行来陈述他的学说,"将它抹以文艺女神的甘蜜"(i.947),这样就排除了许多不合节奏的字眼。再则,他要模仿恩尼乌斯的"不朽的诗句"(i.121),因而采用了一些陈词、赘语、复合形容词、双声和半谐音等。①

他的表现能力并不甚稳,他的笔调高低不一。他在设命题,下定义,解释原因,列举证据,进行推理,反复论辩时,常不得不用一些呆板的词头。有时为了清楚起见,他重复他的陈述。②

然而诗人的基本词汇是纯正的拉丁文,像契喀洛和恺撒的一样。他的字句一般都清晰确切,没有含糊的毛病。纵使《咏万物之道》没有其他的优点,它也是一件标准拉丁文的样本。③

6. 格　律

鲁克锐提乌斯的六音步诗行,虽比恩尼乌斯的富于艺术性,却

---

① 见雷瑟姆英译本,页15。
② 参看达夫,《罗马前期文学史》,页298。
③ 参看麦开尔,《拉丁文学》,页49。

不及维耳季立乌斯的精致。他不像维耳季立乌斯那样能把字和词放在最谐和的位置上。他不大注意行中停顿的音律效果,他有时随便省略音节,他的句法和节奏的变化不够多。一句话,他的格律欠谨严。论诗句的音调美,我们还得等待维耳季立乌斯。①

尽管他的诗行不免粗糙和单调,它却比其他诗人的坚强铿锵。在纵论生死、痛斥迷信处,他的诗行传出庄严的节奏,饱含着激情,有惊心动魄的力量。在许多华美的部分,特别是歌咏大自然处,他也能表现维耳季立乌斯式的谐和。当他的文辞与思想融合无间时,他能写出非常劲秀的诗句。总而言之,他的诗自有一种独特的音乐性。

长诗的总的风格,可以说是雄伟的。在这部作品里,诗人结合了广泛的思维,诚笃的用心和清澈的想象。他的气魄宏大,精神高昂,情感率真。读者对长诗,对诗人,都有一种肃然起敬的感觉。鲁克锐提乌斯是罗马最雄伟的诗人。

长诗从开篇到结尾,表现出罗马人的性格和精神:思想的开阔,言论的直率和目的的实际性。它给读者的印象是,它是用一个典型罗马人的意志写出来的。高傲而坚毅的罗马人的性格和精神,在鲁克锐提乌斯的身上得到了充分的体现。

九、结　　论

我们读完长诗《咏万物之道》后,不难发现:它的作者善思索,

---

① 参看达夫,《罗马前期文学史》,页 298,299,梅里尔编注本,页 46,47。

爱真理,肯把他的知识传给别人;他有高度的诗的敏感,体会到大自然的伟大美丽,意识到艺术表现的重要。

鲁克锐提乌斯生活在公元前第一世纪的前半期,那时罗马社会的特征是流血和嘲世。在他的早年,他无疑地曾沉思默想人生、宇宙等问题;面对现实,他的感触必定很多。他是受有良好教育的罗马人,受到了智慧的源泉——希腊哲学的浸洗。他找到了伊壁鸠鲁的哲学以安静他的心灵。他要把他所知道的这种学说传播给旁人,在精神上拯救他们。他做了一件惊人的事情:他用诗来介绍原子论,普及原子论。这对近代科学且有启发作用。他相信感觉是认识的基础。他鄙视形而上学的片面见解,反对神祇干预世事的说法,否认灵魂不灭的论调,破除种种迷信的观念。他发现可知觉的世界使人惊羡喜悦,发现自然规律的广泛有力。他强调简朴的生活和宁静的快乐。他教导人去观察研究自然。鲁克锐提乌斯宣传希腊唯物主义哲学,对当时的玄想、迷信和奢侈,乃是一种积极的反抗。

他的思想得自伊壁鸠鲁,他的艺术却极有个性。他将伊壁鸠鲁的干燥的理论饰以大量具体的例证和形象——这些都是他洞观自然和人生的成绩。他的诗显有"天才之光彩"和"高度之技巧"。伊壁鸠鲁是他的灵感之源,他也受到希腊的和罗马的教导诗的影响;但是他的热情,敏感,清晰的观察,确切的想象,科学洞察力和对大自然的爱等等,都是他自己的。他用的格律,是六音步诗行,他的诗行优于恩尼乌斯的,却不及维耳季立乌斯的精美。他在这个诗行的运用上,表现出有意识的气度和力量,但是不够谨严,因为他觉得他主要是哲学家而其次才是诗人。在许多部分,他的诗却是铿锵宏丽的。

由于《咏万物之道》的高度思想性和艺术性,好些批评家把鲁克锐提乌斯和维耳季立乌斯并举。鲁克锐提乌斯和维耳季立乌斯究竟谁更伟大呢？这是古典文学中一个常被争论的问题。幸而它不是严重的问题,因为我们无需乎为哪一位硬争罗马诗人的首席。他们的题材和方法很不相同。根据他们各自的成就,我们可以下这个断语:他们同占罗马诗域中的最高峰。

附：人名汇录

Anaxagoras：阿那克萨戈剌斯：约公元前 500—前 428。
Aratos：阿剌托斯：约公元前 315—前 239。
Boyle,Robert：波义尔：1627—1691。
Bruno,Giordano：布汝诺：1548—1600。
Caesar,Gaius Julius：恺撒：公元前 102(?)—前 44。
Catullus,Gaius Valerius：卡吐鲁斯：约公元前 84—前 54。
Cicero,Marcus Tullius：马耳枯斯·吐立乌斯·契喀洛：公元前 106—前 43。
Cicero,Quintus Tullius：昆图斯·吐立乌斯·契喀洛：公元前 102—前 43。
Cinna,Gaius Helvius：钦纳：死于公元前 44。
Crassus,Marcus Licinius：克剌苏：公元前 112(?)—前 53。
Darwin,Charles：达尔文：1809—1882。
Demokritos：德谟克里托斯：约公元前 460—前 370。
Diogenes Laertius：狄俄革涅斯·莱耳提乌斯：约 200—250。
Donatus,Aelius：多那图斯：第四世纪中叶。
Drusus,Marcus Livius：朱苏斯：死于公元前 91。
Empedokles：恩珀多克勒斯：约公元前 493—前 433。
Ennius,Quintus：恩尼乌斯：公元前 239—前 169。
Epikouros：伊壁鸠鲁：公元前 341—前 270。
Euphorion：欧福里翁：约生于公元前 276。
Euripides：欧里庇得斯：约公元前 480—前 406。

Gassendi,Pierre:伽桑狄:1592—1655。
Herakleitos:赫剌克勒托斯:约公元前540—前480。
Hesiodos:赫西俄多斯:公元前八世纪。
Hieronymus:希厄洛尼模斯:约340—420。
Homeros:荷马:约公元前九世纪中叶(?)。
Kallimachos:卡利马科斯:约公元前305—前240。
Kopernik,Mikolaj:哥白尼:1473—1543。
Lachmann,Karl:拉黑曼:1793—1851。
Loukianos:鲁奇阿诺斯:约115—200。
Lucretius Carus,Titus:鲁克锐提乌斯:约公元前99—前55。
Marius,Gaius:马略:公元前157—前86。
Memmius,Gaius:梅米乌斯:公元前一世纪前半期。
Newton,Isaac:牛顿:1642—1727。
Nikandros:尼康得洛斯:公元前二世纪。
Ploutarchos:普鲁塔尔科斯:约46—120。
Pompeius,Gnaeus:庞培:公元前106—前48。
Seneca,Lucius Annaeus:塞涅卡:约公元前4—公元65。
Spartacus:斯巴达克:死于公元前71。
Sulla,Lucius Cornelius:苏拉:公元前138—前78。
Tennyson,Alfred:滕尼生:1809—1892。
Thoukudides:图库狄得斯:约公元前460—前400。
Vergilius Maro,Publius:维耳季立乌斯:公元前70—前19。

1956年刊于杭州《浙江师范学院学报》

论《坎特伯雷故事集·总序》中的人物和人物描写[①]

鲍 屡 平

一、《坎特伯雷故事集》的《总序》

乔叟的巨著《坎特伯雷故事集》(约1387—1400年),如其题名所示,包括一系列的故事;但不止此,它还含有在故事与故事之间的种种情景的描述,以及在开端处的一篇独特的《总序》。

《总序》用十音节双韵诗体写成,共有八百五十八行[②],是全书

[①] 本文系在多年前所写札记的基础上草成。在重读原诗推敲句义时,曾得益于鲁宾逊编订本《乔叟全集》(The Works of Geoffrey Chaucer, edited by F. N. Robinson, 2nd edn, Oxford University Press, London, 1957)中的有关注释,波拉德编订本《坎特伯雷故事集·总序》(Chaucer's Canterbury Tales ; The Prologue, edited by A. W. Pollard, Macmillan and Co., London, 1903)的注释;亦曾参考尼科尔森(J. U. Nicolson)的现代英语译本《坎特伯雷故事集》(1934)的《总序》,科格希尔(Nevill Coghill)的现代英语译本《坎特伯雷故事集》(1951,1958)的《总序》,方重的中文散文译本《坎特伯雷故事集》(1955)的《总引》。

[②] 这份研究所依据的英文原诗版本是,鲁宾逊编订的《乔叟全集》中的《坎特伯雷故事集·总序》和波拉德编订的《坎特伯雷故事集·总序》,这两个本子的《总序》,长度同为八百五十八行。有些常见版本的《总序》,长度为八百六十行,那是因为在第252行与第253行之间加印了两行(第253~254行),第253行改作255,余类推;但那两行只见于极少数的抄本,可能原出乔叟笔下而后被诗人删去的。鲁宾逊紧接第252行下印了该两行,置方括号内,行号编为252a和252b;波拉德在第252行注中印了该两行。

的序诗,起导言或框架作用,使我们了解诗人的设计。它既与故事间的衔接部分有密切的联系,本身又是一篇相对独立的美妙怡人的诗作。

《总序》虚构《故事集》的缘起。仲春四月,鸟鸣蕾生,人们都想出游,英格兰各地有不少人想到坎特伯雷去瞻仰圣徒〔托马斯·阿·贝克特〕之祠,以感恩、致敬(第1～18行)。一天,乔叟来到伦敦南效萨瑟克的塔巴德旅店,准备前往坎特伯雷朝圣,傍晚又有二十九名朝圣旅客前来投宿,诗人和他们结识交谈,约定翌晨一道启程(第19～34行)。这些旅客是各式各样的人(第35～746行)。旅店主人为客人们的晚餐提供美酒佳肴,席间他建议:作为一种娱乐,他们每人在往返途中各说两个故事,那说得最好的由众人宴请一次,而店主也打算自费同行,充任他们的向导和裁判,大家立即一致赞成(第747～821行)。第二天清早,店主唤醒了旅客,上路后他要他们抽签,结果骑士中签,就第一个开始讲故事(第822～858行)。《总序》以后,乃是旅客们在去坎特伯雷途中各阶段的言行录和他们所讲的故事。

《总序》不但起导言或框架作用,还颇为详细地介绍了朝圣旅客——计划中的故事叙述者。事实上,它的绝大部分篇幅,就是人物的描绘。

乔叟从当时英国社会的各个方面选择原型,塑造一系列人物作为旅客和故事员。除了最上层的王公贵族和最下层的农奴外,十四世纪英国的各阶层在《总序》中都有代表。这些人物的画像,值得我们仔细研读。通过研读,我们可以了解广阔的十四世纪英国社会,并得到高度的艺术享受。

《总序》展示众多人物的肖像,写出他们的基本特征。如欲获得各朝圣旅客的全面形象,我们当然还须考察他们在路上的表现和所讲的故事。在路上他们是活动着的人,是故事员。他们会接触人和事,会流露出自己的生活习惯和思想感情,相互间会产生矛盾或同情,对故事会有反应。他们谈话、逗趣、争吵、和解;他们议论、表扬、批评、敦劝。他们各有自己的叙述方式,讲不同性质、不同内容的故事。这样,他们性格的刻画,就更明确、更充实、更饱满了。有了这个理解,我们就可以谈诗人在《总序》中写了哪些人物,什么样的人物。

二、《总序》中的人物

《总序》描写了共约三十个假想的朝圣旅客,他们属于许多阶层,他们有男、女、长、少、尊、卑、僧、俗、文、武、富、贫、市民、乡民、劳心、劳力之别。我们且看各种职业的人物[①]。

1. 三个战斗人员

首先是骑士(第 43~78 行)。他打仗比武极为英勇,参加过大战役十五次,足迹到过欧陆四方、西亚和北非。他之所以从戎,都为的是维护自己的基督教信仰。他征战归来,前去坎特伯雷朝圣,也反映他的宗教感情。英勇善战是这位骑士的性格的一个重要方面。他还有另一个重要方面,即在平时表现出温良、智慧,从不恶语向人。他骑着骏马,穿的却是朴素的布衣。他堪称中世纪晚期

---

① 大致用勒古伊的分类法,见勒古伊和卡扎米昂合著的《英国文学史》英译本 (Emile Legouis and Louis Cazamian: *A History of English Literature*, rev. edn, J. M. Dent and Sons, London, 1940),第 146 页。

的理想骑士。

随同骑士的是他的儿子,一位侍从(第79～100行)。这个约二十岁的青年,矫捷活泼,曾出征国外。他衣着鲜丽,骑术精良,能吹笛,作歌,写诗,绘画,比武,舞蹈。他热恋所爱,对人谦和有礼。他是年轻的宫廷式情人,是青春的体现。

伺候骑士的是一位自耕农(第101～117行)。他短发褐脸,穿戴绿色衣帽,手挽大弓,腰佩利箭,身上挂剑、盾、短刀,肩上背号角,胸前别银质圣像。他是林间好猎手,有事时也可出战。这是一个年富力强、颇有朝气的乡间勇士。

2. 七个属于寺院的教会人员

一位名叫玫瑰女士的修女长,即女修道院长(第118～162行)。她常面带微笑,说话温和,赞美诗唱得好听,会讲英国修道院式法语,用餐时仪态雅致。她心肠柔慈,看见小动物受了伤害就很难过。她美目小口,面貌清秀。她外衣漂亮,臂上套一串珊瑚念珠。这是一个文雅温柔而略显做作的修女。

随同她的是另一位修女,即她的助手,还有她属下的三位教士(第163～164行)。

一个修道僧(第165～207行)。这僧士很神气,简直可当修道院长。他不读不工,只以养马蓄犬、驰骋猎兔为乐事。他喜欢美味,爱吃红烧天鹅肉。他面光体肥,眼睛明亮,衣着考究,袖口镶了细皮毛,风帽扣上金别针,还记了个同心结。这是一个骑猎享乐的典型,是当时寺僧的代表人物。

一个名叫胡伯特的游乞僧(第208～269行)。他白皙强壮,眼睛闪光,能说会道,弹唱俱佳。他行乞的本领很大,常与有财有势的人交往,对他们恭敬奉承,寻得实利,在穷人面前也能以甜言蜜语榨取其一文钱。他还常和年轻的妇女打交道。他穿着上等料子的外衣,有一副不凡的神气。这是一个外表漂亮、放荡无行、贪财好色的小人,是游乞僧中的"尖子"。

3. 三名寺院外的教会人员

一位乡村牧师(第477～528行)。他这鹤立鸡群的教会中人,思想纯净,信仰坚定,实践教义,宣传教义,工作勤恳,待人热诚,处处以圣洁的言行影响、指导、帮助他教区的居民,自己没有钱财,也不谋私利。这是一位安贫乐道、原则性强、感情深厚、言行一致的模范牧师。

一个教会法庭差役(第623～668行)。他面色火红,满脸脓疱,眼睛细小,眉毛长癣,胡子稀拉拉的。他嗜食葱蒜,喜欢饮酒。他老是叫嚷他听惯了的几个拉丁文语句。他好渔色,也可以出借自己的女人,还掌握了辖区内的少女的秘密,充作她们的顾问。这是一个面目可憎、行为下流的地痞。

一个售免罪符者(第669～714行)。他是差役的好朋友。他的行囊里装了一批新从罗马捎来的免罪符,还有很多假"圣物"。最荒唐、最亵渎教会的是,他在玻璃瓶中放了一些猪骨头冒充圣骨。他就利用这些玩意儿骗人钱财,挺顺利得意。他披着蜡黄的头发,脸上没有一根髭须,眼睛骨碌碌地闪烁着。他声音细小,却巧舌能言。这是一个弄虚作假、诡语惑人的敛财老手。

4. 四个知识分子

牛津书生(第285～308行)。他面容清癯,衣衫褴褛,骑一瘦马。他贫寒,求学费用靠亲友接济,他常为他们祝福,志趣在于读书,研究逻辑学和亚里斯多德哲学,沉静寡言,言必有中。他乐于学习,也乐于教人。这是一位不慕荣利、求知心切的好学青年。

律师(第309～330行)。他熟悉法规、案例,办事细致能干,收入丰厚,颇有地产。这是一个精明、富有的律师。

医生(第411～444行)。他内科外科的技术都高明,通占星学,熟悉医学名著,业务兴旺,收入很多。他节制饮食,衣着整齐,喜爱黄金。这是一个有能耐的医生。

诗人自己。乔叟并未作自我描写,因为他本人不在描写范围之内,但他讲到自己和二十九名旅伴去坎特伯雷朝圣的事(第1～42行)等等。我们从中可以推知:他欣赏自然风光,阳春美景;遵从风习,崇敬圣徒;善交际,能合群;观察敏锐,表达生动。

5. 两个商业人员

一名商人(第270～284行)。他蓄叉形须,穿花色服,戴獭皮帽,骑高头马。他搞国际贸易,买卖外币,很会赚钱,但人们不知道他还欠了一点债。这是一个精明的生意人。

一名船员(第388～410行)。他在海上营生甚久,面孔已晒成棕色;航海经验丰富,在船上偷喝人家托运的美酒,为了谋财不惜害人性命。他是一个熟练的水手兼凶狠的海盗。

6. 六个手工业人员

五名互助协会会员:衣帽商,木工,织工,染工,制毯工(第361～378行)。他们都是殷实的市民。

一名巴斯妇人(第445～476行)。她面容健康,耳朵微聋,戴大帽,着短裙,穿软鞋红袜;会织布,技术超群;结过五次婚;曾远游外国大城市。她要强,善谈笑。这是一位精力旺盛、敢说敢做的妇女。

7. 四个农业人员

一名自由农或小地主(第331~360行)。他颜红须白,贪口腹之欲,经常吃应时美味,喝上等酒,并好款待宾客。他当过州官、司法官和议员。这是一个讲究饮食的享乐派。

一名农夫或佃农(第529~541行)。他是穷牧师的兄弟,他认真劳动,和善肯助人,虔诚爱上帝。这是一位品德高尚的劳动者。

一名磨坊主(第545~566行)。他身体粗壮,臂力过人,鼻大嘴大,胡须棕红,鼻尖有疣,疣上一簇毛。他爱说下流话,善于吹风笛,更会巧偷顾客的麦子。这是一个面貌、言行都丑陋的人。

一名田产管理人(第587~622行)。他人瘦腿细,头发剪短。他精于农事和账务,但会蒙哄主人,自己攒了很多非分的财物,对助手和牧工又极凶恶。他有一所称心的住宅。这是一个骗上欺下、牟取私利的人。

8. 三个饮食业人员

一名厨师(第379~387行)。他是五名协会会员带来做菜的,会烧鸡,品酒,制羹,做饼,会烤、煮、焙、炒。他小腿生疮。这是一个有技术的厨师。

一名膳务员(第567~586行)。他在法学院管理伙食,精于采办,很得好处,他的手腕超过那三十多个有学识的法律学者。这是一个利用职务方便牟取私利的人。

塔巴德旅店主人。他像诗人自己一样,不在描写范围之内。但《总序》的后部有一百来行(第 747～858 行)叙述他如何在第一日晚席间建议旅客们在路上以说故事为消遣,在第二日清早率领众旅客出发,从中我们大致得知他的形容和性格。他魁梧漂亮,殷勤好客,言语直爽,聪明风趣,喜欢热闹,办事周到。这是一位有见识、有幽默感的乐天派。

现在,可以说一下朝圣旅客的总人数问题。乔叟写道:

就在那个月份的某一天,

我下榻萨瑟克的塔巴德旅店,

诚心敬意地准备启程

到坎特伯雷市去朝圣,

到了晚上,走进那爿客栈

有廿九位临时组合的旅伴……(第 19～24 行)①

很清楚,乔叟于四月某日先到达塔巴德旅店,后来天黑时又有二十九人前去投宿。等我们读完《总序》数了数人物,却发现:不包括诗人在内的旅客总数为三十(包括诗人在内的旅客总数为三十一),这与所述二十九不合。想到后来修女长的教士的故事开场语中仅提一个教士(名约翰),而不是《总序》中讲的三人,那末数字更复杂了,即:不包括诗人在内的旅客总数为二十八(包括诗人在内的旅客总数为二十九)。关于旅客人数问题,我想提三点简单的看法:(1)体味第 19～24 行这一段的语气,可以断定所谓"二十九"人不包括乔叟。(2)无论修女长的教士是三人或一人,乔叟的旅伴总数或为三十或为二十八,都与二十九不符,这差错是诗人写作时的疏

---

① 文中所引乔叟诗句,皆由本文作者汉译。

忽。(3)根据《总序》,乔叟的那支旅队,连诗人自己和旅店主人在内,共含三十二人,他们除了旅店主人都有讲故事的任务。

三、《总序》中的人物描写

1. 真实与生动

《总序》中的人物,除只用一二行略为提及者(修女、三教士)外,都显得轮廓清晰,性格明朗。乔叟处理人物,一般涉及三个方面:他们的面貌、装束、行为或往事。有时还加上诗人自己的简短评语或按语。他的描写,旨在显示各人的性格。除了四人一带而过外,实际描写的有二十六人,其中五人(互助协会会员)是集体像,二十一人是个人像。大约有半数人物,都写到面貌、装束、行为或往事;骑士、律师、五会员、厨师、医生、牧师、农夫和膳务员,则未提面貌;厨师、牧师和膳务员,未提装束。

诗人笔写肖像,好似画家看着对象描绘一般,造出生动的形象。上述那些代表人物,乃是十四世纪英国社会的产物,他们未必是实有的人,却肯定是可能有的。乔叟阅历广泛,观察敏锐,不仅看见过而且端详过朝圣旅客的种种原型,描写起来便能得心应手。有些人物得到深入的刻画,差不多呈现为立体的、动态的形象。

2. 共性与个性的结合

乔叟把他的人物写得那么逼真,那么活,这不仅因为他选择了各阶层、各行业的代表人物,展示了他们代表性的特征,更因为他刻画了他们各个人的外形和精神,展示了各个人的特征。共性和个性的密切结合,使他的人物在读者脑海中产生鲜明、深刻的印象。我们可以看一个比较简单的例子。写厨师的一段很短(第379～387行),基本上是说他的烹调技术不错,表明他是一个合格的厨师,如:

  他烤、煮、焙、炒一应俱能,

  会做美味的浓羹,会烘馅儿饼。(第383～384行)

这种职业上的技能,别的厨师也是可以具备的。但紧跟在这两行下面,我们读到:

  不过甚为可惜的是,我想,

  他的小腿上生了一颗烂疮。(第385～386行)

这具有生动化作用的一颗疮,不是厨师的"职业病",而完全是他个人的特点。

3. 细节次序不拘

  乔叟提供人物细节时,往往故意忽视次序,面貌、装束、行为或往事几个方面搅在一起,有时还穿插诗人的评断性语句,纸面上显得有点儿乱。我们读者的感觉是:诗人似在即席写生,信手拈来,情景逼真,朴实有趣。其实,这是他掩盖技巧的技巧。让我们看一个明显的例子。

  写游乞僧的一段很长,共六十二行(第208～269行)。其中项目甚多,并未依类列举,而是随意排出,大约如下:放荡快活(第208～209行)——能说会道(第210～211行)——遣嫁若干少女(第212～213行)——是教团台柱(第214行)——结交小地主和富家女(第215～220行)——切望财物报酬(第221～232行)——以小刀、发夹赠美女(第233～234行)——善唱歌弹琴(第235～236行)——颈白身强(第237～239行)——熟识酒家人、不理叫化子(第 240~248 行)——利之所在点头哈腰(第 249~251 行)——精于乞索(第 252~256 行)——蹦蹦跳跳(第 257 行)——参与调停纠纷(第 258~261 行)——穿呢料短外衣(第 262~263 行)——故意发音含混(第 264~265 行)——眼睛闪动(第 266~268 行)——名胡伯特(第 269 行)。这一系列的细节,虽未依照逻辑顺序,分体间似不协调,但因其量大,又都有意义,结果能给我们统一的总体印象,刻画出一个无赖的形象。

4. 色彩运用

我们读这一部文字画册,常为人物装束或面貌上的颜色所吸引。红、绿、蓝、黄固然鲜明,有时杂色甚至灰色也很显眼。我们马上想到巴斯妇人的红颊、红袜:

> 她的袜子是猩红漂亮的色调,
> 系得很牢;她的鞋子新而软。
> 她神情傲慢,面颊绯红好看。(第 456~458 行)

这是那位热情大胆的妇女的一部分外表。我们又想到修女长的目和唇,念珠和饰针:

> 她的鼻子秀气,眼珠儿灰亮;
> 她的嘴巴很小,又柔软嫣红。(第 152~153 行)
> ……
> 她臂上套着一串珊瑚的念珠,
> 其中几颗绿色的大珠夹得匀,
> 串子上挂一只光灿灿的金饰针……①(第 158~160 行)

---

① 在一诗行末尾的省略号,是引者所加,表示省略了原有的一个逗号。

这点点滴滴的红、绿、金、灰,似乎告诉我们,修女长虽是出家人,毕竟是人世间的一员。

在朝圣男客中,有几人的色彩很显著。如自耕农:

他穿戴绿色的外衣和兜帽。
一束明亮的利箭钉有孔雀毛,
齐整地系在他的腰带下边,(第103~105行)
……
他头发剪得短短的,脸是棕褐色。(第109行)
……
胸佩闪亮的圣克里斯多弗银像。
一只号角挂在绿色的肩带上。(第115~116行)

他打扮的基调是绿色,这和他的工作场所森林和他的林间猎人的身份极为协调。至于他的短发褐脸,当属他室外生涯的自然标志。

如侍从:

他穿着绣花衣,简直是像
一片开满红白鲜花的草场。(第89~90行)

青春少年,华服丽而不俗。而且:

他的袍子短短的,袖儿长而宽。(第93行)

这使他显得活泼潇洒。

如自由农:

他胡须已白,白如雏菊的花瓣;
他面孔红润,是健康的颜色。(第332~333行)

这是上了年岁而营养充足的人的模样。

如磨坊主:

他的胡须红似母猪或狐狸,

又宽宽的可与铁铲相比拟。
正在他的鼻尖上还鼓起
一颗肉疣,疣上站着一簇毛,
红得有如母猪耳边的鬃毛;
而他的鼻孔是又黑又大。(第552~557行)
……
他穿白色外衣,围蓝色披巾。(第564行)

他的面貌,跟他的行为一样,实在丑陋。至于白衣蓝巾,本较素雅,但披在他的身上就难看了。

再如差役:

他一张红面天使似的火红脸,
生了许多脓疱,他两眼细小。
他激动、淫荡,就像一只麻雀;
他的黑眉生癣,胡子稀疏。
见到他的脸孩子们就都畏惧。(第624~628行)

这地痞的所作所为,很可恶;他的面容,很可怕。

另一个痞子——游乞僧的外表,却颇能迷惑人。他不但身强力壮,歌声悦耳,而且:

他的颈项白得好似百合花。(第238行)

诗人对差役之友售免罪符者的描写,比较详细,但极少用色彩词语。于是:

这售符员的头发色黄如蜡,
平滑地垂下像一束亚麻;(第675~676行)

这两行便构成一个难忘的形象。

在可敬的人物中,有几位在色彩上别具一格;他的面貌、装束,

均不鲜明,反而更朴素高贵。诗人根本没有描写穷牧师的外表。骑士的面貌未述及,他的装束也极简略,且无颜色词:

> 讲到他的装备,他的马匹
>
> 是上等,他的衣服可不华丽。
>
> 他穿着粗斜纹布的上衣,
>
> 是被盔甲染污了的一袭。(第73～76行)

我们可以设想他的衣服灰暗——虽然我们不晓得它的确切颜色。有趣的是,这灰暗要比红和绿更招眼。

5. 夸 张

乔叟描写正面人物,极少用夸张手法,因为没有什么必要。对于反面人物,却常用此法,突出其可憎的品质或特征,使读者了解深刻。对于中间人物,有时也用此法,把某些特征强调一下,以为谐谑。

我们先看游乞僧:

> 在四个教团里没有谁能
>
> 说出他那么多的花言巧语。(第210～211行)
>
> ……
>
> 他是他教团中的一根台柱。(第214行)
>
> ……
>
> 赛唱歌曲时他一定会得头奖。(第237行)
>
> ……
>
> 他是他教团里最棒的游乞员。(第252行)

这些夸大其词的话,明眼人一见就知道不是恭维,而是挖苦。

再看差役:

> 无论是水银、密陀僧、硫黄药、
> 硼砂、碳酸铅白、酒石膏、
> 或任何油膏,都擦不掉、
> 蚀不掉他白色的脓疱,
> 治不好他面颊上的瘤。(第 629~633 行)

六七种常用药对他毫无疗效,足见他的皮肤病乃顽恶难治之症,可能是花柳病。

> 他头上戴了一只花环,
> 大小和酒家的招牌相等。
> 手执一个当盾牌耍的大圆饼。(第 666~668 行)

他满脸脓疮,本就可怕;如此打扮,就更叫人恶心。提及酒家招牌和大圆饼,也点明他是个酒食之徒。

还有田产管理人:

> 他的两条腿是很长很细,
> 像两根棍,腓部不知在哪里。(第 591~592 行)

这一对瘦弱的下肢,支撑着那副臭皮囊,也嘲笑着那诡诈、暴戾的性格。

至于自由农:

> 任谁都没有他那样藏酒丰富。(第 342 行)
> ……
> 他家里雪飘似的是食物和酒,
> 是人能想得到的各色珍馐。(第 345~346 行)

他一贯追求口腹之乐,又爱做东道主,很有美食家的派头。

关于巴斯妇人:

> 有一好妇人来自巴斯附近,

但她耳朵有点聋,那真不幸。
她织布的技术是这样精,
竟胜过伊普雷和根特的织工。(第445～448行)

……

她的头巾用精织料子制成;
我敢发誓说它足有十磅重,
就是礼拜日她头上的那一条。(第453～455行)

……

她一生是个体面的妇女:
曾在教堂门口五次嫁丈夫,
还没计算她年青时的男朋友,
但是这一点暂且不用细究。
耶鲁撒冷她三度朝拜过;
异国的河川她曾横渡许多;
她到过罗马,还到过布隆、
加利夏的圣雅各祠和科隆。(第459～466行)

……

她稳坐在马上让它慢跑,
围巾裹好,头上戴一顶帽,
那是盾牌一般大的女冠。(第469～471行)

乔叟夸张了巴斯妇人的手艺、巾帽、婚姻关系和游历经验,虽然他夸张的程度不大。无论如何,他幽默的笔法,使这个粗俗坦率的妇女至少在几方面都异于常人。她好突出,喜欢自我表现,显得富于活力,饶有趣味。

6. 比　喻

乔叟用了不少形象性比喻,使事物鲜明生动,给人启发或暗示。我们来看几个例子。

修道僧是个骑猎玩乐的专家,什么经文古训都不在他眼里:

> 书上说猎人是不圣洁的,
> 他看这话抵不上一只拔毛鸡;
> 或说一个没有寺院的僧侣
> 好像一条失去了水的鱼——
> 指的是出了寺院的修道士,
> 他看这话还不如一个牡蛎。(第 177～182 行)

他的另一嗜好,是食必佳肴:

> 他不像受苦的幽灵那样苍白。
> 烧烤中肥天鹅最是他的心爱。(第 205～206 行)

自由农:

> 寻乐的生活一向是他的宗旨,
> 因为他是伊壁鸠鲁的肖子……(第 335～336 行)

这里的隐喻表明此人性格的一个重要方面——贪美味。在乔叟时代,伊壁鸠鲁被视为讲究饮食的典型,可见他主张排除不合理的欲望和恐惧以获致个人的快乐这一哲学,已受世人的误解很久了。

> 他是敞家门待宾客的奇人;
> 他就是那一乡的圣朱利恩。(第 339～340 行)

自由农被以拟为好客的圣徒,足见其殷勤之甚了。这可算是他性格中的一个弥补性特点。

穷牧师把福音书里关于以身作则的教训读得深透,并随时加

以实践。他还用一个警句自勉:

> 如果金子生了锈,铁会怎么样?(第500行)

这句话言简意赅,语短情长;比喻适切显豁,雅俗共赏。

众朝圣客一宿无话;

> 到了第二天,时间方才破晓,
> 店主就起身做我们大家的雄鸡……(第822～823行)

将店主喻为报晓鸡,这在当时恐怕是一个不大引人注意的通俗比拟,但我们今日读者,觉得它有一种新鲜质朴的美,因为我们有各式各样的钟表,不注意听、也难得听见雄鸡在黎明时的喔喔啼声了。

7. 某些生活细节

乔叟描写多种多样的人,通过他们的面貌、装束,特别是他们的行为或往事,揭示他们的性格,也从而展现十四世纪英国社会的广阔画面。他采用的一些生活细节,都符合历史实际,具有真实性。现举两三个例子。

自耕农胸前有一枚银质的圣克里斯托弗像。这佩戴很合理,因为圣克里斯托弗是林猎者的护圣,当时一般人认为他的小像是一种护身符,有辟邪的作用。再则,它是银质的,是一种装饰品,意味着自耕农属于小康人家。

关于书生的一段描写中,有好些事使我们较易了解中世纪晚期的学人生活。书生大概仍在牛津大学学习,主要研究逻辑学和哲学,这也是一般学者研究的内容。他七拼八凑才能置备二十卷书——须知这是一个大数目,因为那时书靠手抄,抄书费工,抄书纸价又不便宜。诗人说他是哲学家而匣子里没有黄金,这也有史实根据,因为中世纪有不少哲学家就是炼金人,妄图变顽铁为黄金,穷文士如牛津书生者连搞炼金所需的本钱都没有,哪里会梦想获得金子呢?

乔叟笔下的医生,他的医术按当时标准是出众的,虽然按今天标准是可笑的。欧洲中世纪的医药学,与占星学纠缠在一起,科学的生理学尚未建立,人们凭传统的想象,以为体内冷、热、干、湿四种气质的分配情况决定身心是否健康。而这位医生精通占星学和气质说,又熟悉往昔医学名家的著作,能确诊,能用药,是很不简单了。我们读了这一段,就能理解中世纪医学的大致。

差役曾暗示,主教、副主教常以开除教籍威胁教民,从而榨取钱财(第653~658行)。这样说,在当时是亵渎的,但有事实根据,给我们提供了中世纪教会黑暗之一例。

四、诗人对人物的态度

下文拟阐释诗人对他的人物的态度。

乔叟处理人物,采用客观的、忠实的写法,不多加议论。他对于几乎每一个朝圣客,都以富于情趣的笔调描述其一些重要的事项,尤其是习惯或往事。尽管诗人的语气比较平静,他写的人物却大都形象如生,令人难忘。

然而,乔叟选择人物、选择细节,是有意义、有观点的,不是随随便便的。他的看法,蕴藏在他的描写中,也常有意无意地流露在他的片言只字、三言两语中。稍为细心的读者,不难发现诗人对人物的态度,他的爱和憎,他的褒和贬。

大体说来,诗人对于正面人物,不乏赞美之辞;对于反面人物,颇多讽刺之语;对于中间人物,则嘲弄与同情兼而有之。

1. 对修道僧、游乞僧、教会法庭差役和售免罪符者

从乔叟刻画的大多数宗教界人员的身上,我们可以看出他对教会、特别是对寺院,基本上采取否定的态度。中世纪的教会,是封建制度的精神保垒,同时又属地主阶级剥削者。到了中世纪晚期,譬如在十四世纪后半期的英国,它的内部已经腐烂不堪,难怪威克利夫要起来抗议和反对了。乔叟所描绘的教会中人,虽非贵如大主教、主教,都还有一定的地位,而他们绝大多数人的生活和作风又是多么令人厌恶啊!

乔叟用写实的形象描绘,直接间接地批评教会中人比世俗之人更世俗,比一般人要邪恶。他写的修道僧,毫无出家人的气息,生活行径全是阔佬之所为,这是一个地地道道的享乐主义者。诗人说:

> 有位修道僧,是个顶呱呱,
> 寺产管理者,狂热狩猎家。(第165～166行)

此人负管理寺产之责,有时须骑马外出视察,但他酷爱的却是打猎——乔叟当然提示这是他决不应该做的事。原来他在厩中养的许多骏马,并非仅仅当作交通工具,而主要是供他游猎之用。

> 当他骑马出游时,人们就听
> 他马勒上的铃在呜呜的风中
> 丁当有声,清脆而又嘹亮,
> 一如他主持的教堂里的钟响。(第169～172行)

这僧人出去行猎时,简直是招摇过市,毫无顾忌。马铃响如寺钟,这个由联想引起的比较,自然是对他的讥嘲。修道士主要应在寺

院内读经、做工、修道,可是此人什么都不在乎,就晓得骑猎玩乐。他将书上反对行猎的话看作不如一只拔毛鸡,将反对修道者外出的话看作不如一个牡蛎,乔叟特地加了一行按语:

> 我要说他的意见是正确的。(第183行)

这是明白无误的反话,是诗人在微笑中给予修道僧的尖锐讽刺。诗人描述他考究的衣着道:

> 我见到他的袖口上镶了
> 国内最精美的灰色皮毛;
> 为了在他颔下能扣牢头巾,
> 他佩一枚别致的纯金饰针;
> 它的大头还有一个同心结。(第193~197行)

这个同心结,可能暗示他犯清规,搞男女关系。除了骑猎游荡外,他还爱吃可口名菜,包括烤肥天鹅。

> 他头上无发,光亮得像一面镜;
> 他脸上也光亮,就像擦过油。(第198~199行)

这两行活画出修道僧脑满肠肥的模样,也透露了诗人从容讥讽的口吻。总之,在诗人朴素奇妙的笔触下,一个饱满的形象出现了。寺僧把心灵与物欲、勤俭与奢靡、庄重与厚颜,全给颠倒了。

乔叟描写的游乞僧,以财色二字为其性格特征。他好色,欺骗过少女:

> 他曾为好几个年轻的妇女
> 安排婚事,用费是他自己付。(第212~213行)

诗人只客观地讲了这桩事,没有加评语,但事件本身谴责了游乞僧,诗人的态度可谓不言自明。该僧贪财,很有攫取的本领,甚至能从穷寡妇处诈去一文钱(第253~255行),而且很势利:

>   他了解每一市镇上的酒店，
>
>   熟识每一客店主和酒吧服务员，
>
>   却不理会癞乞丐和女讨饭。（第240～242行）

在此，乔叟不禁加了说明，予以讥刺：

>   因为像他那般重要的人，
>
>   鉴于他那样高的职业身份，
>
>   怎么能和麻风病患者结交。
>
>   要同这样的穷鬼打交道，
>
>   就有损尊严，毫无用场，
>
>   所以仅与富户、食品商来往。
>
>   可是，只要哪儿有利可图，
>
>   他就殷勤多礼，奴态毕露。（第243～250行）

笔锋犀利，淋漓尽致。诗人还为游乞僧下了结论：

>   没有任何人像他那样能干。（第251行）

一点不错，他在他所擅长的两方面坏事上，是没有匹敌的。

在此，我想顺便谈一下修道僧和游乞僧的异同。从外表看，二人很相似，他们都不但衣着考究，而且眼睛炯炯有神。修道僧是：

>   他的大眼睛转来转去地动荡，
>
>   就像炉火一般闪闪发光。（第201～202行）

游乞僧是：

>   他的眼睛在脸上闪烁有光，
>
>   像霜夜天空的星星一样。（第267～268行）

在行为上，两人也属同类：他们都不像出家人，而是违反教规，放任欲望，谋取私利。但他们又有明显的区别，他们的表现方式很不一样。修道僧明目张胆地追求骑猎、口腹之乐，根本不管自己的寺僧身份，有浓厚的公开无赖的气味。游乞僧则在他的职业外衣的掩护下干伤天害理的事，给人一种阴险狡诈的印象。

乔叟描写售免罪符者，主要是讲他的装备和敛财本领。例如：

> 他的行囊放在身前的鞍上，
> 塞满了新从罗马带回的免罪符。（第686～687行）
> ……
> 他有个镶满假宝石的铜十字，
> 还有猪骨头装在玻璃瓶子里。
> 凭着这些圣物，当他一有
> 机会遇见乡下穷牧师的时候，
> 就能获得钱财，他一日之数
> 还多于牧师两个月的收入。（第699～704行）

这基本上是写实，虽然从字里行间我们不难听出诗人挖苦的口吻。跟着，诗人表态了：

> 就这样一味地假奉承、施诡计，
> 他把牧师和教民当猴儿诈欺。（第705～706行）

这是深刻的揭露。售符员是个能说会道、没有心肝的人。再联想他后来在途中自叙如何说服别人花冤枉钱买他的免罪符，并讲了三个恶汉寻找死神借以戒贪的故事，我们确切认识到，他是一个骗钱老手。

关于售免罪符者的好朋友教会差役，我在上文已经谈了不少。他和售符员都是寺院外的教会人员，但他俩与修道僧、游乞僧一起，堪称黑暗教会的"四大金刚"。乔叟描述差役的许多恶行，并提出概括性的意见：

> 他是一个斯文、和气的无赖汉；

>人们找不到比他更好的伙伴。(第 647~648 行)

"斯文"和"和气",都是敌意的反说;"无赖汉"才是真实的正说。

读了乔叟对上述四个反面人物的描写,我们有理由说,诗人不满于教会,甚至基本上否定它。但他决无否定基督教的意思。就在关于差役的一段文字中,有这两行:

>有罪的人都应该害怕诅咒,
>
>受诅咒会断送灵魂,忏悔能拯救。(第 660~661 行)

乔叟以他自己的身份,强调开除教籍之可怖,获得免罪之重要,这是诗人的真实思想感情。我们从中可以看出中世纪基督教信仰之普遍,影响之深远。

乔叟对于反面人物,虽未大声斥责,却在描述他们的外貌、衣饰、特别是他们的行为或往事时,以及偶尔加上的简短按语或评语中,表露了诗人的明朗态度。他还有一个更有效的方法来分清是、非、善、恶;他既描写反面人物,又描写正面人物,以资对照。

2. 对穷牧师和农夫

乔叟笔下的教会人物,的确是一团糟;但是在黑暗中尚有一线亮光,亮光来自穷牧师。这是一位理想的教区牧师,理想的基督徒;像他那样言行圣洁的人在寺院内固然找不到,即在寺院外的牧师中也不多见。乔叟描写时有意将他与当时现实的教会中人对比,而处处加以褒扬。诗中叙其善行而赞其盛德,很感人,详情毋须复述。颂扬的话是大量的,且引数行为例:

>有一位基督教中的善良人士,
>
>是一个贫穷的乡村牧师;
>
>但他富有圣洁的思想和行动。

> 他也是有学问的人,一个书生,
> 常忠实地宣传基督的福音;
> 诚恳地教导他教区的居民。(第 477~482 行)
>
> ……
>
> 他并不希求浮华和尊严,
> 他的心理也不过于刻板,
> 他只用基督和使徒的遗训
> 教导人,而且自己首先去遵循。(第 525~528 行)

这样有独特个性和高尚品格的教区牧师,我们可以不赞成他所信奉的宗教,却不能不称道他的为人,他的精神。难怪乔叟说:

> 我想哪儿也没有更好的牧师。(第 524 行)

这是总评价,是结论。从牧师布道一点来讲,他劝人为善,这给老百姓带来的益处是有限的,因为他无形中帮了封建统治阶级的忙。但从他心口如一、不慕荣利、乐于助人来讲,他给老百姓树立了高尚情操的榜样。他一贯表现为普通人的导师和朋友。我觉得乔叟在这个人物的身上反映出他自己的民主思想。

乔叟的民主思想,最明显地表现在他对农夫即穷牧师之弟的描绘上。

> 他是诚实的劳动者,心地温纯,
> 安分守己而又宽厚待人。(第 531~532 行)
>
> ……
>
> 为了基督的缘故,他会替穷邻
> 无偿地打谷、挖沟和刨地,
> 只要事在他的能力范围里。(第 536~538 行)

诗人歌颂劳动,歌颂劳动人民的互助。当然,他把农夫的美德归之于对上帝、对耶稣的爱,这是反映那个时代的世界观。

3. 对骑士、侍从和自耕农

骑士阶层的三位人物,也都得到乔叟的欢心。我们知道,骑士精神至乔叟时代已经衰微,但仍为许多人所仰慕。诗人喜欢活泼而富于色彩的生活,骑士精神还能吸引他。他赞扬了三人,特别是把骑士给理想化了。骑士,就其大的方面而言,是封建主的武力工具;就其某些行为准则如荣誉、公平而言,又颇能引起老百姓的爱好。

诗人描写那一系列的朝圣旅客,是从骑士开始的。这反映时代和乔叟本人对骑士精神的肯定态度。在旅客中,骑士的地位最高,在当时他所处的地位仅在王侯之下。诗人的安排,显得自然、合理。在《总序》结尾处,塔巴德旅店主人通过抽签,确定由骑士第一个讲故事,这安排又反映了旅店主人和诗人自己的尊卑观,我们并不觉得意外。

乔叟着重写骑士的战功和品德,有不少称颂的陈述,如:

> 有一位骑士,他是可尊敬的人,
> 自从他首次出征离了家门,
> 他就爱好任侠行义的精神,
> 爱好信实和荣誉,宽宏和殷勤。(第43～46行)
> ……
> 他诚然英勇,却又很明智,
> 他的举止如少女般谦恭。
> 在他的一生中他从不曾
> 对任何人发过不逊之辞。

>他是个真诚、完美的高贵骑士。(第 68～72 行)

这骑士很有中国古语所说的"静如处女,动如脱兔"的军人风度。

对于侍从,乔叟以愉快的笔调和善意的幽默,形容这个文武兼备、活泼可爱的青年。诗人概括他的部分优良性格为:

>他有礼貌,谦逊,并肯帮人忙……(第 99 行)

自耕农被写成精力充沛的林间猎人模样。乔叟对他虽无评断的话,却显然抱有好感。

4. 对修女长和巴斯妇人

朝圣旅客中有两个形象丰满的妇女,一个修女长,一是巴斯妇人。

修女长是一个容易引起争议的人物。我以为,她虽有缺点,可不容鄙视。她的精神境界,距穷牧师颇远。但她和修道僧、游乞僧、售免罪符者、差役等人相比较,也大不一样。那四人邪恶,而她并不;那四人损公利私、损人利己,而她并不;那四人名实相悖、口是心非,而她并不。乔叟写她的品格,主要讲两个方面:仪态、情感。对于她爱讲礼仪举止,诗人用的是诙谐的口吻,不是认真的讽刺。修女长大概是平民出身,出家后当上女修道院长,与人会有交往:

>她的微笑是十分单纯而腼腆。(第 119 行)

她低声说话,难得用一个哪怕是温和的誓咒语。她唱赞美诗,据说很动听,并且是哼出来的,这表明她声音的轻柔。她会讲法语,可不是地道的法语,这反映当时英国的一点语言情况。最有意思的是,诗人评述她用饭时的文雅相:

>对于进膳的规矩她很精娴;

> 不会让食物落下她的唇边,
>
> 也不把手指深沾在酱汁里。(第 127～129 行)

如此等等。想到当时还没有近代精致的餐具,特别是还没有食叉,普通人吃东西的样子很随便,我们会觉得修女长的举止是与众不同,可未必讨厌。诗人的评论是:

> 她的确是个有趣的人,
>
> 举止文雅而又和蔼可亲,
>
> 极力模仿宫廷的礼节优美,
>
> 使自己的风度显得高贵,
>
> 好博得人们对她的尊敬。(第 137～141 行)

这是述实,并无恶意。料想诗人写这几行时,是莞尔而笑的,至少我们读这几行时,是不禁如此。乔叟还写了修女长的温柔心肠,她的同情心特别表现在对小动物的关怀中,例如:

> 她是这般仁爱,这般慈悲,
>
> 看见一只鼠她也会落泪,
>
> 如果它在捕机中流血或死去。(第 143～145 行)

假使这位修女长是个普通的世俗妇人,那她的爱讲礼仪就太矫揉造作了。但她既是女修道院长,是少女的导师,她的文雅姿态已属习惯成自然,符合自己的职务和身份。她的温柔心肠,也是真实的,我们从她在旅途上讲的感人的小殉道者故事,可以得到有力的佐证。当然,她有明显的缺点,那就是她的举止太不大众化了。

巴斯妇人是一个多方面突出的人。论外貌,她面带傲气,红润漂亮,牙缝较宽,耳朵微聋;论衣着,她戴沉重的头巾和特大的帽子,穿短骑裙和鲜红袜;论能力,她织布的技术超过第一流的织工;论经历,她多次婚嫁,多次旅行国外;论态度和性格,她要强,会谈笑,言行大胆。这几点,上文已有陈述。乔叟对巴斯妇人,基本上是客观地描写。读过描写后,我们觉得她尽管粗俗,却不丑恶,她的形象挺有意思,给人以难忘的印象。顺便一提:《总序》给人物画了肖像,各人的性格往往在故事小序或开场语中有具体的充实。巴斯妇人的开场语,坦率详细地道出她对性爱、婚姻的态度和经验,使这个人的性格更加丰富、生动。再考虑她说的那个以夫妻关系为主题的传奇故事,我们深感这一奇特的妇女,是《坎特伯雷故事集》里最引人注目的人物之一。

5. 对书生、律师和医生

乔叟对自己笔下的几个知识分子,根据他们的行为而分别看待。像对穷牧师那样,他毫无保留地表彰牛津书生。在不长的二十余行中,他虽未说什么颂扬的话,却列举了书生的大量优点,从而传达了赞赏之意。书生的外表:

> 他的马匹瘦得像个长柄耙,
> 我以为他也不算胖——他自家,
> 他的面颊向内凹,样子很庄严。
> 他的外衣是多处绽了线。(第287~290行)

他清寒的原因:

> 他尚未得到牧师的位置,
> 又没有俗欲要谋什么官职。(第291~292行)

他的爱好:

> 他宁愿在自己的床头边
> 拥有黑封面、红封面的二十卷
> 亚里斯多德的哲学作品,

> 而不要华丽服装、提琴、小竖琴。(第293～296行)

他的待人:
> 他为那些帮助他求学的人
> 热诚地祈祷,祝福他们的灵魂。(第301～302行)

他的思想和言语:
> 他最留意用心的事是治学。
> 必要以外的话他一字不说,(第303～304行)
> ……
> 他的言语充满了高尚的情操,
> 他极愿学习,也极愿教导。(第307～308行)

乔叟所尊重的知识分子,就是像牛津书生这样的专心致志而又报德助人的力学之士。

对于律师和医生,乔叟报道了他们很好的业务能力:律师熟悉律例,办事精到;医生既懂理论,又多实践经验。但诗人分别插进了一两行含有暗讽的诗句,使我们怀疑两个人物的品质。律师:

> 他很审慎,受到人们的尊敬;
> 他似乎如此,因为他言谈多智。(第312～313行)

他"似乎""受到人们的尊敬",却未必真正"如此"。医生:

> 金子在药物中是一味兴奋剂,
> 所以他特别爱这橙黄的东西。(第443～444行)

"兴奋剂"一词,是双关语,既有实指意义,又有含蓄意义。总之,两人都善于用才能谋己利。

6. 对几个手工业人员

《总序》中有五位互助协会会员:衣帽商、木工、织工、染工、制毯工。他们属于市民阶层。乔叟用了十八行(第361～378行)对他们进行集体描写,主旨是说他们相当富裕,财产、收入都可观,社会地位较高,他们的妻室也感到满意。

7. 对商人和船员

《总序》中的商人搞国外贸易和外币买卖。诗人讲到他精明能干但眼下遭遇一点困难:

这位能人灵巧地运用智才,

谁也不晓得他身上负了债。(第279～280行)

商人有一条重要意见,即反对海盗。很凑巧,另一位商界人士、从事航运的船员,却有海盗行径。此人精于航海术,但爱偷客商托运的好酒喝,打起架来就把人推下海。诗人的评语是:

他根本不管那拘泥的良心。(第398行)

8. 对磨坊主、膳务员和田产管理人

从第542行到622行,乔叟接连写了三个偷窃分子:磨坊主,膳务员,田产管理人。

乔叟以生动的细节,描述磨坊主的丑陋外表,文字很精彩。其习性为,猥辞满口,特别是:

他善偷麦子,窃取酬量的三倍。(第562行)

黑心的家伙,很会运用他的"金拇指"啊!

乔叟以比较笼统的笔法,说法学院膳务员采购精明,无论赊购现买都能得到好处,并说他这粗陋的人,才干竟胜过他的主人——三十多位聪明的学者:

然而这膳务员作弄他们全体。(第586行)

意思很明白:他能大揩其油,而他们或者发觉不出,或者知道了也无可奈何。我们可以设想,他欺骗这些学者的办法有三:以次充好,以贱充贵,以少报多。

田产管理人是又一个利用职务方便图谋私利者。他精通产业管理、财务和农牧技术。他欺骗他的主人,压迫他手下的人,把非分的财物攫为己有,凑成一份可观的家业。乔叟意味深长地写道:

他的住宅满漂亮,是在草地上,

四周有绿色的树木来遮荫。

他擅长治产,胜于他的主人。(第606～608行)

9. 对自由农和厨师

对于那个一味讲究饮食的自由农,乔叟下了一句带讥讽的结语:

哪里也没有这样的模范小地主。(第360行)

对于厨师,乔叟未下评语,却暗谴式地道及他胫上生恶疮。

10. 对旅店主人

饮食业的另一位代表——塔巴德旅店主人,就迥然不同。他一表人材,性格开朗,是热诚的掌柜,善交际的人,谈笑有机智,直率而练达。乔叟衷心地称赞道:

他身材魁梧,眼睛大而有神,

奇普赛没有比他更好的市民。

他说话直爽,而又聪明得体,

他具备着十十足足的男子气。(第753～756行)

这是一个符合乔叟心意的人,他受到朝圣旅客们的支持,也获得我们读者的喜爱。

《总序》未提这位旅店主人的姓名,我们从厨师故事的开场语中才知道他叫哈里·贝利。他不仅在《坎特伯雷故事集》的《总序》中,而且在全书中占着十分重要的位置。正是由于他的建议,众旅客才有讲故事的可能。在去坎特伯雷的路上,是他指挥着大家,或接话,或打诨,或鼓励,或批评,或首肯,或制止。他像导演一样,让众人演出最生动的英国中世纪晚期的"人间喜剧"[①],让他们叙述各种各样悲伤和欢乐的故事。

1983年3月刊于《杭州大学学报》后有修改

[①] 基特里奇认为《坎特伯雷故事集》是一部人间喜剧,《总序》即是第一幕,见其所著《乔叟和他的诗》(G. L. Kittredge: *Chaucer and His Poetry*, Harvard University Press, Cambridge, 1915),第153~155页。

谈莎士比亚十四行诗及译诗问题

戚 叔 含
（关于译诗问题部分，以译莎氏十四行诗为例）

I. 莎士比亚十四行诗，与其他文艺创作一样，是通过诗人感受反映时代现实的作品。在其整个反映中，有对当时新兴阶级朝气所鼓励的个人寻求自由幸福，诗人所感到的愉快心情流露，也有诗人揭发新兴阶级在初露面貌时所不能掩盖的阶级丑恶的一面，"莎氏即在资产阶级方兴起来的时候，已对之有轻视的态度，甚或有时无可抑制，到了深恶痛嫉的程度"（Spassky），因之就受资产阶级学者的轻视，并予以歪曲解释，抹煞了十四行诗的社会意义。

但优良的文艺创作是人类的财富也是全人类的创作，正如"希腊的宇宙神——Zeus——是希腊人民的创作，菲狄亚斯——Phidias——只不过是把它刻上大理石"（高尔基）。我们不能把"莎氏十四行诗视同是宫廷优雅的赏鉴家的私产，实际上他的诗句也是被编成乐曲，流行于广大人民团体之间的"（莫洛左夫）。

资产阶级对莎氏十四行诗歪曲谬说，由德国希尔格尔（Schelgel）兄弟在十八世纪末年十九世纪初期倡其端，认为十四行诗只是反映了诗人的私生活，"With this key Shakespeare unlocked his heart"（华兹华斯）。他们要在十四行诗中探寻诗人是否不检细行，是否失过恋，是否犯过同性恋，是否在诗人心头有俄狄浦斯情结(Oedipus complex)等问题,及至诗中找不到这些问题解答,便又说:"If Shakespeare did unlock his heart in his sonnets, the less Shakespeare he"(Browning)。称莎氏是戏剧作家,其诗中的恋人、朋友,都是戏剧性的杜撰人物,说的都是莫须有的事,百多年来,众说纷纭,莫衷一是,而把十四行诗宝贵的社会意义,完全抹煞。

诗人的个人生活,诗人的个性了解,是可以帮助我们去理解他的诗。但诗人的个人生活是不能脱离社会的,诗人个性是"现实形成的结晶"(季摩菲耶夫),当诗人说其个人时"即是说普遍事物,说人类"(别林斯基)。

抒情诗,包括十四行诗,"是描写个性的单独状态,描写他的具体感受……感受是包括任何生活环境所引起的任何感觉,无论是哲理、爱情,或政治信仰。只要是具体的思想和情感,带有主观的情感色彩的,都是感受"(季摩菲耶夫)。但抒情诗与其他文艺创作,如戏剧,小说,史诗是有不同的,它不假托故事或故事中人物表达感受经验,它是把感受经验抽象化,提炼到纯情感阶段中,不泥执于实事实物表达出来,抒情诗更接受音乐,情感色彩浓厚,自成单独完整状态,"不需要任何情节上的动机说明或生活背景描述来帮助它的开展"(季摩菲耶夫)。可是这不是说它与情节动机,与生活背景无关,它只是像提炼过的清油,因之有更强的渗透力,能越过具体事物形象,打入读者的感情中去,它的社会根源仍是肯定的。

这样的认识,使我们重新对莎氏十四行诗产生兴趣,这也证明"只有在我们这个时代里才能生动的,直接的接受莎氏创作,只有在世界文学宝藏成为全人类财富的地方,方有这样接受的可能"

(莫洛左夫)。

Ⅱ. 英国十四行诗体制,即莎士比亚体,与意大利原来十四行诗体制不同,不是偶然的一回事,它是决定于现代英国语言及文艺复兴时代现实的两种要求的(曾有人诬蔑莎氏不知道有意大利体,此说自然可笑)。

英国现代语言是重质的(qualitative)语言,诗的音节是以轻重音组成音步,与欧洲拉丁语系重量的语言不同,又因为字尾变格取消,字尾子音作用大,限制同韵字数量。这是英体不能仿意大利体的因素之一。

意大利十四行原体制,是用八行及六行两组组成十四行,两组行数比例相差不大,由主题铺陈(赋)转入回顾主题思想作结束(感或兴),发展徐缓,八行六行,用韵至多不会超过五韵,母音字尾同韵字多。音节方面是长短的转换,所以全诗结构平静发展,有人喻之为"一种细致精刻的象牙玩具,不见斧凿痕,呈现一个整体完整美,写回忆中的情感"(R. M. Alden),恍如梦境,没有突兀起伏,激进变化的气势,正符合封建时代崇尚静止,认一切是永恒的思想要求,自然不能满足现代英语重质及时代现实要求的。

重质的语言,音节由轻重或高低中产生。音节的发展,形成激进愈趋愈急的气势逐次加紧加急,到无可再急再高,然后正如拨弦终曲,一声如裂帛,戛然而止。这就说明英体十四行的发展过程,"潮打空城寂寞回"可以移来解释此体,开头十二行,三个四行组,每组自成单位,"犹如三个浪头,一个高过一个,愈趋愈急愈高"(Alden),然后打上城头,潮头整个回泻,瞬息间形消影绝。它在十二行中比较长的时间酝酿发展(量变阶段)而可以在最后两行很短时间内结束(质变阶段)。曾有人很聪明地喻作果实在果壳中长时间的长熟，到最后一息迸裂果壳的经过（Hall Came），说明莎氏体的辩证发展的特点（可以斯宾塞的 *Like as a ship* 一首，及莎氏的六十五首，七十三首等作例）。

这里应作附带说明，即莎氏体最后两行叠韵，应是全诗最得力处，可是也最不易见工。往往诗人在前面三个四行组，逐步逼紧，已感声嘶力竭，到最后两行，便会无力量，勉强凑成，或竟显得多余，即莎氏本人亦所不免，应是时代局限不能避免的结果。何以言之，我们以莎氏一生戏剧创作来说，分成三个时期，由第一期"建立人文主义世界观的基础上发展，到第二期悲观时代，写理想与现实冲突"（阿尼克斯特），应是在第三期中得到统一，解决矛盾，而事实莎氏在第三期中只能以戏剧性的方式，在传奇剧中"作乌托邦式的解决"（同上），这正说明时代局限。我们对莎氏要求过苛，便会像我们要"哈姆雷特这个人物接近苏维埃人，必须也表现为一个有力量，有果断，在和敌人斗争中不知道什么叫犹豫的人才行……实在我们太天真了"（同上）一样，而实际上，我们知道在莎氏十四行诗中是有积极向上发展，在最后两行中，仍不松懈，得到合理统一的例子，可是也不能免的，有逐步消沉，最后会说出"天日有晦明，人世炎凉不足奇"（三十三首）的话，无可奈何的向现实妥洽的表现，我们体会此时代局限，便更可以使我们对十四行诗体有一种亲切之感，能在最后两行，再接再励，不向困难低头，充分发挥此体的力量，正是我们时代可以做得到的事。就莎氏本人说，他确是如同哈姆雷特"是一个心灵坚强的人，即使跌倒了，也比一个站起的软弱无能的人要高些"（别林斯基）。

时代现实要求决定莎氏的诗体，莎氏看到的不是静止永恒不变，而是息息在变的现实（a universe, pulsing under change-Mark

Von Doren）。他的诗是打击资产阶级奄奄无生气的现状的（关于时代现实部分从略）。

　　就诗的内容说，以六十六首与一二九首为例。除了两诗反映现实丑恶以外，莎氏诗中又表现了形式与内容的辩证发展关系（Form and content comprise a dialectical conflict and unity of opposites-V. J. Jerome），尤其是一二九首。全诗是字字真理，句句格言，思想性突出，莎氏似乎已不在写诗，而在宣教，那内容颇如脱缰之马，有想逃出诗的形式的气概，但莎氏是一个诗人，他不肯"给自己一个单纯的说教任务……听从这个或那个论题指挥"（阿尼克斯特），"他不是生活直接的改造者"（George Palocze Horvath）。一二九首，仍是一首诗，急促的章节，显出重质语言的特点，字字金玉，若铿锵有声，思想与情感统一在诗里面，总结了人类原始只有感情冲动所不可避免的盲目行为，进而由理智认识，回头认识领导情感，情理趋归一致，反映文艺复兴时期新兴阶级从自觉基础上个人求解放，在科学开始时期，由认识鼓励感情产生行动的进步面。"文艺复兴时期，个人抬头，人作为世界观中心，人的情感进入文学和诗歌，莎氏十四行诗是典型的例子"（莫洛左夫）。

　　III. 做翻译诗的工作者，必须顾到两件事，一是必须科学地钻研原诗，从个别字彻底了解，到在感情中接受原诗内容思想和情感以求忠实于原诗；二是以不违背本国语文典型特性的本国语文及本国语文典型特性所允许的一种诗体做翻译工作。

　　用不同语言解释诗，也同我们用白话重述古诗内容，若没有一个诗体形式，只是释诗，译诗应是另一回事，两者不同，必须明确予以承认。

　　就表面说，形式附托于语言——资产阶级即利用此点宣传诗不可译,如 Bradley 即是典型代表。我们不否认诗内容与语言的血肉关系,但我们也知道诗的内容深处,是"实际生活","无论思想或语言,两者本身不能单独成立王国,因为它们只是实际生活反映"(马克思、恩格斯语),"这个实际生活,是尽人都能了解"(费道洛夫),所以诗的内容思想是可以离开那语言了解的感觉的。我们"细心研究一首诗的产生的土壤"(密齐罗夫),掌握了土壤性质知识,移植是可能的,"看着原诗的文字,自己用本国语再思索"(朱可夫斯基),是可以把原诗复制成为"另一种语言读者的财富"(马克思、恩格斯语)。马尔夏克已为我们树立先例,他"继承俄国翻译传统",把莎氏十四行"移植在俄国土壤中"(费道洛夫),"创造了辉煌鸣奏着的优秀作品"(西蒙诺夫),成为苏联诗歌园地中的新品种。翻译者原"不该把自己任务,只限于翻译个别形式,而应该在本国语,本国诗(原文为俄国语俄国诗)中搜索……不能只顾翻译的诗而不管译出的是否像本国诗"(密齐罗夫)。我们可以在本国语特性所允许的条件下吸收外国语法,甚至创造新词汇,建立新诗体,但必须认识两种语言间的距离,若是机械的硬搬原诗语法,模仿诗体,从而损害本国语的典型性,使语言失去表达力量,也就不能谈忠实原诗,结果会是"堆叠了一大堆废话"(朱可夫斯基)。

什么是本国语典型特性,什么样是本国语特性所允许的诗体,这不是仓促间所能回答的问题,但应从本国经典著作,应从本国诗传统中去寻求,谅也不会是错的说法。就诗的语言说,中外一律,好的诗是用字最经济,含义最丰富,表达力最强的,也是值得探索,推陈出新,死语活用,赋予新生命,对本国诗艺开辟新天地,这正符合以"创造性态度对待翻译"(马克思、恩格斯语)的原则。

就忠实于原诗说,以莎氏十四行诗为例,莎氏生在现代英语正趋成熟阶段。这个时候英语字义显得朴素清鲜，莎氏生在这个时候，是有他的优越便宜的。可是我们仍不能忽视若不是莎氏自己是一个语言大师，他也不能利用此优点，而实际英语是在"他手里得到了新生命"(Griessen & Smith)，他知道什么是文字丰富的涵义——"Aware of the richness and significance behind the ambiguities of language and the literary possibilities involved in this realization…"(Arnold Kettle)。我们知道莎氏用字的丰富，是居英国第一位，平生用字超过一万二千（后之作者 Browning 用字将近万，Milton 居第三位），在他诗中一字见长的例子很多，是不宜放过的（如六十首第六行的"Crawls"一字）。

其次现代英语虽则是欧洲语言中年纪最轻的，但有些字又已有转移，若以今义去解释，是不妥的。(*Tempest* 中"Brave new world"三字，过去会有人译作"勇敢的新世界"，在字面也显得无意义，十四行诗十二首有"the brave day"三字，我们若把"brave"也译作勇敢，一样是没有意义的）。

忠实于原诗另一个问题，即是掌握整首诗的气势脉络。以十四行诗为例，它的全诗组织发展是比较紧凑的，三个四行组的逐次递进，在五行九行都有关键，不容忽视，最后两行的收，更须要突出些。我们有两句诗，"境胜才思穷，诗成不称心"。用自己的语言，写眼前的境，情由境生，尚且感到诗成不能称心，我们要通过另一种语言去体会诗人所见所闻，进到他的情感中去，再译成我们自己语言的诗，原是比创造更难些。译诗与原诗之间的距离是不能不承认的，试再就实际译诗工作中所具体遇到的，举例来谈谈一些琐细的问题：

我以为在抓住原诗意义本质，有时是可以"不顾表面形象细节的"(朱可夫斯基),也就是"摆脱形式上的准确"(费道洛夫)。我本人不识俄文,曾请教一位朋友,请他口述马尔夏克的第一首译诗,那第一行马译是"我们希望最好葡萄的丰收"。又如 116 首第九行"time's fool"两字,马译作"时间手中的洋娃娃",又在 33 首头上二行中,加了"太阳"二字,在第一首又把"tender churl"两字略去,莫洛左夫曾指出马尔夏克这样更变译法,是并没有不忠实于原诗,相反的更能使读者容易领会原诗意义。第一首第五行"contract-ed"一字,英美注释者,也有不同意见,不仅可以作联姻结婚解(R. M. Alden 注释为 Confined within the operation of your own eyes),马尔夏克译作"与你自己的美丽发生爱好"("falling in love with your own beauty"——略去"eyes"一字),字面意义比较明白,这些都值得我们译时做参考。

翻译时最容易有的偏向,即是太重视解释原诗,而忘了自己工作是译诗,两者我以为是不可混淆的。我曾戏把第一首五至八行写成"你同你自己发光的眼睛结了婚,把自己做燃料,烧起了你眼睛的光焰,使原来是富饶的变成贫瘠,惨酷的对待可爱的自己,做自己的仇人。"及第三首开头八行"你向镜里看看,告诉镜里的面庞,这已是时候,应得另造一个脸儿,它这样美丽鲜艳,若不及时造一个新的,不叫一个做母亲的生养,准是你玩弄人世;莫非会有这样一个好看的女人家,她不愿意把她未经垦殖的处女地让你耕耘,也会有那么一个蠢汉仅爱着自己,叫自己的身子,做葬儿孙的坟墓。"这样解诗,怕是太罗嗦,而另一方面不仅读者在译文中感不到诗味,或将怀疑到原文是否是诗,所以释诗同译诗,必须区别开来。

承认语言之间的距离,须要补充时是可以大胆补充的。中国诗"鸡声茅店月,人迹板桥霜"六个形象,若一字不多的译成英文,将是不可想象的事。同样,有些英文诗,我们若只译字面,也是会感意义方面不足的,如第二首最后两行中最后一行"And see thy blood warm when thou feel'st it cold",若只译作"见你的血是热的,当你觉察这是冷了"是没有意义的,若加些补充字作:"见你的血(在你儿子身上)热了,当你觉察(在自己身上)冷的时候",才能有意义(此两行余试译拟作"愿君爱惜,老去抚心冷莫惊!及时栽培,喜看热血寄新生")。又如第四首最后二行:

  Thy unused beauty must be tomb'd with thee,

  Which, used, lives th'executor be.

若照字面直译,极不易表达意思,这样诗句,不仅需要补充,或尚需另造形象,透露原诗字里行间含义,如有此需要,是可以大胆加上的。如第一首第五行,我试译作"你不赋好逑,顾影自怜",这里对照原诗字面,最后四字,已尽其意,但"不赋好逑"之意是有的,如此点出,可以使诗意更显豁,实际此语不仅透露此首主题,同时也透露十四行第一组自一至十九首的主导思想,即是生聚之意,莫洛左夫所谓"人的创作,亦如我们称创作(如狄更斯称其小说一样)是我们的后代,是人战胜破坏战胜死亡最强的手段",所以像第四首,原也是此主题思想的发展,有"unused"、"used"两字,应可以在译文中稍使此意显露些,译作"你有丽容,深居不出……若能与佳人共品尝……",或竟把"beauty"一字另造形象,喻作"玉",译成"怀玉自私……若与佳人共琢弄",暗译"unused"及"used"两字,可以更使诗意表达出来。Wordsworth 有一句诗"The ocean bares her bosom to the moon",循字面作"海洋对月袒胸"已尽意,但诗趣不够,含义未显,若译作"海洋袒胸,待明月入怀抱",即较有诗趣。

  莎氏九首有"Give not a windy night a rainy morrow",若仅

译字面,作"莫给一个黑夜,一个下雨的来朝",原诗的浓厚情感色彩失去。若译作"一夜凄风何堪朝来又凄雨",或竟作"一夜听狂风,那堪朝来遇凄雨",不能算是不忠实于原诗,也是补充加字的一例。

也补充相反的办法,是删略可以删的个别字,如上面说过的马尔夏克删去"tender churl"两字即是此类例子。事实上是会有某些个别字,删去后在译文中已够表达原诗意义的,泥执字面搬过来,在译文中显得累赘,如三十首第一行"Sessions"一字,莎氏也只是玩弄玄虚,把人自己心灵喻作法官,自己向心诉说往事。心灵称以第三人称,在我们语言中,如此称呼,甚不易使读者了解,所以我主张把它放弃,译作"自将往事向心说",不用法官坐衙一类字样。又如七十三首第四行"Bare ruin'd Choirs"三字中"Choirs"一字,在宗教社会中,是妇孺皆知的,但在我们社会里,除少数人外,不易了解"圣诗席"的意义,而莎氏原意也只用"Bare ruin'd"两字喻诗人晚景凄凉,下面又有哥鸟离去之意,所以全行我的意思是可以译作"而今是鸟飞歌绝,只剩寒柯",把寒柯代替"Choirs"一字,于诗义无损失,若"不加批判的复制原文语法形式及词汇"(费道洛夫)反而会失去原诗意义的。

我也以为在这些诗句,反面译比正面译更能达意,目的在求忠实原诗,如能达意,也应可以采用。如第四首第一二行,依照字面,应译"吝情的人,你为什么把天赋的(也可以作父母给你的)美好,尽自消受",在意义方面,似乎有些不够明畅,若译作"……为什么不许别人消受",更顺些,同一首中第五行六行,也是一样。

翻译中最忌是叫读者看着本国文字,而恰如在读外国语文,然而像"我把我自己身体放在床上"一类句子,怕在翻译中会经常遇到。上面所举七十三首中第一、第五、第九三行中"in me"两字,译时很容易有此偏向,译成在我身上看到什么,什么之类,而那些东西,事实上是不可能在身上看到的,似应结合本国语习惯,予以改换。"每种语言是有它特殊材料的,凭这些材料,重新创造……使其与译文语言准则符合"(费道洛夫),在这些地方,是需要的。(余试译第一第五第九行"That time of year thou mayst in me behold……In me thou see'st the twilight of such day……In me thou see'st the glowing of such fire"作"君问吾年几许,(但看枝头)……吾年亦如黄昏……吾年亦如焰火……"。

莎氏诗中的句法,也需要注意,词类有时是很奇特的。如第五首第四行 And that unfair 即是 And unfair that,unfair 是动词(此首第二行"Lovely gaze","gaze"一字作名词,"the object to be gazed upon"),最离奇的是第二十五首:

　　Whilst I, Whom fortune of such triumph bars,
　　Unlook'd for joy in that I honour most.

二行中第一行 I 是主词,第二行 unlook'd for 是分词形容词,joy 作动词用。又如 129 首头上二行:

　　Th'expense of Spirit in a waste of Shame
　　Is lust in action…

Lust in action 是主词,The expense 是宾位词,译时不注意,顺字面译会失去原意的。

最后关于诗体的问题,先在这里提出一些意见,就译诗例子看,诗体是模仿英诗原体制,即十四行,每行五音步,韵也是依照原诗为 a b a b , c d c d , e f e f , g g。所以或许可以问,这是否是我们语言所允许的一种诗体。

诗体的主要部分,建立在行的组织上,我们的五步是当于英诗的 pentameter（十四行诗意大利原来是每行十一音，法国体是十二音，英国的为十音，也是符合英国语言要求的）。我们似在模仿，实际我以为是两种语言巧合，五步是适合我们语言要求的，就表面看，是五步的模仿，在骨子里是暗藏中国语言的四六体，即每行是以四及六两单位来组成。但四六必然受十言的限制，我们现在是作五步，相当于二及三的比例，而每步又则可以有一字到三或甚至四字的变化，在接近四、六比例，而又不是严格受字数限制，这似乎在中国旧诗赋中，已有前例，手头没有旧书，凭记诵试录陶渊明《归去来辞》作例：

归去/来兮/，田园/将芜/胡不归/，
既自/以心/为形役/，奚惆怅/而独悲/，
悟/既往/之不谏/，知来者/之可追/，
实迷途/其未远/，觉今/是/而昨非/。

　　这是有韵四行，每行可以这样分成五步，骨子里是四六体，在旧诗赋中，例子很多，证明是符合我们语言准则。当然我们语言可以有四四的八言及六六的十二言，但用两者建立新体，有它们的缺点，因为两者可以合并作为比较长的行制。然而一行中上下是相等，改作步计算，即成四步与六步，上下是 2+2 及 3+3，我们的七言不宜于长诗，因字数的规定，累句太多，积成"排律"，便易使读者感到单调，改成八言或十二言，实际是四言对，与六言对，读时仍不能脱去每行的相等上下的单位，因之等于四言及六言，仍会产生单调的音腔，又不适于长诗体，十言的五步行格，有它一个便宜处，即行中变化可以多，它可以成为 2+3 及 3+2，也可以成为 1+2+2，又加上每步字数自 1 至 3 的变化，便可以减去单调的流弊，这一个变化，又调剂了行中的"顿"（caesura），行与行之间"顿"的不同安

排,更可以帮助音节,使其不落单调。如以上面所引的《归去来辞》说,我以/表明"顿",四行的形式是 2∶3,3∶2,3∶2,2∶3。掌握了这一点,避免二行以上的同样比例,适宜的变化,即是音节的变化。有了这样的调剂,任何长的诗,我以为可以不会再有单调流弊,若模仿英体 Blank verse,把韵去掉,行中的章节再加以适当照顾,也是可以适称的。所以从通过译诗,建立一种诗体,是一件可以注意的事。

此稿只作讨论时参考之用,因受时间限制,匆促间从原来长稿删节出来,中间难免有不连贯及错误之处,请阅者原谅。

译诗举例(只作讨论时参考之用)

III

Look in thy glass, and tell the face thou viewes,
Now is the time that face should form another;
Whose fresh repair if now thou not renewest,
Thou dost beguile the world, unbless some mother.
For where is she so fair whose unear'd womb
Disdains the tillage of thy husbandry?
Or who is he so fond will be the tomb
Of his self-love, to stop posterity?
Thou art thy mother's glass, and she in thee
Calls back the lovely April of her prime;
So thou through windows of thine age shall see.
Despite of wrinkles, this thy golden time.
But if thou live, remember'd not to be,
Die single; and thine image dies with thee.

第三首

镜里端详,寄语芳颜容易老,

莫错过良时,早栽新种接丽袭。

如此英俊玉貌,不及时再造,

慈母怀空,是君玩世咎难辞。

岂竟有佳人,甘心荒废蓝田,

不肯教君耕耘,种下良玉。

也竟有无知欤汉,自享华年,

孤芳独赏,宁教身后绝嗣续。

须知君貌原肖母,对君忆青春,

如览镜顾影,能教白发开颜。

君若有儿何愁额上起鳞皱,

重见年少风范,在儿眉间。

只怕君岁月虚度,死去无人知,

好容颜与身俱灭,寂寞伴枯尸。

IV

Unthrifty loveliness, why dost thou spend
Upon thyself thy beauty's legacy?
Nature's bequest gives nothing, but doth lend,
And being frank, she lends to those are free.
Then, beauteous niggard, why dost thou abuse
The bounteous largess given thee to give?
Profitless usurer, why dost thou use
So great a sum of sums, yet canst not live?
For having traffic with thyself alone,
Thou of thyself thy sweet self dost deceive.
Then how, when nature calls thee to be gone,
What acceptable audit canst thou leave?

Thy unused beauty must be tomb'd with thee,
Which, used, lives th'executor to be.

第四首

天赋多情，问君何事偏吝情，
　一段温柔，不付个知心消受。
造化好施，是因人量大器宏，
　本是慷慨，遇慷慨赋予更厚。
君也有容，问君何事又矜色，
　丽质天生秘不宣，因循自误。
虚拥连城钜值，学财奴鄙啬，
　岁月蹉跎君知否，此生虚度。
莫道顾影我自怜，不须求人知，
　昧心自欺，忍教丽姿蒙晦。
百年赴召，那时节便悔也迟，
　赤身来去，问君何以作交代。
应知有玉竟自藏，身死玉偕亡，
　若与佳人共琢弄，世代玉留香。

XXV

Let those who are in favour with their stars
Of public honour and proud titles boast,
Whilst I, whom fortune of such triumph bars,
Unlook'd for joy in that I honour most.
Great princes' favourites their fair leaves spread,
But as the marigold at the sun's eye,
And in themselves their pride lies buried,
For at a frown they in their glory die.

The painful warrior famoused for fight,
After a thousand victories once foil'd,
Is from the book of honour razed quite,
And all the rest forgot for which he toil'd:
Then happy I, that love and am beloved
Where I may not remove nor be removed.

第二十五首

任他时代宠儿,虚荣漫夸,
　一官半职,凌人气势威风多。
吾生不辰,运兴吾达富贵赊,
　且崇吾所好竟自乐,人不知由他。
试看官家幸臣,煊赫炫俗,
　如向日葵花,卖笑承恩固宠。
却忘了恃宠为荣,宠里即辱,
　豪主一嗔,便叫你杀身不旋踵。
又不见出死入生,将军无敌,
　百胜钜勋,终因一败名涂地。
青史一页,也不许留名写伟绩,
　多少事业,付流水无人复记。
方知道吾爱知己,知己也相思,
　人间乐事,两心爱好永不移。

XXX

When to the session of sweet silent thought
I summon up remembrance of things past,
I sigh the lack of many a thing I sought,
And with old woes new wail my dear time's waste:

Then can I drown an eye, unused to flow,
For precious friends hid in death's dateless night,
And weep afresh love's long since cancell'd woe,
And moan the expense of many a vanish'd sight:
Then can I grieve at grievances foregone,
And heavily from woe to woe tell o'er,
The sad account of fore-bemoaned moan,
Which I new pay as if not paid before.
　But if the while I think on thee, dear friend,
　All losses are restored and sorrows end.

第三十首

澄思清虑，自将往事向心说，
　往事不胜多，仔细从头追忆。
太息有愿未偿，好事多付缺，
　旧恨新愁，愁恨里过尽时刻。
念故人逝去，墓穴阴森草丛丛，
　老眼原来不知泪，涕泗也难禁。
又痛旧好恩绝，忆前欢泪复涌，
　记少年俊友，再识风采无处寻。
欲借诉说把愁忘，愁上还添愁，
　一篇伤心泪史，引起新泪。
旧事如许，件件都在心头，
　往日流过多少泪，而今全不记。
悲欲绝，但一念及君，相慰有知己，
　千愁万愁顿时息，化忧变做喜。

LXV

Since brass, nor stone, nor earth, nor boundless, sea,
But sad mortality o'er-sways their power,
How with this rage shall beauty hold a plea.
Whose action is no stronger than a flower?
O, how shall summer's honey breath hold out
Against the wreckful siege of battering days,
When rocks impregnable are not so stout,
Not gates of steel so strong, but Time decays?
O fearful meditation! Where, alack,
Shall Time's best jewel from Time's chest lie hid?
Or what strong hand can hold his swift foot back?
Or who his spoil of beauty can forbid?
O, none, unless this miracle have might,
That in black ink my love may still shine bright.

第六十五首

莫夸金石坚,汪洋大地无涯,
　时代推移,逃不过剥蚀变迁。
何况美姿娇嫩,弱比桃花。
　怎经得岁月摧残,日夜熬煎。
君不见岩高千仞,铁户铜墙,
　几何时岩石也毁,铜墙也销熔。
更莫说晴天清夏,日暖花香,
　连朝风雨,便一去无影无踪。
怵目惊心,抱玉能教何处藏,
　躲过韶光毒手,永世可长留。
哪来长弓射日,阻西遁流光,
　更有谁禁得住白发不上人头。

枉然,除非此诗能绘色铸颜,
　　奇迹胜天,寄容采字里行间。

LXVI

Tired with all these, for restful death I cry,
As, to behold desert a beggar born,
And needy nothing trimm'd in jollity,
And purest faith unhappily forsworn,
And gilded honour shamefully misplaced,
And maiden virtue rudely strumpeted,
And right perfection wrongfully disgraced,
And strength by limping sway disabled,
And art made tongue-tied by authority,
And folly, doctor-like, controlling skill。
And simple truth miscall'd simplicity,
And captive good attending captain ill.
Tired with all these, from these would I be gone,
Save that, so die, I leave my love alone.

第六十六首

世俗太可憎,我求安息祈早死,
　　看呢,天生多才,行乞街头。
无知,却食肥衣锦,淫乐骄侈,
　　人情浇薄,食言背信不知羞。
扫地斯文,名器滥充装饰,
　　少女清贞,受尽粗暴凌辱。
完整白璧,蒙尘被沾失色,
　　到处跛驴阻途,骏马裹足。
全是低能执柄,辩才结舌,

顽蠢称通才,巧匠受制行不得。
忠诚朴质,谰言呼作庸拙,
元凶踞高,胁逼善良匍匐。
归欤、归欤,此俗何堪长与处,
却难舍情依依,只怕你孤芳无侣。

济慈叙事诗《伊莎贝拉》的分析研究

鲍 屡 平

英国诗人济慈生前发表的第三部也是最后一部诗集,于一八二〇年七月出版,那时他的年龄不足二十五岁。再过七个月,他就因肺病恶化而不幸去世了。这部集子包含叙事诗《莱米亚》、《伊莎贝拉》、《圣阿格尼斯节前夕》,较长的抒情诗、特别是"颂歌",还有史诗片断《海庇里恩》。这些充分表现济慈独特风格的诗篇,明显超过他自己以前的作品,他的才力更大了,艺术更精纯了。

其中的《伊莎贝拉,或那盆罗勒》,写于一八一八年二月至四月,是一篇很值得注意的长诗。它代表济慈诗歌创作的一个发展阶段,可视为《恩狄米恩》(绝大部分写于一八一七年)和《海庇里恩》(写于一八一八年秋至一八一九年春)之间的中转作品。长诗《恩狄米恩》,作为整体是有严重缺点的,因为它的情节松散凌乱,它只是在分体上显出优长,具有语句美和声韵美。《伊莎贝拉》却设计得清晰紧凑:它主题突出,故事悲切感人,情节相当径直。纯熟的记叙功夫,复见于壮丽的《海庇里恩》,可惜《海庇里恩》这项史诗工程计划得太宏大了,诗人未能终篇,只写出大约相当于起初设想的十二卷的五分之一,或后曾设想的四卷的五分之三,就无可奈何地搁置下来了。

最近重读《伊莎贝拉》后，对它的内容和风格都有些感想，现缕述于下。

（一）

《伊莎贝拉》的副题是"取自薄伽丘的一篇故事"。长诗的情节，是根据薄伽丘《十日谈》中第四日第五个故事，但济慈也做了些改动和增补。例如，他让伊莎贝拉有两个哥哥而不是三个，两弟兄杀害洛伦佐是起于想把伊莎贝拉嫁给富贵之人的私利动机，故事发生地点在佛罗伦萨而不是墨西拿，伊莎贝拉在幻象中而不是在梦境中看见洛伦佐的鬼魂。诗人还突出了某些重点，添加了许多动人的情景。他如此安排，就加强了故事的意义和生动性，提高了思想和艺术的效果。薄伽丘的故事简洁有力，而济慈的诗作从内容到形式都丰腴得多，并仍保持其紧张的戏剧性。

由六十三个八行体诗节组成、长达五百〇四行的《伊莎贝拉》，记叙一个爱情故事，一场特异的爱情悲剧。诗人描述和歌颂的，是真纯的、湛深的、至死不渝的爱。

故事一开始，佛罗伦萨的两个天真的男女青年——洛伦佐和伊莎贝拉，就互相吸引，互相爱慕，却没有勇气倾诉衷情。挨了一个多月，他们表达了彼此的爱心，于是进入短时期的快乐。诗人在第 xii 节特别称赞洛伦佐和伊莎贝拉双方纯洁忠贞的爱情，指出它在本质上是幸福的。只有像提修斯遗弃妻子那种背叛爱情的事，才确实是可悲的。诗人在第 xiii 节里继续发挥他的信念：真正爱情的少量甜蜜可以抵消许多苦涩。

洛伦佐和伊莎贝拉受到残酷迫害，他们的爱情受到疯狂破坏，洛伦佐被谋杀，伊莎贝拉被折磨致死。洛伦佐身亡后，他的鬼魂还在幻象中出现，告诉伊莎贝拉：他是被她哥哥杀害的，掩埋在一座森林里。这是诗人通过大胆的想象，强调洛伦佐身在泉壤，丝毫也不能忘情生前的爱。我们可以特别注意第 xi 节：他知道今昔悬殊，人世与鬼域迥隔；他现在见到伊莎贝拉，她虽面容苍白，也使他欢欣，使他益发爱慕。这一节倾泻洛伦佐对伊莎贝拉的爱，虽死犹然，有增无减。

伊莎贝拉因洛伦佐一别不归，昼思夜想，忽然从幻象里洛伦佐鬼魂的口中得知他已被害，决定寻访他的坟丘。她不顾旅途艰辛，竟然找到了他的墓。她用刀掘地，读者以为她是急想见到洛伦佐的遗体，没料到她随后割下洛伦佐遗体的头部。洛伦佐的躯体死了，但他在伊莎贝拉的心中愈益亲爱。他的头已经冰冷，伊莎贝拉则不但没有恐惧，反而吻了它。她把头颅带回家去，用金梳梳理它的乱发，以泪水洗净它的面目，并亲吻它，终日泣叹。然后她用绸巾把头包好，埋在花草盆里，覆上沃土，种上罗勒。她忘记了一切，只是守住香草，用泪水浇润它，它长得茂美可爱。很清楚，伊莎贝拉的行为，完全受纯洁爱情的支配，这打动了读者的心，使读者逐渐忘却割头、藏头的恐怖，而只敬重她深挚、高尚的感情。假如可能，她会背回洛伦佐的整个遗体，葬在她可以日夜看守的地方。但是那不可能，所以才切下他遗体的主要部分带回家，郑重地予以安葬。这埋下的头颅自然就是洛伦佐，上面种了罗勒。因为香草覆盖着他，也象征着他，她看见香草就等于看见洛伦佐，故经常用自己的泪水保护它的湿润。后来她哥哥偷走了罗勒盆，她失去了生命的最后一点维系物，她的命运就只能是毁灭了。但她直到临终前，还在索求她的香草。伊莎贝拉对洛伦佐的爱，可谓死而弥坚。

第 1.397 行所云:
> 爱决不死而长在,是永生的天神:*

这句话既适用于洛伦佐,更适用于伊莎贝拉。这是对纯洁、忠贞爱情的崇高赞语,是诗人的信念,也是本诗的题旨。

洛伦佐和伊莎贝拉,相爱得那么认真,那么深切,那么坚定,这不是普通的爱。他们的爱,除了反映意大利文艺复兴初期的人文主义思想外,还有进一步的社会意义。他们隶属不同的阶级:伊莎贝拉出身于一个新兴资产阶级的家庭;洛伦佐却是她家商号的伙计,属于劳动人民。可是他们根本未考虑、完全忘记了彼此之间经济、社会地位的差别,只是情投意合,真心实意地相爱。诗人歌颂他们的爱,正是漠视、乃至蔑视剥削阶级所信奉的等级制度。

诗人在叙述伊莎贝拉和洛伦佐的悲惨故事的过程中,强烈谴责资产阶级剥削人、压迫人的行为,无情鞭挞剥削阶级,深深同情劳动人民,从而更加提高了诗篇的思想性。让我们细读第 xiv—xvi 节:

XiV

> 这美丽女郎随两个哥哥同住,
> 　　他们饶有祖遗的货物财产;
> 为了他们,许多疲困的工人劳苦
> 　　在火炬照明的矿坑里、嘈杂的厂房间;
> 许多人曾威武佩过箭袋的腰部,
> 　　受了鞭笞流着血变得软瘫;
> 许多凹目人终日站在刺眼的河流里,
> 　　要从流水中淘取富藏的金沙粒。

到了第 xiv 节,坏人上场了,从此故事进一步发展。坏人有两个,原来都是伊莎贝拉之兄,这使故事的悲剧性显得更为深刻。按故事,这两个人属于十四世纪意大利北方(佛罗伦萨)的新兴商业资产阶级。他们既饶有祖遗财货,更擅长对劳动人民进行残酷剥削。你看,那些被迫出卖血汗的人在阴森的矿坑里和喧闹的工厂里劳累得筋疲力尽,腰身本极健壮的人挨毒打,还有许多人整天泡在水中淘金。两个富豪的享受是建筑在千百贫困者的苦难上面的。这里举的事例,其实是济慈所了解的十九世纪初英国工矿劳动的苦况。诗人是有正义感的社会生活观察家,他用浪漫主义的笔法描绘现实生活的面貌,怒斥剥削阶级,同情劳动人民。

XV

为了他们,那锡兰潜水人把气噙,
　　赤裸着身子游近饥饿的鲨;
为了他们,他两耳涌出血;为了他们
　　海豹躺在冷冰上等死,哀咤,
　　身上插满箭;单单为了他们
上千人在无边黑暗的困苦中乱挞:
　　他们半无知地旋动轻便的轮盘,
　　锐利的机器就拧骨刮皮地运转。

资本家的剥削活动,决不限于本国,而是远到外国;他们的残暴,不仅施于劳动人民,而且波及禽兽。锡兰的潜水人为了替他们采珍珠而冒被鲨鱼吞食的危险;成千人为了他们而吃苦受难;海豹由于他们而被追猎,身上射满了利箭,在冰层上哀嚎待毙。在所举的三个事件中,资本家都不在场,而可怕的活动皆由他们"遥控"。他们增益财富,穷人遭殃。本节的最后两行再表明,就是那些资本家迫使劳苦大众受折磨,活受罪。这是对剥削阶级的严词控诉。浪漫主义作家中不乏进步诗人,济慈就是一位。

XVi

他们为什么骄傲?岂因其白石泉
喷出比可怜人的眼泪更多的珍贵?——
他们为什么骄傲?岂因其秀桔山
不像癞丐台阶那么陡得可畏?——
他们为什么骄傲?岂因其红格账单
比希腊时代的诗歌还丰美?——
他们为什么骄傲?我们再大声叫,
凭天国荣光说他们为什么骄傲?

诗人质问他们为什么骄傲。第一条,"岂因其白石泉……?"表示对资本家的愤恨。第二条,"岂因其秀桔山……?"表示对资本家的讥刺。第三条,"岂因其红格帐单……?"表示对资本家的鄙视。这代表劳动人民思想感情的呼声,真是激动人心。

(二)

这篇叙事诗写了五个人:伊莎贝拉,洛伦佐,伊莎贝拉的一位老保姆,伊莎贝拉的两个哥哥。通篇的中心人物是伊莎贝拉。下面谈谈这些人物的一些言行和他们的性格。

伊莎贝拉和洛伦佐的爱,一开始就是相互的、热烈的。伊莎贝拉美丽、纯朴,洛伦佐诚笃、多情。他们同厦而居,同桌而食,不仅怦然心动,而且患上痴情之"疾"(i)。他们怀着真实感情,互相爱慕。他们的感情,日益深切(ii,iii)。洛伦佐想见到的就是伊莎贝拉的身影,伊莎贝拉想听到的就是洛伦佐的声音。他们彼此都让对方占据自己精神生活的中心。

他们这样度过了整整一个月（五月份），虽然洛伦佐总想诉说自己的衷情，伊莎贝拉也是那样期待他，可是他日复一日难于启齿（iv—vi）。这无疑是由于羞怯。伊莎贝拉当然比他更羞怯，但是她看到她心爱的人额色惨灰时，就克服了腼腆，温柔地叫出了一声不清晰的"洛伦佐！"(vii)。洛伦佐立即理解这声叫唤的含义，他打开了自己的话库（viii, ix）。洛伦佐的爱的表白很有力，因为是恳切的。他要她相信他是多么地爱她，赞叹她领他由寒冬进入暖夏，表示他须欣赏甜美的花朵。他们亲了吻。洛伦佐的几句话既温雅，又热烈，既富于诗的词藻，又有明白的意义。两人互通了情愫，心中洋溢着幸福。以后，他们每天晚上在幽静的凉亭里会面（x, xi）。这一对热情而单纯的青年人倾心相爱，原是美好、合理、应该叫人高兴的事。

然而这恰恰违反了伊莎贝拉的两个哥哥的愿望。他们发现了洛伦佐和伊莎贝拉的恋爱关系后，大为恼火，商量决定杀死洛伦佐（xxi, xxii）。两弟兄以花言巧语骗他乘早凉随他们驰马到亚平宁山去，洛伦佐彬彬有礼地应诺，随即匆忙地整装（xxiii, xxiv），怎晓得就快做他们的刀下鬼呢！洛伦佐在出发前走向庭院，渴望一见爱人的音容，他如愿地听见她清脆的笑声，还透过窗格看见她秀丽的秀脸（xxv）。讵料这却是他们生离死别的一面啊！洛伦佐和伊莎贝拉以为不久就可再会面，于是愉快地互相道别（xxvi）。他们处于热恋的幸福之中，加上缺乏社会经验，哪里想得到会有黑暗势力和险恶环境，会有蛇蝎小人正在阴谋算计他们的命运！

恋人去后，伊莎贝拉直哭到夜晚（xxx），流露出无限深情。伊莎贝拉渴盼和洛伦佐重聚，但他归来无期，她怅然不安。稍后，她的情操更高了(xxxi),她不是哀怜自己,而是注念于她的恋人。她对他的热情不可抑止,她因他崎岖的旅途而悲痛。到了仲秋,愁虑已使她美容消损(xxxii),她时常询问她哥哥,洛伦佐为何滞留国外这么久(xxxiii)。她变得坚强多了。

一天午夜,洛伦佐的鬼魂向伊莎贝拉诉述自己惨遭杀害,掩埋林间,孤苦零丁,情思愈甚。等到鬼魂悲伤地说了声"再见"(xli),伊莎贝拉就喊道:"哈!哈……"(xlii)。这哈哈笑声,是在情绪极为激动时发出的狂笑。它表明伊莎贝拉这天真无邪的少女,忽然发现世途艰险,恋人惨遭毒手,自己被哥哥叛卖,纯洁的心灵受到极大的震动和损害。这惨绝人寰的悲剧使她下定决心"访鬼",她的爱心超越了、战胜了死亡。所以,她的哈哈笑声,又是极度悲愤、情操升华、蔑视恶劣环境的冷笑。她原以为人或欢乐,或死亡,可没想到世上还有罪恶——而这罪恶却是弟兄的血刃。她哥哥原以为杀死洛伦佐,除掉她钟情之人,便可叫她忘怀洛伦佐;殊不知他们的血刃,反而启发她了解人生,增强行动的力量,使她对洛伦佐的爱深化、净化、强化、无比坚固。

到了早晨,伊莎贝拉这位聪明的姑娘计划好秘密到森林去(xliii),为的是验证幻象的启示,找到她宝贵的洛伦佐的遗体。她下了决心,即挚老保姆动身。在途中,伊莎贝拉向同伴泄露了一点秘密,微笑着给她看了一把小刀(xliv)。老保姆又是惊奇,又是同情。鬼魂的话证实了,她们果然找到了洛伦佐的坟墓。伊莎贝拉在路上的微笑,意味着她信任洛伦佐和洛伦佐的鬼魂,肯定她将重新看到自己的恋人——尽管他的躯体已死。

伊莎贝拉携回洛伦佐的头颅,把它洗净安葬在钵里,种上了罗勒。于是,她忘了日月星辰,忘了蓝天,忘了山谷,忘了秋风,忘了朝暮;但她终日安静地守着罗勒,常用泪水湿润它(liii)。有所忘便有所不忘。她的思想集中在一点,她的感情凝聚在一点:那就是代表洛伦佐遗骸的香草盆。

两个恶魔还无法查出真情,因为她难得去礼拜,难得去吃饭,难得离开她的罗勒盆(lix)。她忘怀一切,专心看守香草盆,表明她对洛伦佐的爱已经克服了死亡的鸿沟,她在精神上永远和他同在。她体容日衰,恐难久于人世(lvi)。我们读者替她的生命担忧,却为她清澈的心灵颂赞。

伊莎贝拉的罗勒盆被坏蛋盗去(lx),她生命垂危(lxii,lxiii)。失去了恋人、失去了生命最后一点火花的伊莎贝拉,说着能碎人心的绝望言语。她向没有生命的世界恳索她的香草;又向流浪者探问她的香草在哪里,为什么被人藏去。她的心理状态已经到了疯颠的地步,虽然她的言语还是合乎情理的。这位善良的少女,遭遇深重苦难,在临逝前就用一句表面平淡而骨子里包含无限义愤的话质询她的迫害者:

> 她说,"真是残忍,
> 　　谁从我处偷去了我的罗勒盆。"

读了这句话,谁不鼻酸呢?

伊莎贝拉的老保姆,在故事中言行不多,却是一位可敬重的人。老保姆爱惜伊莎贝拉,得到后者的信任,参与其寻墓、掘坟的活动。在路上,当伊莎贝拉微笑着示以小刀时,她说:

> "什么病热的火
> 　在你心里烧,孩子?——你有什么好事,
> 　　竟又微笑起来?"　　(xliv. 348—350)

这是无限温存的话。在林间,她先是站在墓畔纳闷,后见伊莎贝拉

热切掘地，她满怀怜悯，遂不顾衰老之身，跪在旁边帮着挖。她们共同劳累了三小时，才获得伊莎贝拉所需要的宝物（xlviii）。对伊莎贝拉，老保姆爱如慈母，亲同挚友。

伊莎贝拉的对立面，就是她的两个哥哥。他们虽属兄妹，性格却迥然不同。伊莎贝拉纯洁善良，为了追求幸福生活而漠视和反抗封建主、资产阶级的等级观和门阀观，对爱情无限忠贞；两弟兄则奸猾狠毒，唯利是图，不仅压榨劳动人民，而且迫害自己的妹妹，谋杀她的恋人。

两弟兄发现他们雇佣的伙计洛伦佐敢于爱上他们的妹妹伊莎贝拉，而伊莎贝拉又居然爱他，就以为这触犯了他们的利益，因而大为恼怒（xxi）。他们之所以顽固地反对洛伦佐与伊莎贝拉的爱情：一方面，他们认为洛伦佐太卑微、太不合适了，也就是他的阶级地位、社会地位远比他们的低；另一方面，他们并不是考虑伊莎贝拉的幸福，而是考虑如何增加他们自己的势力和财富，想迫使她委身一个什么有钱的贵族。

他们计议拆开情侣，"惩罚"洛伦佐的手段，是谋杀（xxii）；而谋杀的动机，就是傲慢和贪婪（xxxvii）。阴谋已定，迅见行动（xxiii，xxiv）。他们还恶毒地用这样一句诗意浓郁的话催促洛伦佐启程——赴死：

"请你下来吧，趁烈日尚未数
他在蔷薇上的露水念珠的时候。"

洛伦佐固然料不到横涡飞来，而两弟兄的狼心狗肺业已暴露得明明白白了。歹徒们带着他们的牺牲品骑着马到林间屠场去。在渡阿诺河时，两弟兄一脸灰暗，洛伦佐却满面红光（xxvii）。洛伦佐襟怀坦白，沉浸在爱情的幸福之中，预感不到濒临毁灭；而两弟兄心怀鬼胎,罪恶深重,怎能泰然自若呢! 双方清浊分明,诗人对洛伦佐的褒扬和对两弟兄的贬斥也是毫不含糊的。他把两个刽子手、也把不公正的命运之神,狠狠地鞭挞了一顿。

两弟兄杀死洛伦佐后,在罪恶的道路上继续滑下去。他们洗了洗涂有人血的剑,张皇地策马跑回家(xxviii),又向伊莎贝拉撒下弥天大谎,说什么洛伦佐因急务被派往外国去了(xxix)。伊莎贝拉常问她哥哥,洛伦佐为何羁旅不归,他们便以谎言搪塞,但他们夜夜梦见妹妹穿着雪白的寿衣(xxxiii)。这等于直指伊莎贝拉的悲惨命运;也暗示两个人面兽心的东西,神魂不定,不会有好下场。

伊莎贝拉的两个嗜钱如命的哥哥,竟然注意到她呆滞的眼睛经常流泪,注意到她老是坐守罗勒盆前,人却日益憔悴(lvii,lviii)。他们很狡猾,可又很愚蠢,因为他们以为她已忘记她的恋人了。但他们始终是阴险毒辣的。坏人存心做坏事,有时能得逞,因为他们诡计多端,明的搞不成,便搞暗的,结果好人免不了吃苦头。两弟兄终于偷去了罗勒盆(lx),也就是夺走了伊莎贝拉生命的最后凭借,置他们的妹妹于死地。可怜无辜的伊莎贝拉! 她行将将继洛伦佐之后饮恨而逝了。那两个二度杀人的恶棍,在香草盆里发现了洛伦佐的遗骸,知道自己的血债已经暴露。他们为了保持其可耻的生命,丢开产业,抛家离乡,一逃了之,成了狗彘不如的亡命之徒!

(三)

诗人记叙伊莎贝拉的故事,入题很快。在开端第 i 节中就点出了洛伦佐和伊莎贝拉的特征、居处环境,以及他们相互爱慕的炽热之情。我们一读便知这是青年人的爱情故事。他们爱情的性质和结局如何,将随情节的开展而明显起来。通篇的叙述,相当直接、流畅,我不准备多加说明。下面想阐述在情节发展上或在其他方面有特别重要意义的若干节诗。

第 xxxv 节里出现了幻象,这不仅在艺术上是许可的,而且在本诗情节上是可能的。因为女主人公伊莎贝拉思想集中,情绪强烈,精神紧张,恍惚中看见她恋人洛伦佐的形象,这决不违背心理的真实。问题在于如何解释洛伦佐的鬼魂在第 xxxvi—xli 节中讲了那么些话。答案不难寻求。洛伦佐久别不归,毫无音讯,伊莎贝拉殷殷悬念,怏怏相思。她问她两个哥哥,他们自然不会告以实情,每次都是支吾其词。她急想知道洛伦佐的下落,而她以富家少女的身份,又无法向外人打听到消息。即使她有办法发现事情的真相,也决没有人能够把洛伦佐被害的经过和埋骨的地点翔实地告诉她。诗人有必要叫她掌握确实的秘密,于是避免七折八转的间接方式,而直接运用浪漫主义的想象,让洛伦佐的鬼魂"现身说法",不仅可以把被杀害的信息告诉她,而且可以详细、具体地描述埋骨所在,以便她去寻找。诗人还让鬼魂向伊莎贝拉诉说,他的肉体虽已消灭,他的精神继续热爱伊莎贝拉,从而表达诗人认为忠实的爱决不死去的信念。同时,通过描写鬼魂灰暗的面颜,啾啾的声音,异域凄苦的心情等等,生动地显示洛伦佐和伊莎贝拉的悲惨命运,从而激起读者对这对恋人的极大的同情。

伊莎贝拉种植的那盆罗勒(lii—liv),有丰富的、深刻的含义。这香草她精心培养,常以清泪浇洒,她小心翼翼地守护,唯恐稍有疏失;它长得生气勃勃,青翠可爱,香气袭人,远胜佛罗伦萨其他同类的香草。它是伊莎贝拉爱的对象,也是她爱的结晶。伊莎贝拉倾注热情于这盆罗勒,因为它覆盖着和保护着洛伦佐的头颅,并从头颅获得养分;它既代表已逝的洛伦佐,又体现洛伦佐不死的精神、感情、爱。这盆罗勒就成为洛伦佐去世后伊莎贝拉和他之间的爱情媒介和象征。

诗人在叙述故事的过程中,喜欢在情节的关键或转折处停留一下,就事物或问题提出看法,就人物发表褒善贬恶的意见。这些评论性的诗节,有 xii,xiii,xviii,xxviii,xxix。第 xi 节及其以前三节,写伊莎贝拉和洛伦佐热恋之乐;第 xiv 节引进坏人——伊莎贝拉的两个哥哥,他们将破坏二人的爱情。诗人就用 xii 和 xiii 两节评解二人间的那种热烈、诚实、湛深的爱。这两节都很重要,因其包含着诗人的"爱的哲学"。在第 xii 节,诗人指出伊莎贝拉和洛伦佐必然幸福,尽管他们后来遭遇致命的迫害,他是强调忠诚爱情的幸福本质。他又从反面举例说,只有像提修斯遗弃妻子的那种故事才是可悲的,没有幸福可言的。这一深刻的哲理,该是很抽象的了,但是道理虽然抽象,诗人却是用具体、形象的语句表达的。第 xiii 节继续发挥诗人的信念:少量浓烈的甜密可以抵消许多苦涩。其含义,可以理解为:热切、紧张、有意义的生活,包括忠诚的爱,是甜密的,虽然它可能伴随许多苦楚、悲哀。诗人以形象的语句,用春日蜜蜂从有毒的花朵中采取丰富的蜜汁作比,说明甜出于苦而胜于苦。这一节的最后两行(xiii. 103—104)是:

连蜜蜂,那些春日绿荫处的小讨乞,
也晓得毒花朵中有最富的蜜汁。

意义是明晰的;但"蜜蜂"后面跟一同义短语"那些春日绿荫处的小讨乞",马上使"蜜蜂"生动活泼起来,因为它把蜜蜂在典型季节的典型活动标出来了,这样又进而使最后一行"也晓得毒花朵中有最富的蜜汁"更有着落,更富真理性。在第 xviii 节,诗人以对女主人公的无限同情,讶问那两个反面人物,两个财迷怎么会发现伊莎贝拉和洛伦佐的私衷的。他继续用自己的口吻讥嘲两弟兄的贼眼(xviii。140—141)。在第 xxviii 节,诗人写了两弟兄杀死洛伦佐,掩尸体,洗血迹,仓皇逃回家;特别用了"每人都因做了杀人犯而更富"一语,这是多么大的讽刺力量! 在第 xxix 节,诗人叙述两弟兄杀害洛伦佐后向伊莎贝拉谎称因事派他出国去了,又以作者身份,表达他对女主人公的深厚同情,指出她永远见不着洛伦佐了,好没有希望了。特别是最后两行(xxix.231—232):

> 今日你见不到他,明日也依然,
> 而下一日将是悲痛的一天。

用最朴素的语言,说伊莎贝拉处于绝境,诗人与读者都为之悲愤不已。

诗人在叙述两弟兄开始迫害伊莎贝拉和洛伦佐之前,于第 xix—xx 节表示,因将薄伽丘的散文悲惨故事用近代英文韵文转述一事向薄伽丘致歉、致敬。这两节诗在情节上自非必需,但我们细味诗人的口吻,他这里表示的感情,是诚恳的。而且,从效果看,这两节并未松懈我们的注意,反而促使我们更渴望阅读下面不忍阅读的情节。

诗人在讲伊莎贝拉的那盆罗勒勃发馥郁之后,她哥哥设法偷窃罗勒之前,于第 lv—lvi 节向神灵们发出哀告之音。这两节是一首凄清感人的抒情诗,表达诗人因对伊莎贝拉的悲惨遭遇寄予无限怜惜,而吁请诸神灵和他同声悲叹。在长篇叙事诗中,作者有时会直接抒情,特别是浪漫主义诗人喜欢这样做。当然,抒情部分是否必要，要看它在故事的骨节处有无思想上和感情上的作用，并看它与叙事的气氛和风格是否协调。济慈的诗句是经得起分析、评议、思索和吟诵的。单就语音来说，这两节诗充满了[m]，[l]，[ou]等声，很自然地造成一种突出的音乐效果，传达委婉、哀怨、呜咽、如泣如诉的思想感情，引起读者油然而生的共鸣。再看重复："音乐，音乐"(lv.434)；"回声，回声"(lv.435)；"抬起你们的头……抬起你们的头(lv.437，438)等等。强调各个词句的意义，这是毫无疑问的。我想，假使Melancholy(忧郁)不是四节音词而是二音节词，济慈也是会把它重复一次的。这类重复，在声韵上自然也使原来节奏就很从容的诗行变得更为缓慢，使人在思想情绪上更受感染。诗人词句的重复，往往又不是简单、机械的重复，而是重复中寓变化，使人觉得诗行既朴实又灵巧。"忧郁"、"音乐"等词，用作拟人化，就有了形象，有了生命，给人美感，激发同情。

> 她干枯，像一株为了取
> 香脂而被切割的印度棕榈。(**lvi. 447—448**)

这比喻清新奇特，意味深长：一人、一物，本来迥然不侔，却被指出两者精力衰竭、精华耗尽的共同点。读了这句诗，人们品味再三，历久难忘。

诗的最后两节，是故事的最适当的结尾。在第lxii节，伊莎贝拉向无生物索取她失去的罗勒，向流浪者询问她的罗勒在哪里。这一节写得朴素而生动，使故事的悲剧性达到顶点。在第lxiii节，伊莎贝拉憔悴、凄凉而死，直到临终前还哀求归还她的香草。诗人写这一节，可能有三层用意：(1)给伊莎贝拉的英灵以慰安：佛罗伦萨的每个有心人都悼念她的忠贞，人们唱出她的悲痛故事。(2)给读者一点心理上的鼓舞：那善良而受苦难的伊莎贝拉，已经得到乡亲们的普遍同情。(3)用伊莎贝拉自己的一句摧人肝肠的话——"哦,残忍,谁从我处偷去我的罗勒盆!"——作结,让它对整篇悲剧故事起画龙点睛的作用。这句话把女主人公对洛伦佐矢志不渝的爱,对坏人的恨,对环境的怨,全凝聚在一起。这句话在情节、主题、人物性格和感染力量上,都是极为深刻、至关重要的。

《伊莎贝拉》有许多记叙精彩的段落;例如第 xlvi—xlvii 节,就是情景交融、高度传神之作。第 xlvi 节描述伊莎贝拉在洛伦佐墓边的活动:她凝视新堆的坟土,好像能洞察一切。这里"新堆的坟土"既进一步证实在第 xliv 节已经发现的墓,更明示曾几何时一个活蹦活跳的英俊青年洛伦佐已经尸骨寒冷。

   她清楚地看出,就像别人能见到
    灰白肢体在明澈的井底;

这个生动的比喻,马上就把她的深信无疑以及有根据的想象给具体化了。她跪在坟前,"好似长在小山谷中的百合花",这是十分精当的比喻,她纯玉般的品质,就给烘托出来了。突然她掘那小块墓地,"掘得比财迷还要狂热",那就会挖出比金子还贵重得多的宝贝。第 xlvii 节描述伊莎贝拉继续挖地。我们读这一节诗时,像读上节诗一样,很自然地向女主人公献出深切的同情心。

   不久她掘出一只脏了的手套,
    上面有她绣的紫色丝奇异图案,

它是进一步的物证,显示墓下肯定有洛伦佐的遗体。

   她用比石头还冷的嘴唇吻手套,
    又把它揣进怀里,在那儿它便
   完全彻底地压干了并冻结了
    那可以止住婴儿啼哭的蜜馔:

这几行形象紧缩,意义深邃,说明伊莎贝拉是无可希望了,因为物在人亡,洛伦佐死而不可复生。

　　　　随后她继续挖;也不顾心头疙瘩,

　　　　只有时向后掠她面纱般的长发。

这个细节强调她专心挖掘,再现她的活动,本身形成一个凄然美丽的形象。

　　济慈的诗,以形象鲜明、文辞华美见胜。但是在情节需要含蓄的地方,他颇能用简练的词句,表达绵邈的思绪。《伊莎贝拉》中也有这种例子,且举三条如下。第 xxii 节写两弟兄商定在暗林中杀害洛伦佐,其最后两行(xxii. 175—176)是:

　　　　因为他们决意在一暗林里边

　　　　杀死洛伦佐,并将他就地埋掩。

我们读第 175 行和第 176 行前半时,得到一条噩讯,可还来不及想;但是在那逗点小停顿后,我们马上感到最后几个词(原文是四个词)的沉重分量;"并将他就地埋掩"不仅加强了"杀死洛伦佐"的含义,而且显示了两弟兄暗计的残酷性质及其执行罪恶计划的顽固决心。我们被激起最大的义愤,痛恨这两个恶棍的卑鄙无耻、阴险毒辣! 第 xxviii 节写洛伦佐被杀害、被掩埋在森林里。上节末尾的一句(在原文里占一行半)是:

　　　　他们过了河进入静树林屠杀场。

这节开端一行径直说:

　　　　在那里洛伦佐被杀害并被掩埋,

不提洛伦佐被害的具体情状,而把它留给读者去想象,这样的叙述方法,取得了很大的艺术效果。诗人在第 xliii 节中写到伊莎贝拉下了决心即行动身,只用了两行:

> 决心下了,她就带一位年老的保姆,
>> 前去找那阴暗林间的坟墓。

这两行已能清楚传达出伊莎贝拉这温柔的少女坚强起来,立即出发去寻找她恋人洛伦佐的坟墓的果敢行为。同时,它也跟上举各例一样,说明诗人行文的分寸感、智慧和高超艺术。

(四)

济慈是文字画大师,写人、写景他都擅长。我们先看他描绘人物的几个例子。

从第 iii 节我们知道洛伦佐爱伊莎贝拉这个人,爱她的美,清晨等候她开门,凝神张望她的窗户,经常注视着她,到了夜晚又等待天明听她下楼的脚步声。这一节极力写伊莎贝拉如何吸引洛伦佐,但从无一语正面描绘她的美,而只是用洛伦佐倾心注目来暗示,这给读者许多想象的余地,也唤起我们对伊莎贝拉的喜爱和对洛伦佐的赞许。

第 xxv 节的最后两行(xxv.199—200):
> 其时他抬头,看到她秀丽的容颜
>> 透过窗格微笑,是满心喜欢。

写一个娇丽少女隔着楼窗格的微笑,形象逼真,极能传神。这句描写,同描写的对象一样可爱。

洛伦佐去后,伊莎贝拉一直哭到夜晚(xxx)。夜间(xxx.237—240):

> 她似乎见到幽暗中他的形象,
> 　　她对着寂静发出轻轻的呻吟,
> 　　同时向空中张开优美的双臂,
> 在榻上喃喃问,"哪里? 哦,那里?"

诗人以其非凡的绘形绘声的艺术,只用两行诗(xxx.239—240),就使我们心弦惊颤,为伊莎贝拉一掬同情之泪。

　　诗人在第 xxxv 节描写伊莎贝拉所见洛伦佐的幻影时,是有明白无误的现实感的。他似乎在提醒读者别忘记:洛伦佐是已经被谋杀、被掩埋在林子里了。洛伦佐是从坟墓来的,由于坟墓的泥土,原先雪亮的头发失去了光泽,嘴唇变得灰暗,声调不再柔和,泥泞的泪痕挂到塞了土的耳朵边。"他那洁亮的曾经光射太阳的头发"一语,夸张至极,可惜现在他已人死发枯了。"他泥污的耳朵"和"他眼泪的泥污流",二语虽短,而形象鲜明,我们易于想象得之。

　　第 xxxvi 节极力渲染鬼音啾啾,引起人们哀叹死于非命的洛伦佐,更加怜惜无可希望的伊莎贝拉。在不久前,伊莎贝拉就爱听他悦耳的言语,可现在他的鬼影用力说话,声音却低弱、发颤。前乐后悲,对照强烈。诗人又用了一个令人难忘的明喻,使低弱的鬼音更叫人伤痛、难受,因为它加深了坟墓或鬼域的印象:"像穿过墓畔荆棘间的沙沙的夜风"。

　　第 xxxvii 节的写法与上节(xxxvi)又有不同。上一节强调洛伦佐的声音显出他的鬼的性质,这一节强调洛伦佐的眼睛由于极其精诚的爱仍然润泽明亮而显出他的人的品质,同时在后五行(xxxvii.292—296)特意提及他已被人谋害、埋骨林中了。

　　第 xvii 节描摹两弟兄唯利是图的本性,写出他们四个方面的资本家的性格和行为:贪婪(xvii.129—130),吝啬(xvii.131—

132),抢劫(xvii.133—134),诈骗(xvii.135—136)。八行诗用的都是具体的、形象化的语言,没有一行写得抽象。即如第 xvii.130 行,"贪求的骄傲和图利的懦弱":诗人用了两个抽象名词"骄傲"和"懦弱",但它们各有一个比较形象化的定语"贪求的"和"图利的",这一行便仍显有生气。第 xvii.133—136 行是:

是飞绕船桅之林的鹰隼——不疲累的
驮着金币和陈年谎言的马骡——
伸向大方的异乡人的敏捷猫爪,——
是西班牙语、托斯坎语、马来语的行家。

这几行形容两弟兄资本家,可谓入木三分。其中"鹰隼"以凶悍著称,"马骡"以耐力著称,"猫爪"以狡诈著称,用得非常贴切。而三者分别在"飞绕船桅之林的"、"驮着金币和陈年谎言的"、"伸向大方的异乡人的"连用,给人以新异突出之感。诗人想象力之丰富,其表现的一个重要方面,确在各种比喻的运用。

我们再看几个写景的例。

第 xi 节写洛伦佐和伊莎贝拉每晚当夜幕初降、星光未露时就在凉亭相会。凉亭布满了秀美的风信子和馥郁的麝香植物,这幽静雅致的环境,本就沁人心脾,何况在里面谈心的是两个热恋的纯洁青年!

第 xxvii 节的内容是:

两弟兄就带着他们谋杀了的人,
骑过漂亮的佛罗伦萨,到了一处,
那里阿诺河河岸狭,流水潺湲,
还扇动摇曳的芦苇,一些鲤鱼
逆水向上游。两个弟兄的面颜

>　　在渡河时显得灰暗黄枯，
>　　洛伦佐却因爱情而满面红光。——
>　　他们过了河进入静树林屠杀场。

第 xxvii. 210—213 行形容明媚的佛罗伦萨的郊外。景色的确宜人，可是在这美景中的洛伦佐，即将毁灭了。这是愉快的大自然对照悲惨的人事。

第 xxxii 节写萧瑟秋景：仲秋而有冬季的气息，枝叶发出死亡的呻吟，完全是一派悲愁气氛。诗人用了些拟人化的修辞手段，把秋日的凄凉景象刻画入微。其间，伊莎贝拉因思念久不归来的洛伦佐而日渐憔悴。这是黯淡的大自然衬托悲惨的人事。

《伊莎贝拉》全诗犹如长卷织锦画，而第 xxxviii—xl 节则是十分突出的部分，是异常精彩的绘景、传声、达情的文字。

>　　　　　　　xxxviii
>　　还说道："伊莎贝尔，我的爱娇！
>　　　红越桔果在我的头上垂县，
>　　一大块燧石压着我的双脚；
>　　　在四周山毛榉和高高的栗树落散
>　　叶片和多刺的果实；一栏羊的咩叫
>　　　从河水的那边传到我的床前：
>　　去吧，在那石南花上滴一颗泪，
>　　　就会让我在墓中得到安慰。

第 xxxviii 节写洛伦佐的坟墓及其附近的景物，这鲜明的描述，都指向洛伦佐的死所——他已不在人间了。洛伦佐的鬼魂呼唤伊莎贝拉的名字后，提到四种本来叫人喜爱的东西：红浆果，大燧石，山毛榉和栗树，羊叫声。但是这四种东西现在只叫人痛苦：红浆果在他头上枯萎了,一块大燧石压着他的脚,山毛榉和栗树谢落了叶子和果实,河对岸羊栏里的咩声传到他的土坑。他于是嘱咐伊莎贝拉去那里看一看,流一滴泪,给他安慰。几种形象,象征洛伦佐生前、死后的命运。

xxxix

> 我如今是幽灵了,哎呀! 哎呀!
> 　孤身住在人世的边界之外:
> 我独个儿唱着神圣的弥撒,
> 　而小动物的鸣声从四面传来,
> 光泽的蜜蜂午间飞向田里花,
> 　许多小教堂的钟声在报时牌,
> 真痛彻我的心:我些声响我已生疏,
> 而你又离我遥远在人间居处。

第 xxxix 节的首行,接着上节的末行"坟墓"一词,说他自己已是鬼物,两声"哎呀! 哎呀!"使人感到这是一件百身莫赎的事。他异域独处,听到什么平时熟悉的声音都觉得陌生,而伊莎贝拉又远在人世。孤魂无依,没法投入情人的怀抱:我们不啻也在倾听他的泣诉。

xl

> 我了解过去,我甚能感知现在,
> 　我要疯狂了,如果鬼魂能发疯;
> 虽然我忘了人间幸福的滋味,
> 　那苍白使我的坟墓温暖,宛同
> 一位天使从明亮的空间被选为
> 　我的妻:"你苍白的脸色叫我高兴;

>你的美使我愈加爱你,我体认
>
>更大的爱情潜入我的灵魂。"

第 xi 节写洛伦佐虽死犹生的爱,其意义在第(一)部分已谈过了。

(五)

济慈精于遣词,常能选用确切、适当的词语,准确、鲜明、经济有效地表达意义。

诗人用的一些简单的形容词或充作定语的分词,在特定的场合,显出很大的表现力。例如:Fair Isabel, poor simple Isable! (i.1)中的 fair(美丽的)和 simple(单纯的),概括了伊莎贝拉的特征。they pass'd the water/Into a forest quiet for the slaughter (xxvii. 215—216)中的 quiet(寂静的),对即将在那里杀人的两个恶棍有多少谴责的力量!But Selfishness, Love's cousin, held not long/its fiery vigli in her single breast(xxxi. 241—242)中的 single(专一的,单纯的),含义深刻,形容女主人公对爱情的坚贞和对恋人的忠诚,用得允当。

诗中有大量形象鲜明的名词短语,这些短语的生动性不少是由于各自的定语部分,而定语的情况又多种多样,有形容词、现在分词、过去分词、名词、介词短语等。例如 torched mines(xiv. 108), many once proud quiver'd loins(xiv. 109), rich-or'd driftings(xiv. 112), marble founts(xvi. 121), a wretch's tears(xvi. 122), lazar stairs(xvi. 124), red-lin'd accounts(xvi. 125), the songs of Grecian years(xvi. 126), their murder'd man (xxvii. 209), his loamed ears(xxxv. 279), a miry channel(xxxv. 280), her veliling hair(xlvii. 376),this wormy circumstance(xlix. 385),the yawning tomb(xlix. 386),This hidden whim(lix. 466)等。其中第 xiv 节的 torched＝torch(m. or v.)＋-ed,义为"以火炬照明的"; quiver'd＝quiver(n. or v.)＋-ed,义为"佩箭袋的"(另一解,＝quivering,"颤动");rich-or'd＝rich-＋ore＋-d,义为"富有矿砂的":用得都极简洁。第 xvi 节:第一行的 marble founts(大理石喷水池),第三行的 fair orange-mounts(漂亮的桔树山),第五行的 red-lin'd accounts(红格子的账簿),三种形象都取之于现实生活;分别跟它们相比较、相对照的第二行的 a wretch's tears(可怜人的眼泪)取自古今贫苦人的生活,第四行的 lazar stairs(癞丐台阶)系诗人对《圣经》的联想,第六行的 the songs of Grecian years(希腊时代的诗歌)反映诗人对希腊文化的毕生爱好。第 xxvii 节:their murder'd man(他们谋杀了的人)指洛伦佐;出门时洛伦佐自然尚未被杀,他还活着,但他肯定即将被两弟兄杀害,所以该短语预示洛伦佐的命运,在这里有极其深刻沉痛的意义,等于"肯定即将被他们杀害的人"。诗人用这短语,似乎顺流而下,毫不费力,却能达到非凡的效果。第 xxxv 节:loamed ears 意为 ears stopped with earth(塞了土的耳朵),a miry channel 意为 a muddy watercourse(泥污的渠道),符合当时情况,符合艺术真实。第 xlvii 节:her veiling hair 意为 her veil-like hair(她面纱般的长发),长发无心梳理,确实使人怜悯。第 xlix 节:this wormy circumstance 意为 these details of the grave 或 this account of the grave(这坟墓的描述),the yawning tomb 意为 the opening grave(墓穴),形式婉转,意思强烈。第 lix 节的 This hidden whim,意为 This secret fancy(这隐秘的一时兴致),有几分形象化。

诗中有许多用于比喻意义的形象化名词(其中不少是隐喻),甚堪回味。例如,第 i 节:a young palmer in Love's eye,这别致的名词 palmer(朝拜圣地者)表明洛伦佐的情人身份;some malady 指洛伦佐和伊莎贝拉患了痴情之疾,这 malady(疾病)一词,形容情人的心理状态,符合实际,因为当事人只是互相热恋,忘怀其他,在正常中有不正常者在;该词之用,恐也暗示他们的爱情难于导致白头偕老之福。第 xvii 节:ship-mast forests(船桅之林),指众多的商船。第 xli 节:a pillowy cleft 中的 cleft,意为 hollow(凹陷处),很新鲜。第 xlv 节:this is holiday to...中的 holiday(假日),多少具有形象,因为我们较易想象到假日游乐时既轻松又热闹的活动。第 xlviii 节:the kernel of the grave 中的 kernel(核心)一词,用得何其精辟:它既喻指坟墓内部的中心,更喻指其中最宝贵的内容,这里就是洛伦佐的遗体。第 liv 节:it smelt more balmy than its peers of Basil-tufts in Florence 中的 peers(同侪),喻指其他的罗勒簇;虽属同类,这盆罗勒却比整个佛罗伦萨的其他罗勒簇更芳香。

诗中有许多形象鲜明的复合名词。例如:第 xvi 节中的 orange-mounts(桔树山),这词的鲜明性是两个具体的组成部分共同造成的;它还提示两弟兄是南欧人——到了第 xvii.129 行他们被明确称为佛罗伦萨人。第 xviii 节中的 ledger-men(司账),系提喻,表明两弟兄是抱住分类账本不放的人,别人休想占他们半点便宜;money-bags(钱袋)系换喻,表明他们是在银钱里打滚的人,是财库,是富豪。

诗中有许多明确、具体的形象化动词。例如:第 v 节 to cool her infant's pain 中的 cool,由"使凉爽"转义为"减轻",比同义词

alleviate 生动多了；'twill startle off her cares 中的 startle off，义为"惊却"，很轻灵，有意趣。第 viii 节 and not my passion shrive 中的 shrive，由"忏悔"转义为"表白"，比同义词 confess 着重。第 xliv 节 they creep along the river side 中的 creep 一词，由"匍匐行"转义为"慢走"，颇能传真；伊莎贝拉自然力图走得快，但有老保姆在，加上路途甚远，她们只能缓缓前进。第 lix 节 they might sift this hidden whim 中的 sift，由"筛分"转义为"细查"，比同义词 examine 生动；to breast its eggs 中的 breast，义为"胸贴"，指"孵"，比 hatch 生动。

诗人用了一些罕见词和古词，如：By every lull（v. 36）中的 lull＝lullaby（催眠曲）；thy ghittern's tune（xix. 150）中的 ghittern ＝gittern＝cittern（中世纪吉他式乐器）；perfumed leafits（liv. 432）中的 leafits＝leaflets（嫩叶）。他还临时创用了好几个词，如 torched mines（xiv. 108）中的 torched，相当于形容词，意为"以火炬照明的"；no mad assail（xx. 155）中的 assail，作名词，意为"企图"（这与名词 assail 的原义"攻击"或"袭击"尚有不同）；a pillowy cleft（xli. 325）中的 pillowy，作形容词，意为"枕头的"（这与 pillowy 的原义"像枕头的"或"柔软的"尚有不同）；the spangly gloom（xil. 326）中的 spangly，作形容词，意为"闪烁的"（济慈曾在长诗《恩狄米恩》中用过这词）。

诗中用了一些故典，比较显著的有：honey'd dart（x. 78，甜密的箭），Theseus' spouse（xii. 95，提修斯的妻子），Dido（xiii. 99，黛多），the Perséan sword（I. 393，柏修斯的剑），Melpomene（lvi. 442，悲剧女神），取自济慈所喜爱的古典神话；lazar stairs（xvi. 124，癞丐台阶），Hot Egypt's pest（xviii. 140，热国埃及的灾病），a smoke from Hinnom's vale(xxxiii. 262,欣嫩谷中的烟),Baälites(lvii. 451,邪神崇拜者),取自《圣经》。

诗人写下形象生动的语句,比比皆是,其中不少是使用简单词语。例如:Spreading her perfect arms upon the air(xxx. 239,向空中张开她优美的双臂),to throw back at times her veiling hair (xlvii. 376,有时向后撩她面纱般的长发),weeping through her hair(lix. 472,在她面纱般的头发后面流泪)等,各自符合情节的需要,激动读者的想象、美感和怜惜。

《伊莎贝拉》有几处在句子结构方面显得特殊,其背后则有充分的思想感情上的根据。第 xi 节的前半是:

  All close they met again, before the dusk

   Had taken from the stars its pleasant viel,

  All close they met, all eves, before the dusk

   Had taken from the stars its pleasant viel,

讲的是洛伦佐和伊莎贝拉表白爱情的当晚在凉亭相会,以后在一个短的幸福期间每晚都在同一地点相会。为了强调事情的雷同,诗人把第 xi. 83—84 行几乎完全重复第 xi. 81—82 行的句子,这写法既简朴,又见匠心。

第 xvi 节前已引述。这一节诗在表达方式上确有可资注意的特异之处。一共八个句子,全部是以诗人自己的口吻提出的质问。前六句中,第一、三、五句只是问那两弟兄"他们为什么骄傲?"第二、四、六句并未企图回答,而是把回答改为更具体的问句,这样就使他们的骄傲显得荒谬可憎,并反映出资本主义社会的罪恶。第七个和第八个问句,是重复再问两遍,"他们为什么骄傲?"这一节八个并列的问句,在思想上是对准剥削阶级的火力猛烈的排炮。

第 xxvi 节写洛伦佐与伊莎贝拉小别——其实是永诀——时的一段对话，明示当前幸福感之浓厚，从而加重其即将来临的事件的悲剧性。现节录四行原文(xxvi. 201—202，207—208)：

"Love, Isabel!" said he, "I was in pain
Lest I should miss to bid thee a good morrow：

    *   *   *

Good bye! I'll soon be back."—"Good bye!" said she：—
And as he went she chanted merrily.

第 207 行是口语化的句子，有人觉得它削弱了诗意，我看未必如此。我们并不感到这一行与其他七行怎么不协调，因为"再见！"云云，是符合当时道别的匆遽情况和两人的愉快心情与乐观精神的。说实在的，我们读了上一节(xxv)和这一节关于洛伦佐和伊莎贝拉的描述，简直如见其人，如闻其声。

当然，不是一切都好。济慈在这篇诗中也写下了好几行软弱的诗句。例如，第 xvi 节的最后两行是：

Why were they proud? again we ask aloud,
Why in the name of Glory were they proud?

它们完全重复本节第一、第三、第五行的问句"Why were they proud?"，而未增加什么新的内容。诗人出于激愤而再次重复那个问句，但既无新的内容，这种重复在艺术上就显得不可取。特别是最后一行，补了一个有不如无的短语 in the name of Glory（凭天国荣光说，究竟），成为惹人注目的败笔。又如，第 xlviii 节的最后两行是：

At last they fell the kernel of the grave,
And Isabella did not stamp and rave.

济慈自然是想表明伊莎贝拉的坚毅的,但是尽管伊莎贝拉不曾跺脚和狂语,提到跺脚和狂语就不适合现场的严肃气氛。这最后一行败笔,是诗人的疏失。

济慈的诗句常含比喻,上文已略有述及。他用的比喻,往往清新妥贴,能引起人们的联想,激发美感,造成难忘的印象。这里想回顾他的若干比喻,特别是明喻。

较多比喻的喻体,选自花木鸟兽。

在第 x 节的八行诗中,最引人注意的是前一半(x. 73—76):

> Parting they seem'd to tread upon the air,
> Twin roses by the zephyr blown apart
> Only to meet again more close, and share
> The inward fragrance of each other's heart.

这里的隐喻,用得极其美妙。把两个纯洁相爱的青年人比作并枝玫瑰,说明其美好、亲近;它们暂时被和风吹开,过一会就又聚合,说明两人相互信任,分后必合;而合时,两朵花就更加靠近,相互享受花心的芬芳——这里的比喻又进入拟人化了。喻中有喻,层层深化,非常贴切。我们读了这几行诗,确有"过目不忘"之感。

第 xlvi. 365—366 行,

> Upon the murderous spot she seem'd to grow,
> Like to a native lily of the dell:

把伊莎贝拉比作百合花。第 xlviii. 383 行,

> At last they felt the kernel of the grave,

以核心喻洛伦佐的遗体。第 xvii. 133 行,

> The hawks of ship-mast forests...

用树林状船舶之多。第 lvi. 447—448 行,

She withers, like a palm

　　Cut by an Indian for its juicy balm.

用一种割取香脂的树喻伊莎贝拉。这几个例，上文都提到过了。

　　第 iii. 19—20 行：

　　And from her chamber-window he would catch

　　Her beauty farther than the falcon spies；

他张望她的美貌，目光锐利胜鹰隼；钟情注视，眼力很敏锐啊！

　　第 lix. 469—472 行：

　　And when she left, she hurried back, as swift

　　As bird on wing to breast its eggs again；

　　And, patient as a hen-bird, sat her there

　　Beside her Basil, weeping through her hair.

伊莎贝拉心无旁骛，就是守护罗勒盆，难得离开片刻。诗人说她急似飞鸟还巢孵卵，耐心如孵卵的雌鸟，两个明喻很精妙。

　　有的喻体取材于自然现象。

　　第 ix. 65—66 行：

　　"Love! thou art leading me from wintry cold,

　　Lady! thou leadest me to summer clime,

洛伦佐知道了伊莎贝拉爱他后，情不自禁地吟唱他的欢欣，他被她从寒冬领向暖夏。

　　第 xxxvi. 287—288 行：

　　And through it moan'd a ghostly under-song,

　　Like hoarse night-gusts sepulchral briars among.

鬼声低弱，像穿过墓畔荆棘间的沙沙的夜风，真叫人哀痛！

　　有的比喻，以人为喻体。

第 i.2 行：

  Lorenzo, a young palmer in Love's eye!

洛伦佐被称作朝拜爱神的青年,很风趣。

第 v.35—36 行：

  Fell thin as a young mother's who doth seek

  By every lull to cool her infant's pain:

这里关于伊莎贝拉面颊的比喻很适当,因为:(1)她消瘦了,正如年轻母亲千方百计减轻婴儿的痛楚而自己消瘦下去一样;(2)诗人暗示,伊莎贝拉既与洛伦佐相爱,如无意外,本会做新娘,随后成为年轻母亲的。

  有的比喻,以人事为喻体。

第 iii.21 行：

  And constant as her vespers would he watch,

他注视她,经常得有如她的晚祷:强调他因钟情而频频凝目,同时,这也反映伊莎贝拉每晚祈祷的习惯。

  在第 xxxiv 节,诗人用了两个奇特的比喻,说明一桩可怕的怪事使伊莎贝拉暂时得以不死。两个比喻,都可算是以毒攻毒的事例:无意中喝下的猛药使危急的病人复苏片刻,忍心的一刺使临终昏迷的人恢复知觉。这些药理、生理方面的比喻,与诗人的医学知识和经验有关。

  诗中多处使用拟人化这一修辞手段,如:June's caress(ix.72,六月的爱抚),The breath of Winter(xxxii.250,冬季的气息),its peers Of Basil-tufts in Florence(liv.427—428,它在佛罗伦萨的罗勒同侪),Melancholy(lv.433,lxi.481,忧郁),Music(lv.434,lxi.482,音乐)等。在这几例中,June,Winter,Basil-tufts,Melancholy, Music, 由于拟人化,都活起来了,就像有了生命和思想感情一般。最突出的一例拟人化,出现在第 xxii. 174 行:

  Cut Mercy with a sharp knife to the bone;

用利刃把仁慈砍断了骨头——这一行是隐喻,刻划两弟兄残酷无情的心肠,他们要杀人了。而这个隐喻中的关键词 Mercy(仁慈),正是比拟为人的。

  第 xv 节有两三行是:

   for them in death
   The seal on the cold ice with piteous bark
   Lay full of darts;

这是直接描写情景,并未用比喻;海豹的命运,属于事实,有直指意义。同时,我们却可以把这几行文字看作一则微型寓言,认为它有象征意义:被残杀的海豹,不就是受剥削、受压迫的劳工么?

  诗中有些警句。例如:

   ... passion is both meek and wild! (vi. 48)

爱情既温顺又激烈!——这句话言简意赅,警辟隽永。

   Love never dies, but lives, immortal Lord: (1.397)

  爱决不死而长在,是永生的天神。——理解了这句话,就是理解了《伊莎贝拉》的主题。

  * 本文所引诗句,除第五部分径用英文原文外,皆由作者汉译。

1980 年 3 月刊于《杭州大学学报》
同年,获浙江省社会科学优秀成果一等奖

赫立克的人和诗

佘 坤 珊

及时行乐的诗在西方是很希罕的,几个有名的作家是屈指数得尽的,譬如希腊的阿娜克里昂(Anacreon)、中古的"浪游学生"、法国的维郎(Villon)和英国的赫立克。其中最不使人注意的要算是赫立克。他没有那希腊诗家在历史上的地位("Anacreontic"已经成了代表风流诗的普通名词),或是那些拉丁学生狂热的风格,或是维郎的气概。因为他的诗是比较清淡,比较有幽默,他的名字在十九世纪的后半段,正当像他的一类的诗风行的时候,很少被一般读者提及。那时的英国人只知道崇拜费兹基罗(Fitzgerald)翻译的欧马(Omar Khayyam)。欧马是波斯的一位数学家,他的绝句在波斯文学里本就不是第一流的诗,再经过很宽泛的意译,结果就可想而知了。我们奇怪的是这首诗怎能风行一时。我们只要把这翻译和赫林立克的作品比一比就看出区别来了。

A book of verses underneath the bough,
A jug of wine, a loaf of bread-and Thou
Beside me singing in the wilderness—
Oh, wilderness were Paradise enow!

Some for the glories of this world; and some

Sigh for the prophet's Paradise to come;
Ah, take teh cash, and let the credit go,
Nor heed the rumble of a distant drum!

  在树阴下有一本诗,
   一瓶酒,一个面包——有你
    陪着我在野地里唱——
  呀! 这野地就是天堂!
  有人求这生的荣誉;有的人
  愁念着来世的天堂;
    呀! 先拿现钱别管期票,
  也不要管远处的鼓铙!

以上两节是欧马的诗里比较有名的,我们再看赫立克给闺女们的努告:

To the virgins, to make much of Time.

 Gather ye Rose-buds while ye may,
  Old Time is still a-flying:
And this same flower that smiles today,
  Tomorrow will be dying
The glorious Lamp of Heaven, the Sun,
  The higher he's a-getting;
The sooner will his Race be run,
  And nearer he's to Setting.

That Age is best, Which is the first,

When Youth and Blood are warmer;
But being spent, the worse, and worst
　　Times, still succeed the former.
Then be not coy, but use your time;
　　and, while ye may, goe marry:
For having lost but once your prime,
　　You may forever tarry.

趁机会采你们的玫瑰花，
　　光阴总是在那里飞：
今天开放的这朵花
　　明天就要谢。

这太阳，天空的明灯，
　　他越走得高
他的路程越完得快，
　　他离落山的时候愈近。
人生的头一时期是最好的，
　　正是年青血壮；
可是一旦用尽，更坏和最坏的
　　日子要接连着临到。

所以不要怕羞，利用你们的时间，
　　有机会快出嫁：
因为一旦失去了青春，

你们或许要永远等候着。

这两首的大意虽是相仿,可是头一首的态度太认真一些,叫读者不甚情愿领受里面的教训——我们都是自大的,对于逆耳的忠言往往是不爱听的,尤其是在诗里面。从技艺上看,在第一行用"bough"代替普通的"tree"已经是有些勉强了,又在第四行用陈旧的"enow"来押韵更露出作者挣扎的破绽。后四句的缺点此较更严重,在很小的范围里放了三个距离很远的幻像:天堂、天钱和鼓铙。第二个幻像虽然是有力,总脱不了俗气;第三个幻像除掉押韵的需要外没有存在的理由。赫立克就没有这样的毛病,他的态度是幽默的,他也不希望读者认真,否则末尾的四行很可以叫小姐们不高兴的。同是四行诗(只是韵上稍有不同),赫立克的就是写得玲珑自然,每一个意思整整的在四行的范围里说完,也没有拥挤的地方,也没有需要填补的空处。

除掉技艺上的差别,他们两人还有观念上的不同,费兹基罗是偏重在为行乐主义申辩,赫立克专描写自己怎样的寻乐,一个是理论的,一个是实际的。偏于理论容易忽略情感,跳出诗的范围。在维多利亚时候费兹基罗的绝句那样盛行的缘故恐怕是因为一般人所欣赏的不是诗句的美丽而是辩驳和意思的新奇。读他的诗的时候我们常觉得他行乐的哲学是学来的,不如赫立克的观念那样自然,那样出于本性。赫立克是天生写意的人,他觉得人生的短是不必证明的定理,他的目的只是伤感时间过得快。他有名的水仙诗便是很好的例子:

Faire Daffadills, we weep to see

You haste away so soone:

As yet the early-rising Sun

Has not attain'd his Noone.
　　Stay, stay,
Untill the hasting day
　　Has run
But to the Even-song;
And, having pray'd together, we
　　will goe with you along.

We have short time to stay, as you,
　　We have as short a Spring;
As quick a growth to meet Decay,
　　As you, or anything.
　　We die,
As your hours doe, and drie
　　Away,
Like to the Summers raine;
Or as the pearles of Mornings dew
　　Ne'r to be found againe.

　　　（美丽的水仙，我们不忍看
　　　你们赶忙着走得这样早；
　　　现在在那起早的太阳
　　　　还没到亭午
　　　　等一等，
　　　等到那急性的驹光

刚赶上

晚歌的时候;

那时,祈祷完了,我们

跟你同去。

我们的日子很短,像你们,

我们有一样短的春

一样的旋生旋灭,

像你们,或随便什么。

我们死

像你们时光的过去,

且干掉

像夏天的雨;

或是晨早的露珠

永不再见。)

赫立克的诗是这样的精美,他的人生观是这样的乐天,这和一般西方的诗家不同,所以有人说他是英国诗家里最像中国文人的。

赫立克是个伦敦金匠的儿子,两岁就没有了父亲,十六岁就到他叔父的首饰店里去做学徒。二十二岁他才脱离了金店进了剑桥大学。他在学校里的生活我们知道得很少,摩门(F. W. Moorman)在他的赫立克传里印了十几篇他作学生时期写的信,都是向他财迷的叔父要钱的,可见他的日子过得并不怎样舒服。他毕业后的十年是更无从考察了,大概他是住在伦敦作当时文豪姜森(Ben Jonson)的门生。我们也可以相信他许多关于爱情的诗也是在这个时期写的。他和宫廷的几个出名的音乐家都认识,他的诗集里有几首是特别为了他们写的歌词。虽然他的朋友在朝廷里很多,他却并没有做官。正在壮年的时候(三十六岁),这位好酒色的诗家,忽然进了教堂,过了两年他就被派到一个偏僻的乡下去做牧师。起初他很不满意,那村庄里单调的生活怎比得上伦敦的繁华!以下是他对于那地方的河作别的话:

> Rockie thou art;and rockie we discover
> Thy men;and rockie are thy wayes all over...
> A people currish,churlish as the seas;
> And rude(almost)as rudest Salvages.
> With whom l did,and may re-so journe when
> Rockes turn to Rivers,Rivers turn to Men.

你是多石的;我们发现你两岸的人也是硬如岩石;你一切的举动都像岩石……一群卑陋的人,和海似的顽固;粗得(几乎)像野人一样。和他们我曾同处;除非石头都变成河,河流变成人,我是再不肯回来的。

但是他不是好动的人,不久他对於乡间的生活也惯了,一住就住了十年的光景。他写诗给他的哥哥和朝廷里的朋友也称赞乡里生活的自由:

> Thrice,and above,blest (my soules halfe)art thou...
> Could'st leave the City,for exchange,to see
> The Countries sweet simplicity...

你是三倍的福人,如果你能离开城市来享受乡间甜密简单的生活。

> Sweet country life,to such unknown,
> Whose lives are others,not their own!...

(甜美乡村的生活,绝非生活为他人使唤的人能尝到的。)

他在这十年中最美的诗是描写他家庭生活的一首,他知足的精神是很使人敬爱的:

　　　　A thanksgiving to God, for his House.
　　　　Lord, Thou hast given me a cell
　　　　　　Wherein to dwell,
　　　　A little house, whose humble Roof
　　　　　　Is weather-proof;
　　　　Under the sparres of which I lie
　　　　　　Both soft, and drie;
　　　　Where Thou my chamber for to ward
　　　　　　Hast set a Guard
　　　　Of harmlesse thoughts, to watch and keep
　　　　　　Me, while I sleep
　　　　Low is my porch, as is my Fate,
　　　　　　Both void of state;
　　　　And yet the thresbhold of my doore
　　　　　　Is worn by'th poore,
　　　　Who thither come, and freely get
　　　　　　Good words, or meat:
　　　　Like as my Parlour, so my Hall
　　　　　　And Kitchin's small;
　　　　A little Butterie, and therein
　　　　　　A little Byn,
　　　　Which keeps my little loafe of Bread
　　　　　　Unchipt, unflead;

Some brittle sticks of Thorne or Briar
    Make me a fire,
Close by whose living coale I sit,
    And glow like it.
Lord, I confesse too, when I dine,
    The Pulse is Thine,
And all those other Bits, that bee
    There plac'd by Thee;
The Worts, the Purslain, and the Messe
    Of Water-cresse,
Which of Thy kindnesse Thou hast sent;
    And my content
Makes those, and my beloved Beet,
    To be more sweet,
'Tis Thou that crown'st my glittering Hearth
    With guiltlesse mirth;
And giv'st me Wassaile Bowles to drink,
    Spic'd to the brink,
Lord, 'tis thy plenty-dropping hand,
    That soiles my land;
And giv'st me, for my Bushell sowne,
    Twice ten for one:
Thou mak'st my teeming Hen to lay
    Her egg each day:
Besides my healthfull Ewes to beare

Me twins each yeare;
The while the conduits of my Kine
Run Creame, (for Wine.)
All these, and better Thou dost send
Me, to this end,
That I should render, for my part,
A thankful heart;
Which, fir'd with incense, I resigne,
As wholly Thine;
But the acceptance, that must be,
My Christ, by Thee.

(天主,你给了我一所小屋容我居住,一所小房子,它的小小的房顶能遮蔽风雨;使我住在里面又舒服又干燥;又为了我房屋的平安你赐给些无恶意的念头来看护我,当我睡时。我的门廊是低的,和我的命运一样,二者都没有威严,可是我的门限常被穷人的脚步磨损,谁进来都能得到善言或是一顿饭;我的外厅和厨房都像客室一样的小;还有一间储藏室,里面一个储食箱,使我的小面包不致干掉,生虫;几把晒干的荆棘或茨梗就供我烧火,我靠近那赤热的炭火坐着,脸照得和它一样的红。天主,我还承认,当我吃饭的时候,我的脉跳也你的,还有其他的种种也都是你的赐给;还有锅菜、马齿苋和水田芥,也是你的恩赐,同时我的满足使得这些和甜菜更好吃。也是你使我的家庭装满了正当的娱乐;你给我香酒喝,斟满到盅边。天主,也是你施泽的手使得我的田地这样丰盛;我每播种一斗你给我二十;你使我那多产的鸡每天生一个蛋;使我那强壮的牝羊,每年生一对小羔;同时我那牝牛的乳管流的是奶油〔代酒〕。以上的一切和其他更好的,都是你给的,都为的是要我,从我方面有一个感谢的心;现在我这心我完全敬献给你,但是,救主,这得要等待你的接受。)

　　但是他一回到伦敦他的态度就变了:到底乡下没有都市好!他重回伦敦的诗是他诗中很富于情感的,并且不容易翻译:

　　　　From the dull confines of the drooping West,

　　　　To see the day spring from the pregnant East,

　　　　Ravisht in spirit, I come, nay more, I flie

　　　　To thee, blest place of my Nativitie!

　　　　Thus, thus with hallowed foot I touch the ground,

　　　　With thousand blessings by thy Fortune crown'd.

　　　　O fruitful I Genius! that bestowest here

　　　　An everlasting plenty, yeere by yeere.

　　　　O Place! O People! Manners! fram'd to please

　　　　All Nations, Customes; Kindreds, Languages!

　　　　I am a free—born Roman; suffer then,

　　　　That I amongst you live a Citizen.

　　　　London my home is; though by hard fate sent

　　　　Into a long and irksome banishment;

　　　　Yet since cal'd back; henceforward let me be,

　　　　O native countrey, repossest by thee!

　　　　For, rather than I'le to the West return,

　　　　I'le beg of thee first here to have mine Urn.

　　　　Weak I am grown, and must in short time fall;

　　　　Give thou my sacred Religues Buriall.

（从那单调衰颓的西方,要看那太阳从东方出来,我狂喜的来到,简直是飞到这儿,我的神圣的生长地！我的脚踏在你地上也变成圣洁,全身都感到福泽。膏腴的神灵！你在此地年年施赐永久的丰盛。多么好的地方！人民！风俗！都能使各国的人民钦佩。我是一个自由的罗马人,那么让我作罗马城的一个市民。伦敦是我的家,虽然恶运曾把我逐到厌恶的边疆；现在既已被召回,从此永久让我留在此地。我宁可死在此地也不愿再回到西部去。我的气力已经衰弱了,不久就要死了,请你接受我的尸骨。)

但是老天不随他的志愿,等到他将近七十的时候他又回到那可憎的乡间而死在那里。他活到八十五岁,在英国诗人当中他的寿命算是很长的了。他一生只出版了一本诗集叫 *Hesperides*,共有两部分,头半本包括他早年最有精采的作品,内中有情诗掺杂着关于政治、哲学、书信和歌曲一类的诗；第二部分完全是圣诗,内中只有两三首是我们喜欢读的。

他是生在英国政治很纷乱的一个时期里,正当查理一世(Charles I)和一般爱自由的民众感情上一天比一天的坏。几乎没有一个文人不是被卷进政潮的旋涡里。我们只要看米尔敦(Milton)中年的事迹就可以想到那时的情形是怎样的剧烈和严重了。当时的诗家,除掉米尔敦和马维尔(Marvel)是在革命方面的,都是保皇党。这理由恐怕也不难找：查理一世做国王的缺点虽然是很多,他却是很有才学的一个人：他特别喜欢的是美术和文学；他的朝廷在那时的欧洲各国里也是最奢华的。赫立克的性情既然是很不好极端的,他所交的朋友又都是和朝廷有关系的人,他对于皇家的忠心是很容易懂得的。可是他有他很有趣的理由：在一个共和政体里作许多无知识人的奴隶还没有作一个人的奴隶自由：

              Slavery

    'Tis liberty to serve one Lord; but he
    Who many serves, serves base servility.

可惜他的诗集是一六四八年出版的，最后的二十六年里作的诗无从考查，否则我们想他对于一六四九年革命党把查理王当众斩首的事或许会引起很悲愤的诗句。但是他并非是完全赞许国王的行为的，他的《中庸》一首便含有劝告的意味：

            Moderation

    In things a moderation keepe,
    King ought to sheare, not skin their sheep.

（任事得守中庸，王者应剪羊的毛，不该剥他们的皮。）
这两句话倒是很有普遍性的，不仅限于十七世纪的英国一国。

在他诗集里还有写给贵族和朋友的诗，指出姓名来的就有七八十首，可见也是个很圆到，很会交际的人。但是多半这样子的诗是带有敷衍性的，所以好的很少。比较起来他和韦克司（John Wicks）的关系深些，诗里很有精采的句子：

    W'ave seen the past-best Times, and these
    Will nere return, we see the Seas,
        And Moons to wain;
    But they fill up their Ebbs again:
        But vanisht man,
    Like to a lilly-lost, nere can,
    Nere can repullulate, or bring

His dayes to see a second spring.

（我们已经见过快乐的日子，那些日子永远不能再回来。我们常看那海洋和月亮，落朝和残缺，但是不久他们又圆满了，可是一个过去的人，像一朵萎谢的百合花，永远不会再萌芽，或再度第二次的青春了。）

他写给姜森的诗都在那位戏剧家死后作的。他两人的交情当然不只是朋友的关系。他拿姜森当老师一样的崇拜，他的爱情诗，我们可以相信，都是他做姜森的信徒（Son of Ben）的时期作的。他的诗的格式和字句的精致在那些门人当中和老师的最相近，甚至于有时两人的思想都是相同。这是姜森对于女人修饰的意见：

Still to be neat, still to be drest,
As you were going to a feast;
Still to be powder'd, still perfumed;
Lady, it is to be presumed,
Though art's hid causes are not found,
All is not sweet, all is mot sound.
Give me a look, give me a face
That makes simplicity a grace;
Robes loosely flowing, hair as free;
Such sweet neglect more taketh me
Than all th' adulteries of art;
They strike mine eyes, but not my heart.

（总是穿得整整齐齐，总是打扮得好像要赴宴会，总是擦粉，总是用香水,夫人,我敢说,虽然艺术的神秘是我们不能捉摸的,这不是最可靠,最媚人的法子。让我看一双眼,一个脸,带着无装饰而天真的美,宽垂的长衣,松结的头发:这样甜密的疏忽能使我消魂,胜过一切人工的造作,只能耀我的眼,不能动我的心。)

姜森这一段的劝告是概括的,赫立克对于女人的服装更晓得仔细,所以他觉得老师的主张需要补充:

> A sweet disorder in the dresse
>
> Kindles in cloathes a wantonnesse:
>
> A Lawne about the shoulders thrown
>
> Into a fine distraction:
>
> An erring Lace, which here and there
>
> Enthralls the Crimson Stomacher:
>
> A Cuffe neglectfull, and thereby
>
> Ribbands to flow confusedly:
>
> A Winning wave(deserving Note)
>
> In the tempestuous petticote:
>
> A carelesse shooe-string, in whose tye
>
> I see a wilde civility:
>
> Doe more bewitch me, then when Art
>
> Is too precise in every part.

(服装上甜密的随便能惹起风流的意味,一条纱巾浪漫的披在肩上,粉红胸衣上的丝带垂露出来,没有结好的袖口,因此带子纷乱的露出,一条媚人的浪纹在那风波的裙上,一根没有结好的鞋带显出来整齐中的浪漫:这些都能使我消魂胜过拘泥的装束。)

有时他拿姜森当作一位圣人：

>When I a Verse shall make
>Know I have praid thee,
>For old Religions sake,
>Saint Ben to aide me.

（在我作诗以前，我先要祷告你，看着旧日宗教的面上，圣班帮我的忙。）

比较有名一些的是另一首，描写他们从前在各酒店里的聚会，那时一般的门人都赶到那里去听姜森谈天，读诗：

>Ah Ben!
>Say how, or when
>Shall we thy Guests
>Meet at those Lyrick Feasts,
>Made at the Sun,
>The Dog, the triple Tunne?
>Where we such clusters had,
>As made us nobly wild, not mad;
>And yet each verse of thine
>Out-did the meate, out-did the frolick wine.

（啊，班！你说怎样或是何日，我们再做你的客人欢聚在你的歌宴会上，举行在"太阳"，"狗"，或是"三桶"？〔三家酒店的名字〕那儿我们都成了诗狂而不至於癫；同时你的诗，每句都胜过饭菜，和联欢的酒。）

他的诗里最有价值,最使得我们后人喜欢读的当然是关于女性的诗。他和别的诗家不同的一点就是他的写真,他专喜欢描写他眼看得见的耳朵听得见的美。和勃恩司(Burns)一样,他每一首诗总是为了某一个女子写的,他的爱情的不能专一也同勃恩司一样。有几位学者因此怀疑说这些女子是假设的。这种主见的目标有把赫立克变作一位道德先生的嫌疑,这显然是和事实矛盾的,因为一个规矩的人怎能写出近乎猥邪的诗来?他们也没有想到赫立克是英国诗人中最缺乏想像力的:他一生没有写过一首故事诗或是一本戏剧,他不唱高调的,神圣的情爱,都是很好的证明。并且在当时宫廷中的风气既是那样的放荡,男女间的界限是那样的随便,赫立克没有费力空想的必要。如果我们仔细的把他写给每个女友的诗分别的读,我们可以感觉到她们不是没有个性的。在他晚年的那首悼女友的诗里他分明的说,有的是皮肤长得特别洁白,有的善于音乐和歌唱,有的,像高琳娜(Corinna)口才特别好:

> I have lost, and lately, these
> Many dainty Mistresses:
> Stately Julia, prime of all;
> Sapho next, a principall:
> Smooth Anthea, for a skin
> White, and Heavn-like Chrystalline:
> Sweet Electra, and the choice
> Myrha, for the Lute and Voice.
> Next, Corinna, for her wit,
> And for the graceful use of it:
> With Perilla: All are gone;

Onely Herrick's left alone.

For to number sorrow by

Their departures hence, and die.

他的诗里描写得最详细的是玖丽亚(Julia)，全集中有六十多首是写给她的。这是她的相貌：

Black and rowling is her eye,

Double chinn'd, and forehead high;

Lips she has, all Rubie red,

Cheeks like Creame Enclarited;

And a nose that is the grace

And Proscenium of her face.

（她的眼珠是又黑又活，双层的下颔，高的头额，红宝石的嘴唇，两颊就像奶油掺上了红葡萄酒，还有一个鼻子是全脸上最整齐的一部。）

从另两首诗里我们知道她的头发是金黄色的并且很多。有四首是描写她嗓音的悦耳，其他的部分像她的腿、汗、乳部，几乎没有一处是逃过这位诗人的观察的：

Her Legs

Fain would I kiss my Julia's dainty Leg.

Which is as white and hair-less as an egge.

（我真想亲我玖丽亚的精美的腿，它是像鸡蛋一样的洁白光润）。

Upon the Nipples of Julias Breast

Have ye beheld (with much delight)
A red Rose peeping through a white?
Or eles a Cherrie (double grac't)
Within a Lillie? Center plac't?
Or ever mark't the pretty beam,
A strawberry shewes halfe drown'd in Creame?
Or seen rich Rubies blushing through,
A pure smooth Pearle, and Orient too?
So like to this, nay all the rest,
Is each neate Niplet of her breast.

（你可曾〔很高兴地〕见过的一朵红玫瑰从一朵白的后面露出来？或是一棵樱桃〔真运气〕放在一朵百合花的中心？你可曾注意到一棵杨梅半浮在奶油里的美？或是红宝石从光润的珍珠透出来？像这些一样就是她每一个标致的小奶头。）

玖丽亚病了，他作诗叫寒热不要损坏她的金发，或是使她光润的皮肤起皱纹；她病好的时候，他快乐的叫各种花来庆祝。玖丽亚是爱动气的一位小姐，有时她对他冷淡，有时嫌他无恒心而恼；但是她的一举一动都给了赫立克作诗的题目。她哭的时候也能引起两行极有趣的描写：

She by the river sate, and sitting there,
She wept, and made it deeper by a teare.

（她坐在河边，坐在那儿的时候，她哭了，叫河水增加了一滴泪的深)。

虽然关于玖丽亚的有几首诗是轻佻些,但是我们不能断定她是俗气的女子,并且我们很有理由相信她是有智识的一位小姐。玖丽亚和其他的女子不同的一点是她很相信宗教,关于她祈祷或两人同到教堂里去礼拜的诗总有十多首。玖丽亚而且是喜欢做慈善事的:

  Upon her Almes
  See how the poore do waiting stand,
  For the expansion of thy hand.
  A wafer Dol'd by thee, will swell
  Thousands to feed by miracle.

(看那些穷人都立着等你伸开你的手。你分施一片饼可使上千的人神秘的得饱。)

除掉带有宗教意味的诗以外,他写给玖丽亚的遗嘱式的诗也特别的多,不下五六首,可见他两人的交情是深的。如果她是平凡的女子,以下的要求是不会有的:

  Julia, if I chance to die
  Ere I print my Poetry;
  I must humbly thee desire
  To commit it to the fire:
  Better't were my Book were dead,

>   Than to live not perfected.

（玖丽亚，一旦我若是死了，在我把诗集付印以前；我诚恳的请求你把它烧掉了；我宁愿我的书毁灭了，也不愿它有瑕疵的存在。）

关于其他的女子我们就不是知道得那么详细了。安西业（Anthea）是其中的林黛玉；她的皮肤虽是最白润，可是她的身体也是最弱，她死得最早。他写给黛尼米（Dianeme）的三首诗中都讲的是一个题目：她待他的刻薄。可是他的报复也是女人家很不愿听的真话；她不必因为她长得貌美而骄傲，使男子作她的奴隶；等她老了丑了，没人爱的时候，她耳朵上带着的红宝石仍旧一样的值钱！

>   Sweet, be not proud of those two eyes,
>   Which Star-like sparkle in their skies；
>   Nor be you proud, that you can see
>   All hearts your captives, yous, yet free；
>   Be you not proud of that rich haire,
>   Which wantons with the Love-sick aire；
>   When as that Rubie, which you weare,
>   Sunk from the tip of your soft eare,
>   Will last to be a precious Stone,
>   When all your world of Beautie's gone.

高琳娜的名字永远是和他全集中最快乐、最有色彩的一首诗联在一起的：*Corinna's Going a Maying*. 全篇共有七十句，从头六行里我们可以知道他的兴致怎样的高：

> Get up, get up fo shame, the Blooming Morne
> Upon her wings presents the god unshorne.
> See how Aurora throwes her faire
> Fresh-quilted colours through the aire:
> Get up, sweeet-Slug-a-bed, and see
> The Dew-bespangling Herbe and Tree...

女色是他一生惟一的快乐。到年老的时候明知道自己的头发灰白了，兴致不如以前了，他仍旧说："人虽老但是情感还没有冷，我们的爱比年纪还要经久。"但是因为喜欢的女人是那样的多，他的爱情是浅薄的没有深根的，决比不上丹丁(Dante)那样专一和伟大的爱。他自己也承认这一层："我从来没有爱过，或是为了任何寡妇，少女或妻子而伤心。……我也没有为了她们失眠，叹气，或是落泪；也没有像别人似的哀求，发誓，说谎。"他对于婚姻始终所抱的态度可以证明这几句是真心的话。他不愿娶妻的理由是简单的：一个人能有许多的女子作朋友为什么要专爱一个作妻子？

> ... that man is poore
> Who hath but one of many;
> But crown'd he is with store
> That single may have any.
> Why then, say what is he
> (To freedome so unknown)

> Who having two or three,
> Will be content with one?

最使人忘不掉的是一首赞美独身的短诗:

> Single life most Secure
> Suspicion, Discontent, and Strife,
> Come in Dowrie with a Wife.

(嫌疑猜忌、不满、口角,是一个妻子带来的陪嫁。)

赫立克是缺乏深刻情感的人,他是好乐不好悲的。他对于生活的要求是很有限的。

> Four Things make us happy here,
> Health is the first good lent to men;
> A gentle disposition then;
> Next, to be rich by no by-ways;
> Lastly, with friends t'enjoy our dayes.

(身体是天与的第一个好处! 第二是温和的性格;然后是富有正当的钱财;最后是有朋友同过逍遥的日子。)

这四个条件在一个西方的诗家作品里找出是很特别的。和谢得尼(Sidney),雪莱(Shelley)或是华茨渥司(Wordsworth)一般人对于诗人应负的高超的责任一比,赫立克的观念是鄙陋的。所以他的诗里很少有几首是合乎安诺德（Arnold）所谓"严肃性"（high seriousness）的标准的。他全集里最庄重的诗只有伤感当时政乱的一首：

> The bad season make the Poet sad
> Dull to myselfe and almost dead to these
> My many fresh and fragrant Mistresses：
> Lost to all Musick Now；since everything
> Puts on the semblance here of sorrowing.
> Sick is the Land to th'heart；and doth endure
> More dangerous faintings by her desp'rate cure.
> But if that golden Age wo'd come again,
> And Charles here Rule, as he before did Raign：
> If smooth and unperplext the Seasons were,
> As when the Sweet Maria lived here：
> I sho'd delight to have my Curles halfe drown'd
> In Tyrian Dewes, and Head with Roses crown'd.
> And once more yet（ere I am laid out dead）
> Knock at a Starre with my exalted Head.

　　第一句完全不像他平常的口气，好像从米尔敦的十四行诗里取出来的似的，第四五两句颇有莎士比亚早年作品的风味、

　　同样的缺点使得他的圣诗像蒸溜水一样的淡而无味，原因并不是在他的喜欢酒色——耶教史上很有几个圣人少时是特别荒唐的，圣奥哥司丁（St. Augustine）就是绝好的例子——问题是他没

有热烈的情感做任何一件事,不管它是好是坏。写圣诗是需要想像力的,赫立克用写花草美人的笔法写神圣的题目当然是失败的。

读赫立克的诗我们不能问他创造力在哪里。我们也不能求高深的哲学。他也没有故事可读。他的诗都是很短;过百句的没有几首,二百句长的简直是没有。但是在这小范围里他的工力是精细的。现在所保存的许多的稿本证明他是对于自己的作品是时常的修改。临到已经取得了出版证之后他仍旧不肯立刻把诗稿去付印,他的诗过了八年方才出版!他写给玖丽亚的一篇诗里不是说他宁可把稿子烧毁也不愿意让他的诗有瑕疵的存在么?他对于人生虽然是看得很轻,他对于他的诗和他死后的名誉却非常的关心。有时他直率的请读者多多的原谅他的毛病,因为就是"荷马(Homer)也有打盹儿的时候",不但对于稿子是费尽了心血修改,就是在印刷的时候他还亲自到印刷处去作最后一步的修改。譬如这首诗的第四句在同版的书里有几本是作 As if they played at Boo-peep,分明是有许多已经印就之后他才叫重新排过的。

Her pretty feet

Like snails did creep

A little out, and then,

As if they started at Bo-peep,

Did soon draw in agen.

(他的小脚像两只蜗牛爬出来了一点儿,然后,好像在捉迷藏似的惊起,很快的又缩进去了。)

更换了一个字能使全句增加不少生气,从此我们也可以想到他诗里许多美丽自然的句子,也都是通过不倦的修改才达到完美的程度的。

在他很小的范围里面赫立克的好的句子也是别人所不及的。莎士比亚,米尔敦,或是华茨渥司各有他们伟大的句子:

> Gloucester:O,let me kiss that hand!
> Lear:Let me wipe it first;it smells of mortality.
> Cleopatra:Give me my robe,put on my crown;I have
>   Immortal longings in me.
>
>   His state
> Is kingly:thousands at his bidding speed,
> And post o'er land and ocean without rest...
>
>   ...but hearing often-times
> The still,sad music of humanity...

和它们比起来赫立克的句子就如同乡间的小调和贝多芬(Beethoven)的音乐相比一样,但是小调也有它的好处:

> She wept,and made it deeper by a teare.

再看这首祈祷词的第三句:

> Here a little child I stand,
> Heaving up my either hand;
> Cold as Paddocks thou hey be,
> Here I lift them up to Thee,

> For a Benizen to fall
> On our ment, and on us all.

只有赫立克能想得出小孩子的手是像蛤蟆似的凉！他虽然是没有娶亲，他喜欢儿童的心似乎比作父母的还要深切。

有许多精美的句子全靠一个字用得新奇：

> When as in silk my Julia goes,
> Then, then(me thinks) how sweetly flowes
> That liquefaction of her clothes.

用 liquefaction 描写丝的光滑他是第一人。如果英文里没有相当的字，他毫不犹疑的就创造一个。他描写玖丽亚又白又红的双颊说它们像奶油掺上了红葡萄酒，他大胆的就把"claret"变成一个动词，代表"掺上了红葡萄酒"的意思：

> Cheeks like Cream Enclarited.

他最好的创造，是描写玖丽亚的胸部的一句：
> Display the breasts, my Julia, there let me
> Behold that circummortal purity...

牛津大字典对于"circummortal"的解说当作"'beyond' or 'more than mortal'"虽然是很巧，可是头半字的"圆"的意思失去了。好在这字在原句中是不用解说的,换掉一个字决没有它适当。

赫立克的诗在英国文学史上的地位当然是不重要的,也不能得到大多数读者的欣赏的,但是我们读多了十九年世纪的浪漫诗家或许我们要换一换口味,读些清淡的句子,那么赫立克是最好的调剂。他是没有奢望的,他的诗就如同他父亲和他叔叔制的首饰一样,物件虽然是小,但是没有一刀是苟且的,没有一件不是经过长时期的苦心雕刻,叫顽硬的金石有了生气,值得戴在皇后的头上。

1934年刊于《(北京)师大成立32周年专号》

A BRIEF COMMENTARY ON HAZLITT'S *MY FIRST ACQUAINTANCE WITH POETS*

Bau Lüping

[提要]《赫兹利特〈初识诗人记〉简说》一文,概要地评释英国散文家和批评家赫兹利特的记叙文杰作《初识诗人记》(1823年)的内容和风格,指出:赫兹利特在作品中忠实而热情地回忆自己于1798年二十岁时认识青年诗人柯尔律治和华滋华斯的经过;他着意记述柯尔律治的言和事,强调其辩才和评判力;他反映了他和柯尔律治在青年时代的友谊,他在创作上受过柯尔律治的启发,以及他对哲学和文艺的兴趣和敏感;他叙事写景,很有诗情画意;他的文辞鲜明、生动、有力。

The majority of Hazlitt's essays deal with his personal experiences, his adventures in life and art. There were few important circumstances of his life which did not interest him so well as to find their way to his pen. It was but natural that he should recount such a turning point in the history of his mental development as his first meeting with the joint-authors of the *Lyrical Ballads*.

My First Acquaintance with Poets, considered by many to

be the most memorable essay Hazlitt ever wrote, was first published in 1823 in *The Liberal*, where it filled twenty-four pages, and was included in his posthumous volumes *Literary Remains* (1836) and *Winterslow* (1850). The third paragraph of this piece, however, had appeared in the form of a letter to *The Examiner* in 1817.

As a broad indication of its scope, a summary of the essay may not be out of place. Paragraph 1 is a description of Coleridge's arrival at Shrewsbury, Shropshire, in January 1798. In Paragraph 2 we are informed that Coleridge had agreed to visit Hazlitt's father at Wem. Paragraph 3 contains Hazlitt's impressions of Coleridge's sermon to a Unitarian congregation. Coleridge's personal appearance is described in Paragraph 4. The dreamy life of Hazlitt's father as a Dissenting minister is surveyed in Paragraph 5. Paragraph 6 (a long one) reproduces Coleridge's talk during his visit to the elder Hazlitt and his return to Shrewsbury. Paragraph 7 shows us Hazlitt looking forward to visiting Coleridge at Nether-Stowey in Somersetshire. Paragraph 8 gives an account of Hazlitt's journey. Paragraph 9 tells about Hazlitt's arrival at Nether-Stowey and an almost immediate visit of Coleridge and Hazlitt to the Wordsworths at All-Foxden. In Paragraph 10 Hazlitt touches upon a philosophy of life. Paragraph 11 (a very long one) is a detailed account of Hazlitt's three-week stay with Coleridge at Nether-Stowey, containing a good deal of noble talk on different occasions; a stroll in the park, Wordsworth's visit, a visit to All-Foxden, and a jaunt down the Bristol Channel. Their parting is mentioned in Paragraph 12. In Paragraph 13 Hazlitt says that some time later he made the acquaintance of Coleridge's friends Lamb and Southey.

A glance at the synopsis show that the essay treats of many events, but the theme is what is conveyed by the title—Hazlitt's first acquaintance with poets. Most probably Hazlitt meant the essay to mark a milestone in his life's journey. But it tells us as much about Coleridge as about Hazlitt himself. The essay is in a large sense a character-sketch of Coleridge, who may be called the hero of the story.

Coleridge the talker was perhaps even greater than Coleridge the poet. His powers of oral expression, especially in monologue, were extraordinary. He could talk for three hours at a stretch and hold the listeners spellbound (cf. *On the Conversation of Authors*). The "round-faced man in a short black coat", whom Mr Rowe, the Dissenting minister at Shrewsbury, could not imagine to be his successor, was "talking at a great rate to his fellow-passengers"when the coach arrived. What a pleasant surprise to Mr Rowe when Coleridge entered the house and revealed his identity "by beginning to talk"! We are told, in fact, that "he did not cease while he stayed, nor has he since". During his visit to the Hazlitts at Wen, Coleridge "talked very familiaryl, but agreeably, and glanced over a variety of subjects". Accompanied by Hazlitt for six miles on the road to Shrewsbury, "he talked the whole way". He liked to hear himself talk, and was perhaps enchanted with his own mellifluous voice. He was an exception to the rule that a good conversationalist is both a good talker and a good listener. As he was well aware, he talked more than he listened. Once he said, referring to his first meeting with young Hazlitt, that "for those two hours he was conversing with W. H. 's forehead"! His talk was not lacking in good sense; witness his comments on the prudery of the heroine of *Paul and Virginia*, who in the final scene "turns away from a person on board the sinking vessel, that offers to save her life, because he has thrown off his clothes to assist him in swimming". Coleridge's facility of speech has been admirably summed up in these words: "In digressing, in dilating, in passing from subject to subject, he appeared to me to float in air, to slide on ice. "

Nor was the eloquence of Coleridge the preacher less astounding. The sermon that he preached to a congregation at Shrewsbury has been immortalized in the third paragraph of the essay. As we read the passage, we seem to hear his voice rising "like a steam of rich distilled perfumes", and to feel, with Hazlitt, that when Coleridge treated his subject poetically and philosophically, he was "like an eagle dallying with the wind". It was only a matter of course that the impressionable Hazlitt, after listening to "the half-inspired speaker", "returned home well satisfied".

Of the thirty names in literature, philosophy, and politics that Coleridge mentioned and discussed in the several talks here recorded, some he liked and some he disliked. One characteristic of his critical method is antithesis—the placing of one thing against another for comparison or more often for contrast. Thus the poet-critic said that Burke was a metaphysician while Mackintosh a mere logician; that Mary Wollstonecraft as a woman of imagination was superior to Godwin as a man of mere intellect; that Shakespeare was a poet of nature while Milton a conscious artist. Many of his *obiter dicta* are likewise characterized by antithesis. He remarked that Wordsworth strode on so far before Mackintosh and Tom Wedgwood as to dwindle in the distance; he drew a parallel between Bishop Berkeley and Tom Paine; he thought Burke a greater orator and politician than Fox or Pitt; he slighted Junius and disrelished Dr Johnson; he admired Richardson but not Fielding. Sometimes the comparison or contrast is drawn not between two authors, but between two aspects of the same author. Thus he "had a great idea of Mrs Wollstonecraft's powers of conversation, none at all of her talent for book-making", and he observed that whereas there was a "matter-of-factness" in Wordsworth's descriptive pieces, Wordsworth's "philosophic poetry had a grand and comprehensive spirit". This comparative method must have appealed to Hazlitt immensely; for he, too, was its great exponent. Coleridge's critical opinions are, in the main, sound and just. Allowances, however, should be made for bias in such an original critic as Coleridge. In one case he "even denied the excellence of Hume's general style", and in another he could not for the life of him see the merits of *Caleb Williams*. He did not like Fielding. He had not "much feeling for the classical or elegant". Once in a while he spoke wiht exaggeration; we find it difficult, for example, to accept his pronouncement that "Thomson was a great poet, rather than a good one". On Coleridge's taste Hazlitt makes two penetrating remarks: (1) that he "somehow always contrived to prefer the *unknown* to *known*"; and (2) that "he was profound and discriminating with respect to those authors whom he liked...; capricious, perverse, and prejudiced in his antipathies and distastes".

The influence of this poet-critic on his younger friend, who had been striving for years after self-expression of self-realization, was that of the fermenting agent. After meeting Coleridge, Hazlitt was in a ferment, and the effervescence of his genius was the inevitable result. Hzlitt always remembered this with a keen sense of gratitude towards his spiritual agitator. More than once he has registered his indebtedness. His understanding "did not remain dumb and brutish, or at length found a language to express itself", and this he owed to Coleridge. He says, "the light of his genius shone into my soul, like the sun's rays glittering in the puddles of the road". Could one man ever pay a higher tribute to another? After his first meeting with Coleridge at Wen, Hazlitt had a ringing in his ears, "the voice of Fancy", and a light before his eyes, "the face of Poetry". Then his visit to Coleridge at Nether-Stowey helped greatly to bring about his literary awakening.

For all his gratitude, Hazlitt was not blind to Coleridge's faults and foibles. He loved Coleridge, but he venerated truth. He did not hesitate to show his disagreement with some of Coleridge's criticlal opinions. Nor did he refrain from hints at Coleridge's defects in character. After expressing approval of Coleridge's sermon delivered at Shrewsbury, Hazlitt ends the third paragraph with a witty remark, "The face of nature had not then the brand of *Jus Divinum* on it...", thereby implying depreciation of the poet's pamphlet *The Statesman's Manual* (1816). Coleridge began his career as a revolutionist. By 1816, however, he had come round to a conservative way of thinking. he had not only recanted his belief in the principles of the French Revolution, but prepared in the *Statesman's Manual* to uphold the theory of "Divine Right". To Hazlitt the consistent revolutionist, nothing could be more repugnant than such apostasy. Hazlitt's first acquaintance with Coleridge took place in 1798. In describing that event Hazlitt has to keep to the Coleridge of 1798; any strictures on the then Coleridge for what he later said or did would be uncalled-for. Yet on occasion Hazlitt manages to slip in a word of reproach or regret. He mentions Coleridge's nose as being "small, feeble, nothing—like what he has done". The last phrase expresses sorrow for a genius who dissipated his powers and never did himself full justice. To his account of Coleridge's and Wordsworth's sing-song manner of reciting their own poetry, Hazlitt adds this comment: "Perhaps they have deceived themselves by making habitual use of this ambiguous accompaniment. "What a shrewd observation!

As his biographers tell us, Hazlitt painted a portrait of Coleridge which was an utter failure. If he had failed with his brush, he had certainly succeeded with his pen. His pen-portrait of Coleridge in this essay commands our admiration and gratitude. He shows us , in no more than a dozen sentences, a wonderful likeness of the clear-complexioned, black-haired, high-foreheaded, gross-mouthed, small-nosed, rather corpulent poet.

The other of the two poets with whom he became acquainted early in 1798 was Wordsworth. Here Hazlitt brings to light not only Wordsworth's appearance but his character. We can picture the "gaunt and Don-Quixote-like"poet making "havoc of the half of a Cheshire cheese" on Coleridge's table. We realize, from Hazlitt's hint at the possible source of the idea of the *Poems on the Naming of Places*, that Wordsworth's claims to originality are not always justifiable. Hazlitt, of course, did not grudge the poet his word of praise. Wordsworth is reported to have "talked very naturally and freely", and to have described Monk Lewis's *Castle Spectre* as fitting "the taste of the audience like a glove". Upon Wordsworth's exclatiming "How beautifuly the sun sets on that yellow bank!", Hazlitt thought within himself, "With what eyes these poets see nature!"

Hazlitt describes the two poets' recitation and composition

in such a way that the reader may easily gather an idea of the essential difference between their poetic styles. I dare say this short passage is more illuminating than a long article by any lesser critic: "Coleridge's manner is more full, animated, and varied; Wordsworth's more equable, sustained, and internal. The one might be termed more *dramatic*, the other more *lyrical*. Coleridge has told me that he himself liked to compose in waling over uneven ground, or breaking through the straggling branches of a copsewood; whereas Wordsworth always wrote(if he could)walking up and down a straight gravel-walk, or in some spot where the continuity of his verse met with no collateral interruption."

In his account of Coleridge's visit to his father at Wem, Hazlitt describes Coleridge's appearance in some detail. Such an account cannot be complete witout a description of his father's life and character. Hence the pensive and dignified sketch of a dutiful Dissenting minister. The last sentence of Paragraph 5 is a miniature portrait of a pastor: "My father's life was comparatively a dream; but it was a dream of infinity and eternity, of death, the resurrection, and a judgement to come!" Here, as elsewhere(in *On the Pleasure of Painting* etc.), his filial piety is expressed in terms at once respectful and affectionate.

At Nether-Stowey Hazlitt met a humble character—John Chester. He has produced a delightful picture of this worthy person, who admired Coleridge in a sincere, silent way. To Chester Coleridge's discourse had the sweetness of nectar. He loved to be in Coleridge's company and hear the words of wisdom that the great master pronounced. Imagine his happiness when he was seated at the same table with his idol, when they ate and drank together!

It was some time after 1798, in fact in 1803, that Hazlitt made the acquaintance of Coleridge's friends Lamb and Southey. There are four or five sentences about Lamb in the concluding paragraph. Lamb's saying, "Give me man as he is *not* to be", resulted in a lasting friendship between him and Hazlitt; it also exemplifies the quaintness that is characteristic of all his talk and writing.

Most of Hazlitt's essays may be regarded as autobiographical in that they treat either some phases of his outward life or some impressions left by nature and art on his mind. He records his hopes and frustrations, his tastes and prejudices, his passions and weaknesses. Although *My First Acquaintance with Poets* is chiefly concerned with the Coleridge of 1798, it sparkles with sidelights on Hazlitt's own personality. During his first meetins with Coleridge and Wordsworth, he spoke his mind freely. His views were candid and liberal. Some of his remarks on Coleridge and Wordsworth I have already referred to . On one occasion he told Coleridge that he thought very highly of Burke's style. Hazlitt in many of his writings took Burke to task for having changed sides. But he was always ready to praise Burke's intellectual powers and literary gifts. Hazlitt took life seriously and hopefull. He enjoyed a ramble in the country, a walk with a friend, or a good dish as heartily as one should. He was supremely happy when he made what we might call a pilgrimage to Llangollen Vale; when he conversed with Coleridge in the park at Nether-Stowey; or when he and Coleridge after a long day's march had their fatigue relieved at Linton by "some excellent rashers of fried bacon and eggs". May we not say that Hazlitt was an affectionate child of nature and a formidable enemy of sophistication?

The essay contains little digression. At the very beginning Hazlitt plunges into the main topic. The narration is done with fervour, and moves at a steady speed. We perceive at once the gusto, the vivacity of the born essayist. We also perceive the composure with which the mature writer recalls an exciting experience in youth and recaptures a state of ebullience—"emotion recollected in tranquillity", to borrow a phrase from one of the two poets that the essay is mainly about.

Hazlitt's recollections have the fascination of a romantic tale. His pen-portrait of Coleridge exhibits that rare combination of fidelity of touches and warmth of feeling which testifies to an admiration just and unfeigned. As we read the essay, we see, with our mind's eye, the young man who on a cold January morning walked ten miles in the mud for the purpose of hearing a poet preach at a neighbouring town. What was a sore foot to his elated heart when he "returned home well satisfied"? He missed Coleridge's sermon at Taunton, and this he considered "a fault".

A look of approval or a word of encouragement from the poet would send him into a transport of joy. He felt that "the leg of Welsh mutton and the turnips on the table that day had the finest flavour imaginable", simply because Coleridge had declared his observation on Burke "a very just and striking one"! He was disappointed when he learnt that Coleridge would accept Tom Wedgwood's offer of an annuity and relinquish the post of Dissenting minister. As if to mollify him, Coleridge asked him to visit Nether-Stowey "in a few weeks' time". So he was "relieved from this dilemma"and could afford to think that gentleman's annuity "a trifle"to Coleridge's invitation. During one of their rambles about Linton, Hazlitt argued that *"likeness* was not mere association of ideas", which Coleridge allowed to be true, while Chester listened, "not from any interest in the subject, but because he was astonished that I should be able to suggest anything to Coleridge that he did not already know". Hazlitt's pride was justified. Most probably Chester was attentive for the reason suggested; Hazlitt's guess came near the psychological truth.

The essay manifests the fine philosophical vein no less than the critical acumen of its author. Indeed, Hazlitt used to fancy himself a metaphysician. Into the description of his father he introduces a long sentence about the vanity of human wishes. Thinking of his own youth that was gone, he lamented: "Why can we not revive past times as we can revisit old places?"The philosophy of life briefly stated in the tenth paragraph reminds one of

Wordsworth's *Ode on Intimations of Immortality*. In 1798 Wordsworth lived at All-Foxden, in an old mansion lent him by a friend. By the time that Hazlitt wrote the essay, people had become ungenerous. What luminous criticism of contemporary society was implied in his praise for old days: "Somehow that period (the time just after the French Revolution) was not a time when *nothing was given for nothing*"!

Hazlitt's interest in literature was keen and profound. In the essay he mentions many names and titles, English and foreign, ancient and modern. While he was loitering in some valley, he compared the rocks and stones and trees that he observed there with Coleridge's picture of English landscape in the *Ode on the Departing Year*. On his way to Nether-Stowey he "thought of Tom Jones and the adventure of the muff". At one inn he "sat up all night to read *Paul and Virginia*". He enjoyed reading *Camilla* at another. We are frequently struck by his brilliant critical judgement. He saw no reason why his father should be vexed at his preferring Coleridge's letters to Coleridge's sermons. He spoke of Burke's style in glowing terms. He appreciated the merits of Godwin's *Caleb Williams*, a social novel which deserves to be better known even today. During his visit to the Wordsworths he came across the *Lyrical Ballads* in manuscript, and "dipped into a few" pieces "with great satisfaction, and with the faith of a novice". In the park, while Coleridge was reading aloud from the same volume, Hazlitt felt "the sense of a new style and a new spirit in poetry"come over him. He had been won over to Coleridge and Wordsworth's "imaginative creed".

Hazlitt's interest in paintings and painters was deep and lasting. He liked to describe people and things in terms of painting. Coleridge's complexion is said to have possessed a purple tinge resembling that in the portraits by "Murillo and Velasquez". "Haydon's head of" Wordsworth is said to have represented the poet's thoughtfulness most accurately. The town of Dunster as Hazlitt saw it looked like a landscape of "Poussin's or Domenichino's". And Hazlitt was the first to note that Coleridge "had no idea of pictures, of Claude or Raphael".

Hazlitt devotes a good deal of space to reporting speeches. "I forget a great number of things,"he says,"many more than I remember..."But how many inspired utterances he has already recorded! We are also indebted to him for several charming descriptions of outdoor scenes. As he "passed along between Wen and Shrewsbury", he eyed the blue mountain-tops "through the wintry branches"and "the red rustling leaves of the sturdy oak-trees by the roadside". On his way home he observed the sun "labouring pale and wan through the sky, obscured by thick mists", and "the cold dank drops of dew that hung half melted on the beard of the thistle". With a few strokes he has drawn a picture of the heath and valleys and hills against the sea. No writer ever more heartily gave himself up to the pleasures of landscape, air, and roaming(co. *On Going a Journey*).

Hazlitt had the observing eye. Whenever he contemplated an object, whether animate or inanimate, he strove to define its form and colour, to discover its component parts and its total effect. Just think of his description of Coleridge's appearance, or his topographical sketch of the district overlooking the Bristol Channel. One factor that contributes to the vividness of his delineation is his attention to details. He noticed that Coleridge made up his mind to accept Wedgwood's proposal "in the act of tying on one of his shoes". Again, he noticed that Coleridge "continually crossed"him "on the way by shifting from one side of the footpath to the other".

What Coleridge said of Burke we may apply to Hazlitt: he "reasoned in figures, because he had an eye for nature". Hazlitt was used to thinking in images. Like Burke, he excelled in giving concrete expression to the beauty of nature and eloquence of truth. The second half of Paragraph 1, or the second half of Paragraph 5, is prose elevated to poetry. Here are enthusiasm and stateliness perfectly blended.

The abundance and aptness of his similes and metaphors bespeak his extraordinary imaginative faculty. How significant it is to compare "the figures that compose"the date 1798 to the "dreaded name of Demogorgon"! For did not the publication of the *Lyrical Ballads* in that year usher in a new poetic era? To cite some more felicitous figures. Coleridge the preacher is reported to have "launched into his subject, like an eagle dallying with the wind". The genius of Coleridge's face, whic was studded with an insignificant nose, had "nothing to support or guide his veering purpose, as if Columbus had launched his adventurous course for the New World in a scallop, without oars or compass". Hazlitt himself "was not less surprised" by Coleridge's invitation to Nether-Stowey "than the shepherd-boy... when he sees a thunderbolt fall close at his feet".

The style of this essay, as of Hazlitt's other essays, is clear and racy, and yet highly flavoured. The language is precise, vivid, and vigorous. He is always intelligible and delightful; he appeals to both intellect and imagination. Almost every paragraph is a happy union of the light and the serious, the conversational and the formal, the plain and the colourful. The obvious phrase and the picturesque phrase set off each other admirably. Hazlitt invariably uses the proper word in the proper place. His syntax bears the stamp of individuality, but his inimitable manner is free from mannerisms. Except for a few flaws which are negligible, the essay is written in what one might call "pure" English. Enthusiasm for noble things and sense of form: such is Hazlitt.

One peculiar feature of his style is the copiousness of quotations. Hazlitt's love of quotation was without the least taint of ostentation. His innumerable quotations, ranging from a single phrase to a whole passage, are not noted for accuracy, but are for the most part striking and apposite. Sometimes he misquoted inadvertently from a lapse of memory; sometimes he misquoted intentionally, adding a word here and omitting a word there so that the point might be more aptly ill ustrated. Occasionally he borrowed a phrase or sentence unwittingly and left out the inverted commas altogether. Some of his sentences may be described as literary reminiscences: they are Hazlitt's own, but suggestive of other writers' expressions which must have influenced him. The many quotations and reminiscent phrases in this essay are drawn, roughly in order of frequency, from: Shakespeare, Milton, Wordsworth, Pope, Chaucer, Thomson, the Bible, Ben Jonson, Gray, Coleridge, and Rousseau. Besides quotations and literary reminiscences, there are quite a few literary allusions. These three kinds of delicacies point to Hazlitt's wide reading, retentive memory, and thorough assimilation.

Now to conclude. Hazlitt was an original genius with abundant creative energy. His writings, all informed with an aspiration for truth and beauty, show a power of perception and a power of expression. The essay *My First Acquaintance with Poets* exhibits Hazlitt at his best. We fall under its magic: we are carried away by the author's warm feeling, exuberant imagination, mellow wisdom, and spirited language.

1981 年 3 月刊于《杭州大学学报》

莎士比亚的性格

佘　坤　珊

不幸得很,我们关于英国最大的诗人——莎士比亚(William Shakespeare)——所晓得的最少。我们只知道他的出生的年月、结婚、儿女的生产、戏剧的出演和添置房地产的种种记载。但是这些知识不过告诉我们莎翁一生所经过的大概情形而已,关于他个性方面却不能给我们多少指示。有许多诗人并不需要很多外在的材料就可以使我们领会到他的性格。譬如乔塞(Chaucer)在他的诗里是多么爱说话!多么喜欢讲他个人的习惯、嗜好和处世的态度!莎翁的情形就大不相同了。他似乎总是把自己隐藏在幕后,连那一百五十四首十四行诗里都很难看到莎士比亚的影子。他宁愿化身为许多不同的角色,使他们的行动和言论代表他个人的一小部分,而没有一个能够全权代表他的作家。

但是一个艺术家的心灵既然完全都寄托在他的作品里面,他真实的性格是无从隐瞒的。惟一的区别就是有的人因为他所创造的世界狭小,里面的人物只限于有数的几种(拜论 Byron 就是很好的例子),他的个性便很容易确定,而有的人像莎士比亚,他的世界是那样广大,包罗的人物是那样应有尽有,我们就很难想像到作者的个性。只有日子久了之后,看他所喜欢写的是哪些题目,他所避免的是哪一些,他所憎恶的和同情的是哪些人,我们渐渐的或者可以领会到一点莎翁的性格。而这不过只是一点而已。安诺德（Arnold）不是曾经把莎翁比做一座高山吗？我们肉眼只能望到山脚下一点绿水和村庄，至于高出云层的巅顶却永远超出我们视线之外！

莎翁的幽默

莎士比亚和一般诗人不同的一点是他的幽默。司潘塞（Spenser），米尔敦（Milton），华兹渥斯（Wordsworth）……他们的诗是多么严肃！有时我们要问：假如这位诗人能够偶然的笑一笑岂不是更好？他在日常生活里是否会笑？莎士比亚用不着我们担心，他的喜剧的数目和悲剧相等，而在质的方面也不易分出高低。如果有人拿一本《汉姆莱特》(*Hamlet*)和一本《亨利第四》(第一部)(*Henry IV Part* I)让我任择其一，那就为难极了。因为和他的悲剧一样，莎翁的喜剧也有独到之处。欧洲大陆上的喜剧，从希腊的阿里斯多弗尼斯（Aristophanes）到法国的莫里爱（Moliere）都是着重讽刺的。讽刺的笔法是一把锐利尖刀用来揭穿世俗的虚伪和人类的缺陷。作家和观众对于被嘲笑的人物是没有同情心的。莎士比亚的幽默在同情心方面是独厚。弗尔斯泰夫（Falstaff）这个角色使得我们笑，同时我们也原谅他的缺点、他的胆怯、贪污、懒惰和种种的嗜好。他的聪明、口才，对于人的了解和人生各样享受的爱惜，使得我们不忍目睹他那凄凉的下场。我们好像那位女老板（Mistress Quickly）一样，虽然被他赖掉很多的债，仍然是替他做衣服，服侍他，直到他死。不但是剧中人对于这老胖子恋恋不舍，当时的观众也是如此。据说《文塞的太太们》(*The Merry Wives of Windsor*）就是因为伊丽莎白女王（Queen Elizabeth）要看弗尔斯泰夫恋爱的趣闻，特别叫莎翁临时编排的。这个老英雄的魔力何只限于一个时代，一个国家？

弗尔斯泰夫还代表一种内在的幽默，就是说，一个人能自己笑自己的毛病和矛盾。这当然不自莎翁创始。十四世纪的乔塞早已有了极高的成就。他不是曾经把自己也放在那群香客里面？那位心直口爽的店主东不是对他说："你是谁，眼望着地好像在找一双野兔？走近来，不要垂头丧气的。……讲一个故事给我们听吧。"于是乔塞就背了一段很单调的诗，那位店主听得不耐烦了，打断了他的故事说："这个烂调，听了使得我的耳朵发痛！"莎士比亚的弗尔斯泰夫也是很晓得自己是胖得可笑，深知太子若是缺了他就会感觉生活无聊，他若是没有太子就没有人付他的酒债。

在《无事忙》（*Much Ado About Nothing*）那出戏里莎翁更是显明的描写这种内在的幽默。一个聪明而说话不让人的少年（Benedick）遇到了一位美丽的女对手（Beatrice）。两人一见面就交锋，互不相让。男的看不起一切的女子，立志终身不娶；对方也表示世上没有一个男子够得上她的标准，宁愿做一世处女。后来两人都上了亲友的圈套，彼此发生了爱情。这两个聪明人于是感觉到内心和外表的矛盾。他们怎样放弃独身主张而谈恋爱构成全剧中最媚人的精彩。

再进一步，莎翁的幽默有时候达到了微笑的高境。尝尽了人间的甘苦而仍旧能够笑的人就是佛。西方如来脸上的微笑应该是最高幽默的表示。争执正表示我们人类的渺小，惟有静的微笑的才能象征我们超脱了物质的拘束而达到智慧，也就是幽默。用这样的看法才能领会到《任从尊便》（*As You Like It*）或《暴风雨》

(*Tempest*)的深意,因为在这两出戏里,表面上可笑的地方实在太少;沉思和看透人生的慧眼已经代替了烦杂的笑声。波罗斯波罗(Prospero)在《暴风雨》里说得好:"我们都是梦的质料造成的,我们渺小的生命一觉起来时就完结了。"有人曲解莎翁这名句说是代表他晚年厌世的态度,这种看法抹煞了整个慈祥的剧情,误解了莎翁的幽默。

他 的 乳 爱

莎翁第二点特性是他对于人的慈爱,若用他自己的名词我们就叫它"The milk of human kindness"。他的待人接物可以从当时的作家和剧院中同伴的言行里看出一个大概来。

像班庄森(Ben Jonson)那样坏脾气的人对于莎翁始终是爱戴的。莎翁死后庄森的哀悼诗中称他为"我的莎士比亚"、"我那和蔼的莎士比亚"、"甜蜜的阿房河上的鹅!"(Sweet Swan of Avon!)。在一六二一年剧院里的老友海明和康德尔(Heminge and Condell)两人为了纪念他们的朋友印了一本专集,在序里面他们称他"我们的莎士比亚"。莎翁性情的温和是不成疑问的。可惜当时留下的笔记太少,不能充实我们对他的印象。

我们还可以从他的戏剧里找到他富有乳爱的证明。一位作家怎样对待他所创造的人物也是他怎样处世的一面镜子。《维尼斯商人》(*The Merchant of Venice*)中薛劳克(Shylock)的描写是很好的例子。从全本的情节看来,这出戏无疑是一部喜剧:一个贪财的犹太人结果弄到人财两空,才子配了佳人。当时观众的了解也是如此,莎翁的原意恐怕也相差不远。薛劳克这老犹太是注定了

的笑柄。可是现在我们读这本戏的时候,感觉到作者对于薛劳克的同情心不断地增加,使得他这一段话变成了受压迫者的呼声:

"一个犹太人不是也有眼睛吗?不是也有手、心肺、五官、身材、欲望、情感?吃一样的饭,受一样的刀割,生一样的病,和耶教徒同样感到冬夏的寒暑?刺我们一针,我们不是同样流血?你胳肢我们,不是一样会笑?喂我们毒药不是同样的死?你们欺侮了我们,难道就不会报复吗?我们既然样样跟你们相像,这一点就会不像吗?"

爱财的心理一变而化为替种族复仇的热诚,个人的委曲和宗教间的仇恨打成了一片。他的人格因此提高了,英雄化了。等到官司输了之后,他的态度仍能保持这个气概:"请你们让我走罢:我不大舒服。把契约送来,我签字就是了。"自从名剧人基因(Edmund Kean)扮演薛劳克开始,以后的剧人如麦克里第(Macready)和欧文(Sir Henry Irving)都根据这个看法在台上表演薛劳克的性格。惟一的问题是,为什么莎翁把这个富有悲剧风度的角色放在一出喜剧里?惟一讲得通的理由就是莎翁不由自主的设身处地,把薛劳克的人格提高了,和他原来的意思违背了。我们无法否认这本戏最大的缺点就在这一点。不过莎翁在艺术上虽然是失败了,他在另一方面却供给我们很宝贵的,反映他个性的材料。

即使易亚哥(Iago)那样的坏人,莎翁也尽力替他找出所以为恶的动机来。易亚哥先对人家说,他恨奥赛娄(Othello)的缘故是为了没有按照功绩升他的官,后来又怀疑到奥赛娄和他的老婆有关系。开始的时候他告诉我们说,他还没有一定的计划怎样来害奥赛娄。终于他利用机会施展出他那为恶的天才。他那番紧张,冒险的工作使我们都替他捏一把汗;一方面我们认识他是一个可怕的坏人,但是一方面我们不得不佩服他的机警,他的聪明,他怎样摆弄比他地位高的人。他这伟大的魔力的表现几乎可与米尔敦的撒旦(Satan)相比。

这种对于恶人的同情是和传统的习惯相违背的。希腊悲剧中的坏人除了勇于为恶之外没有使人留恋的地方。站在道德的立场恶人是应该这样描写的,莎士比亚的做法是不对的。假如我们把道德的眼光放宽一步或者可以领会到莎士比亚对于人生更高超的逻辑:悲剧中的英雄既然不是百分之百的好人,坏人何尝完全是恶的?在不违反恶人有恶报的基本条件之下为什么不可以改换一点花样,使得我们对于一个有才干,有毅力的恶人觉得可惜?就是从醒世的效力一点看起来,这样写法也是较为动人。要证明这一点我们只需拿麦克白斯夫人(Lady Macbeth)和爱斯基乐斯(Aeschylus)的克来姆乃斯特拉(Clytemnestra)对照一下就明白了。对于后者我们只有无限的畏惧和憎恶。对于前者我们反而寄以同情,特别是当她在睡梦中起来点了蜡烛作洗手的样子的时候。她自言自语地说:"还有血腥味!阿拉伯所产的香料都不能使这双小手变香。Oh! Oh! Oh!"同情心反而增加了作恶后果的可怕。莎翁的胸襟似乎太公正了,像太阳一样,善、恶、贫、贵,各种的人都享到同样的机会。

对于穷苦的人,莎翁的心肠是特别的软。《亨利第四》(Henry IV)在宫里失眠的时候,挂念到那些船上的水手,熟睡在桅杆上的"摇篮"里,不论风浪怎样大,他们总是享受到甜蜜的梦。李尔王(King Lear)被不孝的儿女赶出了门,在暴风雨中发狂的时候,忽然想到国内多少饥饿的百姓,怎样的衣衫褴褛,正在忍受同样的风吹雨打。"我对他们太疏忽了。你们那些富贵人听着,也来尝尝可怜虫的痛苦,好把你们多剩的东西分些给他们,表示天公还是有眼的。"剧中每一个弄臣都是忠实的。他们不因为主人失势而改换心肠,仍然跟随在侧,寸步不离,李尔王的弄臣更是难得,可见莎翁的用意是相当深刻的:在势利的朝廷里倒还是低微的人反而有金玉的心肠。

他 的 怒

　　莎翁最憎恶的是一般纨绔公子。每逢这一类出场,莎翁就毫不留情的嘲笑或恶打。这样带有女性特点的男子,凡是有血气的人都看不习惯。哈特斯泊(Hotspur)描写得最痛快:"我记得,作战完毕,又渴又累,倚着刀刚喘过一口气来,那面来了一位打扮得好像新郎那样齐整的人,新剪的须发像田坎里割剩下的残株那样齐,全身喷香,大指和食指捏着一个香粉盒子不时的闻,且笑且谈的。士兵们正把尸体抬过他面前的时候,他就骂他们是一群无知、无礼貌的奴才,为什么把肮脏的死尸抬近他那贵人的鼻子⋯⋯"

　　汉姆莱特剧中的奥斯立克(Osric)就是这样的一个"水蝇",汉姆莱特一见了他就是满肚子的不高兴,于是借了他脱帽的机会和他开玩笑:

　　　　汉姆莱特:你的帽子是为了遮盖头的,还是戴上吧。
　　　　奥斯立克:谢千岁爷,热得很。
　　　　汉姆莱特:不,冷得很,刮的是北风。
　　　　奥斯立克:千岁说得是,有点儿冷。
　　　　汉姆莱特:不过为我这样的皮肤似乎有点儿闷热。
　　　　奥斯立克:热得厉害,千岁爷,闷得很。

李尔王手下那位直爽的肯特（Kent）一遇见了大公主的使臣奥斯瓦尔得（Oswald）就痛打，因为这种衣冠楚楚、"满脸笑容的败类专是做挑拨离间的勾当。"奥斯瓦尔得和奥斯立克两个名字大同小异，很可能莎翁心目中是在描写当代的一个人物。

除掉上述这一类虚伪、卑鄙、"裁缝做的人"之外，莎翁最痛恨的是忘恩负义的人。

吹啊，吹啊，寒冬的风，
你不会残忍得
像人类的负恩。

负恩莫大于不孝。李尔王的那两个女儿，等到瓜分了父亲的疆土之后，就改换了面孔，把白发老王关出门外，任凭暴雨去吹打。这是违犯了天伦，报应是非常快的降在她们的头上，使得姊妹两个互相杀害。莎翁始终不替她们说一句话，李尔王不断地把她们比作鸱鹰和豺狼一类的野兽。他一面在咒骂，一面空中的电不住地闪，雷声一阵阵地响：整个的宇宙似乎对于人们大逆不道的子女在震怒。米尔敦所称为"最甜蜜的莎士比亚"在适当的时候也能有这样恐怖的威力表现出来！

他 的 才 干

莎士比亚不但是一个伟大的诗人，同时也兼有创业的才干。十八世纪以前的文人大部分是穷的，只有莎翁能单靠他的一枝笔而致富。他在十岁的时候因为父亲的生意失败而致失学。十八岁结了婚，次年就生了一个儿女，再隔一年又是一对双生，他的家累于是很快的就加重起来。他只好到伦敦去谋生。最初几年大概是在戏台上充当不重要的小角色，渐渐地就利用机会学习编写剧本。当时英国戏院的组织是：戏院、演员和作家，三位一体的。每院都有专管编写剧本的人。我们可以想像年轻的莎士比亚一面演戏，一面跟着名震一时的克立斯多弗·马娄（Christopher Marlowe）学习编剧的技术，这演员的职务他至少继续到一六〇〇斯年，因为我们知道那年他扮演班庄森的《西基纳》（Sejanus）戏中主要角色之一。一五九四年马娄死了，于是供给剧本的重任全落在刚满三十岁的莎士比亚的肩上。这个担子是很少现代戏剧家所肩得起的。那时仅有二十万人口的伦敦城共有八家剧院之多，同业间的竞争可想而知。再加上一般的观众常是在要求新编的戏，所以莎翁的巨任，除了修改旧有剧本之外，是要写得快，平均要三出戏一年，还要写得比人家好，否则生意就有被抢掉的危险。他那落笔成章（He never blotted out a line）的天才正是剧院中不能缺少的帮助，于是在短短的九年工夫（我们且从一五八五年那对双生出世算起）他做了该院的股东之一。再过三年莎翁花了六十镑在家乡买下了最大的一所房子。从此除掉编剧，演戏的双重任务之外，还不断的为了个人和剧院出面在法庭上料理产业上的纠葛。他这样惊人的才干和精力，在我们想像莎翁性格的时候是不容忽略的。

　　底下接着的一个问题就是：经济上的成功对于莎士比亚处世的态度有什么影响？到底做一个戏子，在十六世纪的英国社会上还是不很高尚的职业，而莎翁对于这一点未始没有考虑到。有一件事可以证明他对于改善他的身份的努力。一五九六年他替父亲向政府申请绅士的家徽而得到了，隔了三年又申请把母族家徽的花纹加在莎氏的徽文上而没有获准。十四行诗里有一段很明显的露出来他感到出身低微的痛苦：

> 啊！你帮我埋怨我的命运吧，
> 命运是我行为上一切缺点的主使，
> 怨她没有为我备下较好的生活，
> 只好借着演公众的习俗向公众乞食，
> 因此我的名誉也沾到了污点，
> 连到本性都受了这专业的浸染，
> 像一双染工的手。

同时一般的作家对于自己的剧本也不重视。一方面是因为他们既是剧院里的雇员，剧本的主权应该归公司所有；而另一方面他们根本不信戏剧在文学上有怎样永久的价值。马斯顿（Marston）不是说："喜剧是为了口演，不是为了阅读而写的。不要忘记这些东西的生命是完全寄托在动作上。"因此他们并不急于把剧本付印成书。班庄森曾破例把剧本出版了，遂引起当时人的嘲笑：

> 告诉我，老班，这是怎末一回事，
> 别人称作"剧本"，你却叫"作品"？

那末莎翁为什么不改行呢？不放弃戏剧而从事于纯诗的写作呢？事实上我们可以断定，假如他这样做，成功的希望是很大的。在一五九二年到一五九四年两年中，因为瘟疫的流行各剧院都被迫停业，莎翁会利用这个空闲写诗而获得意外的欢迎。他的《维纳斯和阿多尼斯》(Venus and Adonis)那首诗在两年中翻印了七次之多。剑桥的大学生有这样的赞语："任凭愚蠢的世人重视司潘塞和乔塞；我还是崇拜甜蜜的莎士比亚先生，愿把他那本《维纳斯和阿多尼斯》放在枕下以示爱戴。"这首之后很快的又是一首《鲁克里斯》(Lucrece)，也受到同样的欢迎。这不能说不是一举成名吧！

可是一五九四年剧院开禁之后莎翁重操他的旧业。他这样做的理由当然是很多,经济因素是特别值得考虑的:戏园的生意太好了,足够维持他的生活而有余。同时做一个纯粹的诗人是一件苦事。你得先要找一位有钱有势的贵人肯帮你的忙;换句话说,莎翁得要对那群公卿低头,公开的和半公开的讲许多奉承话。譬如《维纳斯和阿多尼斯》那首诗就是供献给一个贵族的,在序言里他只好用这样的语气:"我冒昧得很,把这些粗糙的诗句供献在尊前,不晓得社会人士将要怎样的责难,说我利用你的大名来支持这微弱的作品。只要你看了满意,我的夙愿已偿,誓将善为利用空暇加倍的努力以期更大的成就。如果这次失败,惭愧之余我将再不敢大胆尝试……"这种论调和他在十四行诗里讲的话相差得有多么远!他在诗里再三地向情人担保他的诗将永久传流在人间:

只要世上有人存在,有眼能看,
这诗就有生命,你也得到永生。

一个自信力很强的人被迫要说那样谦虚的假话,他内心的痛苦可想而知。

往往这些贵人的帮助是难以预期的。他们常是会把你忘记的。试看与莎翁同时的大诗人司潘塞的遭遇是何等的惨。他在诗里是怎样的崇拜女王伊丽莎白,名声是怎样的大!但是他在爱尔兰做了一任小官之后,终不免穷死在伦敦的街头。莎翁之宁肯吃戏园子这口苦饭正是暗示他有一副傲骨。伊丽莎白在位时,他没有写一句公开的帮闲诗,死后也不会哀悼她。杰姆斯第一(James Ⅰ)登了位,他也不跟大家作歌庆祝。他只认清观众是他的主顾,只有观众的钱还是受之无愧的,是能保持他的自尊心的。

1948年载华夏图书出版公司印行的《现代文库第二辑》

谈莎士比亚研究

张 君 川

全世界的伟大艺术家虽出生于不同国家,他们的著述早已成为世界的共同财富。如曹雪芹的《红楼梦》译成法文后,在法国就掀起《红楼梦》热。莎士比亚、但丁、歌德、托尔斯泰都是世界性作家,早在各国生根。莎士比亚的戏剧反映了文艺复兴时代个人主义巨人,如哈姆雷特的斗争,与人类最大变革的时代、我们社会主义时代的无产阶级集体主义战士斗争形象虽有时代、思想、阶级条件的不同,而其间并无不可逾越的鸿沟,这就很值得我们研究,作为创造社会主义集体主义英雄人物的参考。莎士比亚还善于把当时历史上人民自发的斗争行动织入生动和丰富的情节中,大范围地再现历史的真实,如与社会主义的现实和理想结合起来,就可能创造出较高水平的新艺术。所以研究莎士比亚也是为了给我国新戏剧以借鉴。

有人说,莎士比亚是英国文豪,英国资料又多,英国人研究起来事半功倍,更为得手。但谁都知道,真正建立科学的研究莎士比亚理论并不自英国始,而始于德国歌德、施莱格尔等人。如考证、勘误等方面的研究工作,德国殆又超过英国。所以主要在于认真踏实地研究。但有一些学者在研究莎士比亚上故弄玄虚,把莎士比亚神秘化,使人莫测高深。有的只有资料累积而无个人见解,全盘搬用他人看法，或只略加辨别算成自己的。现在国外还有一些不科学的错误见解，如欧美流行的，将弗洛伊德学说强加给莎士比亚，甚至与莎剧台词相违背亦在所不顾。如把哈姆雷特解释为恋母情结①，有的演出也认为哈姆雷特由于热爱母亲，所以不爱莪菲莉雅，对莪菲莉雅粗暴之至。但莎士比亚台词上明明写着，哈姆雷特一瞥见莪菲莉雅就暗中称她天使（三幕一场），并无爱母胜过爱莪菲莉雅之处。所以我们研究莎士比亚应当理解莎士比亚的时代，按当时的现实立论，钻研台词，深刻体会，言之有据，言之成理，写出有独特见解的文章。如《莎士比亚研究》创刊号上有一篇关于邓肯的探讨，其中提出麦克白弑王篡位，应由邓肯负主要责任。一般人都不同意这种说法，因为根据剧本，麦克白篡位蓄谋已久，他本人应负主要责任。但这篇文章的优点在于他指出邓肯也并非完全被动，莎士比亚在剧本上曾写他"温顺"、"清白"、"有德行"（一幕七场），那只是比较而言。莎士比亚笔下没有完全被动的人物。邓肯是一国之王，在位多年，当有一套统治经验与手段。在麦克白为他打下江山，理应当选苏格兰王位继承人之时，突然宣布其子继承王位，先发制人，切断麦克白向上爬之路，这是促使麦克白弑王篡位的直接原因。当然，麦克白最后势必发展成为野心家，早晚要争夺王位，但不一定即刻发动，这样理解就形成麦克白与邓肯双方钩心斗角，既合乎当时实际情况，也应是莎士比亚的本意。这篇文章促使我们全面看剧中人物，在演出中起的作用很大，在国外研究上这类见解也不多见。

---

① 伊狄浦斯（恋母）情结故事出自希腊传说，由索福克勒斯写成《伊狄浦斯王》，其中写伊狄浦斯王命定杀父娶母，由弗洛伊德学派引申为婴儿生来恋母，谓之伊狄浦斯情结。此处指哈姆雷特亦有爱母情结，一如伊狄浦斯。

莎士比亚研究可以有各种不同的方式方法，在英国从柯勒律治起只从书本上研究，像查理斯·兰姆还反对演出，认为演出中具体人物会破坏想象。也有些莎剧演出者只按演出实践立论，虽也有独到见解，但也有的忽略了对莎剧原意的深刻理解。如有些国家演出《柔蜜欧与幽丽叶》，只着重其中爱情悲剧，失去莎剧全面反映时代缩影的深刻意义。就以爱情故事而论，也是封建贵族仇恨扼杀了个性解放和自由爱情，是爱与恨的搏斗，爱终于战胜恨。其实这时封建势力已成强弩之末，只能对府内子女施加威力，在府外已成过街老鼠，人人喊打，街上已是以墨故求为代表的文艺复兴乐天狂欢的世界。即在府门之内，封建的沉闷空气也为民间来的奶妈笑语突破，通过奶妈，幽丽叶和柔蜜欧才有可能在府内欢度新婚良宵。所以只演一对情人为爱情而斗争是不够的，还要演出墨故求的天才机智与奶妈的民间幽默的力量才算反映了新时代的精神。也有的人未能深入理解台词及其表现方式。如《无事生非》中，班尼狄克与白特丽丝两人钩心斗角，针锋相对，妙语生风，又在春情暗渡，如不能体会他们话语中的双重含意及俏皮生动的表现方式，也难演活这出戏。我们应该一方面深入理解全剧实质，一方面精研台词深意，这样做，对研究和演出都有好处。所以我们提倡如赫士列特那样，学者和演出者结合起来，进行更为全面的研究。当然演出莎剧是一种目的，演出莎剧也可以是为了研究。莎士比亚写剧为了演出，演出是莎剧的舞台实践，舞台演出不仅可以检验理论上的知识，而且实践出真知，有时可发现读剧本时凭空想象所认识不到的东西。如过去总认为莎士比亚继承民间戏剧传统的悲喜交织，只见于莎剧高潮前一段的笑剧穿插，一般叫做悲剧轻松场，如《哈姆雷特》中的掘墓人场。我们通过排演，就看出哈姆雷特见鬼后,莱阿替斯家中这一场戏富有喜剧性。我们对这一场戏按喜剧矛盾处理,叫莱阿替斯模仿波乐纽斯口吻姿态教训莪菲莉雅。一个活泼喜动的法国留学生板起面孔,装腔作势,已够造作得可笑,紧接着波乐纽斯出场,也以同样口吻,举止教训女儿,更显得僵化呆板,收到很好的舞台效果,这一些,只读剧本是看不出来的。所以莎士比亚悲剧中的喜剧成分就该重新估价了。研究莎士比亚还有许多问题值得我们深入探讨,这里先谈谈下面几个问题:

(一)研究莎士比亚,一般多按各个剧本逐一分别研究,因为莎士比亚每一出戏都反映了不同时期的不同现实。莎士比亚在艺术上又不断成熟,不断创新,寻求能够体现各个历史阶段的最有效的表达方式,所以每一出戏的写法都有所不同,值得个别深入研讨。但是,我们是否也可以将莎士比亚的全部作品作为反映英国文艺复兴时代的人间史诗戏剧,有如巴尔扎克的"人间喜剧"作为法国资产阶级极盛时期的人间历史记录呢?在这里,我们对莎士比亚写的史诗戏的解释不同于布莱希特。他把史诗戏解释为叙述性的,多诉诸理性的,有别于所谓以情感催眠的戏剧性的戏。也不同于另外一些人,他们把史诗戏说成是莎士比亚以复杂的人物情节作为全面反映生活的缩影。我们把莎士比亚全部剧作总起来看,认为莎士比亚戏剧是反映一段历史发展过程的、以戏剧形式写的史诗。莎士比亚全部写作过程可分为三个历史阶段:第一阶段为莎士比亚写作的喜剧时期。那时莎士比亚还年轻,富有朝气和幻想,十五世纪英国黄金时代还有余晖,女王伊丽莎白一世又在海外开拓,表面上社会呈现一片繁荣景象。莎士比亚对人文主义理想抱有幻想,连他以传说改编的悲剧《柔蜜欧与幽丽叶》都富有青春活力和乐观主义精神。当时封建残余势力只有扼杀了两家子女后才解体。接着《仲夏夜之梦》就以民间魔法故事形式,以爱懒花(蝴蝶花)幻想在森林中发挥魔力,消除了封建权力,化悲为喜。以后社会矛盾激化,他就把人文主义理想的和谐生活移往海外,如《威尼斯商人》,其实是在矛盾重重的现实中,市民幻想通过海外冒险到达海外仙岛,娶仙后成王,是资产阶级追求金羊毛的理想。甚至以后写的《第十二夜》,也是女性追求金羊毛的梦,梦想海外冒险,九死一生,到达海外仙岛,嫁王成后,以塑造强个性的新女性。这个理想社会是以托比爵士及其笑剧世界为代表的文艺复兴乐天精神统驭的天地,马伏里奥这种清教徒式的巨人落到他们手中也无用武之地。这种矛盾虽非不可和解的悲剧矛盾,但马伏里奥最后还声言:"我一定要出这一口气,你们这批东西一个都不放过!"(五幕一场),预示以后斗争还很尖锐。《无事生非》中虽无世外桃源,但实际上是悲剧按喜剧来写,主要故事原为喜萝的婚姻悲剧。这种买卖婚姻把班尼迪克与白特丽丝吓得畸形,他们以独身作为抵制,但他们是一代新人,莎士比亚就把他们的乐天性格造成的喜剧情节推到前面,把喜萝的悲剧隐在背后,以道格培里警吏、弗吉斯警佐的笑剧情节解决了喜萝事件,化悲为喜,再与班尼迪克与白特丽丝的喜剧情节汇成统一的圆满结局,仍是从矛盾的现实走向理想。《如愿》更是在罪恶充盈的宫廷中幻想阿登森林中有个世外桃源,但这世外桃源仍如柯林述说的有严重阶级剥削的现象(《如愿》二幕四场)。

　　莎士比亚从开始写剧时就很重视现实,他继承了历史剧的传统,通过历史剧将英国的光荣历史教导人民,鼓舞他们的爱国主义热情,对抗西班牙外敌。但莎士比亚的现实主义却把英国描绘成一部血染的争夺统治权的历史,对历史上帝王多有所批判。连对他心目中的理想君主亨利五世字里行间都渗出反嘲的双重意义。他以他的乐观主义精神和现实主义的手法,通过亨利明显地勾画出英国社会从封建割据走向统一的社会发展规律,这就是他的历史主义。

莎士比亚写作的第一时期又写历史剧又写喜剧,他的历史剧中就有基于现实的虚构,如《亨利四世》中的福斯塔夫及其他笑剧人物,其中贯穿着历史主义。他的喜剧中的幻想也不至于脱离现实。所以他的作品总起来说都是基于现实的虚构,反映了现实及其发展。

第二阶段就是莎士比亚写作的悲剧时期,反映英国社会的铁的时代。当时社会矛盾在逐步地加深,莎士比亚的写作不只喜剧气氛逐渐暗淡下来,变成阴暗的喜剧,如《一报还一报》、《特洛伊罗斯与克瑞西达》及《终成眷属》,主要还写了为争取民主的罗马戏剧如《裘力斯·凯撒》,从而过渡到理想主义者斗争失败的悲剧。

莎士比亚的悲剧不止四出,但以四大悲剧为其悲剧的代表作。这四大悲剧反映了这段历史时期社会发展的过程。莎士比亚以其人文主义观点,认为一国的基础固然是人民,但人民无权代表国家,一国的当然代表为国王,由国王治理国家。国家发展的动向关系着一国盛衰、人民安危,所以四大悲剧写的就是当时社会如何发展,首先是资产阶级化的贵族当权者是如何发展的。如哈姆雷特代表一代社会新人,以人文主义理想重新思考丹麦现实,想以理想改造现实。在与丹麦现实接触过程中,从为父复仇逐渐发展为替人民复仇,为社稷复仇,也可以说为他父王代表的理想生活复仇。但当时人文主义脱离人民,他如不中计身亡,也难取胜。进一步写《奥赛罗》时,当时资产阶级罪恶势力往纵深处发展,已弥漫于社会各个角落。一个人文主义理想的战士落到他陌生的罪恶社会中，到处是敌人的势力，他们不仅钻进奥赛罗的阵营中去，还拨动了他个人主义私有观念那根弦，使他亲手扼杀苔丝德梦娜而自杀。后来，莎士比亚进一步写了《李尔王》。李尔王在位之初正和哈姆雷特设想的那样励精图治。但统治久了，脱离群众，光听好话，不知警惕，难免堕落成主观唯心主义者，善恶不辨，是非不分，对子女、对人民犯下了不可挽回的罪行，造成国土分裂，陷人民于水火。如暴风雨一场中人民的惨状，爱德伽即是个具体代表，连李尔王本人也沦为可怜的两脚动物。又如《麦克白》中，写到资产阶级新贵族为国平定内乱，达到统一，成为人民英雄，但究竟是个人主义者，就难免要居功自傲，想往上爬，势必发展到极端，成为野心家，弑王篡位，引起国家大乱，成为人民的罪人。所以，这四部悲剧写出了资产阶级萌芽社会发展的几个阶段，所造成的不只是国王权贵的悲剧，而且是人民的悲剧。莎士比亚作为人民的一分子，不能不考虑人民生活的出路，社会矛盾的远景。他虽然相信人文主义理想依然存在，但在当时现实中已难以找到光明了。这就是莎士比亚写作的铁的时代的悲剧史诗。

莎士比亚写作的最后阶段即传奇剧时期。反映詹姆斯一世登基，集封建罪恶与资产阶级罪恶之大成，成为反动势力中心。莎士比亚预感人文主义理想今生难以实现，但对理想信心从未减弱。他看到后代新生有无穷生命力，人民是万古长青的，新生力量与人民结合必能为人民创造理想幸福的未来，正如冬天孕育着春天的种子，冬天到来，春天还会远吗？民间故事、民间戏剧正是这样写的。莎士比亚继承了民间艺术传统写了《冬天的故事》。有人说莎士比亚老了，对现实和解了，战斗力不强了。《冬天的故事》中宽恕了里昂提斯,但在对方放下武器,彻底悔改后才予以天上的宽容。其实在莎士比亚以往的喜剧如《维洛那二绅士》、《如愿》等,对敌人也有过仁慈与宽恕,这本来是莎士比亚一贯的态度。而且《冬天的故事》中最后的理想生活也不是天外飞来的,而是潘狄塔、弗罗利泽新生一代千辛万苦、远渡重洋斗争出来的。所谓精诚所至,金石为开,新生一代造成奇迹,人民之子造成奇迹,平凡中伟大的宝丽娜创造奇迹,煞费心机,并不突然。莎士比亚继承民间故事具体体现理想世界与现实世界并立,把理想世界寄托于梦境、魔法,继而移到森林中世外桃源,海外仙岛,最后找到了它应有的位置,移到在人民中长大的新生一代,移到未来。这三个阶段的剧作就是莎士比亚反映文艺复兴时代演变的整个过程。

所以,莎剧可以个别研究,但是否也可作为整体,作为莎士比亚把握的英国文艺复兴历史现实而创造的戏剧形式的人间史诗来研究,更能全面代表莎士比亚呢?这个问题很值得进一步研讨。

(二)一般最推崇莎士比亚的悲剧,认为悲剧是写双方不相容的矛盾,写深刻的阶级斗争,其主人公大无畏的英雄精神,是剧中积极的力量,引导人们向上。而莎士比亚的喜剧是写不相称的矛盾,以笑否定被批判的对象,只消极地起到扫清历史残余的作用,只造成滑稽可笑的喜剧效果。所以一般研究莎士比亚喜剧的比较少。其实莎士比亚写过讽刺喜剧,如《温莎的风流娘儿们》一剧,除了写安娜的爱情喜剧情节一面,主要是以笑的箭,针对头脑僵化的福斯塔夫还以过了时的封建头衔炫耀自己,在当时像用尸衣自炫,形成与时代不相称的矛盾,这也是福斯塔夫对自己的主观评价和社会上对他的客观评价之间不相称的矛盾,可谓自不量力。这种讽刺喜剧乃是以笑与过去诀别之意。但莎士比亚为了歌颂时代新人,还创造了更多的幽默喜剧新形式,其中被笑人物的缺点正是其优点中的微疵,是以笑塑造英雄人物。如《第十二夜》中,薇奥拉海外冒险,追求真理,通过覆舟,九死一生,仰慕海岛伊利里亚奥西诺大公,装扮男僮服侍他,就惹出很多难以想象的麻烦,如派她代公爵求爱,反为其爱人看中,为此引起别人与她决斗,还被公爵误会,引起观众阵阵哄笑。最后以超人的毅力嫁王成后,实现了资产阶级追求金羊毛的理想。所以前者是讽刺,否定旧的;后者是歌颂,肯定新的,还可起到创造新英雄人物精神生活的作用。同样是阶级斗争,同样深刻,而且笑比哭好,胜利比失败强。其中还反映出人民意志,人民理想与乐观主义精神,也和我们社会主义歌颂喜剧颇多相近之处,值得我们借鉴、学习。

再深入一步,莎士比亚喜剧中还有很多东西可以探索。如喜剧中的喜剧因素和笑剧因素。喜剧因素按意大利理论家斯嘎里格说的乃是"快乐结局,通俗文体,富有技巧的戏剧诗"[①]。但古典戏剧中喜剧情节如错中错、误会、乔装、双生等最能揭示不相称的矛盾,有很多笑剧因素。《温莎的风流娘儿们》是一出喜剧,也富有笑剧因素,《驯悍记》直接间接受中世纪笑剧影响。莎士比亚的悲剧中也有从民间艺术中来的笑剧人物,如《麦克白》中的门丁,《哈姆雷特》中的掘墓人,《李尔王》中笑剧人物弄臣更贯穿在全剧之中。历史剧也有福斯塔夫及其一伙代表蓬勃的城市平民,都可以复活历史。莎士比亚的喜剧中,从朗思起有一系列笑剧人物发展到《第十二夜》中托比爵士及其一伙笑剧世界,有如中国三花脸,富有民

---

① Julius Caesar Scalger (1484—1558):诗艺(1561):*Poema dramaticum*, *negotium*, *exitu laetum*, *stylo populari*.

间机智与幽默,他们不只自己欢乐,他们到了哪里,哪里就变成活跃沸腾的欢笑世界。

还有那不朽的福斯塔夫,莎剧中幽默与机智集于他一身。他是文艺复兴无羁绊的自由欢乐精神与无道德两方面的集中表现。他为了生活干出无耻的勾当,却又恬不知耻与大家一起笑。他装死,为了爱生活,他虽然年老体胖,却又有青年人的活力与灵活的灵魂,这些不相称的矛盾成为笑的对象。他还以幽默、机智引人发笑:他善于在生活中找不相称的矛盾,或以丰富想象、联想与生活细节对比,突然吐出连珠妙语;他又有绝对自由的心境,以带笑的眼光看世界,连他自己的缺点都不放过。他的笑就是玩味生活趣味和自己无穷机智溢出来的笑,也容易感染观众,使观众和他一起笑。生活中缺少了他就缺少了趣味,缺少了笑。真可谓欢乐的天才、笑的精灵了。

莎士比亚的幽默也不全是轻松愉快的,还有阴暗的幽默。如《李尔王》暴风雨场中,弄臣是一个文弱小伙子,在风暴冻馁中还能不停地以幽默娱乐李尔,在艰苦中仍不失去幽默的笑,充分表现了人民的力量。又如《柔蜜欧与幽丽叶》中的墨故求,他在临死前还在用幽默的口吻谈自己的致命伤口,充分表现了文艺复兴时期乐天主义的精神。哈姆雷特在墓地捧着郁利克骷髅吐出的幽默又有点像黑色幽默。《冬天的故事》中的奥托里古斯在一生苦难经历中还总结出一套幽默的人生哲学:"大路上呢,怕被官捉去拷打吊死不是玩的;后日茫茫,也只有以一睡了之。"(四幕二场)这又是含泪的幽默。

莎士比亚的人物更富有机智,即人物机智胜过对方,显示自己智力机敏过人。如福斯塔夫与亨利王子互相起绰号嘲弄对方。莎士比亚的机智有时带刺,颇为辛辣和辛酸,和讽刺难以分清。悲剧《李尔王》中弄臣的机智对李尔王可算得是一种俏皮的讽刺。哈姆雷特这个悲剧人物也有机智的一面,他以机智作为武器拆穿并战胜波乐纽斯等,连他的我菲莉雅也不放过。《如愿》中试金石的机智又是揭露生活矛盾的武器,而班尼迪克与白特丽丝的机智虽是相互矛盾中发展爱情的一种特有方式,其笑语中又含有多少尖酸与辛酸。莎士比亚还喜欢用戏谑的手法。如《第十二夜》中,玛丽亚用恶作剧方式戏弄马伏里奥,成为对付扼杀乐天精神的清教徒式人物的斗争方式。《温莎的风流娘儿们》中福斯塔夫以封建爵士头衔企图一箭双雕,同时引诱两个市民良家妇女,结果事与愿违,弄巧成拙,造成了喜剧反嘲,反被两位妇女嘲弄一番,其中也多戏谑成分。连哈姆雷特对付波乐纽斯及纪尔敦斯坦和罗森克兰茨等人的机智斗争也颇有戏谑味道。这又是讽刺、机智与戏谑的妙用。

莎士比亚的乐观主义精神还表现在莎剧中常把喜剧因素、笑剧因素渗入悲剧因素中,与之矛盾又互相渗透,微妙交织:一、有时笑中透悲:《第十二夜》中弄臣费斯特是剧中最聪明的人物,他以民间智慧看透宫中贵族生活不踏实,没有根,如第十二夜节[①]中的杂耍游戏。他就如希腊剧中的合唱队,说出全剧及人生真理,但表现的方式又是俏皮的,引人发笑,笑中有真理,发人深省。其中又透出生活中饱经风霜的悲凉味道。这时已接近莎士比亚写作的悲剧时期了。二、悲剧喜写,以喜胜悲:如上述《无事生非》中,生活多悲,就悲剧喜写,以喜剧情节掩盖悲剧情节,所谓以喜掩悲。不只喜剧情节透出悲来,白特丽丝也掩盖不住对婚姻看法的悲观态度,

---

① 第十二夜:圣诞节后第十二天主显节前夕,以杂耍狂欢庆祝之。

即喜中渗悲,怎么办? 只有来个理想化的生活结局,以喜胜悲。三、莎剧中又有悲喜交集,或从悲喜两面看人生,悲、喜因素形成矛盾的统一。莎士比亚善于基于生活表现人物内心悲喜的尖锐矛盾。如《威尼斯商人》中夏洛克在女儿偷去财宝后,又听说安东尼商船失踪,从此大仇可报,就一忽儿像个悲剧巨人,誓为民族报血海深仇,一忽儿又像个喜剧中的守财奴,为几个钱丑态百出。莎士比亚还会从不同角度处理同一人物,写得有悲有喜,如苏东坡说的"横看成岭侧成峰"。如奥赛罗,从正面看是个悲剧英雄人物,从侧面看其表现又是喜剧性的,如从伊阿哥钻进他的肚子里去,他也就和伊阿哥那样偷听偷看,一副滑稽相,令人哭笑不得。《冬天的故事》也是这样:悲剧人物里昂提斯毫无根据地萌生妒意,简直和莫里哀早期喜剧《想象的乌龟》[①]差不多,偷听偷看赫米温妮和波力克希尼斯交谈,这两人谈笑自如,他却一忽儿觉得一切落空,要在儿子身上找支持,寻安慰,一忽儿眼光又离不开妻子,嫉妒得眼睛发绿。他自己煞有介事的样子,造成极大悲剧,其实在别人看来等到真相大白之后,不过闹下一场笑话而已。(二幕二场)这些极有戏剧性的矛盾不只丰富了戏剧内容,也给表演带来无限生趣与深刻意义,所以莎士比亚的喜剧问题还应该进一步研究。

(三)演出莎剧时要掌握人物性格特征。较好的办法就是对莎剧人物性格作比较研究:莎士比亚创造了各色栩栩如生的人物形象,性格无一雷同,一如生活。他不只创造了无数性格不同的英雄人物形象及一系列幽默的丑角,还创造了无数性格各异的理想女性,如纯洁的少女潘狄塔、米兰达,贞洁的女性伊摩琴、赫米温妮,

---

① Moliere:*Le Cocu Imaginaire*.

热情奔放的贵族女性幽丽叶、苔丝德梦娜,以及海丽娜、薇奥拉这些强个性的新女性。这些女性都是理想的美的女性,又有不同的个性,不同的美。如果不严格区别开来,就会演成千人一面,失去人物独特的面貌,演出也就平淡无奇,失去莎剧光彩。所以对人物性格要有比较才能鉴别其细微区别。如幽丽叶与克莉奥佩特拉都是富有热情的女性,但幽丽叶是含苞初放的少女,对柔蜜欧一见钟情,就许以终身,视死如归,富有乐观主义精神;而克莉奥佩特拉则久经风霜,已背上荡妇的恶名,最后才找到理想。她为了抓住理想施展无穷伎俩,对之坚信不渝,其悲在于只有以死排除世俗偏见,才能永久保有理想,称他为夫。通过比较,两个女性的性格就明显地区别开来。又如《冬天的故事》中赫米温妮和宝丽娜的性格对比:赫米温妮的情感埋得很深,从不外露,能以理智克服情感,宝丽娜则性格奔放,泼辣大方,有时不能控制,充分表现出她舍己为人,平凡中伟大的精神。以她们的语音语调对比,也可以表现出不同个性:宝丽娜可以呼喊怒骂,赫米温妮或温和含蓄,或据理而辩,话不多而掷地有声,不会高声喊叫。两人有如交响乐中的高音与中音,不同的美的音调,表现不同美的个性。潘狄塔是小赫米温妮,母亲经受严冬考验更磨炼成圣洁坚贞的性格,是《冬天的故事》中的女英雄。女儿是春天的故事中的灵魂,花枝上雀跃的精灵,是新生一代,她把春天带给人间。所以在演出时不同人物要有不同的表现,人物间相互微妙关系发之于行动,戏就丰富精彩了。莎剧中还塑造了三个遭遇相似,为丈夫嫉妒伤害的女性。她们都忠于丈夫,由于性格不同,态度迥异:一个是受伊阿哥陷害的苔丝德梦娜。她能在公爵宫廷中公开为奥赛罗辩护,此时蒙了不白之冤,还是忠于理想,一切归罪于命。她唱民歌"杨柳之歌"倾吐胸中积愤,临死还叫爱米丽娅"替我向我的仁慈的夫君致意"。另一个是丈夫无端生嫉的赫米温妮,她受到里昂提斯公开审判,趁机公开申辩自己一身清白,忠于夫君,也向群众为天下受压迫的女子控诉夫权主义。从此销声匿迹,直到夫君彻底悔改,失女复得,在公开场合才宽恕了里昂提斯。再一个即《辛白林》中的伊摩琴,丈夫波塞摩斯在意大利受人愚弄,看到"证据",怀疑她不贞,命仆人杀她。她勇敢地乔装男孩跑出国境,千里寻夫,在真相大白之后没等丈夫请求宽恕就先饶恕了他。我们把三个人物加以比较,她们年龄和处境各不相同,因而有三种鲜明的不同性格:苔丝德梦娜比较单纯、文雅、痴情;赫米温妮比较理智、深沉,有些希腊雕塑美;伊摩琴则比较活泼、勇敢,更主动,有些浪漫色彩的美,而且能扮演男僮。通过鉴别就能演出三个不同女性的特性。

有时我们还可以从酒后露本相的场合来对比掌握人物性格。如《安东尼与克莉奥佩特拉》二幕七场,掌握世界的三巨头安东尼、凯撒、莱比多斯,与庞贝等在庞贝船上喝酒,酒后各显原形。从中可以鉴别出:莱比多斯喝得烂醉,是个无用的东西。庞贝在紧要关头讲仁义,怕舆论,不肯下手,注定失败。而安东尼富有理想与浪漫气质,不现实。只有凯撒始终保持清醒的头脑,能控制感情,立于不败之地。这短短一场就可从人物性格看出世界大局。有的在相互矛盾中显出不同性格色彩的对比:如《如愿》中的三位哲学家罗瑟琳、杰奎斯和试金石,包括奥兰多在内,都显得幽默机智,在阿登森林自由天地中都可任意放出自己幽默机智的彩鸢。相比之下,杰奎斯是忧郁的色调,试金石有玩世不恭的意味,罗瑟琳是爽朗顽皮的性子。在他们的戏谑中,杰奎斯的幽默机智总为试金石所击败,又都为罗瑟琳所战胜,因为后者代表文艺复兴时代的乐天精神。

我们还赞成把莎士比亚的人物与其他作家的人物对比。如把潘狄塔、米兰达与歌德《浮士德》中玛格莱塔·葛莱琴对比,就显得米兰达长期住在海岛,与世隔绝,有些神秘,有点"美人鱼"味道,看到人类赞叹世上竟有这么美好的人物。潘狄塔是在《冬天的故事》中那种浪漫气氛的乡村中美好的人物里长大的,像花神一样散花给人们;而葛莱琴则是德国农村角落里默默无闻的现实中的一棵雏菊,她娇羞地倾听博学的浮士德讲话,只能点头说个"是"字①,只是随了爱情成长逐渐抬起头来。这样一比,性格立体、凸出,人物神态行动各异,演出时也就形象活现,神采奕奕了。所以比较研究戏剧中人物的性格对演出很有帮助。

(四)我在这里特别提出要把莎剧演成诗剧。如果说艺术是以美的规律创造的世界,则莎剧是以美的规律创造的艺术。其美的表现之一即莎士比亚写的是诗剧。所谓诗剧首先是莎士比亚创造了呼之欲出的人物,富有精神力量,而且谈笑风生,俏皮生动。而演出莎士比亚诗剧就不仅要研究其多方面的深意,还要考究其形象表现的逼真、生动与丰富性,更要注意诗剧中诗人丰富的想象创造,创造一个有莎士比亚特色的诗意盎然又充满活力的世界。其次,诗剧是以诗句为语汇写成的戏。诗句理应吟咏朗诵,而我国多以话剧形式演出,无形中等于经过了一次改编移植,很容易失去诗句的特色和香味。如吐词平庸,再用日常生活表演方式,就难以表现莎剧中巨人时代创造世界的激情、崇高的精神世界及俏皮的神

---

① 《浮士德》上部花园场,葛莱琴独白:"在那里我在他面前只觉得羞愧无地,对一切事都只会说个'是'。"

韵诗趣。所以莎剧应以诗的形式演出。同时莎剧中古代传说的情节与人物也适于戏曲移植,诗句用歌唱或吟诵也许更能表达。正如川剧似已渐由歌唱衍变为吟诵,颇适于吟诵莎剧诗句,特别其中的独白,用以表现深刻的内心活动,易于避免如话剧那种琐碎平凡的自然主义式动作与语气,能把莎士比亚诗剧演得炉火纯青,富有诗与美。如能把莎士比亚引入戏曲中改变一下戏曲的节奏,丰富唱腔或吟咏调,充实人物精神生活及人物间微妙的心理活动或针锋相对钩心斗角的复杂关系,也许能给戏曲带来新生命,有助于表演社会主义戏剧中集体主义英雄的崇高、丰富的内心生活及复杂的阶级斗争。当然,戏曲有其悠久传统,服装、演技也有一套表演程式,引入莎士比亚要改编成适合我国民族生活的戏曲。如《冬天的故事》改编为越剧《玉蝶奇传》,听说吸引了不少观众,尽管改编及演出中还有可以商榷之处,仍不失为一次成功的尝试。所以莎剧要多方研究,可多种演出,以探讨其中深意,从而建立一套莎剧表演方法,进一步创造出一套演社会主义集体主义英雄的新演剧体系。——这也是莎士比亚研究的目的和任务吧!

1984年刊于《中国莎士比亚研究会成立大会暨首届年会特刊》

哈姆雷特的内在矛盾

张　君　川

文艺复兴时代,个人从封建势力压迫下解放出来,是个个人主义英雄"创造"世界的时代。艺术发展到莎士比亚时期也转入了深刻描写人物内心生活的阶段。到莎士比亚写作悲剧的时期(1600—1608年)更转而深入地描写人与人之间钩心斗角、明争暗夺的矛盾和斗争。莎士比亚的《哈姆雷特》写的就是1600年前后资本主义萌芽阶段英国由黄金时代一下转入铁的时代,人民生活由到处充满欢声笑语落入哀鸿遍野、朝不保夕的境地,上层贵族也见利忘义,互相倾轧。《哈》剧既深刻地反映了尖锐复杂的社会矛盾,[①]也深刻地反映了哈姆雷特个人复杂的内心世界。当然,剧中的主要矛盾是哈姆雷特与克劳迪斯集团之间的矛盾,但哈姆雷特内心矛盾斗争的结果在解决对外矛盾中又起了重要的作用。本文谈的主要是哈姆雷特本人的各种矛盾。

理想与现实的矛盾

哈姆雷特作为一个理想主义者,回国后看到丹麦的现实,首先

---

① 哈姆雷特的对外矛盾可参看拙作《〈哈姆雷特〉中的矛盾》,载《戏剧艺术》1980年第1期。

产生了理想与现实的矛盾。从接受父王鬼魂给的复仇任务起,这种矛盾更加尖锐、复杂化,哈姆雷特为此斗争终身。

哈姆雷特的为父复仇不同于莱阿替斯,也不同于福丁布拉斯,是具有人文主义理想原则意义的。

哈姆雷特看出福丁布拉斯为父复仇主要是为了建立军功,扩张版图,满足个人的雄心。他在四幕四场中说,

> 看这支多么浩浩荡荡的大军,
> 统领是一位娇生惯养的小王子,
> 神圣的雄心鼓起了他的精神,
> 断然蔑视了不能预见的结局,
> 全不顾吉凶未卜,安危难定,
> 不惜拚血肉之躯,冒生命之险,
> 哪怕就为了个鸡蛋壳。①

福丁布拉斯以为父复仇为幌子,为争弹丸之地,大兴不义之师,假道丹麦远征波兰。这样赤裸裸的侵略行为不符合人文主义原则,故为哈姆雷特所不取。

莱阿替斯呢?他说,

> 虽然本来倒就是这一点天性
> 最激动我要来报仇的;可是论荣誉,
> 我要等受人尊敬的老前辈证明说
> 我确有前例可援,说就此作罢
> 也并不损害我的名誉。

(五幕二场)

---

① 本文所引译文皆引自卞之琳译《哈姆雷特》,人民文学出版社版。

这样的为父复仇是为保全个人名誉，凭封建观念，甚至凭孝心复仇，也是哈姆雷特反对的。

诚然，哈姆雷特是封建王子，不可能没有封建复仇的思想，但他是新贵族，是理想主义者，他父王与他想象中的理想统治者结合着，他争夺王位首先是为了能保证他实现理想。所以鬼魂交给他的为父复仇的任务就和夺回王位、重整社稷、实现理想联系起来。

时代整个儿脱节了！呵，真糟，
天生我偏要我把它重新整好。

(一幕五场)

按莎士比亚的看法，王位是权力，但也是义务，又是负担，对哈姆雷特更是压力。所以他说要他重整乾坤是"真糟"；但按莎士比亚人文主义思想的局限性来看，也唯有居于王位，才有资格、有权力按理想改造现实，为民造福，绝非为了贪图个人享受。所以哈姆雷特的复仇是复社稷之仇，复人民之仇。哈姆雷特与克劳迪斯统治集团的斗争是理想与现实的斗争。

其实，莎士比亚在剧中通过哈姆雷特这个人物还表现了他的美学理想。哈姆雷特在威廷堡大学这个人文主义小天地里已经培养成以人文主义理想生活为标尺衡量一切的习惯。他有一个理想的人的标准，即"理性是多么高贵！力量是多么无穷！仪表和举止是多么端整，多么出色，论行动，多么像天使！论了解，多么像天神，真是'宇宙的精华！万物的灵长！'"所以，"人是多么了不起的一件作品！"(二幕二场)这个理想的人，正是在当时新兴的资产阶级人文主义理想的天地里自由发展的资产阶级个人，实际上是从封建等级制度束缚和封建教会压制下解放出来的，不分身份等级，个人理智情感、个人意志、个人才能得到充分发展的资产阶级个人。哈姆雷特在回国前就认为自己是这样的人,他之坚持斗争要实现的也是这种理想的社会。但是,莎士比亚并没有把哈姆雷特理想的实现完全置于同封建制度绝对对抗的基础上,相反,却表现了早期资产阶级思想与封建思想的妥协性。所以他把实现这种理想的可能性放在一个开明君主统治下的开明的理想国中。哈姆雷特心目中的理想人物正是他的父王老哈姆雷特,他的理想国也就是父王统治下的王国。他说:

> 这样好一位国王,比起这一位
> 简直是海庇亮比萨徒。
>
> （一幕二场）
>
> 全部是一副十全十美的代表,
> 仿佛每一位天神都打过印记,
> 拿出来向世界宣布说这才是一个'人'!
>
> （三幕四场）

这个"人"就是人文主义那段宣言中充分发展的理想的人。可见哈姆雷特是如何把老王理想化,认为他简直可以比为最美的太阳神了。所以,他理想的社会正是过去他父王统治下的社会,由开明贵族统治,上下有序,似一架大的机器正常运转。人民安居乐业,甚至上天也风调雨顺,像交响乐一样协调。有如《特洛伊罗斯与克瑞西达》一幕三场中俄底修斯说的。只有这样才能正气上升,邪气下降,社会上只有正义,没有罪恶。因为按莎士比亚大宇宙、小宇宙和谐论看来①,罪恶就是不协调,就是破坏和谐的力量,哈姆雷特

---

① 古希腊托勒密(约2世纪时人)认为地球是宇宙中心,宇宙和谐运行,有如交响乐。这种理论成为整个中世纪的权威理论。

正是带着这种形而上学的、有妥协性的、梦幻式的社会理想回国的。一旦接触到丹麦改变了的现实,发现整个宫殿充满了淫邪之气,虚伪成风,人间天堂变成监狱,而在那丑恶社会的顶端坐着一个妖怪,妖怪怀抱里竟是他崇拜的母亲。人文主义最崇拜纯真的女性,他看到了母亲的变节,不禁吐出:

  脆弱啊,你的名字就叫女人!

(一幕二场)

他又发现宫廷中很多人都随克劳迪斯改变成伪善的面孔,窃听偷看,窃窃私语,变成了新王的帮凶。连自己的学友罗森克兰兹、纪尔登斯丹也背叛了往昔的友谊,充当敌人的奸细。自己的安琪儿莪菲丽雅也甘心受老狐狸波乐纽斯的唆使为国王所利用。那么纯洁的人竟干出这么卑鄙的勾当,更使他悲愤交加。接着他和人民接触,看到人间到处充斥着罪恶与不公。这就是哈姆雷特人文主义理想与当时丹麦现实的矛盾和具体内容,也是哈姆雷特的主观理想与客观现实的尖锐矛盾。

  哈姆雷特在这种矛盾中怎么办呢?他原以为可以依靠上层,依靠贵族实行改革,但上层贵族靠不住,只能依靠个人,依靠自己。困难和压力使他对能不能用理想改造现实产生怀疑。他是善于思索的人,感到一切无能为力。他苦闷,彷徨,陷入深深的忧郁之中。

  但哈姆雷特毕竟是人文主义者,他从未忘记理想,总是企图以理想改变现实。他虽然处处碰壁,但从未动摇和降低人文主义的基本原则与理想水平。在困难面前他丢掉的只是那些不切实际的幻想。他逐渐懂得如何对症下药,改变现实。他还认识到"擒贼先擒王",正如罗森克兰兹说的,一国之主能起重大作用。

一位君主的薨逝

> 不仅是死了一个人,而且是像大旋涡卷去了近旁的一切。这是个大轮盘装在最高的山峰上,最高的极顶上,就在它极大的轮辐上,千孔百眼装上了千万种零件;它一旦崩倒了,所有的附属品、小东西,在轰然一响里都跟着一齐粉碎。
>
> （三幕三场）

这样,他似乎觉得找到了改造现实的钥匙,先后剪除国王的羽翼,分化敌人的阵线,最后消灭元凶。也许他以为消灭元凶后,社会上正面力量就会抬起头来,理想就会实现了。

哈姆雷特认为能用理想改造现实,这是有其现实根源的。他享受过父王统治时期的幸福生活,时间的沙尘把过去的记忆滤得更新、更纯、更高、更理想,也更有吸引力。他认为事在人为,一切就看他肯干不肯干,有没有决心、胆量和毅力。另外,他有天真的社会理想,相信大多数人,相信现实生活中有霍拉旭这样的理想人物。他对自己虽然怀疑过甚至否定过,但还是不断鞭策自己,在恶劣的条件下继续为理想斗争,甚至在临死时还叫别人把他为理想斗争的故事传下去以激励后人继其遗志。哈姆雷特就是这样终身为实现理想斗争到底的。

路西安式的战斗方式

哈姆雷特在人文主义思想的熏陶下成长。在大学里,大家为了共同的理想事业,赤诚相待,表里如一,不用设防。他回到克劳迪斯篡位后的丹麦,立即感到原先人与人之间的情谊已随父王消逝了。他听到父王鬼魂的诉说,始知叔父就是个弑君篡位的两面派,是"一个人笑嘻嘻、笑嘻嘻,却是个恶汉。"(一幕五场)他觉察到新王劝他留在身边,明为关怀,实乃监禁,在敌人严密监视下,要想为父亲、为人民复仇,重整社稷,谈何容易!哈姆雷特从宫廷官员表里不一的两面手法中得到启迪。为了对敌斗争,他必须掩盖内心的痛苦和仇恨,对这些人虚与委蛇,以其人之道还治其人之身,以表里不一对付表里不一。他索性披上宫廷小丑的彩衣,成为第二自我,开始装疯卖傻,不拘礼节,对敌肆意讽刺挖苦。因此,哈姆雷特对敌斗争,除了塞内加式悲剧战斗的方式,又有路西安式喜剧嘲讽的战斗方式。喜剧的战斗方式的战术主要是表里不一的语言动作,变化莫测的多样化的辛辣、俏皮的语言,唇枪舌剑,对敌斗争。他用摹拟双关语,似非而是,听来像胡言乱语,实际上都是有的放矢,戏弄敌人。有的话使人一时困惑莫解,回味起来却辛辣无比,感到惴惴不安。

哈姆雷特在斗争中运用喜剧语言斗争时能针对不同敌人的性格特点,掌握分寸,区别对待。如他对阿谀逢迎,故弄玄虚,一贯刺探他人隐私的波乐纽斯[①]讲俗滥的笑话,使波乐纽斯以为他说的是疯话,还夸他疯有疯福,出口成章。

噢,耶弗他,以色列的士师,
有一件好的宝贝啊!

(二幕二场)

[①] 波乐纽斯曾派雷纳尔陀暗察其子(二幕一场),后派女儿暗察哈姆雷特,自己又两次偷听哈姆雷特的谈话。

暗示波乐纽斯像耶弗他那样为了自己的利益献出女儿作为牺牲，又当面羞辱他，说他女儿是一块大可亲吻的臭肉。臭肉是双关语，似指养蛆虫的人肉，实指莪菲丽雅的肉体。这一些，说明哈姆雷特对阴脸、乱伦、篡位的克劳迪斯就用隐晦曲折却一针见血的疯话直刺他的心窝，叫他哭笑不得。他主要的揭露手法就是"戏中戏"。为了不使国王生疑，要他安于看戏，他装成若无其事的样子，故意俏皮地对国王说：

陛下和我们都是没有做过亏心事的，
伤不到我们半根毫毛。

国王问到波乐纽斯的尸首时，哈姆雷特说：

蛆虫是会餐的皇帝。我们养肥了一切生物来养肥自己，
我们养肥了自己来喂蛆虫。

（四幕三场）

这些话还很有点哲理味道哩！

哈姆雷特有时用指桑骂槐的手法揭露国王的伪善面目。如三幕一场，他痛骂莪菲丽雅的虚伪，实则一箭双雕，也针对躲在幕后的国王：

我也知道你们会怎样的涂脂抹粉，太清楚了，上帝给你们一张脸，你们又给自己另外一张。

（三幕一场）

哈姆雷特装疯骗得过波乐纽斯，却骗不过国王狡猾的眼睛：

他说的，虽然有点儿语无伦次，也不像是疯话。

（三幕一场）

因此国王早已看出哈姆雷特是心腹大患，在暗中安排杀害他的毒计了。

对罗森克兰兹和纪尔顿斯丹,哈姆雷特多以开玩笑的方式戏弄他们。他弄清他们前来探望的目的后就揭露他们背信弃义、受人豢养的走狗嘴脸,使他们无所施其技。哈姆雷特一开始就单刀直入:

好朋友,你们在命运女神手下犯了什么案子,才叫她把你们打发到这监狱里来了?

(三幕二场)

他们以侍候为名,监视自己,哈姆雷特便说:

作为老实人对你们说老实话,我已经受够气候了。

又说:

我是个叫花子,穷得连一声谢谢都拿不出来;可是我还是谢谢你们;当然,我的一声"谢谢"是不值半文钱的,请二位原谅。

(二幕二场)

哈姆雷特还讥讽他们说:

嗯,先生,你这种海绵吸收了国王的恩宠,他的赏赐,他的威权。可是这种官员到头儿给国王卖了最大的命。国王像猴子一样的,把他们衔在嘴角里,先舔弄一会,最后才一口吞下去。他一旦需要你们所吸收的东西了,就把你们一挤,那么好,海绵啊,你们又是干瘪瘪的了。

(四幕二场)

可怜这两个傻瓜还不懂其中意义,以为说的是疯话。哈姆雷特又补上一句:

你不懂最好。恶劣的话正好在傻瓜的耳朵里睡大觉。

这样的嘲讽可以说是入木三分的。

至于奥斯立克,他代表朝臣风尚,举止矫揉造作,说话装腔作势,事事奉承拍马。哈姆雷特就学他的腔调,以开玩笑的方式戏弄他:

> 奥思立克(再鞠躬):亲爱的殿下,倘若殿下有空,敢请把一件事情从陛下跟前送到殿下面前。
>
> 哈姆雷特:我当小心翼翼,双手接受。

有时故意引用对方鹦鹉学舌,阿谀奉承的话来取笑他:

> 奥思立克:多谢殿下,天气很热。
>
> 哈姆雷特:不,相信我,天气很冷,刮了北风。
>
> 奥思立克:当真有点冷,殿下。
>
> 哈姆雷特:可是就我的体质来说,我觉得天气十分闷热。
>
> 奥思立克:非常闷热,殿下,闷热得什么似的,简直是说不出。

(五幕二场)

哈姆雷特把奥思立克比成无事忙的苍蝇,小八哥,养成的小老鸹,大量的臭粪等,厌恶鄙视之极。当然,这不只是对奥思立克的嘲弄,也是针对整个宫廷的虚伪作风的。

哈姆雷特对待王后的办法又是另外一种。他并不以疯话掩饰自己。他们毕竟是母子,所以他采用了刀子嘴豆腐心的对策:

> 我对她,口要出利剑,手不用尖刀,
>
> 我就在这一件事情上表里不一吧,
>
> 我的话尽管骂得她体无完肤,
>
> 我的心决不要容许伤害她的意图。

(三幕二场)

哈姆雷特一见王后就运用了许多重复摹拟的语言动作:

> 后：哈姆雷特，你把你父亲大大得罪了。
>
> 哈姆雷特：母亲，你把我父亲大大得罪了。
>
> 后：好了，好了，你答话总是瞎扯。
>
> 哈姆雷特：得了，得了，你训话总是胡说。

可谓针锋相对，咄咄逼人。王后以为他说的是疯话，哈姆雷特直言不讳地告诉她自己不是真疯，而是装疯。她虽然伤透了他的心，但他内心对母亲还是有感情的，所以他以火辣辣的语言燃烧她的心时过于激烈，他的另一自我便以父亲的幻影出现阻止了他，但激动愤怒之情总是溢于言表，使王后又痛苦又感动地吐出心里话："啊，你把我的心劈成两半了。"（三幕四场）

哈姆雷特对于心爱的莪菲丽雅是爱之深更恨之切。他是真爱莪菲丽雅的。[①] 却万万想不到自己的美人竟被敌人利用来侦察自己。他用似非而是的疯话斥责莪菲丽雅：

> 我是说如果你是又贞洁又美丽，那么你的贞洁就不该容许跟你的美丽有所往来。

他还解释道：

> 因为美的力量倒容易把贞洁点化成淫荡，贞洁的力量可难以把美丽改成像它自己的样子，这本来是一种怪论，可是现在时势已让它得到了证明。

（三幕一场）

哈姆雷特还几次三番对莪菲丽雅说："你去进尼姑庵吧。"道·威尔逊把尼姑庵解释为妓院，这是当时常用来骂人的话。进尼姑庵也

---

① 有人以变态心理，以俄狄浦斯情结解释哈姆雷特爱母，故对莪菲丽雅残酷之至，这种论点是站不住的。因为哈姆雷特不只在莪菲丽雅死后爱她的灵魂，一见她也情不自禁地默默称她为天使，希望她以纯洁的心灵为他祈祷，清洗他的罪恶。

可解释为逃避婚姻及避免罪恶社会的污染,如他说的,"尽管你像冰一样坚贞,雪一样纯洁,你还是逃不掉受尽诽谤,"确有进尼姑庵可保持洁白之身的意思。哈姆雷特故意用这种模棱两可的词语来讥刺她。他对莪菲丽雅冷嘲热讽,但仍是恨中有爱。如他们听了伶人开场白后:

> 莪菲丽雅:太短了,殿下。
> 哈姆雷特:就像女人的爱情。
>
> (三幕二场)

这是对母亲和莪菲丽雅说的。话虽尖刻,对莪菲丽雅也不无惋惜之意。

哈姆雷特还常在行动上用表里不一的方式与敌人较量,而且逐渐运用得得心应手。如他在装疯的挡箭牌下反能从隙缝里窥探敌人虚实,察看敌人嘴脸。他还以装疯卖傻作掩护,巧妙地掀开敌人的伪装,猛刺敌人的疮疤。如克劳迪斯调虎离山,派他去英国,企图借刀杀人。他便偷换国王公文,反借英国之手除掉国王的羽翼。最后国王设下真剑、毒剑、毒酒连环毒计,自己退居第三位,坐山观虎斗。哈姆雷特早已察觉,便将计就计,使国王的罪恶暴露无遗,被迫饮下自己炮制的毒酒。哈姆雷特也同归于尽。哈姆雷特在反常的社会里不得不用反常的斗争手法,在疯人的世界里不得不装疯卖傻。他的巧妙的斗争方式闪烁着机智的火花。

人文主义思想的矛盾

上文说过,如果哈姆雷特作为封建王子并无人文主义思想,只以封建思想复仇,就产生不了复杂的内心矛盾,他为父复仇也不用费什么思索,只要按照旧习陈规行动,简单之至。但这是人文主义者哈姆雷特断然不肯干的。哈姆雷特的复仇势必与匡正社稷联系在一起,这就在斗争中造成深刻的内心矛盾。如:

①人文主义是一种资产阶级思想,只在反对封建势力方面有代表人民利益的一面,但另有其与人民利益矛盾的一面。这种思想在哈姆雷特身上的表现是,他自以为身为王子,以天下为己任,但他既不依靠人民,又不善于团结贵族阵营中的大多数人,结果行动起来必定孤立无援,有话只能同自己商量。因此,《哈》剧成为独白最多的一出戏,哈姆雷特的内心矛盾在人文主义者中间具有典型性。

②哈姆雷特受到当时人文主义中三种哲学思想的影响,有塞内加的斯多噶容忍哲学的影响,有法国人文主义者蒙田怀疑思潮的影响,如他怀疑鬼魂,怀疑宗教宣传,有时甚至怀疑自己的理想。他又受马基雅弗里主义的影响,他要复仇,要改造世界,就不惜运用任何手段。这三种思想在他身上相互影响,使他遇事多疑多思,容忍哲学与复仇行动构成了尖锐的矛盾。虽然有时多疑多思可以引出真知灼见,有其积极的一面,但多思多疑常常会妨碍行动,如二幕二场,哈姆雷特听了戏子叙述赫古巴后的一段独白中深责自己容忍苟安,多思多疑到了不能行动的地步。

③哈姆雷特惯于思考,从承担为父、为社稷复仇的任务起就发誓从记忆的象牙简版面上擦净一切,只记住父亲鬼魂的训诫。执行复仇任务在哈姆雷特说来并非轻而易举。人文主义者重视享受人间幸福,充分发展个人天性,这与他的复仇事业就有矛盾。所以当复仇任务困难重重,难以实现时,他就会不由自主地陷入沉思,

逃避现实(三幕一场)。他难舍青春爱情的诱惑,难以割断对莪菲丽雅的眷恋。敌人利用哈姆雷特与莪菲丽雅纯真的情感来破坏他的斗争,哈姆雷特为此不得不放弃他最珍惜的情感,内心产生极大的矛盾。

④人文主义是封建主义向资本主义过渡时期的思想,难以和封建思想彻底划清界限。如复仇思想本是希腊氏族社会父仇子报的复仇精神的象征与符号,经塞内加的悲剧流传下来,影响到文艺复兴时期的欧洲悲剧。莎士比亚就是把哈姆雷特为父复仇与匡正社稷合而为一,来统一人文主义新思想与古代复仇旧思想之间的矛盾。尽管如此,两者之间的矛盾仍然存在。如封建思想要求哈姆雷特尽快复仇,但哈姆雷特受人文主义思想制约,既要回避用暗杀手段,又不能如莱阿替斯那样莽撞地带领人民闯进宫去,只能公布国王罪恶,引起民愤,然后当众锄奸,这就必然拖延复仇的时间,而且这两种思想的冲突必然会引起哈姆雷特内心的重重矛盾。两种思想产生统一行动的情况也是存在的,如哈姆雷特在国王祈祷时没有杀他,因为按封建思想,祈祷时杀他反而会把他送上天堂;按人文主义思想认为这样私下杀他会被误解为报私仇——结果两种思想同时拉住了他的手。

⑤欧洲人文主义思想萌芽伊始,前期人文主义者反对封建制度,一手捧书,一手掌剑,斗争经验丰富,因而节节胜利。后期人文主义者已没有机会参加社会活动,只会躲在书斋里和古书打交道,所以哈姆雷特一下接受偌大任务,总觉得力不从心,束手无策,产生知与行的矛盾。尤其时代变了,他斗争的对手早已不是行将就木的封建残余,而是资产阶级化的新贵族,他们是集封建罪恶与资产阶级罪过于一身的凶恶敌人。哈姆雷特是文艺复兴时代的新

人,不是维特与罗亭,①不是知而不行的人物,但书生造反,也难免产生逡巡的毛病,所以他在行动之前还要向书斋习惯多思多疑作斗争,还要向铁的时代造成的、后期人文主义者因为无力挽回狂澜而产生的忧郁情绪作斗争,这乃是后期人文主义理想主义者的通病。

此外,哈姆雷特还有他特有的内心矛盾。如他与霍拉旭都是人文主义者,但在对待理智与情感的关系上两人是有区别的,哈姆雷特对霍拉旭说:

> 只要我看见谁
> 不是感情的奴隶,我就要把他
> 珍藏在心里,哎,心坎的心坎里,
> 就像我爱你一样。

(三幕二场)

霍拉旭不是这样,"无论受命运的打击或是照拂,你都能处之泰然,同样谢谢。"(三幕二场)所以理智与感情不平衡始终是哈姆雷特难以解决的内心矛盾。

生与死的矛盾

哈姆雷特自理想与现实发生矛盾以来便不断深入探索人生基本问题。在矛盾重重、踌躇不前时,突出浮现在他脑际的常是生死问题。剧中集中表现过三次内心生与死的矛盾斗争,一次比一次

---

① 维特是歌德《少年维特之烦恼》中的人物,罗亭是屠格涅夫《罗亭》中的人物,两人都是知而不行的人物。

深刻。

第一次生死矛盾是由于这个文艺复兴过渡时期的新人刚从中世纪封建宗教愚昧中突破出来，以新的眼光看待改变了的世界。正像《暴风雨》中米兰达说的：

> 神奇呵，这里有多少好看的人，人类是多么美丽！呵，新奇的世界，有这么出色的人物！

（五幕一场）

从父王在位到威廷堡大学时期，哈姆雷特都是这样看待和思索人生的。一旦回到克劳迪斯篡位后的丹麦，就像弥尔顿《失乐园》中撒旦从天堂一下堕入地狱无边的黑夜。他开始思考人生意义，第一次产生生不如死的想法。他不肯醉生梦死地活着，人文主义又不准自杀，因而陷入痛苦的矛盾中：

> 呵，但愿意这太太结实的肉体
> 融了，解了，化成了一片露水，
> 但愿天经地义并没有规定
> 严禁自杀和戒律，上帝呵，上帝呵！

（一幕二场）

哈姆雷特看见鬼魂后，为了探索灵魂，为了主动求知，便积极追随鬼魂，探究父亲生前死后之事。他从鬼魂的诉说中多少听到关于死后世界灵魂的遭遇：

> 鬼魂：我是你父亲的灵魂
> 判定有一个时期要夜里出现，
> 白天限定要忍受火焰的燃烧，
> 直到我生前所犯的一切罪孽
> 完全烧尽了才罢。

鬼魂说到这里突然刹住,接着又说,
> 我不能犯禁,
> 不能泄漏我狱中的任何秘密,
> 要不然我可以讲讲,轻轻的一句话
> 就会直穿你灵府,冻结你热血。

(一幕五场)

哈姆雷特还怀疑鬼魂可能是从地狱里幻化而来,"趁我软弱、忧郁之机,骗我去害人害己的。"(二幕二场)这给他带来极大的震动,增加了他内心的矛盾、混乱、不安与迷惘。

哈姆雷特再次掀起思考生死问题的高潮是从接触宫廷里以克劳迪斯为首的一伙人开始的。他感到人心不古,人的尊严丧失殆尽。他甚至把母亲不贞的行为和世界末日联系在一起:

> 你干的好事
> 十足使贤慧的美貌和羞颜玷污了
> 使贞节变成了假正经,使真情实爱
> 美好的头额上失去了玫瑰的光彩,
> 换上了烙印的疮疤,使结婚宣誓
> 变得像赌钱发咒一样的虚伪!
> 呵,这一种行径直等于把盟约
> 挖去了灵魂,等于把神圣的说教
> 改成了一派胡言!天都脸红了,
> 是呵,脚底下这一片茫茫大地
> 也愁容满面,像见了世界的末日了。

(三幕四场)

哈姆雷特对这种畸形的社会吐出几句似是而非的话:

>在这穷奢极欲的万恶的时世，
>功德必须向罪恶请罪——
>替它做好事，反而要磕头求拜。
>
>　　　　　　　　　　（三幕四场）

他在克劳迪斯帮凶严密的监视、侦察下得出一个结论："丹麦是一所监狱。"全世界是"了不起的一大狱所，里面有许多禁闭室、监房、暗牢"，"丹麦是里面最坏的一间"。他面对这一切却束手无策，想一死了之，但他又相信人死后灵魂会和生前一样做梦受苦。所以他又探索灵魂死后的世界：

>怕一死就去了没有人回来的
>那个从未发现的国土，怕那边
>还不知会怎样……
>
>　　　　　　　　　　（三幕一场）

他被未知世界一片漆黑吓住，欲行又止，这就是哈姆雷特第二次结合灵魂探索进一步思考人生，思考生死问题。他百思不得其解，所以吐出"活下去还是不活"这种生死矛盾激化的独白。①

　　哈姆雷特渴望解决生死问题，两次在灵魂世界中漫游探索都没有得到什么结果。他经历了一段曲折生活，从英国返回丹麦后才现实一些。他在墓地上看到人的骸骨被任意抛掷，对生死问题的思考又有了新的发展。他回到现实世界，认为灵肉总是一体，便根据死后灵魂躯壳的遭遇探索人死后的命运，陷入对人生的虚无主义的忧思，简直与《红楼梦》里"好了歌"的情绪有些相似了。

------

①　一般认为这段独白中哈姆雷特想自杀，表演时甚至手拿匕首准备自戕，而后又抛掉。其实这乃是他在冥思，要演成思索的哈姆雷特，不一定要持刀自杀的行动。

哈姆雷特这个孤魂在现实世界中没有找到归宿,有如欧里庇得斯找到机会之神。他也找到了命运,找到天意、定命。在五幕二场他说:

可见随我们怎样琢磨来琢磨去,
结局还是靠天意。
从而形成了他的命运哲学与信仰,
一只麻雀,没有天意,也不会随便掉下来。注定在今天,也不会是明天;不是明天,就是今天,今天不来,明天总会来。

哈姆雷特的灵魂探索进入这个阶段之后,因客观局势影响,虽然情绪过于忧郁,却能把一切交付给命运,处之泰然。他相信天命决定一切,生死既是天意,就没有什么顾虑。他认为"有准备就是一切,就可决然行动",多思不能行动,还不如莽撞、冒失一下:

莽撞就莽撞吧,
实在是莽撞点也好,我们得承认
深谋远虑要是达不到目的,
冒失一下有时候反而有好处。

(五幕二场)

这时哈姆雷特似乎觉得灵魂已经有所寄托了。以前他只考虑到人生从生到死,这时他又考虑到从无到有,从看破人生的消极思想中产生了积极的行为。这使我们隐约看出哈姆雷特有点像歌德的《浮士德》第一部中的浮士德在书斋里改《圣经》,从"太初有道"到"太初有思",再到"太初有力",最后到"太初有行"的思考探索过程。他的灵魂探索也和浮士德一样与哲学思考有机地结合在一起了。莎士比亚写出哈姆雷特对人生的探索过程,也可以说他写出了一代新人一生内心思索、灵魂探索的历程,这与但丁在《神曲》中写他灵魂的探索颇为相似。

哈姆雷特的灵魂探索是孤独的,他只是个漫游的孤魂。由于时代不同,《哈姆雷特》毕竟是一出悲剧,不是喜剧,不似中世纪末但丁之遥遥望见并迎接文艺复兴黎明期人间天堂的曙光,在无边黑夜的灵魂探索中树立起一座信仰的灯塔,哈姆雷特只好在漫长的灵魂追求道路上陷入不能自拔的矛盾中,结果只抓住命运之神的赐予,抓住这一瞬间就发出个人英雄悲剧斗争的闪光。

内心矛盾的四次起伏

哈姆雷特走过的道路确是崎岖不平的,反映在他身上,内心矛盾的发展过程也是波浪式的。哈姆雷特奔父丧回到丹麦,宫中一片混乱。他看出世道变了,说:"这不是好事,也不会有什么好结果。"父王鬼魂要他复仇,振作了他的斗争意志。他的精神状态由消极被动转为积极主动。这是哈姆雷特内心矛盾第一次起伏。

后来他进一步接触到周围现实,大失所望,对人失去了信心,陷入悲观忧郁。幸而戏子来了,他欢迎,称他们为"时代的缩影和简史"。(二幕二场)他的内心矛盾发展到自己跟自己吵架,自己打自己嘴巴,似乎把自己分成了两个自我。

  谁叫我坏蛋,打破我的脑壳,
  拔下我的胡子来吹我一脸毛?
  拧我的鼻子,把手指直戳我的脸,
  骂我说谎,谁对我这样的,嗨?
  活该,我活该忍受!

(二幕二场)

这次内心矛盾起伏较前更为紧张、深刻、起伏强度大,以至内心分裂,妨碍行动;但他自觉树立起对立面,改正自己的缺点,又坚定了行动意志,订出具体行动计划。

内心矛盾的第三次起伏是在他目击民间疾苦之后。他把人民的疾苦与自己的痛苦联系起来,深入思考生死问题,陷入极大的矛盾。但他从自我斗争中认识到自己这样多思多疑、顾虑重重,势必妨碍复仇,就决定摆脱这种被动思考状态,投入积极行动。

哈姆雷特最后一次内心矛盾的起伏是在"戏中戏"里揭露国王罪恶后诛灭元凶的时候。他未能在国王祈祷时下手,主动变为被动。最后他与敌人面对面交手,又一次戛然而止,表现为沉默。

这样,哈姆雷特复杂的内心矛盾就形成一条螺旋形的发展线。如果比作河流,则内心独白恰如岩石缝里喷射出的水柱,内心复杂的矛盾如千万股翻滚的浪头,发展到内心对白就成为巨大旋涡,相互撞击,继而下沉为潜流,接着内心解体,然后再度起伏,最后是冲天高潮,余波扩散,震动观众。

这些复杂的内心矛盾无疑会严重影响哈姆雷特的复仇行动。① 但他并不因此而停止行动。有时内心的激烈斗争反而化为新的力量。他自己对思考的看法是:

> 上帝造我们,给我们这么多智慧,
>
> 使我们能瞻前顾后,决不是要我们

---

① 首先要承认哈姆雷特行动迟疑。有些学者的论著如沃乐多科的《哈姆雷特》、安尼克斯特的《莎士比亚的创作》就不认为哈姆雷特行动迟疑。其实哈姆雷特自己对鬼魂承认:"你可是来责备你迁延时日的儿子吗? 来责怪他虚度了时光,冷淡了热情,搁置了严命,耽搁了迫切的大事吗?"鬼魂也对他说:"你不要忘记,我这次再来找你,无非是要磨快你快要钝了的决心。"(三幕四场)

> 把这种智能,把这种神明的理性
> 霉烂了不用呵。
>
> （四幕五场）

所以,他并不是不要思考,而是反对思考过度,钻进去爬不出来。如果思考成熟,目的明确,行动也有更大的力量与坚定性。

总起来说,哈姆雷特之为文艺复兴时期代表人物,有其显著的时代、阶级弱点,但也有其时代、阶级优点,即当时人文主义者独具的性格,如执着追求理想,探索灵魂,深刻思考,为真理战斗到底。另一方面,哈姆雷特行动中又有其独具的内心矛盾。这是资产阶级本性产生的,在资产阶级中具有普遍意义。所以个人主义先进分子都有点像哈姆雷特,有些学者便把"哈姆雷特主义"说成是普遍的人性,实即把资产阶级人性普遍化。其实这只是文艺复兴时代的特殊典型。

此外,《哈姆雷特》还是莎士比亚主观把握当时现实的产物,反映了作者的立场、观点、追求理想的激情。他创造的形象不只概括了当时后期人文主义理想主义者一生斗争的特点与过程,也概括了一代民主火把接力赛的先进人物的斗争特点与进程。[①] 莎士比亚创造了哈姆雷特这个代表新人的形象,使《哈》剧更富有典型意义。《哈》剧在舞台上久演不衰不是没有原因的。

1994年刊于中国莎士比亚研究会编《莎士比亚研究·4》

[①] 《哈姆雷特》之反映现实也包括作者自己在内。因为作者就是当时优秀代表人物之一。所以一般说《哈》剧中有更多作者本人为理想斗争的成分在内是有道理的。

时代的风暴——论《李尔王》

张 君 川

一、中心场——风暴

《李尔王》(1605年)写作时期是英国女王伊丽莎白逝世、斯图亚特王朝詹姆一世登基(1603年)之后。这时候资产阶级与封建阶级联盟破裂,专制王权成为社会上一切反动势力的中心,这正是莎士比亚写作的"悲剧时期"。

文艺复兴时代是英国社会上一个大转折的时代。恩格斯写道:"这是一次人类从来没有经历过的最伟大的、进步的变革……"①可是就在这个大转折时代,人民却遭遇到资产阶级原始积累"羊吃人"的空前惨剧。

资产阶级一抬头,最突出的表现就是金钱势力;新贵族一旦认识了金钱力量,就圈地喂羊,做羊毛生意;农民被逐出田园,流入城市。工场吸收不了那么多劳动力,许多农民只得流亡街头,政府却以割耳烙面的酷刑对付他们。于是灾民到处流窜,哀鸿遍野。伊

---

① 恩格斯:《自然辩证法导言》,见《马克思恩格斯选集》第三卷,445页,人民出版社1972年版。

丽莎白女王一次巡行全国时吐出一句拉丁话:"Pauper ubique jacet."(到处都是穷人)①哪里有压迫,哪里就有反抗;压迫愈甚,反抗愈烈,农民暴动彼伏此起。尤其女王晚年,统治力量减弱,又有艾塞克斯爵士的叛乱(1601年);詹姆斯一世继位后,人民更经受以暴君为中心的反动势力的压迫,民不聊生,危机四伏,社会上一片混乱。

所以文艺复兴这个大转折时代,又是个大风暴时代。

莎士比亚在他写作悲剧的时期,一般从侧面来写,甚至只暗示人民遭受的苦难及其所进行的斗争,到创作《李尔王》的时候,就用广幅的画卷描绘出人民在这种社会势力无情打击下赤手空拳搏斗求生的动人场面:

> 赤裸裸的可怜人儿,你们不论在哪里遭受到这种无情的暴风雨打击
>
> 凭着你们光光的脑袋,空空的肚皮
>
> 凭着你们穿洞开窗的褴褛,将怎样抵挡这样的天气?
>
> (三幕四场)

莎士比亚作为一个人文主义进步人士,目睹社会矛盾百出,人民落在无边的苦海之中。——光明在何处?社会出路何在?人文主义理想中高贵的人竟流为无衣无食的虫豸,人文主义理想如何实现,何时才能实现?为什么社会距离理想越来越远,甚至与理想背道而驰?谁负其咎?罪魁祸首是谁?如何挽救狂澜?这些,正是这个时期他所思索的重大问题。

莎士比亚作为一个人文主义理想主义者,他不甘心作出妥协,

---

① 原为罗马诗人奥维德(Ovidus)语。

放弃他的理想;面对这样惨酷的现实,他内心苦闷、怨恨、愤怒,这时他实在按捺不下,对社会上的不公、罪恶、压迫,喷出愤怒的火焰。①

莎正比亚作为一个来自民间的艺术家,惯于继承民间艺术传统,这时又看中了旧剧《李尔王》及其民间故事、李尔王及其三女的叙事诗②,发扬光大之,以反映其时代。

旧剧《李尔王及其三女的悲剧故事》,反映封建社会关系开始分解,封建道德也开始瓦解,出现了父不父,子不子,大逆不道,是非颠倒的社会现象。作者以之概括反映铁的时代资产阶级"把一切封建的宗法的和田园诗般的关系都破坏了"的混乱状态。③

孩子们这么冲撞双亲,
在这个罪恶的时代还该相信谁呢?
呵,铁的时代,呵,时代! 呵,野蛮,怪厉:

---

① 这种对天对地的控诉,怒吼,使我们想到关汉卿处于元代封建统治残酷的高压、蹂躏下,在他的《救风尘》中,借妓女赵盼儿之手戏弄蹂躏她们的嫖客周舍以发泄其愤怒,而后发展到《窦娥冤》,借窦娥这个压在社会最底层的寡妇之口,在大冤案前对天对地发出空前的怒吼:"地也,你不分好歹何为地? 天也,你错勘贤愚枉做天! ……"

② 英国有个民间故事《苇草帽子》,叙述一富翁试三女孝心。长女说爱父如命,次女说爱父高于一切,幼女说爱父如鲜肉之爱盐。父怒,将幼女逐出家门。幼女流浪郊外,以苇草织披肩与风帽,在一富家干粗活。一日邻家举行舞会,她脱去苇草服装,显出原华贵衣装赴会。少主人三夜同她一人跳舞,最后赠以指环。舞会后少主人找不到她而病了,叫女厨子煮粥,她代煮,把指环放在粥中。少主人发现指环,找到她,举行婚礼。女父亦被邀参加婚礼。宴会上,女命厨师煮好鲜肉,不放盐。其父食肉无味,始知盐的滋味。她乃拥抱其父,再不分离。盐味也代表艰苦生活中泪的咸味。有的故事其父为长女、次女逐出,尝尽人世艰苦,尝到泪中咸味,再找到幼女,因肉中无盐,更珍惜盐了。

③ 马克思、恩格斯《共产党宣言》,《马克思恩格斯选集》第一卷,253 页,人民出版社 1972 年版。

父母竟叫孩子拿着不当人！①

　　莎士比亚也继承了旧剧这种基本传统，但他对时代风暴的认识远比前人清楚：

　　　　恩爱冷却，友谊破裂，兄弟失和，城里暴动，乡下骚乱，宫廷谋变，父不父，子不子，纲纪尽废。

（一幕二场）

　　莎士比亚当不会满足于这样说一通，他要通过舞台上的艺术形象来充分体现这个时代风暴的实质；他要以民间史诗艺术的规模和气势反映这个时代风暴的全貌。这些，就使得莎士比亚把风暴作为《李尔王》的中心来处理。其实，风暴是民间史诗中常有的场面。原始故事、传说中人所不能控制的自然力总是可怕的形象。古代原始人以己之心度之人腹，对原始自然或给以人的形体，或予以生命。到了阶级社会，自然力又加上社会力，汇成一股恶势力对人民压迫、侵犯。

　　莎士比亚在其他悲剧如《哈姆雷特》中，克劳狄斯杀老哈姆雷特篡位只用叙述法表现反常的自然现象。这也是在莎士比亚时代没有完善的布景、一切都诉诸想象的情况下采取的办法。但在《李尔王》中，莎士比亚看到人民受苦受难的惨状，实在控制不住，他突破以往惯习，把风暴场面具体呈现在观众面前。在《李尔王》中，他并没有塑造拟人化的鬼怪形象，但这风暴正像有生命的形体，一方面是原野中的自然力，作为帮凶，无情地蹂躏无家可归的人民；一方面也是一种象征，——风暴无边无涯，充满整个宇宙，可说占据了史诗中神祇的位置。这正是史诗艺术

---

① 皆旧剧柏里拉斯独白。

中表现的自然力、社会力对人的迫害；也表现出莎士比亚艺术中，人怨则天怒，人心大乱，天下大乱，天上也必大乱；正符合表现资产阶级原始积累时期造成的翻天覆地的大混乱，人民的大灾难，加上反动政权的黑暗统治势力压来，大有原始时代大混沌的状态。

这种风暴是无神秘力量的神秘力量，无妖魔形象的有生命的风暴，是一种诗的独创的拟生命的力量——似比雷神妖魔更为现实，更压得人透不过气来。

这就是莎士比亚对原民间叙事诗增添、创造的民间史诗因素，堪与古代史诗媲美。

在这大转折时代的风暴之中，人民在经受考验。经不住考验的人死亡，经得住考验的则获得了新的力量，新的生命。文艺复兴时代大风暴给人民带来不幸，但也能锻炼人民，所以，所谓大转折，是指的大变革时代，并非大毁灭时代。因为人民并没有因经受不住风暴的袭击而绝灭，在风暴中也并非仅仅被动地受苦，而是挣扎求生，有的还从消极挣扎变得坚强起来，有的竟奋起抗争①，这就是风暴的消极和积极两方面的意义。

人民生活本来就是不断变化的长流，而风暴促进了这种变化。

所以在风暴中一切在变，一切在加速变化——正如剧中那句话：

事物要末在变，要末死亡。

（三幕一场）

---

① 莎士比亚囿于其阶级局限及人文主义思想局限，只赞成自上而下的改革，不赞成自下而上的革命，对这方面写得很不够。

二、中心人物——李尔

　　文艺复兴时代是新旧交替的时代,新生的资本主义萌芽虽在发展,但从中世纪建立起来的社会结构和思想体系仍然在支配人的行为。詹姆斯一世一如伊丽莎白,也要求神圣权威,国王仍是一国当然代表,甚至是上帝在尘世间的代理人。

　　莎士比亚作为一个人文主义思想家,目睹人民在风暴中的种种惨状,不能不思考谁负其咎。人文主义者总认为人民无权代表国家,代表国家的只有国王。其实这也是当时一般农民的想法,即:好王当朝,任用贤能,国家一派正气,就可把国家治理得井井有条;而恶王当朝,以自我为中心,独行其是,任用小人,倒行逆施,民不聊生,则招致自下而上的叛乱。所以他认为在风暴中人民受苦,人民无罪,罪魁祸首只能是一国之王——君王。《李尔王》这出悲剧的制造者即是国王李尔。风暴也以李尔死亡结束。所以李尔王与风暴是不可分的。李尔是贯穿全剧的人物,也是全剧和风暴的中心人物。

　　李尔在当时人的心目中是历史上的不列颠国王,但《李尔王》是一出悲剧,莎士比亚的悲剧从来借古喻今,实质上是反映现实,以人文主义思想情感感受现实,思考现实。他认为历史上这个李尔,早期奋发图强,是人民心目中的好国王;后来身居高位,年老懵懂,脱离人民,变成暴君;最后历经灾难,又幡然悔悟,恢复了本来的明智。这象征了资产阶级化的新贵族统治者发展的三个阶段。

　　第一阶段:莎士比亚继承原来民间传说,认为李尔王在开始统治时期是人民心目中的"好国王"①。他确也任贤用能,如肯特这种贤臣能受到重用,肯特也极钦佩他,视之若父,并像追随理想那样追随他。

> ……尊严的李尔,
> 我一向敬重您像敬重我的君王,
> 爱您像爱我的父亲,跟随您像跟随我的主人,
> 在我的祈祷之中,我总把您当作我的伟大的恩主——
>
> (一幕一场)

直到李尔落魄时,肯特还乔装追随他,葛罗斯特也把李尔统治的第一阶段称为"我们最好的日子"。在剧本开始前,他的确亲君子远小人,如对他的三个女儿,最宠爱的是诚实无伪的考狄利娅。

当然,这样一个王朝,假如不奋发图强,不足以战胜封建反动势力,但资产阶级有两面,其反动的一面也在发展中,这就给社会带来无限灾难与混乱。新贵族的统治仍然是个人统治,李尔王在一国至尊的优越环境中,又不知警惕,势必发展为一切以自我为中心,独断独行,听不得半句逆耳的忠言,只喜欢人顺捋胡须,从一个有理想的人渐渐发展成主观唯心的极端主义者,成为集封建罪恶与资产阶级罪恶于一身的暴君。这时社会风暴在他耳边响着,使他更加倒行逆施,这反过来又影响了风暴,年老了图省心,怕麻烦,自以为天生是个国王,是个人高贵而非地位使然;他想到逊位,逊位后仍然"每寸都是个国王",只是无冕之王而已。

---

① 根据斯宾塞之《仙后》卷二第十四章,凯木顿之遗产《执政官之镜》,及贺林希德的《英格兰史》卷二,李尔王极为高贵,在梭尔河边建立莱塞斯特城统治人民,国家繁荣富饶。

李尔王把国土分成三份,还要举行祖传的分土仪式以满足自己的虚荣心,其实是社会上的动荡不安影响了他,他想借此巩固这种家族、君臣"不变"的关系。结果长女次女以谗言骗取了许多好处,三女坦率惯了,只说实话,碰到了李尔的逆鳞,竟被放逐,跟随法国国王渡海而去。李尔便把国土分封长女次女。他不知世道变了,谗言里包藏祸心,分国就要导致战乱,[①]所以社会风暴自此一发不可收拾。祸首乃是李尔自己。所以分国实是剥去了第一层王袍。

李尔王分国后轮流在长女次女家住,殊不知在那个世道,失去了王冠就一钱不值,他两个女儿为他一层层剥去王袍,一国至尊从此一落千丈,结果竟被逐出家门,流落在荒无人烟的旷野,与无业游民为伍,任风暴袭击。这就是全剧中心场——风暴场。

这就是资产阶级化的新贵族统治发展的第二个阶段。

但李尔又是一个具体的国王,有其巨人的复杂性格,还有深刻的内心活动。

如李尔单身被抛在荒野,在风暴中亲自感受人民所受的痛苦,推己及人,想到弄人,也想到原野中一眼望不到边的苦难的人民,想到摧残自己的两个女儿,想到以那两个女儿为代表的社会恶势力对人民的高压等等,对此种种进行了自我反省。

这时,爱德伽乔装成"苦汤姆"出现了,他被逐出后,无以为生,经历了与被逐出田园的无业游民同样的生活。这使李尔吓了一跳,难道他头脑中万物之灵的人竟成这个样子吗?"人不比这个更多一些吗?"(三幕一场),而自己呢?脱去王袍,还不是个"可怜的、

---

① 见第二幕第一场。

赤裸裸的两脚动物"吗？他失望极了，但也开了窍，他是巨人性格，他不要死，要经得起苦难，要活下去，要向汤姆哲学家学习在苦难中活下去，在苦难中学习，在苦难中重新体验人，认识人。他又从审视长女和次女扩大到审视社会的不公，他的内心视野扩大了，思想认识起了明显的变化。他的人文主义理想使他不忍看到"人"遭受这种摧残，然而咎由己始，他认识到自己作为一国之主应负的责任，他无限悔恨，内心风暴扩大，甚至外在风暴似乎只成为他内心风暴的外观。他说：

……我的心灵中的风暴已经取去我一切其他的感觉，只剩下心头的热血在那儿搏动。

（三幕四场）

这种反省的过程正应了罪恶的里根对可怜的葛罗斯特所说的话：

呵，先生，对于任性的人，他们自己遭受的伤害必定能当他们之师。

（三幕四场）

这种反省是艰苦的、严酷的、悲惨的，他失去了理智，头脑倒清醒了。他失去的内心和谐，只有由考狄利娅通过音乐来恢复。这是他生活的第三个阶段。

这三个阶段是李尔思想演变的过程，是标志得很清楚的。其实这也给误入歧途的资产阶级化的新贵族指出该往哪里走以及怎样走法。

一切希望在于复国，恢复理想统治，这也是他对人民赎罪的唯一机会。

但时代在前进，复国战争失败了，考狄利娅被囚，李尔只能与她在牢门之内享受一下人文主义和谐的人性的温暖,时代把希望寄托在下一代新人身上。

那么,李尔王究竟是剧中正面力量还是什么?我们试就李尔的理想与现实的矛盾来进行分析。

我们认为李尔王是有社会理想的,虽然中间有些变化,但他的理想基本上属于人文主义理想。

人文主义理想即追求和谐生活的理想,大可兼善天下,即求大宇宙的和谐,小可独善其身,即求小宇宙——家庭、甚至个人内心的和谐与光明、温暖,当然是资产阶级人性的温暖。姑不论其统治的"好时光",全国井井有条,繁荣富强,成为和谐的大宇宙,即便李尔发展到以我为中心的暴君时刻,在社会畸形发展的纷乱之中,李尔所追求的依然是女儿的爱,是理想的温暖,是乱中的稳定。他追求逊位后的生活,也是追求人文主义的和谐、温暖,无拘无束,理想的无冕之王的和平生活。连李尔分国的原意也还是为了避免在他统一国土中争权夺利,造成纷乱。

谁想到他的理想和现实矛盾,结果走向了理想的反面。这是当时是非颠倒的社会造成的,也因为风暴开始时李尔的理想起了变化:人文主义理想渐渐发展而成为以个人为中心的极端个人主义,亦即脱离群众的主观唯心主义的社会幻想。(用莎士比亚资产阶级人性论的观点与语言来说,即从人身上的神性与兽性的萌芽中发展了兽性,其思想也就由神性的理想转变为贪图自我享受的兽性的幻想,实质上也就与人文主义理想没有什么共同之处了。)

当资产阶级初起,或者说还未处在当权者的地位时,他反抗当权者的暴政,代表自己本阶级利益,多少也代表了人民利益,人民利益与本阶级利益有一致之处；一旦踏上统治阶级高位，如仍以全国人民和谐生活为目标，仍可施行人文主义"仁政"，为民造福；再发展下去，个人利益与社会利益发生矛盾，为了个人利益损害社会，甚至为了本阶级利益造成社会混乱，就走向了理想的反面。

以人文主义的观点来看，前者为善，后者为恶，前者为人中的人性，或甚至是神性，后者为人中的兽性。

在该剧中前者以考狄利娅为代表，后者以其两个姐姐及爱德蒙为代表。当李尔从风暴中清醒过来，能从实质上赤裸裸的人出发看问题而不是从外形、装束上看问题时，——他认识到了高纳里尔、里根外形似神，实质是兽，汤姆（爱德伽）外形似兽，实质是人，而考狄利娅即是李尔头脑中的理想、神性的人了。他自己呢，撕去王袍，还它个本来面目，以新的眼光衡量自己，重新向爱德伽学习（即间接向人民学习），在苦难中滤尽一切罪恶，在风暴中与人民同患难，共甘苦，萌生了新的思想，起来为人民与风暴斗争，这时他虽形似兽却恢复为人，而且精神有点像神了。

这就是理想与现实、神性与兽性在李尔内心辩证发展的关系，也是李尔有如希腊悲剧人物那样通过苦难学习、认识人生的意义了。

李尔的理想的真正复原还在于找到了考狄利娅。考狄利娅通过音乐使李尔恢复了内心和谐，统一了矛盾，医好了创伤。这就是为什么李尔与考狄利娅在牢狱里内心还那么光明与温暖，成为冷酷世界中唯一温暖的火苗，即在现实黑暗的风暴中得到了理想，得到了诗一般的资产阶级人性温暖的和谐。

李尔从人文主义思想到极权主义思想，这是长时期的国王生活在一定气候下自然的发展,只要不自我克制,就如顺水行舟那么容易。但在《李尔王》一剧中主要是写他恢复人文主义理想,或者可以说,不仅复原,而且改变自己,成为一个新的具有人文主义思想倾向的人。这一步就如逆水行舟,进难退易。

李尔王、葛罗斯特都完成了一生中这个艰苦的转折,因为他们陷进极端个人主义的泥沼越深,越须以极大的杠杆才能自拔与转变。

在《李尔王》一剧中,用了所谓四跪①、三疯、二转变场,即李尔王要经过四次下跪(两次对长女、次女,一次对群众,一次对幼女),内心风暴达到疯狂的程度,又在疯狂中经过教育,然后转化,经过审判场,到幼女以音乐医治而恢复人文主义理想的和谐。葛罗斯特则经过剜目,得知汤姆等的悲惨生活,发出彻底民主的呼声,再经过落崖场,学习到勇于承担人生苦难而达到圣哲的伟大境界。

我们不妨再作一些简单的分析。

李尔以一国至尊,分国后竟受到长女、次女的虐待,李尔这种"是可忍孰不可忍"的愤慨,莎士比亚用父亲跪女儿的大杠杆来表现。第一次跪高纳里斯是对她报复而跪,第二次乃假装求饶作戏以跪来挖苦里根,两次都是讽刺性的跪,也可以说是喜剧性的跪,是假跪,是攻击性的,是对外的,但也是戏剧中最激烈的行动:"上跪下"。②

以下第三次是三幕四场风暴场中内心大转折的下跪,以一个极端脱离群众、高高在上的人转而为流浪汉祈祷,以一个以为自己

---

① "四跪"系根据舞台传统进行讨论。
② 曹禺就善于用这种戏剧技巧,见《北京人》。

完全正确、独断独行的至尊,认识到自己的极大错误,而且把风暴之咎全归自己,谴责自己,是深刻悔罪的跪。是内省式的,是对内的,更是戏剧中最激烈的行动:"帝王跪人民",是悲剧性的跪。

最后一次是四幕七场对幼女考狄利娅的跪。① 李尔向往已久的理想终于实现,但无脸见人,悔恨交加,深深服罪,向幼女求饶。当然是悲剧性的,是内向的,又是祈求式的,是戏剧艺术中极大的杠杆。

后两次是真跪,是严肃的,表示经过大难,受到深刻教训之后极大的转变。

当然,前两次也是伤透了心的,跪敌人,是带泪的讽刺喜剧性的跪,是毁灭性嘲讽的跪;后二者却是真跪,相比之下,更显得后二跪的悲剧性,看出李尔悔罪之深,沉痛之至,转变之彻底。

也只有这样,才可能撕去李尔作为一个资产阶级极端个人主义者兼封建君主的王袍,还他一个赤裸裸的个人,逐渐显出了他性格上好的一面,从口中吐出这样的话:

　　到外面来体味一下穷人所受的苦,
　　分一些你们享用不了的福泽给他们,
　　让上天知道你们不是全无心肝的人吧!

(三幕四场)

转而诅咒豪华,诅咒老天不公,诅咒统治者,也诅咒他自己,思想不就大变了吗?

李尔由此矛盾、苦痛之至,掀起了内心风暴。内心风暴系由外在风暴引起,是外在风暴在他内心的反映,但内心风暴在这样一个

---

① 旧剧中,莱尔与科第丽娅互跪数次,后又与法王互跪互起。

巨人心中由这样深刻、巨大的矛盾搅起的巨浪,其激烈程度当更甚于外在风暴:

> 你以为让这样的狂风暴雨侵袭我们的肌肤,
> 在你看来是一种了不得的痛苦,
> 可是一个人要是身染重病,他就不会感觉到一点小小的痛楚。
>
> (三幕四场)

内心风暴再发展到极端,就造成李尔的"疯"。

有人说李尔一开始就有些"疯",而在风暴中逐渐加深。这似为李尔推卸责任。如果真是这样,他的深刻转变就没有多大意义了。

我们当然也承认他开始就受到是非颠倒大混乱的风暴的影响,老了更难控制自己,有如站在旋转的地面上有一种不稳的感觉,只是不多去想它,故作镇静,也更增加了他内心的急躁、混乱情绪;犹如麦克白一开始出场,受时代风暴的影响,吐出"像这样又美又丑的天气我从来没有见过"(《麦克白》一幕三场)那样的话,产生那样混乱的感觉。当然,这时也就开始了李尔的内心混乱和初步矛盾。但他这样一个至尊的国王可以说是因受到女儿侮辱、虐待而气糊涂的,更可以说是各种思想情绪交织的内心风暴发展到极端而疯了的。这过程有很明显的标志。他开始还能控制自己:

> 呵,别让我发疯,发疯……我不要疯:
>
> (一幕五场)

> 女儿,请你不要使我发疯,
>
> (二幕四场)

然后发展到无法控制自己:

> 我这一肚子气都涌上心头来了!
> ……
> 我的神经要错乱了:
> ……
> 呵,傻瓜!我要发疯了!
>
> (二幕四场)

肯特也渐渐看出来,
> 他的神经有点儿错乱起来了。
>
> (三幕四场)

> 在这儿,大人,可是不要打扰他,他的神经已经错乱了。
>
> (三幕六场)

葛罗斯特也说他:
> 啊,毁灭了的生命!
>
> (四幕六场)

但一直到李尔疯了,爱德伽还说他:
> 呵,疯话和正经话夹杂在一起!
> 疯了,可说的话却不是全无意义!
>
> (四幕六场)

也就是说他不是全疯,只能说是内心风暴发展到极端的表现;一个真正的疯子在舞台上就没有什么戏剧性了。相反地,神经错乱而并非完全失去理智,在审判场把罪恶的现实与自己联系起来,才显出李尔巨人的深刻认识与伟大心胸以及大转变,也唯有神经错乱而非真疯,才可以由考狄利娅以音乐的和谐医治好。

风暴场中主要成员共有三疯。李尔王这样的巨人虽然从一国至尊跌落到无业游民,但仍然头脑深沉,会思考问题。可是如何忍耐,如何生活下去,如何在孤独中取得知识与希望,以期活下来改变思想为人民报仇,为自己赎罪,还得求助于"二疯":一个是爱德伽,他乔装疯狂,以求生存,以求有助于他人与时代;一个是弄人,装疯卖傻,以人民的智慧教育李尔,以人民的情感关怀理想的君王。而爱德伽也是从受难人民中学得如何生存下去的人生哲学的。三疯其实是三个哲学家:一个(李尔)是通过自己的苦难和人民的苦难,重新评价、认识人的价值与人生意义;一个(爱德伽)是通过自己的苦难向人民学习,认识人生哲学和意义;一个(弄人)是民间智慧的结晶,是剧中最聪明的民间哲人。这三疯(三个哲学家)在风暴中相遇,其哲学在风暴中交织、交锋,有如《皆大欢喜》中三种幽默相遇、交织、交锋,迸出灿烂的火花,这儿这三种哲学互相矛盾又互相融会贯通,在风暴的黑夜中闪出一道道心血铸成的智慧的光华。这种哲学探索是使李尔转变的契机,也反映了文艺复兴时代孜孜不倦追求理想、探索真理的精神。

审判场(第三幕第六场)是风暴场大转折高潮的继续,是外在风暴在李尔身上转化为内心风暴,也是他内心矛盾、斗争达到高潮后的认识结果。审判场也是喜剧场挪入悲剧中者。如《水浒传》、《水浒戏》中"黑旋风乔断案"等,那是小说戏曲中虚构的真戏真作。又如在《皆大欢喜》中罗瑟琳男装为盖尼米德,叫奥兰多向她求婚,同她结婚,是喜剧中的"乔结婚",那又是真戏假作。都是喜剧场。移到了这里则是假戏真作。这种喜剧穿插用到悲剧中,却令人苦笑而又有凄凉、悲愤的感受,是对李尔一种无可奈何的反嘲,也是李尔悔改、转变的深刻表现。

这说明李尔真正有了转变,一切都转过来了,由受尽人间苦难并受过人民洗礼的爱德伽主审,由人民中的弄人陪审,组成了想象中的御前审判法庭。犯人又由近及远,逐步扩大,先是直接损害他和人民的两个大女儿高纳里尔、里根等,逐渐扩大到小偷,咬人的小狗,甚至罪犯、妓女,大有托尔斯泰《复活》中聂赫留道夫及其他玩弄玛丝洛娃的人审判玛丝洛娃的味道。

在这种审判中也审判了他自己。因而这种审判及其中的反嘲含有相应的真理。可见李尔疯了才真正头脑清醒了。然而他已无权,这是对他深刻的反嘲,这种反嘲中所含的真理是悲剧性的。

三、辅助线——葛罗斯特

在这场风暴中,除了主线李尔王的故事之外,还有个相对独立的辅助线:朝臣葛罗斯特的故事。葛罗斯特的故事采自菲力浦·悉尼爵士的《阿加地亚》卷二:《帕夫拉岗的不慈的父亲及其孝子的可怜处境的故事》。两个故事在剧情发展上互相交织,互相推动,起到相辅相成的作用。如李尔王听信谗言分国土与长女、次女,逐出幼女,结果为长女、次女所逐,而幼女则助其复国。葛罗斯特听信庶子诬告,逐出亲子,结果自己被庶子告密,而被逐之亲子则为其复仇。所相同者,二者皆为受恩惠者恩将仇报,受亏待者反而以德报怨;而相异者,以葛罗斯特故事中之子不子,配合李尔王故事中的女不女,两者共同反映了时代风暴中畸形发展的社会全貌。两个故事实为一整体,统一在大转折时代的社会风暴之中。无论从人物形象的深度还是所反映的生活内容的广度来说,这出戏所反映的时代风暴,都称得上新型史诗型的风暴。

葛罗斯特也在风暴中经历了大转变的过程。他比起李尔来更多封建思想,虽然他也向往"最好的日子"那种资产阶级萌芽时期的黄金时代；他一直逆来顺受,服从长上,轻信偏爱,甚至有迷信思想。但他仍不失为李尔的贤臣一类。因此,他看到李尔被虐待致有杀身之祸时,竟敢暗中反对顶头上司里根,以致遭受剜目之祸。结果受到人民平凡中的伟大的启示(如仆一的正义行动),又激起心中潜伏的正义感起而反抗。

当他了解到进行告密而使他受剜目的酷刑的竟是他所钟爱的爱德蒙时,他眼瞎了反而看清了,从而想念他的爱德伽。他从老人口中的汤姆的惨相联想起:

　　他使我想起一个人不过等于一条虫,
　　那时我儿子的影像就闪进我的心中。

(四幕一场)

他又从爱德伽推想到所有不幸的人,他怀着比较悲观的封建思想说道:

　　天神掌握着我们的命运如顽童作弄飞虫,
　　会把我们加以杀害,只是为了戏弄。

同时他又吐出了极为民主的思想:

　　快让穷奢极欲的富裕人感到天网恢恢,别让他玩忽神规,麻木不仁,竟至于视而不见,从此分配里消除了过分的享用,让人人都得到他应得的一份。

这就和他的封建思想矛盾,而与前面所引的李尔的话接近了。

这时的葛罗斯特,当然也和开始时经受不住考验的爱德伽那样想自杀；经过爱德伽以从人民那儿学来的真理对他现身说法,进行形象化的教育,葛罗斯特才以自己的方式认识了人生真理。

这就是"落崖场",或叫做"乔落崖场"。

"乔落崖场"是发挥想象,假戏真做;也是喜剧技巧运用到悲剧中产生了悲剧效果;又是人民通过爱德伽给葛罗斯特上了一堂形象化的人生哲学教育课。这里运用了民间艺术中想象和虚构的手法,将人和景描绘得活灵活现。这种艺术手法上的"假装",也可以说是一种"戏中戏",使得葛罗斯特完全相信自己从万丈高崖落下深渊竟然无伤,以说明"神"反对自杀,或命运不要他死,叫他忍受下去,生存下去。生存下去就有希望。这样就解决了"生存下去还是不生存下去"("To be or not to be")的问题。

如果说李尔对抗风暴有点希腊埃斯库罗斯的普罗米修斯的精神,那么,葛罗斯特就有点像希腊索福克勒斯的俄狄浦斯王,通过经受命运折磨(也可以说抵抗命运打击)达到圣哲的伟大。当然,葛罗斯特这种思想并非一次就能稳固下来,而是经过了一个曲折过程的,是像李尔一样,通过向爱德伽不断学习的过程的。

葛罗斯特本人,与李尔一样,也是个风暴的制造者,某些混乱正是由于他对爱德伽和爱德蒙的本性认识不清造成的。也如李尔一样,如果他不那么糊涂,认识得早一点,就会避免这场风暴。也好,他自己经过风暴的洗礼,通过人民间接教育,从中得到新生,由极端悲观转化为乐观主义。最后他得知这些日子给他做向导,带他走路,为他向人求乞,并把他从绝望中拯救出来的竟是过去他驱逐的爱德伽时:

> 可是唉!他的破碎的心太脆弱了,
> 经不起这样重大的喜悦和悲伤,
> 在这两种极端的情绪猛烈的冲突下,
> 他含着微笑死去了。

(五幕三场)

所以,葛罗斯特虽然没有李尔的形象那么巨大,也较为悲观、被动,但也和李尔一样通过人民直接间接的教育,毅然经受苦难,甚至走向死亡,显出其过人的性格,作为李尔的性格的衬托,相得益彰,成为剧作家塑造的两个动人形象。

这条辅助线中,除了葛罗斯特对李尔起陪衬作用之外,爱德蒙也对高纳里尔和里根起陪衬作用。其实,爱德蒙的形象写得比高纳里尔和里根更为生动。

我们知道,当时那场社会风暴是资产阶级萌芽时代社会发展的必然产物,在剧中当由李尔负主要责任。李尔逊位之后,风暴扩大了,其对人民的压力则来自高纳里尔与里根,其后更来自掌握实权的爱德蒙。高纳里尔与里根出身于王族,爱德蒙则是私生子身份。私生子在当时社会是人们看不起的,他出场时卑躬屈膝,对肯特等也极尽恭维之能事。在社会上受压抑之深,更迫使他拼命向上冒尖。

他不相信命运与迷信,只相信:

> 大自然,你是我的女神,我愿意在你的法律之前俯首听命。

(一幕二场)

这当然指的是一种弱肉强食、优胜劣败、资产阶级极端个人主义的思想,他以这种思想代替旧的封建迷信。他认为:

> 世界真是愚蠢得不得了,每逢我们运气不好,我们不想这往往是自作自受,却把我们的灾祸归罪于日月星辰,仿佛我们当恶棍是命里注定,当傻瓜是出于天意,当无赖、盗贼、叛徒是由于星宿主宰,酗酒、撒谎、通奸迫于气数,无论我们造什么孽,都是神遣鬼使……

(一幕二场)

正是由于他总面对现实,他清醒地知道自己有"一个轻信的父亲,一个忠厚的哥哥",对付他们这样老实的傻瓜,他的奸计是绰绰有余的,他自己是个私生子。

> 靠不了出身,我就靠才能取得田地,
> 只要我办得到,在我是什么都可以。
>
> (一幕二场)

所以他变化多端、狡计百出,而在那善恶倒置、是非不分、正气下降、邪气上升的混乱时代,他更是处处得势,步步上升。他出卖其兄得到其父信任,又出卖其父得到里根、康华尔的信任,他以其罪恶的智力、精力使高纳里尔与里根互争为夫,一跃而成为英军统帅——左右时代风暴的中心人物。

爱德蒙确是《奥瑟罗》中伊阿古一类的黑色巨人,跟伊阿古相比,爱德蒙更富有行动。他一言一语都是行动,目的明确,从不多说,一切挡路的都得为他让路,都得服从他个人意志,似乎他的意志创造了一切,在这方面,他确实可以称为"我是个大诗人"①,他是文艺复兴时代有力的意志的巨人,虽然他的意志是黑色的。

四、一代新人

《李尔王》一剧中,作者除了刻画李尔这类将要逝去的时代巨人以及正在兴风作浪的爱德蒙这类黑色巨人之外,还创造了一代新人考狄利娅、爱德伽、弄人等光辉形象。

---

① 见巴尔扎克《高老头》中伏特冷语:"我是个大诗人,我的诗不是写出来的,而在于行动与情绪。"

考狄利娅在这场风暴中是个特殊人物。她开始是李尔所掀起的风暴中受压迫的人物,但又发展为李尔在风暴中所向往的理想人物,成为阴惨风暴中的一线光明,最后成为英法战争中法军统帅,成为有能力掀起风暴、企图以风暴对风暴、以风暴熄灭风暴的战略家了。

考狄利娅说话不多,不善于表现,好似心理学上所谓的内向性的妇女,在她的两个姐姐表白对父之爱时,她却是:

默默地爱着吧。

因为我深信我的爱比我的口才更为富有。

我不会把我的心涌上我的嘴里。

(以上均见一幕一场)

她不善于表白,也耻于表白,她看不惯宫廷的虚伪、两个姐姐的无耻谗言和父亲的虚荣。她比起希腊的安提戈涅来更属于文艺复兴时代的女子。她外表朴实、沉静,甚至有些固执,却并没有什么特殊,但在宫廷中能实事求是,坚持真理,具有反封建的意义,是外形包不住火热的内心的新人物。[①]

(但无论如何,她这种任性忤逆了老父,伤了老父的心。——也不能说完全没有"悲剧过失"的吧!)

她出场不多,第一幕第一场出场才讲了几句真话,就被送给了欣赏她真正价值的法国国王,逐出国境。但她始终存在于宫廷人

---

① 见黑格尔《美学》中所谓的浪漫艺术与古典艺术的比较(黑格尔《美学》第二部绪言,德意志民主共和国柏林 1955 年建设版 310—311 页)。

们的心中。作为人民中代表人物的弄人和忠臣肯特等自不必说了，连放逐她的李尔在记忆中也总是想到她。尤其是在风暴中，她在李尔心目中更是一个天使般纯洁的形象。她对父亲怀念、忏悔，经过了长时间、长距离的间隔，情操更纯化了。直到好不容易父女见了面，她还是不善于表白自己，她让自己的灵魂化成轻柔和谐的音乐来表达她的情感，颇似《红楼梦》中"凤尾森森，龙吟细细"，"湘帘垂地，悄无人声"，"走至窗前，觉得一缕幽香，从碧纱窗中暗暗透出"①那样，处处是林黛玉的灵魂在说话。这说明考狄利娅便是和谐，便是理想，正符合李尔心中怀念的理想，因此能医好李尔失去和谐的内心风暴的创伤。

考狄利娅坚决为父复国，又显出了并发展了她单纯却又复杂的性格的另一个方面，即原来表现出来的刚强的方面，也是热情的一面。

但她对父亲的情感发展过度，又走了个极端，她本想以法国进步的人文主义思想为父复国，给人民带来和谐与幸福，但她又太天真了，事情的发展是复杂的，国际战争带来更大混乱，她因犯了侵犯祖国的罪行，遭到国人的反对而失败了。当然，要改变时代必然有所牺牲，这大业也不一定由她一手完成。这是考狄利娅的悲剧。但由这悲剧更显出其性格之美，更显出理想之不可多得，而使人诅咒铁的时代风暴之残酷。②

---

① 《红楼梦》二十六回：《蜂腰桥设言传心事　潇湘馆春困发幽情》。
② 约翰·德莱顿等特别指出，李尔王的结局中考狄利娅之死干犯了"理想的赏罚"。诗人及戏剧家纳乌·塔特（Nahum Tate）因此给这出戏一个"快乐的结局"：李尔王恢复权力，考狄利娅、爱德伽结婚，可望统一的不列颠繁荣昌盛。这种改编为约翰生博士所赞许；改编的戏在舞台上演了几个世纪，直到十九世纪中叶始恢复本来面目。

在失败后,她仍然说话不多,对父亲一片柔情,但又显出理性的一面;她为父着想,在狱中试探其父是否向姐姐屈服求情,结果知道父亲仍具有巨人的刚强性格,乃与父亲共患难,默默与父亲灵魂融合为一。这些,李尔是能感到的,因而产生了极大的喜悦:

来吧,我们进监狱去,我们俩要像笼中鸟一般的唱歌;

你要我祝福的时候,我会跪下去,

求你宽恕,我们就这样过日子,

祈祷,唱歌,讲讲古老的故事,

笑蝴蝶披金,听那些可怜虫闲话宫廷的新闻:我们也要同他们

漫谈谁得胜,谁失败,谁当权,谁垮台;

由我们随意解释事态的秘密,俨然是神明的密探,四壁高筑,

我们就冷眼看这一帮,那一派大人物随月圆月缺而一升一沉。

(五幕三场)

父女俩的灵魂已获得人文主义人性的和谐与温暖了。

至于爱德伽,他在《李尔王》中的变化可以说是最大的了。他从一个幼稚无知却高贵天真的浪荡公子,经过与流浪的人民共患难,从人民中学到要坚强地生活下去,并形成了自己的人生哲学思想。试将第三幕的汤姆与第一幕的爱德伽相比,去掉外表上的浮饰,显出了丰富的内心,形似"兽",实为"神",这是多么大的变化!

他也一改过去僵化的作风,学到了随机应变。当他发现父亲被人剜去双目,他忘记了自己是汤姆,显出了富有情感、热爱父亲的本色,但立刻意识到自己还不能暴露,必须以伪装的面目来保护

父亲。当父亲叫他带路走向悬崖时,他激动得几乎暴露自己。葛罗斯特听了他说话的声音说:

> 我觉得你的声音也变了样啦,你讲的话不像原来那样粗鲁、那样疯疯癫癫啦!

(四幕六场)

"落崖"中他以一个民间诗人形象来描述悬崖陡壁及远近人物。"落崖"后又成为落崖处另一个海岸居民。在其父与李尔相遇时成为另一乞丐,在管家老人前变成一个农民乞丐;在与爱德蒙决斗时戴上面具,又以无名战士的姿态出现,最后现出本相,成为新的爱德伽了。与阴险善变的爱德蒙相比,爱德伽的随机应变和双重身份是善意的,是正面的,是高贵人物美的、诗的创造。

爱德伽经历的是从一个高贵然而单纯的贵公子,经过汤姆这样的"双重自我",再蜕变为新的有斗争经验的英雄人物的过程。这中间是经过千辛万苦的。

> 可怜的汤姆,他吃的是泗水的青蛙、蛤蟆、蝌蚪、壁虎和水蜥;恶魔在他心里捣乱的时候,他发起狂来,就会把牛粪当做一盆美味的生菜,他吞的是老鼠和死狗,喝的是一潭死水上面绿色的浮渣;他到处给人家鞭打,锁在枷里,关在牢里,他从前那三套外衣,六件衬衫,跨着一匹马,带着一口剑;
>
> 可是在这整整七年时光,
>
> 耗子是汤姆唯一的食粮。

(三幕四场)

这乃是一幅人民被逐出田园后苦难生活的悲惨写照,汤姆只是其中之一。

他也曾想到"埋到地下",一了百了,他也曾把刀子放在他的枕头底下,把绳子放在他的凳子底下,把毒药放在他的粥里……

(三幕四场)

直到:

贫困糟蹋人,把人形作践成兽相,
我就装出那一副最贱的可怜相。

(二幕三场)

他才在风暴中挺了下来,也锻炼成为新人,对实现理想充满了信心:

去吧,汤姆,忍住你的怨气,你现在蒙着无辜的污名,总有一天恢复你清白之身。

(三幕六场)

而他也确实做到了。首先是保存自己,然后卫护他父亲,教育了他父亲,也教育了李尔,再后挺身而出,揭发爱德蒙的罪行,以剑对剑处决了这个大坏蛋,他也就为自己、为父亲、为李尔、为考狄利娅、为人民恢复了清白之身。

旧剧中原无弄人,只有像肯特那样忠于李尔王的朝臣柏勒拉斯,形影不离地随从李尔。李尔告诉他,别再叫他主人了,"把我只当作我自己的影子"。莎士比亚创造了一个来自民间的人物——弄人,让他说李尔是"李尔的影子"。

《李尔王》中的弄人,与这出悲剧中的生活联系得很紧。弄人一般乃劳动人民进入宫廷,类似意大利假面喜剧中走入城市的农民角色——查尼(Zanni)[①],富有民间智慧与幽默,酷爱真理,也有

---

① 等于英语中的约翰,如中国的张三、李四。

点像中国戏曲传统中的三花脸——葛麻之类的人物。

弄人一方面是人民,是宫廷生活的旁观者,一方面又是宫廷中的一员。他对宫廷中人民的理想人物如考狄利娅、李尔都怀有深厚的情感,他有人民的智慧,能看清人、事、物的实质,他又有弄人的面具,在面具下可以说真话不受责罚,所以他敢想敢说,在这方面有点像中国的东方朔。

如果是这样,这里的弄人就和《哈姆雷特》中的掘墓人不同,而属于喜剧《第十二夜》中的弄人费斯特一类,他对于剧中人物,甚至全剧的内在意义,都有解释作用,类似希腊悲剧中合唱队那样。例如他把李尔的苦痛普遍化以说明时代:

蜡烛熄了,我们眼前只有一片黑暗。

(一幕四场)

这是指李尔,也指他们大家,也指时代。

李尔分国土的错误后果,只有弄人早已看清楚。他用民间形象化的比喻,一再指出李尔的愚蠢:辞去王位就失掉权利,就得把两个大女儿当母亲了,对考狄利娅不公正,把理想逐出门外,眼下就只有漆黑一片了。

弄人对理想的考狄利娅怀着深情,对高纳里尔和里根又恨又怕,但仍本着大无畏精神与之斗争。这就是弄人的双重性格,也表现出他的过人之处。弄人是人民的一分子,又是具有特殊身份、性格以至外形的人物:他形体比较娇嫩,文雅,漂亮,形似柔弱,内心火热,更显出非凡的精神世界。他在风暴中当然是怕冷的,但从不诉说自己的苦,只说:

这一个寒冷的夜晚将要使我们大家变成傻瓜和疯子。

(三幕四场)

只为大家着想，为李尔着想。在风暴中，连李尔都可怜他，他仍以幽默对之，因为内心健康才笑得出来，尤其在大难临头之际，还以幽默安慰、鼓励别人。所以可以说他具有临危不惧、为人忘我的大无畏精神，与柔弱形体适成对比，更显出其内在力量过人。

弄人对李尔更是忠心耿耿。李尔流落在风暴中只有弄人跟着他，与他相依为命。就因为他作为人民的一分子，深知李尔是理想的国王，只是走了极端个人主义之路，他相信人民的力量可以教育他，挽救他，所以弄人对李尔的态度也跟着李尔的态度变化而时时改变。在李尔犯了大错还顽固不化时，弄人就用真理之箭，用开玩笑的手法射向李尔的痛处，这讽刺的箭极为锐利，所以李尔称他为"一个尖酸的傻子"。弄人有理智，更有深厚的情感，而且情感极为复杂。他既恨李尔倒行逆施，又爱其本质是好的，惋惜其所受的痛苦，希望他能悔悟，他的嬉笑怒骂中含有热泪。

在风暴中李尔内心的悔改也没有逃出弄人的眼睛。弄人当然还不能卸去面具，仍以笑语从心底流露出对李尔的同情与爱，他的嬉笑带有崇高的情感。他随时给李尔提供照照镜子、认识一下自己的灵魂状态的机会，这在漆黑的风暴之夜，犹如一道道闪电照明夜空，更照明李尔的心。

在风暴中李尔的内心风暴也相应地激化，弄人看透李尔在风暴中失去和谐以至疯狂，是心病，他就以精神医生的身份对症下药，尽力用玩笑来排除李尔内心的伤痛，用各种方式减轻他内心的负担。

在风暴中，李尔首先是看到弄人的痛苦再想到人民的痛苦的。这也说明弄人是与背景里的广大人民群众相通的。他是人民中间的代表,他的行动代表人民的心愿,由他关怀李尔,陪伴李尔,看护李尔,教育李尔。人民无处不在,①李尔什么时候有需要,弄人什么时候就出现。当李尔疯狂得不省人事时,正是弄人冒险把他背到了多佛,这种艰巨的任务,只有无处不在的人民才能办到。到那里见到考狄利娅,李尔获得了理想的和谐,获得了新的生命,弄人的责任也就尽了,他作为人民中的一滴水复归于人民的海洋,也就从此隐去。② 但他的幽默,他的乐观主义,他的忘我精神,他的助人为乐,他的善良,他的旺盛的生命力,这些人民中优良的品质却永远留在人们心里。

五、悲和喜的辩证关系

在莎士比亚之前,李尔的故事是个喜剧结尾。如在朴息的《李尔王》叙事诗中,李尔复国成功。《执政官之镜》(1586)与斯宾塞的《仙后》中李尔复国后又统治了三年。连贺林希德的《英格兰编年史》卷二中,也是李尔复国统治了二年,死后考狄利娅又统治了五年。甚至旧剧中也是以李尔复国成功,与法王感谢天地结束。

---

① 就如《哈姆雷特》中人民无处不在,当哈姆雷物被派到海上时,也有被迫当海盗的人民救了他。

② 事成身退,不居功,不求位,但又时时在监督统治者如何统治,这就是当时人民的态度。至于弄人退场前说的话:"我一到中午可要睡觉哩。"其实是与李尔前面所说的"我们到早上再去吃晚饭吧"相对的俏皮话。国外评论家克拉克·哈德孙等人认为弄人离开主人生活就无保障,生活无趣,只有死去,这种认为弄人近于中国"义仆"的说法,是封建思想的流露。我们认为莎士比亚不会这样写。至于说,当时因缺少演员,弄人与考狄利娅系由一人扮演,这倒有些可能,但那又是技术上的问题了。

莎士比亚写剧是反映他自己那个时代,在他那个铁的时代风暴中,喜剧结尾已不可能。即使李尔复国成功,一切矛盾必然暴露出来,结果还会画虎不成反类犬。李尔毕竟老了,难以实现人文主义仁政了,只可实现其小宇宙中的和谐,这当然也是大宇宙和谐的缩影。① 这就是作者最后让李尔在狱中通过考狄利娅和谐的灵魂取得人间温暖的用意,而墙外则响着黑暗冷酷的时代风暴,狱中反而有温暖,有人文主义人性的光辉,这又是一种多么残酷的反嘲啊!

而这一点点火苗最后也终于完全扑灭,犹如电光闪过,更显得夜色阴霾。这是时代使然,悲也就悲在这里。

> 哀号吧,哀号吧,哀号吧,哀号吧!
> 呵,你们都是些石头一样的人;
> 要是我有你们的那些舌头和眼睛;
> 我要震撼苍穹,用我的眼泪和哭声……
>
> (五幕三场)

他甚至忍不住发出悲痛的责难与控诉了:

> 为什么狗呀,马呀,老鼠呀,
> 都有生命,偏偏你没有气了?
>
> (五幕三场)

"无怒不成书",这像窦娥临刑前的呼号,是多么有力的悲壮的控诉!这不是代表着当时遭受漫天风暴袭击的千家万户人民的呼声吗?作者愤怒地控诉了这混乱的铁的时代,甚至对李尔在牢狱

---

① 中世纪传统概念,大宇宙(Macrocosmos)泛指天地万国,小宇宙(Microcosmos)指个人内心,顶多指家庭。

中的那一点点火苗也不留情,以体现当时的社会如何找不到出路,任何理想都遭到毁灭,这不是人民最大的悲剧吗?

当然,这出悲剧的意义决不仅止于此。

首先,就悲剧主人公李尔对这种悲剧命运的态度来看,他在风暴中并未自戕,也不只是被动受苦,而是通过苦难认识真理,得到新生。试想,在大风暴中暗影重重,他竟能鄙视命运,追求理想的光明;大宇宙的和谐虽为历史发展所不许可,但终于在风暴的大混乱中实现了小宇宙的和谐。这是多么伟大的精神! 在这里,它和古代史诗、悲剧不同,李尔不是为命运——自然力和社会力所形成的风暴所支配,所摧垮,而是把命运掌握在自己手里;不是听天由命,而是人定胜天。命定他遭受失败,他却战胜命运;牢狱最冰冷、黑暗,却充满温暖与光明:这是他斗争出来的。由于他对抗风暴,对抗命运,这才能高高矗立起来,充分显出巨人形象。他的死是一个获得新生的巨人倒下来了。人总有一死,但李尔的死和麦克白只创造了黑暗、内心没有一线光明地死去是不同的,他像葛罗斯特那样,所追求的终于获得了,创造出来了,灵魂是充实的(失去光明与温暖虽使他悲痛不已,但总算实现而且享受过了),心中也不无胜利的笑的微波在荡漾。

其实,这也就是李尔最终实现的理想。就李尔之追求理想而论,自从他发展了极端个人主义,习惯了宫廷虚伪逢迎的现实,对考狄利娅的看法便有极大的盲目性,把她逐出宫廷,也就逐出了理想,逐出了真理与光明;但在风暴的大混乱中他反而逐渐清醒过来,经过万难,终于找回了考狄利娅,找到了理想。考狄利娅以军人姿态帮助父亲为真理、为恢复理想而战斗,正是李尔这种斗争精神的延伸。这种精神,不以人的死亡及失败而泯灭,这才是这出悲剧的精神实质。所以《李尔王》是一出为理想斗争而理想胜利的戏剧。

再扩大一些,从社会发展方面来看,(人民中的优秀分子为社会理想斗争,推动时代发展。)巨人时代过去了,历史仍在继续,而且越来越走向理想的光明;李尔死了,李尔的这种精神并没有死,自有后来的新人继承并发扬之,爱德伽在风暴中与人民同甘苦,共患难,吸取了人民的智慧与力量,百折不回,勇往直前,这样的新人接班,预示着未来必将取得新的和谐与光明,所以这出戏是哀悼巨人时代逝去的悲剧,也是歌颂新生力量的喜剧。莎士比亚在任何困难时期从未失去对人文主义理想的信心,这是以悲剧送去旧时代,也是以新的勇气与喜悦迎接新时代。①

而且,归根结蒂,社会、国家究竟是人民的,就人民而论,风暴是人民的悲剧,却又是人民的喜剧,文艺复兴大转折、大变革是人民在风暴中受苦的时代,同时也是人民在风暴中得到锻炼、社会更新的时机。所以,这是人民大灾难的风暴,也是社会蝉蜕新生的风暴,而人民总是万古长青的,社会总在发展。

这就是《李尔王》中悲与喜的辩证发展的关系。其发展的转折点在于风暴。这也就是为什么莎士比亚在剧中特别突出风暴场。剧中代表人物李尔,通过风暴,经受苦难,思考生活,追求理想。李尔王在风暴中的蜕变新生,是悲中出喜;剧本阐明了社会会永远更新,永远前进,永远悲去喜来。所以莎士比亚的悲剧总给人指出社

---

① 这就预示莎士比亚在最后传奇剧中深信新的一代,深信其人文主义社会理想必然胜利。

会的前途与希望。这出悲剧是最悲的悲剧,但从没有一出悲剧能像它体现出历史发展规律中这种乐观主义的精神。

1983年刊于中国莎士比亚研究会编《莎士比亚研究·创刊号》

《麦克白》的悲剧性

张 君 川

莎士比亚的《麦克白》一向被认为是以反面人物为主角的悲剧。麦克白一出场即心怀异志,弑王篡位;为了巩固王位,又残暴屠杀人民,使全国血流成河,置社会于混乱,陷人民于水火,可谓与理查三世是同样的暴君。这样的暴君,其痛苦与覆亡乃罪有应得,能引起观众怜悯与同情吗?其悲剧性何在呢?

本文拟从四个方面谈谈我的看法。

一、性格悲剧

我们先将麦克白与理查三世作一比较。《理查三世》写的是历史上有名的暴君,莎士比亚以之来反映当时马基雅弗利主义者,他是集封建专制与个人野心家罪恶于一身的反面人物。理查三世生来畸形,史载其身量小,驼背,左肩比右肩高,被人耻笑,因此立志对人报复,好叫别人都畏惧他。他以作恶为乐,作恶愈多,快乐愈大。理查作恶,除了生理缺陷和内心才力的矛盾为其动因外,很少内心矛盾[①]。他知道人不怜我,我也不怜人,索性玩弄他的猎物

---

① 如果说《理查三世》有悲剧性的话,主要在于理查三世在军帐中为鬼魂缠绕,悔

取乐,在精神上如巨人之无情玩弄侏儒,谁叫他是侏儒呢!所以他一味作恶,由节节胜利进而沾沾自喜。理查三世的性格是畸形的,写他的专横残暴,若非继承民间艺术中近乎妖化的人物,也有点继承文艺复兴戏剧传统中十恶不赦的暴君,他灭绝人性,死有余辜。观众顶多对其魔鬼般的超人精力产生敬畏之心,对其大才错用发生惋惜之情,很难对其死亡发生怜悯、同情,因此也就谈不到有多少悲剧性。

麦克白则仪表堂堂,是个风度迷人的贵族。他因受不住王冠的诱惑而犯罪,篡位以后,怀疑别人为他不义得来的王冠要加害于他,凭手中有权,先发制人。麦克白乃"人性化"的暴君,他有平常人犯罪后的心理状态,一面作恶,一面恐惧、悔恨,作恶时还三心二意,举棋不定,其恐惧与悔恨皆发自内心深处,只是野心更强,成为主导意识,把一切压下去而已。到年老时他回忆起过去的好日子,悔恨交加,尤其听到麦克白夫人的死讯时,剧中那沉思忧郁的优美结尾唤起了我们的同情。①

麦克白曾为理想而斗争,由于理想变质为野心才发展为暴君,其死虽亦罪有应得,甚至死有余辜,但莎士比亚笔下的《麦克白》写

恨已迟,灵魂非常痛苦:

"怜悯我,耶稣,且慢,莫非是场梦。呵,怯懦的天良,你惊扰得我好苦!蓝色的灯光,这正是死沉的午夜,寒栗的汗珠挂在我肤肉上打战,我怕什么?怕自己?旁边无别人,理查爱理查,那是说,我就是我,这儿有杀人犯吗?没有,我就是,那就逃吧,怎么,逃脱我自己吗?⋯⋯"(五幕三场)

在这儿他也分身自问自答,也幻想有声音向他喊:"有罪!有罪!"等等,显见得是不可解的悲剧矛盾,已经颇有些悲剧性了。

① 见威廉·赫士列特《莎士比亚戏剧人物论》(1817年)中《论麦克白》一文,载《莎士比亚评论汇编》204页。

出了时代人物的真实,他深入描写了人物外部矛盾及内心矛盾所产生的戏剧性的绝望的痛苦挣扎,并以诗的语言表现了剧中人灵魂的幽隐,因而能够触动人心,引起观众怜悯甚至同情,使作品具有深刻的悲剧性。①

《麦克白》与莎士比亚其他的一些戏剧一样,通过古代故事反映了当时现实生活的真实。苏格兰麦克白篡夺王位,屠杀人民,招致自身灭亡,似与英国历史和当时现实并无什么相干,但往远处说,英国历代宫廷暗杀成风,君王残暴,镇压人民,尤以伊丽莎白及詹姆斯朝为甚,人民痛苦已达极点。② 剧中描写的麦克白从人民英雄发展为野心家、暴君的过程,正反映了资产阶级化的新贵族掌权后的发展趋势。往近处看,也反映了伊丽莎白朝及詹姆斯朝群众的不满与骚乱,招致了艾塞克斯及火药事件。正如哈姆雷特之为古丹麦王子,其复仇似与莎士比亚当时的英国社会毫无关系,但莎士比亚却让哈姆雷特从当时人文主义堡垒的威廷堡大学读书归来,想以人文主义理想改造丹麦,这就与英国后期人文主义者想以人文主义理想单枪匹马改造英国社会的艰辛过程联系起来了。

莎士比亚作为一个伟大的艺术家,不只是客观地反映现实,而是从一个思想家的高度,站在被统治的资产阶级及人民的地位把握当前现实,以其人文主义理想诊断社会脉搏,思考寻求这铁的时

---

① 我们不同意克尔刻(J. F. Kirke)的说法,"它只引起恐怖,触不到怜悯的弹簧。"(《大西洋月刊》1895年4月号)
② 在英国有血腥的理查二世(屠杀人民和异教徒的刽子手,谋杀自己叔父的凶手),有血腥的亨利四世,血腥的亨利五世(烧死异教徒),血腥的爱德华四世,血腥的理查三世,血腥的亨利七世,怪物亨利八世,血腥的爱德华六世(他曾将自己的两位叔父斩首)。其后是超等血腥的女王贝丝(伊丽莎白)。(马克思:《历史摘要》)

代社会动荡混乱的原因，探索社会动向，寻求人民出路。在人文主义者看来，一国安危，责在国王，资产阶级化的新贵族在获得政权前是人民理想的代表，一旦登上国王宝座，竟逐渐脱离群众，变成孤家寡人甚至暴君，有的到了一定地位，成为一人之下、万人之上的达官显宦时，野心大发，竟至篡权窃国，这就使剧作者在思想感情上产生了矛盾：一方面对这种暴君及其篡位等不义行为感到痛恨，另一方面对这种人民英雄因受不住野心诱惑而犯罪，招致灭亡，又怀有惋惜之情。剧作者这种复杂情感溢于言表，也就引导观众体验类似的复杂情绪了。

莎士比亚的《麦克白》写出了人物性格的两个方面，一方面是时代、阶级、人性、人情和一般生活，另一方面又有其独特的巨人个性：这样才成为一出性格悲剧。

我们先从生活、人性、人情谈起：

如以《麦克白》与当时马洛继承中世纪"主角悲剧"传统写的《帖木耳大帝》比较，很容易看出，帖木耳虽出身牧童，成为万王之王，却只有资产阶级嗜权的巨人的一面，是一个只有阳面，只有超人个性一面的人物；麦克白虽有崇高生活的一面，还有当时普通人生活的一面，他也和一般人一样，有平常人的性格，说话行动，事先思考，事后悔恨。麦克白之弑王篡位，确与一般人不同，但其动机与内心发展过程又与一般人由个人主义发展成野心而犯罪者只有程度高低之分，似无实质差别，他犯罪时的心理活动及犯罪后"良心"不安到神经质的程度，也与一般人的犯罪心理并无二致，因而他是人中人，只是其地位、才能与众人不同而已。

虽然麦克白意志坚强过人，以至干出阴谋篡位这样的事，但他并非单独行动的。亲密莫过夫妻，其夫人个性极强，又能严守秘密,他们事先一同商量,双双策划进行,这比与外人同谋更为合理,也是人之常情。所以麦克白听到女妖的话就忍不住先通知夫人,让她分享快乐。当报信人告诉她邓肯当晚要来时,她跳了起来,待麦克白回来,也无一语问及征战及路上情况,迫不及待地脱口而出用新的头衔欢迎他,可见她内心专注的程度。麦克白也把邓肯就要到来的消息即刻告诉夫人,并叫她"我最亲爱的爱",可见其急切之意,欢忭之情。从此他们的命运也就系在一根藤上,两人抱得更紧了。麦克白在紧要关头总是从夫人身上找支持,找安慰,找力量。他杀死邓肯后,内心极度空虚、寒栗不止时,就从夫人身上找家庭温暖,还禁不住以伦敦土话称她为"我最亲爱的老伴(chuck)"。麦克白动手杀人,精神极度兴奋,吐出灵魂震颤的诗句时,他又说出家常话:"去对太太说要是我的酒预备好了,请她打一下钟。"(二幕一场)两人谈话中还夹杂了民间谚语:

"像俗话说的猫儿想吃腥又怕湿了脚。"

(一幕七场)

在剧情紧张,人物情绪高昂或悲剧性强到脱离日常生活的节奏时[1],莎士比亚又用普通话、普通事把它拉回到现实中来。这样对比起来,更显得剧情如日常生活一样真实,使人感到真切动人。

再如麦克白及其夫人在弑王前后的表现:麦克白夫人与麦克白相处日久,熟悉其性格。在麦克白弑王前徘徊犹豫时,她知道怎样激励其勇气,鼓励其野心:

那么当初是什么畜生使你把这一种企图告诉我的呢?

---

[1] 如《红楼梦》第一回《甄士隐梦幻识通灵》中人物梦醒时"烈日炎炎,芭蕉冉冉",与现实对比,更显得真实。

有时装生气,以爱情来要挟他:

> 从这一刻起,我要把你的爱情看作同样靠不住的东西。
>
> (一幕七场)

有时刺军人最怕刺的地方,

> 你宁愿像俗话说的猫儿想吃腥又怕湿了脚。顾全你所认为生命的装饰品的名誉,不惜让你在自己眼中成为一个懦夫,让"我不敢"永远跟随在"我想要"的后面吗?
>
> (一幕七场)

这一击果然产生效果。麦克白回答她道:

> 请你不要说了。只要是男子汉做的事,我都敢做;没有人比我有更大的胆量。
>
> (一幕七场)

这简直像一般小夫妻斗嘴,用所谓"激将法",在揣摩对方心理之后,找到弱点,一针见血,激起对方作恶的胆量。这样写,既有戏剧性,又使人感到生活化。麦克白夫人在弑王后明明自己害怕,还安慰丈夫,这又是只有"患难夫妻"间才有的表现:

> 我们干这种事,不能尽往这方面想下去,这样想着是会使我们发疯的。
>
> (二幕三场)

这时她最怕孤独,却又怕丈夫孤独:

> 呵,我的主!你为什么一个人孤零零的,让悲哀的幻想做你的伴侣,把你的思想念念不忘地集中在一个已死者的身上?无法挽回的事,只好听其自然;事情干了就算了。
>
> (三幕二场)

> 一切有生之伦，都少不了睡眠的调剂，可是你还没有好好睡过。
>
> （三幕四场）

这儿麦克白夫人宁可自己苦痛，对麦克白有一种"甜蜜的柔情"①。

这种"人情味"，乃亲人之间情感的表露。自古以来，民间艺术在表达人民强烈的爱憎时，都有原始的艺术夸张，一方面把人民理想化为神人，一方面因身受阶级敌人残暴压迫之苦，仇恨极深，故夸大敌人的罪恶，丑化其为妖物。但《麦克白》没有把麦克白夫妇写得没有人性，相反地，它探索两人犯罪后的内心活动，以其失败写人民之胜利，同时麦克白的苦痛也能在某种程度上引起人们的怜悯，这才真能反映生活的真实，收到悲剧应有的效果。

莎士比亚从人文主义观点看问题。他认为麦克白本性原是善良的，后来萌生野心，攫取王袍，这是人物性格起了变化，或受外来罪恶的影响。从此他迷失了本性。在这方面，麦克白与李尔王相反。李尔王从分国土开始就自动脱去第一层虚伪的王袍（使他迷失本性的王袍）；其女儿又一再强迫他脱去一层层王袍，最后在暴风雨一场又自动脱去最后一层，"还我个本来面目"。麦克白一出场，从有关美与丑的一段话中可以看出他已经开始穿上想象中偷来的王袍了。麦克白即以这偷来的王袍遮盖自己的本性，在精神上从人民英雄逐渐成为矮子。正如安格斯说他的：

> 现在他已经感觉到他的尊号罩在他的身上，就像一个矮小的偷儿穿了一件巨人的衣服一样束手绊脚。
>
> （五幕二场）

---

① 詹姆森夫人，《论女人的特点》卷二，原本 320 页。

而令人怜悯的是在偷窃王袍前后他还时时有他本性的闪烁,他还能分善恶,为做坏事而恐惧,在弑王以后内心混乱,求灵魂之和谐而不可得;在见到班柯鬼魂前后与夫人对话时,又表现良心发现而倾吐出内心斗争的苦痛等等;这一些都把麦克白这个人物写活了,写深刻了,写出了他既具有独特性格但又有一般人的性格。

莎士比亚既要写出麦克白具有当时一般人性格的一面,又要反映其独特的巨人性格的一面,这种巨人性格当然不能是帖木耳大帝式的片面、超人的性格,而是基于生活创造出来的复杂而又独特的性格。

莎士比亚善于在人物一出场时就通过人物与人物间的相互对比、互相接触使观众看出他们性格的不同。如麦克白与班柯一出场,他们对女妖的不同态度即有性格对比。麦克白与邓肯一见面,互相钩心斗角,两人不同的性格就表现出来。麦克白与夫人一见面,相互接触,相互对照,两人弑王目的虽有相似之处,表现的性格却有很大的差别。莎士比亚也善于在剧情变化中写出人物性格的变化。如麦克白弑君前后性格判若两人,与弑君前后的麦克白夫人对比(前者事先逡巡,事后坚定,后者事前果敢,事后惧怕),更显出各自的复杂而又独特的性格。麦克白在夫人前的"半独白"及"内心独白",也表现了其复杂、独特的性格辩证地发展变化的细微过程,生动地写出了一代英雄人物性格堕落的悲剧。

莎士比亚从多方面反映复杂现实中的活生生的人物,真实动人。《麦克白》一剧中的人物几乎都有双重性格:邓肯性格虽比较简单,但见麦克白建立特殊功勋,载誉归来,一方面在他身上堆满荣誉,另一方面却立即宣布其子为继承人。麦克白的性格就更复杂了,在考特叛变事发后,邓肯已有所警惕,邓肯说:

世上还没有一种方法，可以从一个人的脸上探察他的居心……

（一幕四场）

可是邓肯仍难以识破麦克白的面目而遭了毒手。麦克白自己也说：

去，用最美妙的外衣把人们的耳目欺骗；
奸诈的心必须罩上虚伪的笑脸。

（一幕七场）

用我们的外貌遮掩着我们的内心，不要给人家窥破。

（二幕二场）

他弑王以后就是这样掩饰自己，摆出一副迷人风度，应付自如。

麦克白虽有这样高妙的自我掩饰艺术，但他并非伪君子，剧作者也并不强调这一点，所以这样写，只不过为了刻画他的性格的复杂性。因为历史上任何剥削阶级都剥削成性，他们必须掩饰其剥削的真面目才能维护其既得利益。他们资产阶级化的新贵族都会来这一套，而且习久成性，麦克白只是思考得更多、更复杂，掩饰得更巧妙而已。

麦克白的性格比班柯复杂得多。莎士比亚笔下的班柯也是当时资产阶级化的新贵族，是个人主义者，也不无野心，但班柯一方面功劳不如麦克白，只配等待自己的后嗣为王，另一方面比较理智、谨慎，不那么容易冲动，他不妄作麦克白那种打算，但并非不想从女妖那里多听些好消息：

那么请对我说吧；我既不乞讨你们的恩惠，也不惧怕你们的憎恨。

（一幕三场）

但他能控制自己,恢复平静:

> 水上有泡沫,土地也有泡沫,这些便是大地上的泡沫。
>
> (一幕三场)

麦克白就不是这样,他自恃功高望重,有一定地位,在一定气候下就不安分了,听了女妖的话正中他的心怀,他激动不已,继续追问下去。女妖的话其实也似他自己内心意念的回声。麦克白复杂性格又表现在他虽是全剧中头号"黑色巨人",但也有迟疑的一面。如他一有了阴谋动机,不达目的不止,但又计较利害,生怕得不偿失,想等待王冠自己落到头上,甚至又怕人民反对他而产生退却之念。他有充满人性乳汁的一面(一幕四场)。但麦克白是擅长行动的人,他敢想,敢做,敢于创造世界。他与哈姆雷特不同。哈姆雷特学生习惯,善于思想,妨碍行动;奥瑟罗是擅长行动不擅于思想;麦克白带兵日久,富有经验,是擅长思想更擅长行动的人。他的迟疑有深谋远虑的一面,并不妨碍其行动,他也从未因此放弃篡位的念头。麦克白弑王,事后能很快掌握情绪,装作没事人一样,刺死马夫是智者千虑之失,还能很快找出巧妙的遁词:

> 谁能够在惊愕之中保持冷静,在盛怒之中保持镇定,在激于忠愤的时候保持他的不偏不倚的精神?世上没有这样的人吧。
>
> (三幕三场)

可见麦克白是一个性格复杂又很有应对才能的人。

麦克白还有另一种性格特征,他富有想象力,能推知未来,并把未来设想化为视觉形象,这就表示他能洞察事物实质及其发展远景,做事善于思考,胸有成竹。他在犯罪前看到未来的深渊,内心惶恐,但仍不能遏止其野心。这就是这个复杂悲剧性格自然发展造成的悲剧。

有人说《麦克白》中是女妖在指挥麦克白的行动,主宰麦克白的命运,这应该是一出命运悲剧。这是从表面现象看问题。事实上《麦克白》中的女妖也如歌德《浮士德》里包围葛莱琴的瓦尔朴吉斯夜[①]的女妖,只有象征意义,象征包围葛莱琴的罪恶势力。《麦克白》中的女妖也象征罪恶势力,女妖的话与麦克白的内心活动不谋而合,所以后来麦克白才主动找上门去,不是盲目服从女妖,而是企图探听更多秘密,为了达到个人目的,控制自然,防患未然。又有人说,麦克白夫人是第三个女妖[②],弑王是麦克白夫人操纵的,其实麦克白最早就对夫人吐露过有弑王之意,而后夫人刺激他,督促他不要临阵退却,坐失良机,起到推波助澜的作用,因而夫人只是麦克白的助手。当然,麦克白的悲剧命运反映了资产阶级个人野心无限发展的必然结果,是由阶级性决定的,麦克白如果有班柯那样能控制自己的能力,甚至在弑王前一刹那,疑心听到声音,探头向外喊:

(在内)那边是谁?喂!

(二幕二场)

仍可放下屠刀(或真有人来即可撒手)。又如女妖预言班柯子嗣为王,麦克白不只不顺从预言,反而想暗杀他,结果造成他命运的最大转折,这实在是咎由自取。麦克白前期是创造世界的英雄,篡位后又创造了黑暗世界,他自己就是命运的主人,因而是自己造成自

---

① 德国民间传说中4月30日至5月1日的黑夜,为众女巫的安息日。
② 相反地,麦克白夫人倒是为了弑王,召唤魔力助她,受魔力支配的人,而非女妖本身。

己悲剧的性格悲剧,而非命运悲剧。①

麦克白夫人是一个性格非常坚强的女性。她协助麦克白暗杀邓肯,她受封建意识的影响更少,也没有麦克白的那些经验与复杂顾虑,总认为王冠是麦克白囊中之物,她性格上虽然有时也有矛盾,但她总简单地认为弑王的行为用一点水就可以"泯除痕迹"。她不仅怂恿丈夫进行暗杀活动,还有推开丈夫、亲自动手的力量,具有女性巨人的性格。在弑王前,她说:

  意志动摇的人!把刀子给我。睡着的人和死了的人不过和画像一样,只有小儿的眼睛才会害怕画中的魔鬼。

(二幕二场)

在杀人后:

  一点点的水就可以替我们泯除痕迹,不是很容易的事吗?

(二幕二场)

事后麦克白夫人害怕这血腥,更害怕孤独,但仍能忍住自己,安慰丈夫,并非一般女子所能及。最后她垮了,完全陷入了孤独也不肯对人诉说,而是下意识地泄之于梦游。其实这种沉默仍是她坚强的意志力能控制自己的表现。

麦克白夫人的性格也很复杂。当麦克白看到班柯鬼魂出现,神色仓皇,她自己虽然也在发抖,但却一面控制自己,安慰丈夫,一面掩盖丈夫露出的马脚,同时还摆出一副王后身份来应付宾客。事后看到丈夫的精神状态不好,又要表现出作为妻子的温情。所以麦克白夫人的性格有温情的一面,又有坚强狠毒的一面,显示出

---

① 希腊的命运女神虽不干预生活,但认为一切是命定的,在劫难逃。麦克白则是自己命运的主人,自己造成自己的悲剧。

多方面的复杂性。具有这样复杂性格的人落到这样悲惨的下场，也会令人怜悯。当然，比起麦克白来，夫人却单纯得多，麦克白弑君后继续作恶，杀戮异己，最后成为暴君，而麦克白夫人弑君以后并未再参与麦克白的阴谋活动，只在深宫咀嚼过去弑君的罪行，恐慌痛苦而殁。所以麦克白夫人虽为女性巨人，但站在麦克白身旁作为陪衬，更突出麦克白之为"黑色巨人"。

因此，《麦克白》之所以成为性格悲剧，关键在于：麦克白由于他的坚强的性格曾经平定内乱，开创了全国统一的局面，成为人民英雄；以后也是由于他的性格造成了全国悲剧性的矛盾，成为人民的罪人。他发现自己因一念之差竟谬以千里，便悔恨交加。这一切都是咎由自取，是他的巨人性格造成的自己对自己的反嘲，怨不得命运。这种悲剧反嘲比命运造成的悲剧更富有悲剧性。麦克白早已预见结局的可怕，但由于阶级的因素和他本人性格上的因素，他必然走上这条路，结果明知故犯，悔不当初，有似命运对他的反嘲，实际上却是历史发展的必然对麦克白的反嘲。这也可以拿王袍作比。麦克白一心想得到神圣的王袍，但由于王袍是偷来的，他成为精神上的矮子，结果仍旧失去了王袍：这是王袍对他的反嘲。其中最可悲的关键性的典型例子是麦克白为了巩固自己的王位，见麦克德夫未来应召而怀疑麦克德夫要抢他的王袍，就要诛杀麦克德夫全家，反把不想谋反的麦克德夫逼上梁山，亲手砍下他的头颅。他就是这样自食其果地造成了失去王袍的悲剧反嘲。

麦克白夫人也经历了同样的悲剧反嘲。她作为资产阶级化的新贵族追求个人主义理想，得到的却是其理想的反面，对她的反嘲，正如她为她丈夫得到王冠而牺牲一切，谁知丈夫得到了王冠反而使她失去了一切。她自信有坚强的意志必然胜利，但由于坚强的意志,过于控制自己,结果发了疯,这也是她自己心理自然发展的结果,是对自己的毅力过于自信的反嘲。

这种悲剧反嘲是事物发展的进程与悲剧主角原来的设想适成对比,主人公事后发现事与愿违,悔之已晚,有如他遭受命运的嘲弄,因而最富有悲剧性。

二、人物内在矛盾

《麦克白》一剧的悲剧性,更在于莎士比亚进一步深入麦克白内心,写出他的内在矛盾,这种内在矛盾是当时的客观现实矛盾在其内心的反映。《麦克白》所反映的原是当时社会上激化了的尖锐矛盾。剧本一开始就反映了资产阶级化新贵族在取得对封建割据群雄的决定性的胜利后,即展开了新贵族之间的斗争;到资产阶级野心家掌握了政权,发展为暴君统治,人民及代表人民利益的新贵族便对之进行生死搏斗。这种矛盾发展到面对面白刃战的程度。

麦克白是个有理想的人物。作为资产阶级化新贵族的代表,他为完成国家统一大业作出了伟大的贡献,开始时,他的主观理想与历史发展的需要是统一的,与人民利益是一致的,所以他借助人民力量,节节胜利,得以完成主客观一致的人文主义政治理想。但他的理想毕竟是个人主义理想,它的发展是无止境的,因为麦克白在将领中比班柯更有能力,理应比邓肯之子马尔康更有继承权(邓肯温顺,无力平定内乱,天下是麦克白打出来的)。他虽是人民英雄,但处在万人之上,一人之下,还未能充分满足个人的"自由"。由一个实际上的国王再争取成为名副其实的国王,这从资产阶级思想的发展过程看来是很自然的事,所以他便进一步走到另一个极端,弑王篡位,破坏人民生活安定、幸福;破坏"国家等级制",破坏人文主义的政治原则,与人民的社会理想产生新的矛盾,沦为人民的罪人。这是麦克白悲剧形成的根本原因所在。麦克白明知是非界限而超越了这一界限,铸成大错;当他缅怀过去个人理想与人民理想统一与和谐的幸福情景时,这种缅怀成为无边黑暗中一丝阳光的回光返照。这是人文主义理想本身矛盾发展中必然形成的沉痛的悲剧。《麦克白》一剧即写麦克白个人野心与集体利益的矛盾,他就是由于个人野心恶性膨胀而成为反面人物,最后造成无可挽回的悲剧结局的。因为麦克白曾经是一个人民英雄,他的内心矛盾就更为痛苦,更富有悲剧性。《麦克白》就是莎士比亚写麦克白篡位成为事实后,倒忆过去人民英雄理想光辉的特殊类型的内心矛盾的悲剧。

麦克白从一开始就充满了内心矛盾。他一出场即与女妖灵犀相通,在第一次独白中亮出其内心矛盾,即麦克白的个人主义理想尚未发展成野心之前作为人民英雄的自我和发展成为野心家的自我之间的矛盾。麦克白意识到这是种罪恶念头,震动了他的人性[①]。以后邓肯宣布自己的儿子为继承人,阻止麦克白攫取王袍的通路,这时候麦克白的内心矛盾发展到决定弑王篡位。但到弑王紧急关头,考虑到此举的严重性,他又踌躇不前,不能当机立断,产生想吃鱼又怕湿脚的矛盾。他还考虑到"假如我们失败了"(一幕四场)的问题。经过夫人激励与解说,外力通过内因而起作用,野心转化为矛盾的主导面,理性上决定弑王篡位了,而感情上还怕

[①] 根据苏联戈列保夫《读麦克白札记》中解释 Single State of Man 为人性(一幕三场 143—1587 行),其实乃写麦克白嗜权与人文主义思想在其内心中的矛盾(苏联全俄戏剧社《莎士比亚论文集》,第 291 页)。

犯罪,怕夜晚的声音,甚至怕夜晚寂静,怕大地与砖石会听到他的脚步声。及至一切准备停当,他又拒绝到房中暗杀,在暗杀前还为想象的声音惊恐。他杀了邓肯之后又不能祈祷,失去内心和谐,听到自己的心声,以七种方式说失去睡眠,三种名义说麦克白杀死睡眠(二幕二场),其中作为野心家的自我不只对抗过去作为人民英雄的自我,犯罪后还要为想象中的自我的未来而恐惧,这种想象中的恐惧比现实更加可怕。

　　莎士比亚用良心与野心解释麦克白的内心矛盾,正如托尔斯泰在《复活》中把聂赫留朵夫的内心矛盾解释为神性与兽性的矛盾。① 麦克白在考虑暗杀前夕那段话中,能认识邓肯的善良;在考虑杀邓肯时,想到邓肯在人民中所起的无形作用,还有人民的力量,他的内心有过斗争;在杀了邓肯后,内心矛盾甚至发展到精神分裂的程度。及至杀班柯后鬼魂两次出现,莎士比亚都作为麦克白的良心发现来解释;最后麦克德夫讨伐麦克白时,麦克白还向麦克德夫承认对他犯下了罪。这也表现了他的良心的一面。所以他把最宝贵的"永久的珠宝"让给了魔鬼(三幕一场 79 行),同时"他自己的灵魂却在谴责它本身的存在"(五幕二场 31、32 行)。最后在敌军重重包围下他毅然拿起武器,英勇斗争,又重振以往战斗精神,发出生命最后的光辉,这些表现都会使人们产生怜悯与同情之心。

　　麦克白的内心矛盾常常化为两个"自我",通过形象表现出来更加动人。麦克白弑王前后即超出自我,从旁观者角度琢磨自己的意图,考察自己的行为,形成两个自我,以想象中的自我来思考

------

　　① 见《复活》第十四章。

现实中的自我。这就是说，麦克白的沉入想象中的自我妨碍了要执行暗杀的自我，他费了很大的劲来排除他这想象中的自我，使他回到现实的自我中来执行暗杀。麦克白在苦痛到麻木时又能脱出身来，从旁思考自己的不幸，总结自己，认识自己，怜悯自己，否定自己，觉得活着没有意思。当然，麦克白的想象也并不都妨碍他的行动，有的（如飞剑等）则是他行动动机的形象外现。所以他的内心矛盾外现于形象也有互相矛盾的两种。如班柯的鬼魂是麦克白犯罪的写照，同时又是其良心发现；女妖、飞剑是麦克白暗杀的写照，同时又是其罪恶的象征与表现。一种是善良的形象，一种是罪恶的形象，两者同源又相矛盾。通过这些形象来表现麦克白白热化的内心矛盾的两个方面，极富有悲剧性。

莎士比亚写麦克白的内心矛盾还运用了心理分析的方法。这当然也是资产阶级追求个性解放和文艺描写逐渐深入人物内心的表现。描写人物心理并非自莎士比亚始。在希腊三大悲剧家从埃斯库罗斯到欧里庇德斯身上，已经可以见到剧中人物由伟大的神一样的人物逐渐过渡到生活中的人物，其悲剧冲突也逐渐由外在冲突深入到人物内在冲突，渐及心理分析。从普罗米修斯通过俄狄浦斯王到美狄亚可以看出这种发展过程与趋势。莎士比亚深入探索麦克白及麦克白夫人的犯罪心理，并以诗的语言形象鲜明地表现出其内心感受过程。如麦克白与麦克白夫人在弑王以后的一段对白，实为血腥罪行在形体自我感觉上的典型表现。麦克白说：

> 大洋里所有的水，能够洗净我手上的血迹吗？不，恐怕我这一手的血，倒要把一碧无垠的海水染成一片殷红呢。
>
> （二幕二场）

麦克白夫人则说：

> 我的两手也跟你的同样颜色了,可是我的心却羞于像你那样变成惨白。
>
> （二幕二场）

她表面上看起来很理智,实际上血已深印在她的心中,最后泄之于潜意识:

> 这儿还是有一股血腥气,所有阿拉伯的香料都不能叫这只小手变得香一点,呵啊！呵！
>
> （五幕一场）

这就成为莎士比亚最动人又诉诸感官的心理描绘,成为最深刻的悲剧性的诗,其中心理分析已到达潜意识领域了。

三、悲剧的诗

最能表达人的深刻至情的是诗,最能表现人的深刻内心矛盾、内心幽隐的更是戏剧的诗。《麦克白》之所以成为一出崇高的悲剧,就在于诗人更深一步以诗的艺术渲染并加强了该剧的悲剧性。

《麦克白》是为舞台演出写的,但有人说《麦克白》演起来没有读起来好[①],这主要是因为《麦克白》一剧中有一串串闪闪生光的诗的珍珠。麦克白与麦克白夫人这两个巨人,宛如但丁《神曲》中的魔鬼和弥尔顿《失乐园》中的撒旦形象。麦克白夫妇两个"黑色巨人"创造了划时代的"黑色世界",也正如巴尔扎克的《高剥削》及《葛兰台》,他们虽是巴尔扎克笔下的反面人物,但又是资产阶级极

---

① 连坎贝耳(Campbell)都说:麦克白有的部分我更喜欢读,而非在舞台上看演出。约翰生博士则认为读莎士比亚的戏更有意义。

盛时期有力的代表人物。麦克白夫妇也如苏格兰高山上矗立的白色堡垒前的两个巨人塑像,这塑像本身即为伟大有力的诗的创造。

麦克白之为"黑色巨人",在于他的内心与其他人物对比,黑白分明。如邓肯造访麦克白城堡的诗句,充分吐露出他内心的和谐、安逸。与阴暗、矛盾的麦克白的诗句相比,更可见麦克白的灵魂如漆黑的风暴之夜。

麦克白这个"黑色巨人"又不是单纯的,所以他吐露的诗句也有不同色调。不能说麦克白表面的话——有点似克劳狄斯御前会议的讲话——不是堂皇威严的诗,麦克白弑君后对外人的花言巧语也是诗,但这更显出其虚伪、狡猾的魔鬼实质。又如麦克白弑王之前曾经是人民英雄,麦克白夫人还有柔情的调子,这就给这一曲雄伟的史诗交响乐中添上英勇和抒情的调子,同时也深刻表现了他们复杂的内心矛盾。

《麦克白》中的诗是悲剧性的。麦克白及其夫人共谋犯罪前后已互相吐露心声,他的独白更吐露出内心世界的幽隐,是内心挣扎的呻吟,是灵魂的哀鸣,在观众听来是灵魂对灵魂的诉说,是最深刻动人的悲剧的诗。何况其内心独白不断线地发展下去,矛盾不断增长与加深,几乎达到自我解体的程度。

> 这是什么手!嘿!它们要挖出我的眼睛。
>
> （二幕二场）

麦克白还诉说他听到自己灵魂的声音:

> 我仿佛听到一个声音喊着:"不要再睡了!麦克白已经杀害了睡眠!"……
>
> （三幕二场）

而悲莫悲于不幸中回忆过去幸福不可再①：

> 我已经活得更长久了，我的生命已经日就枯萎，像一片凋谢的黄叶，凡是老年人所应该享有的尊荣、敬爱、服从和一大群的朋友，我是没有希望再得到的了；
>
> （五幕三场）

尤其在麦克白夫人噩耗传来时，他麻木了，自觉生活无味，虽生犹死，吐出了：

> 明天，明天，再一个明天，一天接着一天地蹑步前进，直到最后一秒钟的时间；我们所有的昨天，不过替傻子们照亮了到死亡的土壤中去的路。熄灭了吧，熄灭了吧，短促的烛光！人生不过是一个行走的影子，一个在舞台上指手画脚的拙劣的伶人，登场片刻，就在无声无臭中悄退下去。它是一个愚人所讲的故事，充满着喧哗和骚动，却找不到一点意义。
>
> （五幕五场）

这些诗句不只是表达了他一生失去理想、失去生活意义的痛苦，而且是深刻地总结了一生痛苦的人生哲学，是一个苦难灵魂最后绝望的悲鸣。它发人深省，催人泪下，富有悲剧意义。

麦克白夫人以后的沉默也是悲剧的诗。这沉默既表现出强有力的巨人个性，又是埋在心底的无言的苦痛挣扎，它只在内心闸门之内挣扎，没有出路，更苦闷，更沉痛，最后禁不住潜意识闸门一开就不可遏止。在短短的五幕一场中，寥寥数语含着万种精神折磨与辛酸，是最富有悲剧性的场面和诗篇。

---

① 但丁《神曲·地狱》第五曲：Nessun Maggior dolore, che ricordarsi del tempo felice nella miseria(121—123 行)。

莎士比亚所创造的《麦克白》这个诗的世界中还有个核心的诗的世界,即全剧的象征世界。象征世界中有超自然的世界,如女妖虽似客观存在,存在于麦克白与班柯两人之前,她两次对人世现身,一次主要为启发罪犯,一次为预言命运,都不干预生活,实际上是象征文艺复兴这个大转折时代美丑不分、善恶倒置的大混乱气氛而聚成的形体。这一点早已在麦克白头脑中生根,所以麦克白一出场就说:

> 我从来没有见过这样又好又坏的日子。
>
> （一幕三场）

这句话与女妖出场的话"美即丑恶丑即美"(一幕一场)暗合。① 这不只说明麦克白早已受到女妖罪恶世界的影响,也说明麦克白内心与女妖已灵犀相通②,女妖虽是当时迷信中客观存在的妖物,也是莎士比亚用来象征罪恶的形象化的表现手段。女妖的话更明显地指出地狱之门不只为罪人开着,罪人也自会找上门来(与守门人的话暗合),这些话都有象征深意:

> 拇指怦怦动,既来皆不拒,
> 必有恶人来,洞门敲自开。
>
> （四幕一场）

这样女妖就一方面象征这铁的时代罪恶深重的白天的黑夜的精神实质,它是侵入麦克白灵魂中的罪恶的妖氛,把白的麦克白染成黑的。一方面也是现实世界背后的象征世界,一种影响现实世界、阐明现实生活的诗的世界。这种诗的世界赋予全剧以深刻的内在象

---

① 女妖是女的,但有胡须,即男女不分,象征美丑莫辨,善恶不分。
② 有如哈姆雷特见父王鬼魂前已在心里见到父亲。

征意义,它扩大了全剧的规模及视野,扩大到包罗宇宙,给全剧以伟大的史诗规模、意境和悲剧意义。

至于班柯的鬼魂,是古代复仇剧中复仇鬼的遗迹,在这里只有麦克白一人看到,可作为麦克白内心矛盾的外现。

在象征世界中也有音响。如敲门声和钟声。麦克白弑王以后的敲门声,一方面有现实意义,确实有人敲门,另一方面有象征意义,象征其宫廷之门乃地狱之门,敲门声使麦克白做贼心虚,大吃一惊,并从而知道还有门外世界,众目睽睽,不管事情多么机密,总有人知;敲门声也使观众回到现实的生活中来,再回顾这两个阴郁的凶手,更显得其阴森可怕。① 同时对比起来剧中生活也显得更为立体,多方面,多色调,更有悲剧性。

剧中钟声也有双重作用:它在生活中原为催请麦克白吃饭的钟声,现在是麦克白与夫人商量好暗杀邓肯的信号。所以麦克白以黑幽默口吻说:"这又是送邓肯上天堂或入地狱的丧钟。"这已经有了象征意义。麦克德夫发现邓肯被杀后命令敲起的钟声,与前述钟声不同,既是警钟,也是丧钟,是为邓肯敲的丧钟,也是对麦克白一生关键时刻敲的警钟,在象征意义上讲,麦克白已跨进地狱的大门了。

《麦克白》全剧里还弥漫、渗透着悲剧性诗的气氛。剧本一开始即展开一幅悲惨画面,如女妖出现时的风暴雷电,浓雾造成的悲剧气氛,这一些与麦克白内心初起的风暴相呼应。这气氛包围着其中矗立的两个"黑色巨人",他们也在制造漫天妖氛,把天下变成

---

① 参看《莎士比亚评论汇编》(223—230 页)中德·昆西论《麦克白》剧中的敲门声(1823 年),李赋宁译。

人造的夜晚,其中浮动着、交织着女妖、鬼魂、夜晚潜行的刺客,使黑夜中透出一条紫红血线,从士兵流血开始逐渐发展到弑王,杀贵族,杀人如麻,扩大成全国一片血泊,其中充满恐怖的音响。在风暴雷电声中,有女妖咒语,树声,走石声,空中哭泣声,夜半女人啼声,刺客杀人嘶叫声,还有睡梦中的笑声,脚步声,还夹杂着恐怖的动物声息,如蝙蝠飞声,鸦叫,鸥与鹰搏斗声,蟋蟀唧唧声,狼嚎声……还有刺鼻与炙心的气味,如浓雾、血腥味……也就造成一些恐怖现象,如心怀鬼胎,心跳,口干,发指,酒醉,男子汉流泪……麦克白自己都说:"好惨!"(二幕二场)其实这些悲惨的情景都是麦克白一手造成的,从他萌生犯罪之念起他的思想就如黑夜,他的行动也都是在黑夜混乱中进行的。

此外,还有恐怖的语言描绘:从剧本开始就用丰富的语言描绘恐怖的战争与罪恶世界,麦克白对客人重新描绘邓肯死况使麦克白夫人为之晕倒。二幕四场中老人描绘的邓肯死后宇宙变化的形象,有的比真实情况更可怕,如勃南森林神秘地移动。麦克白夫妇对血与吓人的想象的形象描绘,使看不见的形象清晰如画,又神秘、又恐怖,加强了两个"巨人"及全剧的悲剧性。

麦克白不只富有想象,还富有幻想,这也帮助造成悲剧气氛。如空中飞剑乃由幻生景,由景生情。他还能描绘他的幻想,幻想天上的神祇,幻想怜悯像一个赤裸裸的新生婴儿,能御风而行,如天上六翼仙子随风飞翔。他还幻想一种声音,叫他不能睡眠,这种幻想的恐怖形象,及其深刻的诗意的比喻,也大大提高了全剧的悲剧诗的意境,因而加深其悲剧意义。

《麦克白》一剧突出写麦克白精神生活的诗,又以剧院两只表(双重时间)及"有戏则长"的方法表现之。当然,剧院的表与日常生活的表显然不同。如第二幕第二场麦克白弑王场中,时间显然比日常生活的时间拉长了,战场上诸场,时间则比日常生活时间短,而幕间场间时间更短。舞台上也用两只表,尤其是莎士比亚的戏,时间上比较松散,有如小说,有话即长,无话即短。① 如效果场总比舞台一般时间拉长,《麦克白》也如中国戏曲《二堂放子》、《斩经堂》一样,有戏处抓住"效果场",抓住悬念,抓住戏剧性场不放,把戏演足,以充分表达其丰富的内容。

莎士比亚的《麦克白》是根据现实,发挥想象而创造出来的诗的世界②。剧作者的镜头主要对准麦克白的内心活动,突出其悲剧性,使观众体会人物的内心节奏和内心波动,与之同感同惊:这就是莎士比亚在生活土壤上培养出的绮丽动人的艺术奇葩,它是触及灵魂、震撼灵魂的伟大悲剧诗篇。

四、悲剧风暴

《麦克白》之所以取得巨大的成功,主要还在于它具有伟大的悲剧风暴。就麦克白本身来说,他由人民英雄的内心和谐发展到具有弑王篡位的野心,就与其"人性"相矛盾,这时他内心已开始听到风暴声了;诗人又把麦克白的内心风暴与象征内心风暴的女妖风暴相呼应,其内心风暴的剧烈程度,使这个身经百战的巨人几乎

---

① 如《红楼梦》第五回,贾宝玉神游太虚境:"不过是宁荣二府眷属家宴,并无别样新文趣事可记。"但四十四回史太君两宴大观园,五十三回宁国府除夕祭宗祠、荣国府元宵开夜宴,同是宴会,描写起来却大有不同。

② 马克思强调艺术反映现实,但又说,"想象,这一作用于人类发展如此之大的功能,开始于此时产生神话、传奇和传说未记载的文学,而业已给予人类以强有力的影响。"(《摩尔根:古代社会一书摘要》)可见马克思也十分重视想象的作用。

难以承受。而麦克白承受了这种海涛般的风暴,足见他具有巨人的性格力量。这样一个内心风暴汹涌的巨人又在社会上的人民风暴里挣扎,斗争,终遭灭顶,这幅画面是极富有悲剧性的。

但麦克白的内心风暴毕竟是当时社会风暴的反映。《麦克白》的成功正在于它深刻地反映了时代历史的悲剧。麦克白从萌生弑君之念后也意识到自己已走到当时人性解放的对立面。他的敌人马尔康则代表社会力量竖起人道主义的大旗。这时社会上资产阶级人文主义反对封建与资产阶级极权势力的斗争,和人民反对统治阶级的斗争联合起来,形成人民的伟大风暴,说它是伟大的人性解放的风暴的继续也可,说是初次反资产阶级极权势力的人民风暴也无不可。

因为莎士比亚最关心的主要还是时代风暴、人民风暴及历史进程的风暴,他写一国国王的命运,也即写人民的命运,时代历史发展的命运。麦克白的暴君统治,使人民从黄金时代一下跌入铁的时代,人民由被动受难而逼上梁山。人民是创造历史的动力。社会发展的进程决不是麦克白的主观意志所能改变的。其实麦克白也看到了这种趋势。弑王以后,他怕时间长了自己的罪行会暴露于光天化日之下,暴露于人民眼前,因此他尽量制造迷雾,颠倒黑白:

> 可是让一切秩序完全解体,让活人、死人都去受罪吧,为什么我们要在忧虑中进餐,在每夜使我们惊恐的恶梦的谑弄中睡眠呢?

(三幕二场)

其实这样反而更暴露其反人民的实质,激起更大的人民风暴,更加速他的覆亡,因为这风暴不起则已,一起则一切罪恶、一切阻碍社会进展、违反人民意愿的反动势力都将受到巨大的冲击。麦克白这个巨人，就这样被人民风暴所淹没，世界因得到清洗而重光。造成麦克白的悲剧反嘲的动力是人民，是总在前进的时代。这种力量是不可阻挡的。

因此莎士比亚认为麦克白与马尔康的战争并非个人间的战争，而是历史上的反动力量与人民的斗争，人民终将胜利，麦克白必然遭到悲剧下场，那是历史发展规律所决定的。这就是莎士比亚的历史观，也是人文主义观念中正义的战争必将获得最终胜利的信心的表现。

《麦克白》写人民风暴虽比《李尔王》更隐在戏剧背景之中（这乃是摄取镜头以突出麦克白之故），但其中人民风暴比《李尔王》更进了一步。《李尔王》主要写人民被动受苦的悲惨画面（三幕二场），《麦克白》中人民力量原隐在背景中，后来一步一步发展，再也藏不住，终于脱颖而出，联合英王正义之师，共扫天下妖尘。所以这出戏着重写麦克白巨人统治末期，暴政迫使人民由被动到主动，起而斗争，终于取得胜利。人民给苏格兰带回常青绿枝，人民才是万古长青的，社会就是这样辩证发展的。这就给当权的新贵族照一照镜子。当时这出戏虽可能为取悦于詹姆斯一世而写，但客观上却反映了人民对他的统治滋长了不满情绪，给他，甚至给所有统治者敲起了警钟，警告他们免蹈麦克白的覆辙。《麦克白》一剧写出了当时社会辩证发展中生活真实对麦克白的悲剧反嘲，它的伟大长远悲剧意义即在于此。

1983年刊于中国莎士比亚研究会编《莎士比亚研究·2》

英 国 小 说

戚 叔 含

一、小说（Novel）一字之原义

Novel 一字是由拉丁文,法文,意大利文传到英国。古代法文(old French)作 novel ，nouvel ，nouveau,英文译义即新,新鲜(new, fresh，recent)或新近发生的(recently made, rare)等,简作新闻(news)解。凡属当时的,同时代发生,前所未有的,都可以 Novel 称之。英文原不用作指一种文艺作品,所以有些论者,把罗曼史(romance)指作小说的前身。惟罗曼史一字,在大陆如意大利,西班牙等国,是指当时用本地方言(vernacular)写的一种韵文故事(tale of intrigue or adventure)。产生这类故事的国家,都是南欧靠近地中海部分,所谓 Romanic land，故称罗曼史,以示别于一般用拉丁文写的故事。用 Novel 或 Novella 一字指一种文艺故事,由薄伽丘(Boccaccio，1313—1375)开端。他写的《十日谈》(*Decameron*)，即用此名。此后菲易脱(Countess dela Fayette)写 *Princesse de Montpensier* (1662)及 *Princesse de Clēve* (1678,较第一本更得好评)。又封旦(La Fontaine)所写的 *Psyche* (一部分用韵文写)及赛琪(Le Sage)写的 *Gil Blas*,皆沿用此名,相循成习。与罗曼史不同者,不在拉丁文与方言,仅在罗曼史用韵文,小说(novel or novella)用散文体一点而已。韵文的罗曼史在中世纪放了异彩,盛极一时,文字不拘,但用法文的居多数,即英国故事(matter of Britain)亦多用法文写,德文写的亦不少。英国乔叟(Chaucer)承之。但不久意大利薄伽丘辈的小说传入英国,同时通俗小说(the picaresque novel)风行于西班牙及法国,(在十六世纪中叶)也传入英伦,英国遂亦有用此一字,以指新奇的故事。罗曼史一字专指中世纪故事,渐不复沿用以指新作,到十八世纪戈萨克(Gothic)恐怖故事(terror story)起,或有用罗曼史一字者(Stoddard称之曰 romantic novel),则与小说一字,已有显著不同之意义。

就题材方面说,小说注重眼前同一个时代的故事,以新为第一;罗曼史则往往取实际人生以外,灵魂所企求希望,不可得到的幻想的故事。在文字方面,罗曼史之初起用方言,已不是主要的特点,而是用韵文(大都是法文)替代;小说则趋向方言日常用语,通俗小说往往用普通社会习语,主角往往是一个无赖式的人(rogue)。

最早英国女小说家李慰(Clara Reeve 1728—1807)就有这样的说明:

"Novel—a picture of real life and manners, and the times of which it is written. Romance—in lofty and elevated language describes what never happened or is likely to happen."

稍后司高德(Walter Scott)也曾对此两者作一个分说:

"Romance is a story in which our interest centers in marvelous incidents. Novel is a story which is more natural, more in harmony with our experience of life."

他是历史演义专家,著述等身。在他有些作品中,虽也接近实际人生,但仍贵新奇怪诞,故后人目其为英国罗曼史之父(Father of English Romance),而不称小说。

十九世纪后期,克洛司(Wilbur Lucius Cross,1862—　)写《英国小说发展史》(*The Development of the English Novel*)总合起这些意思说:

"Prose fiction which deals realistically with actual life is called, in criticism and conversation, preeminently Novel;— that which represents it in the setting of strange, improbable or impossible adventures, or idealizes the virtues and vices of human nature is called Romance."

所以小说是人生的写真,不离实际人生,使读者有亲切之感,是他的特点。白司康(John Bascon,1827—1911)在他写的《英国文艺哲学》(*The Philosophy of English literature 1847*)一书里说:

"Works of fiction may be divided into Romances and Novels—the romance chooses the characters from remote unfamiliar quarters, gives them novel circumstances, verges on the supernatural or passes its limits, and makes much fictitious sentiments such as those which characterizes chivalry. The poor sensational novel has points of close union with the earlier romance. …The novele, so far as it adheres to truth, and treats of life broadly, descending to the lowest in grade, deeply and with spiritual forecast, seeing to the bottom, is not only not open to these objections, but rather calls for commendation．" p. 271.

这不独指出以忠实于人生为小说的主旨，为求忠实于人生，凡人生现实一切应无所顾忌避讳。

从这些解说里，我们可以知道，小说是以现实人生为题材，是要十二分的忠实，不能因为人生的堕落有所避忌。换句话说，小说走向自然主义（Naturalism），写实主义（Realism）原是小说先天性注定的方向。爱特加（Pelham Edgar）在《小说的艺术》（*The Art of the Novel*）里曾有这样的话：

"Fiction aims now at an intensification or reality rather than an escape from the actual. … The general progress … from impossible through possible to the probable." p. 42.

二、小说之起源

把小说视作是文艺中的一种形态，——A fictitious prose or narrative of considerable length, in which characters or actions professing to represent those of real life are portrayed in a plot．（韦勃斯脱字典中小说一字之定义）——从前面一节中，我们可以知道是很后起的，是近代的一个认识。兰尼埃（Sidney Lanier 1842—1881）在他的《英国小说史》（*The English Novel*）一书中说：

"It (Novel) is a new invention. It is customary to date the first English novel with Richardson in 1740." p. 3.

所以我们就广义说，所谓散文叙事文（prose narrative），可以包括寓言（fables）、故事（tales）、罗曼史（Romances）。但狭义的，严格地说，小说一字有其最主要的近代性。英国李查生（Richardson）的《盼美拉》（*Pamela*），不独确立英国小说之端，也是世界小说之端。《盼美拉》出版的那年，文艺中尚无小说之目。小说被视为文艺的一种，也如诗、剧，有其独立的地位，是在一七六六年三月号的《评论月刊》（*Monthly Review*）开始。这是一个书店老板格立非（Ralph Griffith）所发行的一种杂志，在一七六六年三月号中文艺分类项目下，列有小说一目，小说一字，方被认为文艺的一种形态（a recognized literary form）。

但小说形成为一种文艺作品，（如史诗，戏剧的形成）确立为现在所承认的形态，则另有因素。这些因素是造成现代小说的内容和形态的。一切文艺创作类型形态的形成，都各有因素。譬如史诗和悲剧的形成，其因素是当时希腊人沉浸在神话，相信神力有左右人生支配力的信仰空气中，崇拜半神式的英雄可以做人类的领导者、救护者。史诗的内容，便以颂赞神力，记述英雄事业为内容。其次，那个时候，印刷术未曾开始，读者的习惯是不会有的，有一种以听代读的习惯，便决定了史诗的形态，有韵文字宜于记诵，是决定史诗形态的因素。悲剧也有同样的因素，内容的决定与史诗相似，形态的决定是因为有第奥尼歇（Dionysus）神祭祀礼节便利，前人已说得很明白，即就莎士比亚时期的戏剧来说，何以其内容与希腊悲剧不同，形态则有近似之处，也只因为形成两者内容的因素，截然不相同，（人类已由崇拜自然，进而到认识自我的阶段）而在另一方面，中世纪宗教宣传的舞台方式，恰和第奥尼歇祭礼有相同的缘故。

英国莎氏时期受文艺复兴的启发，个人抬头，情感充沛，莎氏戏剧，即以个人情感作题材，文艺中有所谓品性（Character）实自这时始。宇宙为我，个人是享乐的主人翁，逞性纵欲，相习成风。伊利瑞比士一代，原是最奢靡享乐的时代。又承中世纪宗教堕落，教堂贪污，也已到了极点，于是物极必反，有宗教革命，有新教运动。英国清教徒，即是从新教中孕育出来的，攻击社会奢侈习尚，对于戏院的鼓励情感，提倡享乐，也就成为他们攻击的目标。在政治改革，社会革命的风潮下，戏院也就遭了禁闭。虽然法国式的戏曲，跟皇室回到英伦，一度风行，昙花一现。十七世纪末年高里欧（Jeremy Collier）写《英国舞台背道离经论》(*Essay on the Profaneness and Immorality of the English Stage*, 1699)，戏院又遭打击，戏曲也成广陵散。这是十八世纪理性的开端，抑制情感，提倡品行（manner），注重道德新趋向。文艺作家怀卫道敦俗的宏愿，以文载道，形成十八世纪的古典主义。我们试看李查生第一部小说，其内容即不脱此窠臼，《盼美拉》亦称《贞果》(*Virtue Rewarded*)，是写一个少女如何佣于富家，如何拒绝少年主人非礼的恋情。少女出身微贱，来自村野，亦即含朴质天真之意；少主拥有资产，无所事事，亦即逞情纵欲，奢侈社会的典型人物。这小说内容的决定，就是从社会风尚嬗变的因素中来。

所以十八世纪文艺，以人生为主要题材，事非偶然。蒲伯的"The proper study of mankind is man."是当时文艺内容确切断语，是对前一期的反动，约束情感，讲究行为。至于这样的行为约束，讲究风度，受法国影响，如恰司菲尔公（Lord Chesterfield）之谆谆告诫其子应如何待人接物，在今日看来，不免有虚伪做作之嫌。以行为外表的善恶，作伦理价值的标准，不免流于为浅薄的道德观。小说所能表现者，亦止于此。后人对这些小说渐起嫌恶之感，那是受时代限制，不能责备小说作家的。

但小说何以不用韵文，何以不用诗体，也有其时代因素。十八世纪理性时期，同时也是散文时期，散文体的流行，也就决定小说的形态。散文之所以流行，则有下列数原因：一因政治宗教辩争诘离，互相以短文作最方便有力的武器，即如清教徒初起政争之方始，诗人密尔顿(Milton)亦用散文作有力的武器，攻击政权，批评社会。二因刊物事业开展，周报、月报之类的刊物，开始流行，行道说教的人，就借短文逐日发表，讽世教俗。三因读者群的增加，尤其是妇女读者，——小说的读者，当初实以女子居多数，这因素，也决定李查生第一部小说的题材。据传说，李氏最初并无写小说的主意，他原是一家印刷铺做学徒，文字的训练颇成熟。当时社会风气，年轻女子，一知半解，大概闹恋爱、写情书是很流行的，可是自己执笔，则能力仍有未胜，这书店学徒，便做了这些女子的代笔人。也就是这些事实，决定《盼美拉》内容和体裁——此外因为戏院的停闭，看戏的机会没有，读者既比先前增加，家居无聊，人手一篇，印刷便利，鼓励出版，都是促成小说大量生产，成功流行的主要原因。这些读者大半是爱嚼舌闲话的女子，人间是非，邻居丑事，自是最受注意的话资，灯下炉前，无时间的拘束，惟一投时好的读物，就是连日刊载的小说故事，此即小说之始。

三、小说之演进

一般把小说分类，说什么冒险、历史、行为等小说(Novel of adventure, of history, of manners, of purpose, of personality etc.)或嫌琐屑，或失之呆板，不若就小说发展演进的程序中，寻出各阶段小说的特点，用以归类，也可看出时代影响作品的地方，是些什么。小说里一般承认,有三种主要的成分:即一、故事(incident);二、人物(character);三、场合(circumstance, or situation, or environment)。我们细检小说发展,恰正循时代,由重视故事,然后重视人物,发展到重视场合,结束十九世纪小说。至二十世纪,开始新倾向,偏重个性的意识(consciousness)。让我们就以此分类,循序说明,也可以看到小说发展的程序。

自李查生起,亦即是故事小说(novel of incident)之开端。所谓故事小说,即以事为中心,人由事生,处于不主要的地位,像是扮演的角色,没有显著的个性。一般文艺艺术的发展,实际都是如此。诗史是以故事为主干,中世纪罗曼史也只有故事,而无人物个性,民谣(ballad)也是重故事的。总括的说,诗歌是文艺初步,所以侧重故事发展,这原不待分说。因在古代,"人"并不是宇宙的主人,个性之产生是由个性自觉,与人事制度发生冲突抵牾后,才能显著出来的。一种平淡乡村生活,日常都是在一定的事业环境中生活,每个人看去,似乎很少差别,都是无个性自我表现的。

李查生的《盼美拉》,其故事正如一条流水,女主角盼美拉只是浮在水面上被水带走的一件东西。全书是一个伦理的故事,盼美拉扮演一种德性,在水面上表演,所以她无明确的个性。其次因为是用书信体的,虽则文字和语言,可以表现个性,但侧重于故事进展,而且是十八世纪重形式的文章,所以更把个性淹没了。其次个性在一种紧张的事故中,原可以显露出来,但李查生的叙述是平铺直叙,初无所谓戏剧性。故事结构,极端松懈,所以更谈不到人物个性。他写的第二部,第三部小说,故事冗长,结构更见松弛。李查生有"小说之父"之称,但小说的成功,实不在他手里,也是无可讳言的。

菲尔亭(Henry Fielding)起,小说风格就一变,他自然仍沿用旧法,以写出故事为主——菲尔亭一生写诗、写剧都无成功,眩李查生之《盼美拉》不胫而走,洛阳纸贵,始写小说。第一部《约瑟夫·安屈罗》(Joseph Andrews)即准对盼美拉成功,模仿的作品,但菲尔亭是天才,不同李查尔生,在他手里,小说就显出艺术意味,结构天成,个性之表现,尤为其最大成功。即在《约瑟夫·安屈罗》一书中,那教士亚当(Adam)便成了典型的人物。到汤姆·琼司(Tom Jones)故事亦曲折多致,富戏剧意味,人物个性则明白清晰,每人各有性格,配得上戏剧人物(dramatic person)之称。这就是人物小说(novel of character)之开端,事由人生,人为小说的主人翁(hero)。

文艺中个性的抬头,与时代思想的进展,是有密切关系的。十八世纪理性时期,其淹灭个性,与后代唯物史观下面,重视社会制度之斲伤个性,为害之烈,几可并称。又因为重视外表行为,讲究外貌,人人都扮得像舞台上的角色一样,都是使个性无由发达的障碍。但就在这时代,我们知道,罗曼主义已在孕育发长中。法国民族自由思想,也在这理性高压下,逐渐滋长。近代式的英雄主义,——要在大家面前,不择方法,崭露头角。——一天一天深入每个人的心里去,这些都是扶植个性发育抬头的时代因素,影响到小说上以写人物个性为主旨。

不过个性(character)原是很含混的一种东西,凡一般所同,一时俗尚习惯或行为后面,可以掩煞个性。特殊的疯狂怪癖,或如琼生(Jonson)的幽默(humour)也可以遮住个性,使读者无从认识。所以在这种人物小说中,那些人物到简·奥斯丁(Jane Austen)止,仍不免有类型的(type),而非个别的(individual)之感。虽对于行为皮毛的价值,渐已不为重视,如《汤姆·琼司》的品性,作者以内心动机作是非善恶的准则,与勃立菲(Blifil)对照,分出外善内恶,外恶内善进一步的表现,这和雨果(Victor Hugo)的悲惨世界可以并论,已不以人云亦云,世俗浅薄的道德论为是非褒贬的依归根据,可仍是落在类型上去。所以琼司的一生,或许会使人读后,不胜感慨,至于其为人如何,在读者脑子里,很难有印象,——不能像我们读了鲍斯威(Boswell)的《约翰生传》(*Life of Johnson*),所得到约翰生的印象一般。大概描绘个性,鲍斯威是此中的开山祖。这本传记,我们何尝不可以当他小说读呢。——这样的成功,则尚有待,我们必须到十九世纪萨克莱(Thackeray)、狄更司(Dickens)的小说中去寻求。所以人物小说的发展,并非是一简短的时期。十八世纪鲍斯威以及约翰生自己之写文人传记,顿成风气,对小说的倾向写个性,有相互因果,传记之由一般社会家庭生活,转到十九世纪搜集诗人、文人个人癖性,又开"个性第一"的路,和小说进展,侧重癖性,如出一辙,都是值得注意的。

跟着人物小说而起的是场合小说(novel of circumstance)。这场合与故事完全不同,抽象说,故事是时间的,场合是空间的。

这种小说的起来,也有时代思想的因素。最主要的是科学的进步。我们平时读文艺,往往忽视科学。实则科学有形的改变世界,远不如其无形的改变世界之大。欧洲人受圣经的影响之大,是无法估计出来的,欧洲人推重某一本书时,就说是圣经第二,卢梭的《民约论》曾被目为圣经第二。但我们不要忽视达尔文的《进化论》一书。这一本书给予科学界的影响,诚然很大,然而无形改造人类思想的影响,其远大,是我们所想象不出来的。这里第一点把人为万物之灵的傲气,一笔勾销。我们是造物手中的刍狗,过去迷信的命运说，自然不复成立，转而信环境自然摆布的力量，却比命运更大，而且既不是迷信，无法用谄媚颂祷的手段去解除。自文艺复兴得来的自信力，民主自由思想给予我们的自由，于是都是假的。压根儿，我们没有自由。我们是命运——新命运论的命运，叫他造化也好，命运也好——手里的玩物。这个思想是替唯物主义铺下大路，替机械主义写下第一章，人是物理的化学的组织结合，个性也没有，行为道德更无意义，这就是场合小说的根据，哈台(Thomas Hardy)就是这类小说的大师。

琴司(James Jeans)在他写的一本《神秘的宇宙》(*The Mysterious Universe*)一书中有一段说宇宙本身原是："probably inimical, or even destructive of life"，接着又说："It seems incredible that the universe can have been designed primarily to produce life like our own."

这使我们明白现代人生苦闷的来源。我们认为如何宝贵、了不起的生命，原来是那么脆弱而靠不住。哲学家忙叫出"我思，故我存在"(Cogito ergo sum —"I think, therefore, I exist")，于是小说家也说"我觉，故我存在"(I feel therefore I am)，我有思想，有感触，——我是有知道自己的意识的，这意识(consciousness)不是最可靠的么？所以自十九世纪以后，我们不妨用意识来另列一种意识小说(novel of consciousness)。但心理学家的进一步探讨，发现这意识也是非常脆弱的。意识不独不能支配我们的行为，有时被习惯控制住的时候，意识会完全变成反应机械本能，至此，意识也是没有的。

总括起来说，小说的对象是人与他在环境中所产生的一切的写照(a study of man)。由社会人事，转到人本身，由环境中去体认自己。所以小说研究人生的方法，是由一般的到特殊的，综合的到个别的。笼统地说一句，过去的文艺，对人与人之间，注意在其相同之点，鼓励人情的融洽一致，相处而安。但逐渐地走上发掘个别的异点，指出人与人何以不能相安，为求知人生的原意是相同的，但所得结果却大异。过去以"爱"为人与人之间的关系标帜，今则有"憎"一字之发扬猖獗。爵司顿（G. K. Chesterton）论维多利亚期小说，即说：

"The story is not told for the sake of its naked pointedness as an anecdote, or for the sake of the irrelevant landscapes and visions that can be caught up in it, but for the sake of some study of the difference of human beings."

注重人类个别的不同，于是产生憎恶，后期小说之鼓励憎恶，更属明显。余尝谓小说中所表现的人生，是一篇斗争史，或许整个文艺作品，也只是同样的一篇。由与自然斗争，与社会制度斗争；到与自己家庭父母，兄弟姊妹斗争；现在人在与自己斗争。

原刊《浙江学报》第二卷第一期单行本

《劳伦斯评论集》前言

蒋 炳 贤

《劳伦斯评论集》主要选编二十世纪五十年代F.R.利维斯兴起的劳伦斯复兴运动以来国外评论家的一些重要的有代表性的评论,其中不少人受利维斯的影响,或师承"新批评"派,采用不同批评方法,从不同角度对劳伦斯及其主要作品的思想内容和艺术技巧进行评论,不乏深入细致的剖析,也有不少真知灼见。总的倾向是,这些评论对劳伦斯的成就都寄予明智的同情,本着以瑕不掩瑜,求是务实的精神和公正的态度,对其著述作出恰如其分的评价。劳伦斯活着的时候,也还有许多同时代的同行承认他的天才。当时著名小说家和评论家福特[Ford Madox Huefer(Ford),1873—1939],认为他的第一部小说《白孔雀》是显示他天才的创作,并说《儿子与情人》这部巨著出于廿六岁的年轻作家之手,实属难能可贵。亨利·詹姆士(Henry James)对劳伦斯的早期创作也多有褒誉。约翰·迈赛(John Macy)在一九〇二年版的《儿子与情人》前言中指出,"这是一部字字珠玑的文学名著……出诸一位禀赋比任何一位年轻的英国小说家更丰富多彩更为突出的天才之手的杰作。"此外,在卅年代中评论家如奥尔德斯·赫克斯利(AIdous Huxley)、弗朗西斯·弗格森(Francis Fergasson)、马克斯·怀尔德(Max Wildi)、霍莱斯·格雷戈里(Horace Gregory)等都写过一些有洞察力的好文章,但是他们的论著在破坏性的论争中湮没无闻。本编在选题时就很难兼顾这些沧海遗珠了。在当代劳伦斯评论家中,对这位已被公认为二十世纪伟大的英国小说家仍怀敌意的人如安东尼·韦斯特(Anthony West)、凯赛琳·安妮(Katherine Anne)、波得(Porter)、新弗洛伊德派评论家、墨守成规的形式主义者以及杂七杂八的检查官员们,以低沉的嗓门,重弹三十年代的老调,那就更不足为训,不在选编之列。

作为一位二十世纪现代派代表的小说家,劳伦斯的成就首先反映在他的小说创作方面,因此本编所收的评论文章,以环绕着他的几部长篇名著及短篇评析为主,这些评论对劳伦斯的小说技巧、语言艺术、人物塑造技法、象征主义手法,以及他的丰富的想象力、诗一般的幻想,多棱角的道德观、哲学思想、社会观、文艺观等等都作了不同层次的立意新颖的阐释,多方面挖掘这些作品的内涵,检验这些作品的现实意义和客观效果。

对劳伦斯的评价,在西方文学批评史上有过一段错综复杂的历程。劳伦斯的坎坷一生,受过不少误解、委屈、歧视和贬损。甚至在他去世后二十年内,对他的抨击与诋毁有增无减。那么,人们不禁要问:这样一位创作过五十多部长、短篇小说,剧本,诗歌,散文,游记,文艺评论的伟大作家,究竟为什么长期被人误解和谴责?狄安娜·特里林(Diana Trilling)在她编的《D. H. 劳伦斯袖珍本》的前言中说,劳伦斯放旷不检,感情过于丰富,幻想流泻无度,诗一般的思想意识,使人难于理解。其实根本原因应该从他的卓越天才的实质方面去求解答。在他的放浪不羁的表层底下,隐藏着一颗悲天悯人的赤子之心,这一点正如 T. S. 艾略特所说那样,"很难为他的大多数的同时代人所理解、所接受。"

当时,有些评论家诬他为同性恋的法西斯,也有人则称他为不值得一顾的毫无头脑的误入歧途的"才子",更多的人确是无法理解他而贬责有加。高尔斯华绥称他的作品为"经不起时间考验的作品","脆如玻璃,纵有一点光彩"。甚至一向同情他的默里也无法完全读懂他的《虹》,因而说"劳伦斯不是个伟大的作家,他只不过是个预言家、心理学家、哲学家、现代伟大的人生意义探索的冒险家。"(见《弗莉达回忆录及书信集》第 330 页)。沃尔特·艾伦竟说:"劳伦斯是个想当伟大的小说家而没有成功的作家。"(见沃尔特·艾伦:《英国小说》第 357 页)即使在"新批评"派兴起之后,着重"文本"研究及探讨作品的美学价值的文学批评方法,本来应该有利于对劳伦斯重新评价,但不幸的是,T. S. 艾略特、I. A. 理查兹等评论家,强调传统道德观念与形式主义,对劳伦斯横加批判。T. S. 艾略特谴责他在感情上是个异教徒,"呆头呆脑的歌唱赞美诗的虔信主义"或腐败的新教徒教义的产物。他认为劳伦斯"傲慢无知"、"缺乏应当从教育获得的批判能力",为人势利,对"一般社会道德"漠不关心,纵情于"明目张胆的病态性狂"和极端个人主义。他写道:"劳伦斯彻底摆脱传统或习俗的条件而开始生活的,除了他那个主动提出要给无所适从的人类指引道路的'内在的光芒'——这个最不值得信赖的自欺欺人的向导外,他没有别的足以凭借的指引。"因此,在这种思想指引下,劳伦斯误入迷津,他的理想纯属虚幻的,"在精神上是不健康的",也就容易把意志薄弱的读者引入歧途。

I. A. 理查兹认为劳伦斯在科学时代盲从诡怪得不可思议的信仰,这是不明智的。强调语意分析的文学评论家 R. P. 布拉克墨尔(Blackmur)认识不到劳伦斯诗歌的价值,指责劳伦斯偏爱

"灵感",不惜牺牲诗歌的技巧,结果走上歪门邪道,无视完美形式的追求,留给读者的只是一大堆诗的"废墟"。

面对贬责和非难,劳伦斯抱怨地说三百年内没有人会理解他的作品。但是,历史是无情的,事实与他的悲观预言恰恰相反,他去世后不到三年,他就恢复了名誉,享受生前没有获得的荣誉与赞赏,他的作品也获得了公正的评价。

五十年代劳伦斯评论进入了一个新的阶段,在文学评论界掀起重新认识和重新评价劳伦斯及其作品的热潮。这阶段的带头人是两位著名的评论家:F. R. 利维斯和哈里·T. 穆尔。F. R. 利维斯的《小说家 D. H. 劳伦斯》(1955)是一部比任何研究劳伦斯作品的论著更有影响更有深远意义的巨作。他认为《虹》和《恋爱中的妇女》是劳伦斯的两部杰作,具有深刻的社会意义和严肃的道德价值,从而使劳伦斯跻身于英国小说"伟大传统"之列,无愧为二十世纪最伟大的小说家之一,在读者广泛的赞扬中他的声名甚至高过乔伊斯、T. 曼、普劳斯特和福克纳等。

F. R. 利维斯在传播英国形式主义文艺思潮方面起过重要作用。他强调文学作品,特别是小说的道德价值。伟大的文学作品必需以富有想象力的引人入胜的现实生活的写照,生动地反映出自作家内心深处的道德观念。利维斯是把"新批评"方法应用于小说分析的首创人,他指出:在小说中,如同在诗歌中一样,有一种成熟的、严肃的、复杂的写作传统,这种传统主要体现在创作形式上,因为形式是探索人生的表现模式,而作家则主要显示他"体验真人生的强大能力,面对生活的开旷心胸、和明显的道德热情。"利维斯指出:在典籍浩瀚的英国小说创作园地中,简·奥斯丁、T. S. 艾略特、亨利·詹姆士、约瑟·康拉德和 D. H. 劳伦斯,都是这一光辉的伟大传统的杰出的创业者。在《伟大传统》(1948)里利维斯虽没有详论劳伦斯，但他已肯定"劳伦斯是我们时代的伟大的天才……在小说中他的献身于最艰巨最持久的创造性劳动；作为一个小说家，他是充满活力的极其重要的小说发展的代表人物……"同时，他已独具慧眼地发现劳伦斯是个"最勇敢最激进的小说形式、方法与技巧的革新者"，而他的革新和试验都出于他对人生的执着和热爱。一九五〇年后，利维斯在《审辩》上相继发表评论劳伦斯小说的文章，随即以书本形式出版，响亮地吹起了研究劳伦斯的复兴活动的号角。

在评论劳伦斯问题上，利维斯提出了与 T. S. 艾略特针锋相对的观点。利维斯谴责 T. S. 艾略特对英国文化无知，因而会贬斥劳伦斯。他说劳伦斯根本不是什么没有受过良好教育、没有教养的人，劳伦斯在年青一代朋友中，"过着非常丰富活跃的精神生活"，他多闻博识，在诺丁汉大学中受过严格的训练。至于称他为"呆头呆脑的歌唱赞美诗的虔信主义信徒"，更属无稽之谈。利维斯提出"异教徒式"的生气和"粗犷放野"的活力，与 T. S. 艾略特的"正统观念"和"温文尔雅"相对抗。（参阅本集《T. S. 艾略特先生和劳伦斯》一文。）利维斯在《小说犹如戏剧诗》一文中主张小说分析研究应采用"新批评"方法，在具体做法上可以引据段落，加以"文本"分析，揭示内涵，发掘象征的或凭经验的模式。利维斯用了这种方法在剖析《虹》、《恋爱中的妇女》及其他作品时，深刻显示劳伦斯创作才能。作为一位有革新精神的二十世纪英国小说家，劳伦斯关心的是"人的自然本性的复归"，令人感受的是人性、自然、生活的深刻揭示。他所反映的丰富多彩的现实生活价值的透明度，人物塑造的深厚功力，短篇中流露出来的机智横溢的特色，以及其他许多为早期评论家漠视或否定的优点,都得到利维斯的发掘和评定,但是他认为小说家劳伦斯不是无懈可击的,他的成就也不是完全令人满意的。我们可能对利维斯的热情和反责有所惋惜,对他的评论尺度与取舍标准有不同看法,对他强求一致的论断不能完全苟同。但是,不管怎么说,利维斯是在劳伦斯评家中最能干的最出色的一位专家,也是复兴劳伦斯著作研究最出力最勇敢的一位先驱。利维斯是从心底泛起一股同情的热忱,阐释劳伦斯之所以伟大的本质。劳伦斯留给我们的是现代人极为需要的深远见识、广博智慧,以及追求健康和美好生活的情趣。

当代美国评论家哈里·T. 穆尔(Harry T. Moore),在复兴劳伦斯研究活动中也起着极大的积极作用。早在四十年代,穆尔就称劳伦斯为"未被传诵的伟大作家",同时呼吁:"为什么不读一读劳伦斯?"他说劳伦斯是值得一读的,他的作品给我们提供了"一个当代最丰富的阅读经验"。一九五一年穆尔出版《劳伦斯的生平与作品》,这是一部评论性的传记,把"传略"与作品述评结合起来,可称得上"迄今为止……对劳伦斯作品做出最详尽最全面的述评"。穆尔从未和劳伦斯见过面,既无回忆可记,又无个人的恩怨可言,因此在衡量他的成就、优点和魅力时,他并不漠视他的缺点、偏颇和荒唐之处。穆尔这种实事求是的严肃认真态度,公允而稳健的论断,孜孜不倦的钻研精神,值得后来的"劳学"学者学习。一九五三年穆尔与霍夫曼合编《劳伦斯的成就》;一九五五年出版《聪颖的心灵》;一九五九年又出版《劳伦斯杂集》;一九七四年出版另一部传记《爱的传教士》,对劳学研究者提供了大量传记性资料。影响所及,如:一九五七——一九五九年爱德华·内尔斯(Edward Nehls)编写的三卷集的《劳伦斯综合传记》汇集多方不同观点,整理层次繁复的简略回忆,作为观察劳伦斯一生的透视镜,从而出现在我们面前的是一位更有生活实感、更深刻、更复杂的,在发展中的"圆形人物"。劳伦斯不再是出现在某一部单一的传记中的那种固定的、一成不变的"扁平人物"。劳伦斯是个禀资超群的作家,才艺不同凡响。时时刻刻用他一双慧眼观照人生世相,摄住一时一刻新鲜景象与兴趣而给以永恒表现。在复兴劳伦斯学术研究活动中,穆尔的最大贡献在于他给学者提供宝贵的"文本"和参考资料。他首先把《虹》与《恋爱中的妇女》的象征主义手法提到议事日程上来探讨,他的既有睿智卓见而又公正有分寸的评价,为后来评论家指出了正确的研究方向。

利维斯和穆尔的追随者大力发展劳伦斯研究复兴活动,"新批评"派及其衍生分支的评论家辈出,形成一股蓬勃的力量。其中一位重要的评论家马克·肖勒(Mark Schorer)在《技巧犹发现》(1948)一书中提出一个论点:小说应该受到如同"新批评"派对待诗歌那样重视遣词造句和运用比喻等手法的细密研究,仅仅重视内容的小说根本不是什么艺术,而只是经历的记录。只有着眼于"形式"的研讨,才能谈"艺术",才能以"评论家"身份说话。肖勒进一步指出:内容与形式的区别是"技巧",技巧的研究说明小说形式如何发现和评价意义,往往不是出于作者本人意图的意义。肖勒在初评《儿子与情人》时即根据这一论点纵谈小说中两个主要主题的冲突:过度母爱产生令人窒息的影响,和保罗在两次浪漫主义色彩的两性关系中显示的灵肉之爱的分裂.肖勒认为劳伦斯在书中暴露了他的最大弱点,即没有做到使写作技巧发挥探讨小说内涵的作用。一九五一年肖勒在编写《儿子与情人》一书的前言中已改变此种看法,作出比较同情的评赏,他认为劳伦斯力图在小说中包含更多、更新、更有重大道德意义的材料,没有一个作家能比劳伦斯更直接地对读者说话,有些读者之所以难于理解他的作品,原因在于它们的新奇、不同流俗以及给读者开拓审美情趣的新领域。肖勒曾读《恋爱中的妇女》达十多遍之多,对之爱不释手。他赞赏小说的意图、有道德意义的内容,以及由内容决定的小说结构,同时他也容忍小说中存在的缺点。他认为伯钦不如杰罗尔德刻画得那样成功,但是如果没有伯钦的精神探索的戏剧作陪衬,杰罗尔德的生死历程也就会显得黯然失色。在一九五七年格罗夫版的《查特里夫人的情人》的前言中,肖勒同意蒂佛顿神父把劳伦斯的思想和基督教义联系在一起的看法:劳伦斯合教士与诗人于一身,他的诗就是布道,不过添上一句话说:"整篇诗,或者说整个故事,或者说整部小说,并不是任何可摘录的字句或图景就是整体的部分。这种要求整体阅读整体评论的基本原则,没有比应用于《查特里夫人的情人》更合适了"。肖勒对《查特里夫人的情人》所作的论断,完全基于两种因素的结合:"一种确实的持续的社会内容"与"一个清晰的恰当地发展的情节",以及"最终使小说本身成为一个巨大的象征"的象征主义手法的深入运用。

另一位从小说的形式与小说的创作技巧方面着手研究劳伦斯的评论家多萝西·范·根特(Dorothy Van Ghent),在《英国小说:形式与作用》(1953)一书中提出一条原则:"文学批评方法旨在探讨创作形式的原则,并含有探索自我形式的意义。"把每部小说作为艺术品来研究理解,小说的技巧问题显得尤为重要。一部健全的小说,必须有完整的结构,评价小说的首要着眼点,要看它是否是个艺术的整体,每一部小说应该有独特的个性、自身的张应力、自己的面貌和特定的氛围。评论家应该根据这些特点对作品深入进行具体剖析,然后就作品反映人生的透明度、说服力和启示性加以判断。简单地说,只有对小说的整体、特点和意义的具体分析,才能认识整部小说的价值、它的现实意义以及对人生的启示作用。范·根特小姐以自己的小说评析原则对劳伦斯的《儿子与情人》作出独具慧眼的评论,给传统的评论劳伦斯的方式方法,提供一个崭新的走向。

六十年代后期评论家基思·萨加(Keith Sagar)发展了利维斯的论点,在《劳伦斯的艺术》(1966)一书里,对劳伦斯的作品分别作了系列述评。他采用的方法是,首先对每一"文本"密读细读,研究其结构与有关主要章节,以求发现作品内在连贯性或不连贯性,对照作者意图而作出论断。其次引据作家同时期其他作品进一步论证或阐释,最后,根据劳伦斯自己所界定的标准,把每部著作放在劳伦斯的全部创作范畴内考察而予以定论。他说用了这种方法可以避免重复阿诺德·班纳特以来在劳评上为害非浅的偏见和武断。萨加认为利维斯重新评价劳伦斯贡献巨大,影响深远,但他用的"伟大传统"一词的涵义,在某种意义上来说,非常接近"因袭"一字。在研究劳伦斯时,不能把他仅仅放在二百年来的传统中,而应该把他放在更伟大更广阔的二千年的传统中讨论,劳伦斯在《哈代研究》中基本上把自己置于比利维斯所指的更大范围内的传统中,他和索福克勒斯、莎士比亚、托尔斯泰和哈代共同具有"把性质难以理解的极为巨大的行动置于小说人物的小行动后面"的特质。创作个性和独特的艺术构思,并不排斥其与传统的密切联系,劳伦斯以英国现实主义传统为出发点,而在寻求更深刻更永恒的现实的探索中突破传统,创新立异,以独特的艺术构思再现二十世纪二十年代和三十年代英国社会风貌和人物的命运,这是他的伟大功绩,不可漠视。萨加自述他在这第一部论述劳伦斯的著作中,他把它作为"一部正统的批评论著,主要限于文本的分析,语言、形式和主题的研究。"

一九八〇年,萨加又出版了《D. H. 劳伦斯的生平》(1980)。这是根据大量的照片、书信以及当时第一手资料编写的一部有关劳伦斯的记录性的传记,文献价值很高。最近,萨加又出版了《D. H. 劳伦斯:变生活为艺术》(1985)。萨加之所以要写这第三部有关劳伦斯的专著,目的在解答一个比评论或传记更艰巨更重要的课题,那就是探讨生活与艺术的关系,以及艺术如何在生活中生发创化。萨加认为劳伦斯是个想象力无比丰富的作家,他的成就不仅见之于他的小说创作,在他的其他类别的写作中,甚至他的书信中,随处可见其纵横驰骤、瑰丽无比的想象力,他放纵情感,驰骋幻想,竟至漫无约束的地步,因此,他的每一部具体作品,都是他全部艺术精英的一个组成部分、生活的一部分、一个时代、一种文化和一个传统的一部分,也即是说,这是在劳伦斯驾驭自然的丰富想象力指引下,在人生与世界之间关系的探索历程中摄取的情景交融事理相契的记录。

萨加是当今英国著名劳伦斯研究学者,他的这三部著作显然对当代劳伦斯学术研究作出了不可磨灭的贡献。

近年来不少新评论家对利维斯的论点作了进一步的探讨。尤金·古德哈特(Eugene Goodheart)在《D. H. 劳伦斯的乌托邦构想》一书中认为过去三十多年来利维斯和他的追随者一直强调劳伦斯在英国传统中的地位,未免把他过分局限在英国的道德和艺术传统范围内,从而忽视了他跟欧洲伟大作家的血缘联系。古德哈特指出劳伦斯的乌托邦构想,包孕着多义性的革命内涵,并以颇有说服力的例证显示他的作品的反社会和耽于幻想的特性。他把劳伦斯置于世界文化更广阔更深远的伟大传统中,把他的创作成就与特定的历史阶段中的中心问题以及和他作品相近的知识和文化运动结合一起分析研究。他认为劳伦斯属于布莱克、利尔克、尼采一类作家的传统,他借用尼采的话称劳伦斯为"离经叛道者"(tablet breaker)。劳伦斯憧憬"人躯的更巨大的生命",实源于尼采的"阿波罗精神"与"狄俄尼索斯精神"相结合的思想,而更主要的是唯意志论的"狄俄尼索斯精神",这一"狄俄尼索斯精神"主题普遍存在于劳伦斯的所有作品中,这样,作品成了扩张自我、表现自我的主要形式。昂内尔·特里林(Lionel Trilling)在评论古德哈特这部著作时说:"古德哈特先生在着重指出劳伦斯大部分作品不顾一切地毫不妥协地拒斥把社会生活作为个人解放的条件这一点上,是有价值的……"赫里·T. 穆尔也认为"从来没有人像古德哈特那样用文献如此充分地或如此令人信服地证明劳伦斯在现代生活舞台上的地位。"

英美文学评论家在用马克思主义观点进行劳伦斯评论方面也有不少成就。马克思主义文学评论家克里斯托弗·柯德维尔(Christopher Caudwell)在《劳伦斯:资产阶级艺术家研究》(1965)一文中指出,在历史特定阶段,资产阶级文化的矛盾深化,阻止艺术作为人与人之间有效的交际手段发挥作用。在这样一个资本主义社会里,艺术家不管他怎样自视很高,都成了市场商品的生产者。照理说,艺术本身就是人类关系、人与人之间的交际工具,可是资产阶级文化给艺术家的压力,使人际关系降为"实体化"(hypostatised)关系。结果艺术家生产的艺术商品,投入市场,供给一个无名无姓的、"与个人无关"的公众消费。诚实的艺术家痛恨这种异化现象,起而反抗,力图克服这种不正常现象,坚持艺术品为私人所有、个人的自我表现和私人幻想的结晶。劳伦斯敏锐地感到这种矛盾,极端反对"艺术商品化",强调"艺术品是私人幻想的结晶。"在一封致友人的信里,劳伦斯表达了他怎样由反抗艺术商品化而产生的美学思想。到底劳伦斯是不是资产阶级的"白乌鸦",柯德维尔的论析是发人深思的。

一九八二年,格雷厄姆·霍尔德内斯(Graham Holderness)在《劳伦斯:历史、思想意识和虚构》(1982)一书中力主用唯物主义历史观考查文学现象,他指出劳伦斯的作品,是由历史背景、思想内容与小说技巧三者相互联系相互影响而构成的,因此对这三个组成部分相互作用的辩证关系必须进行详尽正确的探讨。历史背景应该用历史唯物主义方法进行研究,作家的思想意识必须与他的社会和艺术关系联系起来分析,"文本"的分析必须用文学批评方法进行,目的在于揭示它们的历史的和思想的内容与形式。霍尔德内斯指出:历来不少劳伦斯传记作家及评论家(特别是把劳伦斯的小说置于英国中部"文化"范畴内探讨的学者如利维斯等),试图把他的创作和它们反映的社会内容之间的关系进行探讨而作出一套理论根据,但遗憾的是,这些尝试在理论上和实践上都不够令人满意。霍尔德内斯主张采用一种真正的历史分析方法进行研究,传统总是随着时代前进,不断发展,不断更新,不断丰富,特定历史阶段的特定艺术作品都印上了时代特征,劳伦斯的作品就明显有这种特征。因此,利维斯提出单一的文化传统并把劳伦斯的品格与艺术说成是这个文化传统的论点,是不正确的。(参阅本集《理论与批评》一文)。

英美以外其他国家的劳伦斯研究学者也写出了许多评论文

章,都有一定的参考价值。苏联劳伦斯研究学者所持的观点与研究方法,对我国读者来说,一般比较容易接受。季里娅拉·基连那芙娜·札恩季耶娃(Д. Г. ЖАНТИЕВА)在她的专著《二十世纪的英国长篇小说》(1965)中有专章(第三章)评论劳伦斯的长篇小说。作者采用比较文学研究方法对《儿子与情人》、《虹》与《恋爱中的妇女》三部名著进行纵横面的剖析,指出劳伦斯是一位"处于批判现代主义和现代主义道路交叉点上的"小说家,他继承现实主义的优良传统,而有所发展,有所超越,他的创作思想和美学观点,在创作实践中不断转变和发展,最后形成独具特色的艺术风貌,使他不愧为二十世纪英国现代主义伟大小说家之一。季·基·札恩季耶娃作为一位苏联的马克思主义文学评论家,必然把劳伦斯及其作品和他的时代、现实生活和人民性联系起来考察,揭示劳伦斯的作品的创作主观意图和作品的客观事实与效果的矛盾,批判了他的绝望的哲学思想、主观的任意性、自我中心论、消极主义,以及脱离社会斗争而企图拯救人世的不切实际的空想,这些恳切的评判,也都值得我们思考和进一步研讨。本集在编选中选择了这位苏联劳评学者的部分论述,以飨研究者,目的在介绍以马克思主义观点来对劳伦斯作品的分析评价,可能对我们进一步如何更正确更全面深入评价劳伦斯作品,具有现实意义。

评论家关于劳伦斯对性的主导作用与两性关系所持的态度论述不一,有人往往用传统的心理分析学或作家生平研究方式进行探讨,但也有人从不同视角加以阐释。奚拉里·辛博逊(Hilary Simpson)在《劳伦斯和女权主义》(1982)一书中提出以妇女历史和女权主义运动发展的各个方面为背景,对劳伦斯不同时期的作品进行研究的方式。他指出,劳伦斯的创作生涯经历了女权运动史上最重要的时期,第一次世界大战前几年中,女权主义运动高涨,声势浩大,富有战斗性的女权主义运动者,提出了妇女有参政权的主张,大战成为妇女在生活各个领域的分水岭,带来了影响深远的社会变动。二十年代妇女争得的一些自由进一步巩固,但同时反女权主义的逆流又抬起了头。劳伦斯认为女权主义运动过于着重男女平等的政治要求,而对妇女性的解放则讳莫如深。劳伦斯最关心的还是这个问题,他在一封写给女权义运动者萨利·霍普金(Sallie Hopkin)的信里说:"我要为妇女做的是远比主张妇女有参政权者的要求高得多。"

辛博逊在书中探讨了战前女权主义运动两种不同模式给劳伦斯早期创作提供了重要的主题。大战使妇女地位产生巨大变化,也使劳伦斯在创作过程中义无反顾地不断革新,不断开拓。在该书最后一章里,他还指出劳伦斯往往把妇女作为他的合作者,并把她们的写作作为自己的写作素材,例证不鲜。总的说来,这部论著为我们深入分析理解劳伦斯作品中的女性形象的塑造确有很大的参考价值。

对我国读者,特别是外国文学的学生和研究工作者来说,劳伦斯的名字并不陌生,早在三十年代,他的著作已在大学外文系课堂里讲授,他的著名长篇小说《儿子与情人》、《虹》与《恋爱中的妇女》也曾传诵一时,但是文学评论界一直没有对他进行过有系统的严肃认真研究,有人认为他的作品扑朔迷离,难于理解,无从下正确的判断。五十年代国外兴起重新认识重新评价劳伦斯之时,在我国则对劳伦斯和他的作品设置了人为的禁区,壁垒森严,谁都不敢问津,有的大学英国文学史讲义中甚至把他列为反动作家,全部否定,此后即使有一些研究者,也往往闭关自守,坐井观天,对国际有关劳伦斯的学术动态茫无所知。一直来人们把劳伦斯认作一位难以肯定的作家。近年来随着思想解放运动的深入，人们对此禁区已不再畏首畏尾，裹足不前。不少从事外国文学作品翻译的工作者，大胆冲破这一禁区。劳伦斯的主要作品也陆续翻译过来，有的甚至有三、四种不同的版本。劳伦斯研究已开始引起外国文学评论界的重视，发表的评论文章也日见增多，迈出了可喜的一步，但由于资料掌握不够，特别由于缺乏有关劳伦斯的第一手资料，国内学者的论述往往流于一般解释作品的涵义、人物分析等等几个方面，深度和广度都跟理想要求还有很大距离，尤其在研究方法上比较狭隘。如何以认真严肃的态度来阅读他的作品？如何进一步开展劳伦斯的研究？如何正确对待这一位杰出的现代英国作家？均有待于我们不断探索与研讨。因此，介绍一些国外文学评论流派的理论和方法，翻译一些有代表性的评论文章，对我们来说，可能大有裨益。尽管国外评论家立场观点不同，研究方法因人而异，对文学语言的复杂性和阐释差距的可能性认识不一样，透视的角度也变化多端，得出的结论有时免不了偏颇，或甚至离奇、荒诞，但是他们的探微索隐的精神，旁征博引的科学态度，研究问题的坚韧毅力，都可以给我们不少启发。更值得重视的是日新月异的研究方法，他山攻错，不无好处。西方文学评论流派蔚然纷呈，五花八门，关于文学批评究竟应该作为一门科学还是一门艺术来看待的问题，见仁见智，各行其是，某一种流派的产生与发展，纵然昙花一现，总还有其价值和存在理由。例如三十年代盛极一时的弗洛伊德学派用心理分析学方法进行文学批评，貌似离奇，近似荒唐，但其中是否还有一点道理值得探讨。再如"新批评"派，强调形式主义的批评方法，尽管忽视文学作品的社会的、道德的、哲学的价值，但其坚持立足原著实际的研究原则,对原作做实事求是的分析,也是值得借鉴的。我们对西方文学批评流派应该有个总体认识。在这一前提下,对用不同方法从不同角度进行评论的成果采取兼收并蓄的态度,批判地吸收其有用部分。因之,本集筛选的论文不受门户之见的限制,不拘一家之言,也绝不猎奇探异,趋时尝新,或哗众取宠。总的目的就是为我国劳伦斯作品研究者提供一些有价值的资料,以便借鉴、观摩和研讨。

半个多世纪来,有关劳伦斯的专著和评论文章浩如烟海,无法遍览无遗,尤以八十年代以来各派评论收集为难,加上编者学力有限,孤陋寡闻,疏漏纰缪,在所难免,译稿虽经仔细校阅或修改匡正,但挂一漏万,仍不免有不当之处。编者谨以最诚恳的态度与最热烈的希望,请求读者不吝批评指教。

1989 年 6 月刊于《杭州大学学报》第 19 卷第 2 期。

英语连锁疑问句

李 增 荣

连锁疑问句的定义及其结构形式

由疑问代词或疑问副词引导的特殊疑问句与另一个一般疑问句结合在一起而形成的问句,我们把它叫做"连锁疑问句"。下列各句都是连锁疑问句。用"*"印出的是特殊疑问部分,其余是一般疑问部分。句子后面括号内注明句首疑问词(或疑问词短语)在特殊疑问部分中所起的句法作用。

What does he hope may happen?（主语）

What did they say the score was?（表语）

What do you think they had better do?（动词宾语）

What did John say he was going to do last night?（动词宾语）

Where do you think they come from?（介词宾语）

How long do you think it will take you to do the work?（动词宾语）

How much do you think it would cost to do the training?（动词宾语或状语）

How long did he tell you he stayed?（状语）

What time do you guess their train got in?（状语）

这种疑问句的结构特点是特殊疑问句和一般疑问句交错在一起,句子以特殊疑问句的疑问成分(疑问词或疑问词短语)开始,接着是一个一般疑问句,然后以特殊疑问句的其余部分收尾。其中,一般疑问部分用倒装语序,而特殊疑问部分的主语和谓语用正装语序。

在有些连锁疑问句中,一般疑问部分的谓语是由连系动词加上后面需要连接从句的形容词构成的。例如:

What were the passengers afraid would happen to them when the train entered the tunnel?

连锁疑问句的两个部分,通常不用标点隔开。但偶尔也见到一般疑问句部分前后加逗号的,例如:

What, do you think, the main consequences of expansion were? (*The Linguaphone Institute Advanced English Course*, p. 37)

关于连锁疑问句的几种看法

在国外出版的英语语法著作中,对连锁疑问句很少作专门的论述,因而至今没有一个通用的名称。

E. Kruisinga 把这种疑问句列为"交叉分句"(interwoven clauses)的三种情况之一。①

---

① E. Kruisinga, *A Handbook of present-day English*, 1932, Pt Ⅱ, §§2332—2333.

H. Poutsma 认为它是从带后附问句（appended question）的第二种疑问句（即特殊疑问句）变来的，例如 How much do you think you owe? 是从 How much do you owe, do you think? 变来的，询问看法的问句 do you think "插入"（placed parenthetically in）how much do you owe 这个特殊疑问句之中。他认为语序变化是由于主要疑问（即特殊疑问）的后一部分变成了从属陈述（它前面可以有一个 that），而它的疑问词则移到次要疑问（即一般疑问）中去。①

R. Quirk 等所著《当代英语语法》虽也谈到这种疑问句，但只是把它看作是"镶嵌"的（embedded）"压低层次的疑问成分"（pushdown Q-element）的一种情形。②

R. A. Hudson 在《英语复合句》一书中对这个问题算是作了一个比较详细的论述。③ 但他也只把这种疑问句看作是宾语从句的疑问成分"前移"（fronting）的一种情形。例如：

Who do you think invited her?

What do you think they'll do to him?

On which side of the paper did they say we were to write?

Hudson 把以上这些句子同下面这样的句子一体看待：

Where did he promise to be?

What did he least regret her buying?

---

① H. Poutsma, *A Grammar of Late Modern English*, 1928, Pt Ⅰ, pp. 411—412.
② R. Quirk etal, *A Grammar of Comtemporary English*, 1972, pp. 397—398.
③ R. A. Hudson, *English, Complex Sentences: An Introduction to Systematic Grammar*, 1973(second printing), pp. 193—200.

Who did you enjoy seeing?

Who is it most likely that he invited?

Hudson 并且认为这种"前移"有"可循环"(recursive)的性质,因而不难造出这样的句子:

What did she say that she felt intensively that he was likely to expect her to say that she wanted?

以上所述各种"插入"、"镶嵌"、"前移"等说法,似乎都有可取之处,但是下面我们将会看到,这些说法还不能圆满解释连锁疑问句的结构和语义特点。

连锁疑问句两部分之间的关系

如前所述,在连锁疑问句中,一般疑问部分用倒装语序,特殊疑问部分受到一般疑问部分的影响,它的主语和谓语用正装语序。试比较:

1. a) Who is he?

   b) Who do you say he is?

2. a) When does school break up?

   b) when do you guess school breaks up?

3. a) What does this sentence mean?

   b) What do you think this sentence means?

4. a) What did Tom like for breakfast?

   b) What did Tom say he liked for breakfast?

5. a) What was peculiar about their cloth?

   b) What did they say was peculiar about their cloth?

从上列例子中可以看出,一般疑问部分对特殊疑问部分不仅在语序上有影响,而且在时态上也有所影响。此外,一般疑问部分在语气(mood)上也影响到特殊疑问部分。例如下面这样一个句子:

What are the most popular games in England today?

这个特殊疑问句与 would you say 这样一个虚拟语气一般疑问结构结合构成连锁疑问句时,特殊疑问句的陈述语气需要改成虚拟语气。连锁疑问句的形式成为:

What would you say were the most popular games in England today? (*The Linguaphone Institute English* Course, Vol. I, p. 101)

在下面这个连锁疑问句中,特殊疑问部分用虚拟虚语气(would happen),也和一般疑问部分谓语动词(suppose)有点关系:

What do you suppose would happen if Turner knew you felt this way? (Maltz)

就逻辑意义说,特殊疑问部分是句子的主要部分,一般疑问部分只起补充说明的作用,类似于插入句。但以连锁疑问句的结构和两个疑问部分之间的相互影响来衡量,一般疑问部分又是主要的,起着类似主句的作用,因为它能影响特殊疑问部分的语序、语气和时态等。而特殊疑问部分则属于下一个层次,即处于类似从句的地位。这种矛盾形成了具有特殊结构的连锁疑问句。连锁疑问句是介于一般疑问句和特殊疑问句之间的第三种疑问句。

不可把连锁疑问句中的一般疑问部分看作插入句,因为这样便无法理解连锁疑问句中的特殊疑问部分所发生的语序、语气、时态等的变化;也不能把一般疑问部分看作主句,因为如果把它看作主句而移至句首,整个结构就变为带有宾语从句而可以用 yes 或 no 来回答的一般疑问句。这样一来,句子的意思就变了。如把 What does he hope may happen? 和 Where do you think they come from? 这两个句子分别改为 * Does he hope what may happen? 和 * Do you think where they come from? 句子的含义就难以理解了。

连锁疑问句是对一类以从句为宾语的主从复合句的宾语从句成分提问的一般形式,例如对 They said the score was 2—1 这一主从复合句中从句的表语的提问形式是:What did they say the score was? 所以连锁疑问句与包含宾语从句的主从复合句之间的联系是无可否认的。但是二者之间的关系显然不是简单的插入、镶嵌或成分前移。

链式疑问句和连锁疑问句

链式疑问句是指 How much do you owe, do you think? 这样的疑问句。这种句子由一个倒装语序的特殊疑问句连接一个也是倒装语序的一般疑问句组成。链式疑问句和连锁疑问句意义基本上相同,可以互换。试比较:

1、a) What time do you guess they got to work yesterday?

b) What time did they get to work yesterday, do you guess?

2、a) What did you say his name was?

b) What was (or is) his name, did you say?

3、a) What should you say he would brood about?

b) What would he brood about, should you say ? (Mark Twain)

4、a) Which do you think is the mightier gift?

b) Which is the mightier gift, do you think? (Mark Twain)

有人把这两种疑问句归入一类,统称为连锁疑问句。但是必须注意二者不仅在结构上很不相同,而且也不是在任何情况下都可以互换。这一点我们在下一节将会看到。

有一种疑问句,是由两个一般疑问句连接而成的,也应当算作链式疑问句。例如:

Was the child stupid , do you think?

Does Mr. Jones speak French? Do you know?

Is he for a bit o'new treachery, d'ye think? (Galsworthy)

这样的链式疑问句同连锁疑问句就完全没有对应关系了。

连锁疑问句中一般疑问部分的谓语

在连锁疑问句中,一般疑问部分的谓语大多是及物动词与助动词(或情态动词)所构成的合成谓语,但能够使用的动词有一定的限制,常见的只有 think, say, suppose 等为数不多的几个。

像 know, admit, realize 等一些动词,与 think, say, suppose 等动词在词义上很接近,但它们却较少在连锁疑问句中充当一般疑问部分的谓语。这是因为连锁疑问句的一般疑问部分只是形式上的疑问句,但不能用 yes 和 no 来回答,它实际上起着陈述句的作用。而用 know 一类动词的一般疑问句总是要求用 yes 和 no 来回答的,所以这些动词不能在连锁疑问句中充当一般疑问部分的谓语。用 know 一类动词作谓语时,一般要用链式疑问句结构。例如:

Who is he, do you know?

When does school break up, do you know?

在这种场合,know 等一类动词常用在带有宾语从句的主从复合句里,作主句的谓语。所以,前面所举的两个例句都可改写成主从复合句的形式:

Do you know who he is?

Do you know when school breaks up?

应当指出,有时同一个动词由于与不同的助动词(或情态动词)连用,使一般疑问部分的性质有所改变,因而影响整个句子结构能否采用连锁疑问句的形式。如我们可以说 What time do you guess their train got in? 但不能说 *What can you guess I was doing this morning? 只能说 What was I doing this morning, can you guess? 或 Can you guess what I was doing this morning? 因为 guess 与 can 连用时,答语是要用 yes 或 no 的。同样,A man may have overworked words of his own. What are mine, can you tell me? 后一句只能改为 Can you tell me what mine are? 而不能改为 *What can you tell me mine are?

R. A. Hudson 从一般疑问部分后面的名词从句的性质着眼来考察这个问题,认为名词从句是"陈述事实"的结构("factive" construction)时，不能或不宜用连锁疑问句形式，只有在不是"陈述事实"时，才可以用连锁疑问句形式。① 但所谓"陈述事实"与否，实际还是决定于前面的谓语动词，例如 recognize, realize 等一般连接"陈述事实"的宾语从句，不同于 think, say 等动词。所以可以说：

Why does he think it happened?（依他的看法，为什么会有这样的事？

不同于：为什么他认为有这么回事？)

但不能说：

* Why does he realize it happened?

至少，这个 why 不是和特殊疑问部分而是和一般疑问部分发生关系，因而已经不是一个连锁疑问句。但是 R. A. Hudson 承认，"陈述事实"与否的界限有时也很难分，即使在"陈述事实"的情况下，似乎也可以将疑问成分前移，例如可以说：

How much do they realize that we know ?

What did he admit that he stole?

连锁疑问句中用连词 that：

在连锁疑问句的一般疑问部分之后，有时插进一个连词 that。例如：

Who do you say that I am?

What did Jan say that he liked for lunch?

What did Scott think that this journey had shown?

---

① R. A. Hudson, 前引书, pp. 196—197。

How long dose the law require that a student goes to school in most states ?

What does Bertrand Russell say that electricity is and is not?

By what process did Aristotle believe that man could arrive at understanding of ultimate reality?

以上例句中出现的连词 that 都是可有可无的。从语法上讲，这个 that 是多余的。前面我们说过，不可将连锁疑问句中的一般疑问部分看作主句。而把特殊疑问部分看作它的宾语从句。退一步说，即使把特殊疑问部分看作宾语从句，特殊疑问部分里的疑问代词或疑问副词变成从句中的连接代词或连接副词，它们能起引导宾语从句的作用，完全不需要再用一个没有词汇意义的连词 that。但在连锁疑问句中用连词 that 却不是个别的偶然现象，在当代英语中有愈来愈常见的趋势。

但是有一点必须特别指出，就是当疑问代词在特殊疑问部分起主语作用时，不能用 that。[①] 例如，只能说：

Who do you think did it?

Who did you say was coming?

而不能说：

* Who do you think that did it?

* Who did you say that was coming?

这种情况的存在，也是连锁疑问不能简单地看作宾语从句疑问成分前移的一个理由。

[①] Quirk et al,前引书,p. 398;R. A. Hudson, 前引书,p. 200。

连锁疑问句是常见的,同时也是十分缺乏研究的一种句法现象。由于涉及的问题很多,而可以参考的资料又极少,因此本文提出的一些观点,可能有不妥、甚至错误之处,欢迎大家批评指正。

1980年刊于《外语教学与研究》第2期

几组异名同译的文学词语辨析
——兼评《大俄汉词典》

泐　尘*

《大俄汉词典》收词繁富，其中收入的文艺学词语，远远超过苏联科学院编的四卷本《俄语词典》(МАС)，这对于阅读文艺理论、文艺评论、文学史，修辞学著作无疑是大有裨益的。由于我国至今还没有一本翔实的文学术语词典，双语词典编纂的任务就特别繁重，"一名之立，旬月踟蹰"，这里需要考证、辨析、推敲、琢磨，才能决定译名和注释，单凭原语详解词典里的定义和诠释往往是不够的。就以权威的 МАС 来说吧，里面也有不少"不足为凭"的地方。我们略举数端：(1)由于受苏联某些学术观点的影响，有些定义不免失之偏颇，内涵和外延界定不当。例如 сонет 一词的定义为：стихотворная форма, состо-ящая из двух четверостиший и двух трехстиший。这个定义是根据意大利式的亦即彼得拉克式的十四行诗的特点下的，因为苏联学者一向奉意大利式的十四行诗为正宗。但是所举的例证却是 сонеты Шекспира。我们知道，сонет 这种诗体传到英国以后，其形式发生了变化，英国式的亦即莎士比亚式的十四行诗突破了意大利式的规范，其诗节结构不是"两节四

---

* 泐尘为冯昭玙先生笔名。

行,两节三行",而是"三节四行,一节两行"。定义和例证两相矛盾,例证推翻了定义。(2)为了节省篇幅,也许是出于编者对全民规范语详解词典任务的理解,有些释义过于笼统。如 травести 的定义为:вид юмористической поэзии, близкий к пародии, 只指明其与 пародия 近似,而不指明其区别于 пародия 的特点,双语词典据此而译成"一种滑稽诗,幽默诗",难以满足所有词典使用者的要求。(3)有些词语的释义受政治气候的影响,缺乏客观性。例如 акмеизм 在 ушаков 中的释义为:Одно из направлений в русской поэзии в десятых годах 20-го в, противопоставившее себя символизму 尚不失公允。在 1958 年的 МАС 中改为 Реакционное течение в русской литературе, возникшее в1912—1913 гг, проповедовавшее теорию 《искусство для искусства》, индивидуализм, 带上了明显的浓重的政治色彩。

在这种原语评解词典不可尽信,又无现成的汉语文学术语词典可资参考的情况下,双语词典的编纂必须进行一些独立的研究工作。下面我们试从《大俄汉词典》中摘引几组异名同译的词为例,进行分析,从一个侧面来探讨译释文学词语的途径,就正于大家。

第一组
белый стих (不押韵的)自由体诗
вольный стих 自由诗
верлибр 自由诗

这三个词语的确都表示诗体从严格的韵律下解放出来的趋势。белый стих 在意大利语中为 verso sciolto, 原意为"被解除了束缚的诗", Кантемир 也曾称之为 свободные стихи[①]。вольный

[①] 关于诗体演变的历史资料,主要依据 В. татощевск 的《Стилистика и стихосложение》,《Стихи язык》两书。

стих 和 верлибр 均译自法语 vers libre，前者意译，后者音译。因此，从表面上看，三个词语都可译为"自由诗"。但是实际上这三种诗体是产生在不同历史时代、各有其特点的三种文学现象。

Белый стих 起源最早，在文艺复兴时代由古希腊罗马无韵的英雄诗演变而来，16 世纪初出现于意大利，嗣后传到法、英、德、俄诸国。белый стих 不是"不押韵的自由诗"，而是格律严整的"无韵诗"。Белый стих 发展到后来有各种格律，而最早出现和最常见的是五音步抑扬格，用于诗剧和叙事诗，英国莎士比亚的诗剧（除早期一些作品之外）、弥尔顿的《失乐园》都用无韵诗写成。在俄国，普希金的《Борис Годунов》，А. К. 托尔斯泰的几部史剧也用无韵诗体写成。

Вольный стих 自法国传入俄国。17 世纪中叶在法国出现的这种诗体到 18 世纪中叶臻于盛期，传到了俄国。Вольный стих 是有韵的抑扬格诗，其特点是各诗行音步数不等，诗行长短不同。如果不是因为我国的"长短句"是词的别称，那么把 Вольный стих 译成长短句倒是十分贴切的。这种诗体由于各行的音步可以有多有少，灵活多变，适合于表达口语。格里鲍耶陀夫的《Горе от Ума》，莱蒙托夫的《Маскарад》，都用这种诗体写成。这种诗体也被用来写抒情诗，如普希金的哀歌《Погасло дневное светило》。而使用最广泛的是寓言诗。自 18 世纪的苏马罗科夫用 вольный стих 写寓言以来，一直为其他寓言诗人所沿用。克雷洛夫的所有寓言除《Стрекоза и Муравей》用扬抑格写成之外，都用 вольный стих。所以 вольный стих 又称 басенный ямб（抑扬格寓言诗体）或 басенный стих（寓言诗体）。

Верлибр 又译 свободный стих。有的研究者认为它滥觞于 18 世纪末，但一般认为 верлибр 是 19 世纪后期诗歌的一种革新，它打破建立在音步、诗行、诗节等传统格律单位上的固定韵律，消除了许多不自然的成分，代之以一种灵活的韵律，适合于自然随便的语调。Верлибр 开始盛行于上世纪 80 年代，风靡欧洲，波及俄国，也影响到我国的新诗创作。《现代汉语词典》中"自由诗"一诗的定义为"结构自由、有语言的自然节奏而没有一定格律的诗，一般不押韵"，与 верлибр 的词义相吻合。

总之，белый стих，вольный стих，верлибр（свободный стих）出现于诗体发展的不同阶段，在现代俄语里所指不同，只有 верлибр 相当于现代汉语中的"自由诗"，белый стих 是"无韵诗"（已成定译），вольный стих 是否可译为"寓言诗体，各诗行音步数不等的抑扬格诗体"。

第二组

буколика〈文学〉牧歌，田园诗。

пастораль〈文艺，史〉田园诗，田园作品（14—18 世纪西欧的一种文艺体裁）

идиллия〈文学〉田园诗

эклога〈文艺，史〉牧歌（类似田园诗，常以牧童对话形式出现[①]）

田园牧歌文学起源于古希腊，最著名的田园诗人是忒奥克里忒斯，一般认为他是田园牧歌文学的奠基人，他的田园组诗名为

[①] 这组词的译释体例不够严密。1）标注的要求规格不一，有的有（史），有的无（史）；2）"田园作品"不是文艺体裁，应该置于括号之后；3）"类似田园诗"中的"田园诗"指的哪个概念不明，应为"类似 идиллия"。

《Идиллии》(希腊文 eidyllion-картинка)。古罗马诗人中写田园诗最著称的是唯吉尔,他的田园诗集名为《Буколики》(《Пастушеские стихотворе-ния》),希腊文(bukolikos-пастушеский),又名《Эклоги》(《Избранные стихотворния》)。到文艺复兴时期至19世纪初田园牧歌文学再度流行,称为пастораль(拉丁文 pastoralis пастушеский),但丁、彼特拉克、斯宾塞、弥尔顿、维加、华滋华斯等大诗人都写过田园作品,其内容一般表现大自然环抱里宁静安谧,无忧无虑的田园生活,讴歌爱情,其形式或为诗篇,或为牧童牧女的对话或对歌,或为小说。在苏联文艺学里一般认为 буколика (буколическая поээия)是总义词。但是 пастораль 和 буколика 的词源意义都为 пастушеский(牧人的),而且在西欧诸国往往以 пастораль 概称田园文学(如英语中的 pastoral literature 泛指自古希腊以来的田园文学),也影响到俄国的学术界,两词互相替用的情况常可遇到。十分有趣的是 МАС。这本词典在注释 пастораль 时指出它是"14—18世纪西欧的一种文艺体裁",但在 буколика 的释义里又指出它即 пастораль。这是不合逻辑的:既然对 пастораль 在时间上作了界定(14—18世纪),就不能用它来诠释源于两千多年前的 буколика。《苏联百科词典》的表述就比较严密,在描述了 буколика 作为文学体裁的特征之后,指出"в литературах новой Европы—пастораль"(在文艺复兴以后欧洲各国的文学里称 пастораль)。但是我们并不认为 МАС 犯了一个错误,而只表明词典编纂者头脑里 буколика 和 пастораль 在一定程度上是同义词。我们在其他文艺史论著作里也遇到以 пастораль 替代 буколика 的例子,如:

  Феокрит…занял видное место в истории

европейской пастораль 这里的 пастораль 当然不是特指文艺复兴以后的田园文学,而是指古希腊以来的田园文学,与 буколика 同义。

Идиллия 与 эклога 是田园诗的两种形式,就其词源意义来说,两者都与田园文学没有直接关系.我们在上面提到过.《Идиллии》是忒奥克里忒斯的诗集的名称,希腊文 eidyllion 意为"小景"。忒奥克里忒斯的诗大多为写田园生活的小景,但其中也有用两个妇女对话的形式来表现的城市小景,有独目巨人波吕斐摩斯对海中的仙女珈拉蒂亚的激情倾诉,形式是多样的,内容也不仅限于田园生活。《Эклоги》是维吉尔的诗集名称,希腊文 eklogē 意为"选择",复数意为"选集",并不指一定的文学形式和内容。文艺复兴时期试图把两者区分开来,эклога 主要写田园生活场景,往往取对话形式,而 идиллия 仍为抒发人物作者内心感情的田园诗歌(参看苏联《简明文学百科全书》)。但是正如《苏联百科词典》所指出,两者常被混淆。

综上所述,буколика 与 пастораль,идиллия 与 эклога 之间的区别与 белый стих,вольный стих,верлибр 之间的差别性质不一样。буколика 与 пастораль 的词源意义相同,在实际生活中可以互相通用;不同的是在俄语中 пастораль 尤指 14—18 世纪的田园文学。Идиллия 与 эклога 在其出现之初本来没有差别,只是在文艺复兴期间曾把常以对话形式表现生活场景的田园诗称为 эклога,与 идиллия 相分离而已。据此,这几个词条是否可表达为:

буколика〈文学、史〉田园诗,田园文学,牧歌文学

пастораль〈文学、史〉田园诗,田园文学,牧歌文学(尤指 14—

18世纪西欧的田园牧歌文学);田园牧歌文学作品

идиллия〈文学、史〉田园诗,牧歌

эклога〈文学、史〉田园诗,牧歌(在文艺复兴时期尤指以对话形式表现田园生活场景的田园作品)

第三组

сюжет①〈文艺〉情节;(音乐、绘画等的)主题,题材;〈口语〉(谈话等的)题目;(某人生活或活动中的)一桩事件,一次事变~пьесы 剧情,увлекательный~引人入胜的情节,развитие~а 情节的发展,~симфонии 交响乐的主题,~для разговора 谈话的题目,话题②〈旧,口语〉(男女私情的)对象

фабула(小说的)故事情节;(某事件的)概述,梗概,главная~主要情节,~рассказа 短篇小说的情节,~трагедии 悲惨事件的梗概

②(音乐绘画等的)主题、题材~картины 画的主题①

这两个词语译注的难处在于苏联不同的文艺理论流派对这两个概念的定义大相径庭。本世纪初,俄罗斯文艺理论界的形式主义学派(В. Шкловский 等人)赋予 фабула 一词以特别的含义以区别于 сюжет。фабула 指的是文学作品中包含的事件的过程,是按逻辑关系、时间因果顺序排列的事件链,是作家可以从生活或别的作品中假借来的材料。сюжет 指的是叙述的过程,是叙述者对事件的组织和结构,是作者用以对材料进行艺术加工的技法体系。但是另一些文艺理论家(М. Петровский 等人)却把两者的定义倒置过来。他们的论据是:сюжет 源自法语 sujet,有"主题、题材"之意,фабула 与拉丁语动词 faburali 是同族词,而 faburali 意为"讲

---

① 词典中义项序号1脱落,此处照抄。

述、叙述",所以 сюжет 是作家描述的客体,而 фабула 是作者对发生的事件的铺叙本身。再有一些文艺理论家如 Л. Тимофеев 认为没有必要把两者区别开来,甚至认为 фабула 作为文学术语是多余的。

《苏联百科词典》对 сюжет 和 фабула 两词的释义是以形式主义学派的观点为基础的,同时指出存在对立的和不同的观点。而详解词典如 MAC 在释义中并没有反映两词词义上的对立差别,更没有反映不同观点的存在。

在双语词典中要否反映这两词词义上的对立差别?可否反映不同观点的存在?我们认为应当反映。文学作品拥有广大读者,作品的评论和赏析也是他们所关心的,因此他们也要看文学评论方面的文章,而在这些评论文章里 сюжет 和 фабула 是经常出现的词。而且,双语词典的使用者有各种层次,有的所读文章浅显,有的所读文章深奥,有的只希望作一般的了解,有的则希望词典提供更精确的汉语对应词,以便正确理解和翻译。如果双语词典不反映这两个词在实际使用中的歧异,那么读者凭借词典是难以读懂下面的句子的:Лермонтов искусно использует прием "кольцевой" компоэиции:

> действие начинается в крепости (《Бэла》) и в
> ней же завершается(《Фаталист》); фабульно
> Печорин покидает крепость навсегда, уеэжая в
> Петербург, эатем в Персию; сюжетно он вновь в
> нее воэвращается (Лермонтовская энциклопедия).

汉语的文艺学里有"故事"、"情节"这样的术语,但由于不是从"客观事件—主观叙述"的对立角度来区别的,所以实际上与形式主义学派的概念不相一致。如《中国大百科全书文学分册》里"故事"的定义为"叙事性文学作品中一系列为表现人物性格和展示主题服务的有因果联系的生活事件,由于它循序发展,环环相扣,成为有吸引力的情节,故又称故事情节"。这最后一句最与形式主义学派的观点相悖,因为在形式主义学派看来,客观事件的顺序恰恰不是作者组织叙述的顺序,所以我们在文学评论的文章里常常看到 фабульный порядок событий 与 сюжетный порядок событий 的对比。

我们不揣浅陋,试对这两词的处理提出如下意见:(1)把两词作为文学术语的语义单独立一义项;(2)把形式主义学派概念中的 фабула-сюжет 译为"故事始末,本事——情节,情节结构"。以"故事始末"来突出事件的时间因果顺序,并诠释"本事"的含义;以"情节结构"来突出作者对材料的组织。(3)把其对立面概念中的 фабула-сюжет 译为"情节——题材"。词条的形式如下:

　　фабула① 〈文学〉(文学作品的)故事始末,本事;情节
　　сюжет① 〈文学〉(文学作品的)情节,情节结构;题材

读者遇到两词对立使用时(如下面我们所举的例子),只要比较一下释义,不难体会出它们的差别。

第四组
　　метафора 〈文学〉隐喻
　　метонимия 〈文艺〉换喻,转喻
　　троп 〈语,文艺〉隐喻,转喻 Метафора и метонимия——основные виды тропов,

这三个词的译名和例证,使人感到这里是否有一个逻辑混乱的问题。单从所举的例证就可以看到,троп 就其与 метафора 和

метонимия 的关系而言是总义词，是类概念，метафора 和 метонимия 是种概念。类概念与种概念怎么可以异名同译呢？类概念怎么可以没有单独的译名而用列举它所包容的两个种概念的名称来翻译呢？但是，如果我们把这几个词与其他修辞学术语放在一起进行考察，把俄语修辞学与汉语修辞学（我们这里指的是传统修辞学）进行比较，那么我们就会发现，修辞学术语的翻译，牵涉到汉语和俄语修辞学对辞格的分类问题和各个辞格的内涵和外延问题。

修辞手段的运用无论中外都是源远流长。但是把修辞手段作为对象进行系统研究，成为一门学科，则我国和西方经历的道路不同，传统不同。在西方，修辞学源起于希腊，最初主要研究演说术，以后成为贵族教育的一个内容，两千年来在西方的教育活动中修辞教育一直占据极其重要的位置，因此对修辞手段的研究比较系统，分类细致，甚至到了烦琐的地步。近代的修辞学删繁就简，只讲主要的修辞格，但仍保留其原来的体系，分为两大类，一是运用转义效果的修辞手段，一是运用结构原理的修辞手段。例如，Б Томашевский 在《Стилистика и стихосложение》里就把辞格专列两章，一章讲 Тропы，包括 сравнение，эпитет，метафора，метонимия，перифраэ，ирония 等辞格。一章讲 поэтический синтаксис，包括 анафора，паралеллиэм，инверсия，эллипсис 等辞格。这后一种修辞手段又称 стилистические（риторические）фигуры，而有的书里又把 стилистические фигуры 用于广义，包括 тропы 在内。此外，有的文学理论书在讨论形象表达手段（Средства образной выраэительности яэыка）时还包括利用语音以加强艺术效果的修辞手段，称为 фоника，包括 аллитерация ассонанс 等辞格（Л.

Щепилова《Введение в литературоведение》). 这样,我们可以把俄语修辞手段的大类归纳如下:

Средства образной выразительности языка

Стилистические (риторические) фигуры в широком смысле

Тропы Поэтический синтаксис

(Стилистические фигуры в уэком смысле)

Фоника

我国的修辞学作为学科起源甚晚。对于修辞手段的观察和论述自古以来散见于一些文论、诗话、杂记之中而缺乏系统的归纳和研究。直到本世纪初陈望道氏参考西方修辞学的体系,综合我国历代对修辞研究的成果,研究了文言文和白话文中各种修辞手段的运用,写出了《修辞学发凡》,这是我国修辞学的奠基之作,影响极大,直到今天我国传统修辞学著作都以《发凡》为主要依据。陈氏在《发凡》中把修辞现象分为消极的和积极的两种,而积极修辞现象的主要内容为修辞格和式。陈氏"大体依据构造,间或依据作用"把辞格分为四大类:

一、材料上的辞格(包括譬喻、借代、映衬等)

二、意境上的辞格(包括比拟、讽喻、示现、呼告、夸张等)

三、词语上的辞格(包括析字、藏词、飞白等)

四、章句上的辞格(包括反复、对偶、排比等)

陈氏对辞格的分类是从汉语的特点和我国的修辞论述的传统出发参考西方的修辞格分类系统而定的,与我们上面所列的俄语修辞格分类相比,有同有异。其中陈氏的"辞格"与广义上的 стилистические фигуры 相当;"章句上的辞格"与поэтический

比拟、拈连、移就"。我们认为,俄汉双语词典应在俄语修辞学和汉语修辞学之间起沟通作用。

1990 年刊于《现代外语》第 4 期

关于植物名词的翻译
——兼评《大俄汉词典》

冯昭玙

植物名词的翻译是双语词典编纂中的一个难题。世界上的植物不下三十余万种，门类繁多。不同门类的植物分布于适宜其生长的地域。一个国家有的植物不少是另一个国家所没有的，这些植物的名称属于文化上的局限词。而且，同一个种属科目的植物，或为草本，或为木本，或为藤本，形态各异；同一个名称可能指两种不同的植物，而同一种植物可能有两个以上的名称。因此，在翻译植物名称时，张冠李戴、郢书燕说的事情常常发生。俄语中的成语 раэвесистая клюква 是俄罗斯人对法国人的嘲笑，嘲笑法国人把矮小的灌木 клюква 说成枝叶繁茂的参天大树。如果这个成语的首创者多一点外语知识，他对这类错误可能采取比较宽容的态度。俄罗斯人何尝不犯类似的错误呢？比如我国的"桂冠"、"桂皮"、"桂花"三个词中的"桂"，分别指三种不同的树。但在我国文学作品的俄文译文里，俄罗斯译者常常把"桂花"的"桂"译成 коричное дерево，也就是说，把木犀的"桂"当成了肉桂的"桂"。双语词典的编纂家们为了解决植物译名问题可说是伤透了脑筋。于是只好请植物分类学来帮忙，在词典中引入植物的拉丁文学名，以拉丁文作中介进行翻译或核证。

拉丁文学名的引入的确纠正了不少过去的误译。例如,英语中的lime-tree,以前的英汉词典中译作"菩提树"。lime-tree 在俄语中为 липа,因此 липа 也译成"菩提树",相沿成习,50 年代以前翻译的俄罗斯文学作品里都是这样译的,因为当时的译者当中懂俄文的甚少,大都是从英译本翻译过来的。笔者当时读这些翻译作品就曾产生过疑问:菩提树是佛教的圣树,释迦牟尼在菩提树下修成正果,这是一种南亚植物,在我国是不生长的,我们只是从文学作品中可以看出,липа 是一种蜜源植物,夏日开花,芬香。如果липа 就是菩提树,为什么佛陀要挑选这种甜香馥郁、蜂蝶扰攘的地方修行呢?双语词典引入植物的拉丁文学名以后,疑团就冰释了。原来 липа 和 lime-tree 并非菩提树。菩提树的学名为 Ficus religiosa,属桑科,与无花果同类,英文叫 bo-tree,俄文为банбьян;липа 和 lime-tree 学名为 Tilia,属椴树,椴者篱也,《尔雅·释木》中早已有之。现在国内出版的外汉词典中都已纠正了,只有国外出版的英汉词典,如 Hornby 的《高级英汉双解词典》仍把 lime-tree 译为"菩提树"。又如 канна,过去译成"昙华",读者不知道这是一种什么植物,怀疑"昙华"是否就是"昙花"——эпифиллюм?借助于拉丁文核证,канна 原来就是我国南北各地到处都生长的"美人蕉","昙华"是它曾经用过的"文雅"名称。

拉丁文学名起着匡谬扶正的作用,对提高词典的科学性大有裨益。然而问题并没有完全解决。在生活中植物的名实问题还有不同于植物分类学的地方。生活总是先科学而存在,俗名的出现总是在学名之前,而且误称的情况是不少的。譬如苏联科学院编四卷本《Словарь русского яэыка》中就指出:мимоэа 还被用来称谓与它近缘的一种合欢树(акадия),герань 被用来称谓几种供观赏的天竺葵（пеларгония）。两种情况都是误称，是通俗名称与科学名称相悖的例子，但是约定俗成，词典编者只能指出误称的存在而不能"纠正"误称。我国植物名词中所指不明和名实不符的情况也是很多的。清朝的植物学家吴其濬通过实地考察编写了《植物名实图考》，专门研究植物的名称及其所指。例如他指出，人们俗称的枫树，没有严格的界定，"江南凡树叶有叉歧者，多称为枫，不尽同类"。诗词中"江枫渔火"、"枫叶荻花"的"枫"实为秋令红叶植物的代名；槭属植物俗亦称枫。这种俗称与上面所谈的误译不同，是语言社团所共同接受的语言事实，因此我们认为在俄汉词典中词条 клен 除注明为"槭树；槭属（Acer）"之外，再注明"俗亦称枫"，是有必要的。再如"枞树"，植物学界至今未能定所指的是什么树，或说广东湖南一带读"松"如"枞"，所以"枞"即是"松"；或谓文献中描绘枞树"松叶柏身"，似是柳杉；汉英词典注枞为 fir，亦即冷杉。过去的俄汉词典曾把 ель 注为枞树，现改译为"云杉"。而 елка 仍注为枞树；рождественная елка——圣诞枞树，новогодняя елка——新年枞树。"新年枞树"、"圣诞枞树"本来就不是一种特定的植物，由于苏联文学的传播，使所指不明的枞树获得了新义，这也是符合语言发展的规律的。

　　植物名称之所以难注，还因为有时一个名词是一个种、一个属的植物的总称，同时它又特指这个种、属中的某一种植物。例如，вьюнок 是旋花属植物的总称，但它又特指一种属于旋花属的观赏植物——牵牛花。верба 是柳属中几种柳的总称，但在生活中它特指一种花蕾银白色、初春供切花用的银柳（又称银花柳）。有时同一个总称在不同语言里特指的植物不同。例如 asparagus 是天门冬属植物的总称，在英文它又特指芦笋——一种从罗马时代就被美食家视为珍品的食物。在俄语中芦笋用另一个词表示——спаржа，而аспарагус则特指一种观赏植物——文竹。在《俄华大辞典》中аспарагус之后曾有"文竹"之注，不知何故《大俄汉词典》把这个译名删去了。我们认为вьюпок指牵牛花，верба指银柳，аспарагус指文竹，在俄语中是常见的情况，在语文词典中应该作为单独的义项固定下来。否则像В вазе несколько веток вербы，На столе горшок с асда-рагусом这样普通的句子借助词典只能译成"花瓶里插着几枝柳"，"桌子放着一盆天门冬"，岂非憾事？

　　语文词典毕竟不同于专门词典，在考虑植物分类学上的通用名称(这也是俗名，不过是植物学家按自己的标准选定的俗名)时，也应考虑生活中的通用名称。例如，гладиолус，在词典中只注为"唐菖蒲"，但在生活中这种叶形如剑、花朵鲜艳的观赏植物我们叫做"菖兰"、"剑兰"。叫它"菖兰"是因为它叶如菖蒲，叫它"剑兰"是因为гладиолус源自拉丁文 gladius——剑，所以俄文中它又叫шпажник，剑兰和шпажник都是用借译的方法构成的词。我们觉得，在有的场合下，特别是当我们注意它的观赏性、它的审美价值时，菖兰和剑兰是比唐菖蒲更合适的名称。又如калла 水芋，这种洁白无瑕、形如马蹄的花，又称马蹄莲。我们认为语文词典如有可能应该向读者提出几种常见的译文，使他们有可能进行选择，以适应不同语体的需要。

　　我们上面说过，许多植物名词是文化上的局限词，不仅具有指称意义，而且具有附加意义。同一植物的不同名称其附加意义可能不同。例如在《大俄汉词典》中 чинар(чинара)一词译为"法国梧桐，悬铃木"。这种植物在我国种植的历史不久，是从国外引入的。称悬铃木，是因为它的果实呈球形，悬挂枝上如铃铛，这是根据它的外部特征命名的;称为法国梧桐,据说是因为在我国它最初栽植在旧上海的法租界,便以为此树原生法国。然而,这种树的学名为 Platanus orientalis,意为"东方梧桐",它的原生地不是法国,而是西方人观念中的东方,从东南欧、西亚以至缅甸,包括高加索在内。对俄罗斯人来说,чинары 是高加索景色的不可分割的部分。莱蒙托夫的一生创作,大多与高加索有关,在他的作品中 чинары 常常出现,据 Лермонтовская энпиклое—дия 统计,出现的频率为 18 次,仅次于 береза(25 次),дуб(24 次),而高于 сосна(13 次),ель(5 次)。所以,俄语中的 чинары 与汉语中的"法国梧桐"所指的事物相同,即指称意义相同,然而内涵意义不同。莱蒙托夫的《当代英雄》有一种很好的译文,但译者把 чинары 译成"法国梧桐"。在高加索的高山、湍流、堡垒旁边突然出现"法国梧桐",总令人觉得高加索的和谐景色遭到了破坏。又如 ясень(梣树),在俄语词汇学中讲到 народная бтимология 时经常拿 ясень 作例子。屠格涅夫《父与子》中的 Аркаий 曾说过:没有一种树像 ясень 那样名实相称,因为没有一种树像 ясень 那样 ясно сквозит на воздухе。这是俄罗斯人概念中的 ясень。但在双语词典中我们看到这个词的第一个译名是"白蜡树",然后才是"梣树"。我国自古以来就在梣树上放养白蜡虫以获取白蜡,所以梣树又称白蜡树,这个名称带有中国文化的内涵,与俄罗斯人心目中的梣树不一样。我们认为,双语词典在译注这类词语时,应该把中性的译名(即指称意义最明显、附加意义最少的译名)放在首位,把具有俄罗斯文化内涵的名称放在其次,最后才放有中国文化内涵的名称。如 чинар 可注为"悬铃木、东方梧桐,高加索梧桐,我国也称法国梧桐";ясень 可注为"梣树、白蜡树"。我们觉得,这不是单纯的技术问题,这是依次展开词语内涵的问题,它能引导读者去正确掌握词语的意义。

以上是我们对植物名词译名的一些观察和思考。笔者对植物学没有系统的研究,谬误难免。本文的目的是想通过植物名词的例子来探讨两个问题:(1)如何使双语词典更充分地满足各层次的词典使用者的需求;(2)如何更充分地展示词语意义的各个方面。双语词典是外语学习者的经典,他们对词典的要求是十分殷切的。

1990 年刊于《外语学刊》第 4 期

全尾形动词时间意义的商榷

李 增 荣

在俄语里,形动词是一个极重要的语法形式,而它的时间涵义却十分繁复;研究形动词的时间范畴,对学习俄语来说,有很大的实践意义。为了懂得形动词的时间涵义,应当首先对语言的时间范畴有一个基本的认识。

Ⅰ、相对时与绝对时

语法里的时间是表现动作或状态发生或出现的时间的语法范畴。说明任何一个动作的时间,一定得用某一个时间作为参考时间,即计算点(Точка отсчёта)。语法时间大都是以讲话时间(момент речи)为衡量标准而决定的:凡是在讲话时间以前发生的动作或状态都用过去时表示,凡是在讲话时间以后发生的都用将来时表示,而在讲话时间发生的则用现在时表示。根据讲话时间决定的时间叫做绝对时(абсолютное время)。

有的时候,语法时间不是依据讲话时间而是以另外的一个时间为标准而决定的,这样定下来的时间称为相对时(относительное время)。[①] 相对时只表现动作或状态发生的时间跟一个指定的参

---

① 绝对时和相对时的涵义见:1. В. В. Виноградов 主编的《现代俄语》(形态学),1952年版,第 295 至 296 页。2. Е. М. Галкина-Федорук, К. В. Горшкова, Н. М. Щанскии 等合著的《现代俄语》,1957 年版,第 353 页。

考时间的顺序关系。相对现在时表示跟指定的参考时间同时发生的动作或状态,相对过去时表示在它以前发生的动作或状态,相对将来时表示在它以后发生的动作或状态。

可以把语法里的绝对时跟相对时的关系用下面的一个简图①表示出来。

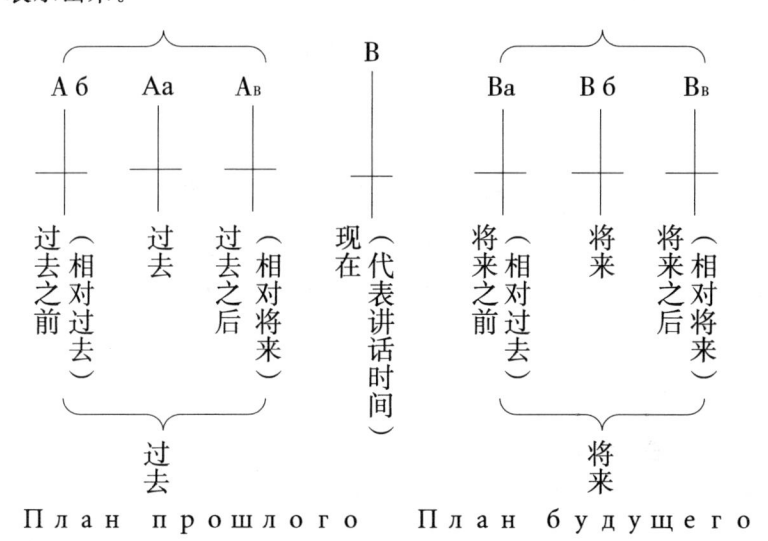

```
        Аб    Аа    Ав        В        Ва    Бб    Вв
        ―     ―     ―         ―        ―     ―     ―

       (过  (过   (过        (现       (将   (将   (将
        去    去    去         在        来    来    来
        之   )     之         代         之   )     之
        前         后         表         前         后
        相               讲         相         相
        对               话         对         对
        过               时         过         将
        去         将    间         去         来
       )          来    )        )          )
                  )                          
                                             
         └──────过去──────┘               └──────将来──────┘
         План прошлого                    План будущего
```

上表АБВ代表绝对时系统;Аа Аб Ав以过去时Аб为参考时间形成的相对时系统,对讲话时间说,Аа Аб Ав属于绝对过去时的范畴;ВаВбВв为将来时Вб为标准形成的相对时系统,从讲话时间着眼,这个系统属于绝对将来时的范畴。Ав和Ва的绝对时跟它们的相对时矛盾:Ав的绝对时为过去,但其相对时为将来;Ва的绝对时为将来,但其相对时为过去。

---

① 参看 Otto Jesperson 著 *The Philosophy of Grammar*,1951年伦敦版第257页,及 В. В. Виноградов 著《俄语》1947年版第544页中的时间分析图解。

全尾形动词的时间范畴里有绝对时,也有相对时:当形动词的动作时间是以讲话时间为标准来衡量的,它是绝对时的意义;当形动词的时间是拿其他的一个时间作为衡量标准的,那它就是相对时的涵义了。

Ⅱ、与谓语时间发生关系时形动词的时间意义

在一般的情况下全尾形动词具有相对时意义,并且是跟谓语的时间发生关系的[①]。既然作为谓语的动词可以是任何时间(现在、过去、将来),因此形动词有以某个过去时为参考而形成的相对时系统;也有以某个将来时为标准而形成的相对时系统;当谓语用于现在时的时候,形动词的绝对时和相对时吻合,因为现在时代表讲话时间。形动词因从属于谓语而获得相对时的情况,跟副动词[②]及某些从属句[③]取得相对时的情况相似。现在根据谓语动词

---

① 见 B. B. Виноградов 主编的《现代俄语》(形态学),1952 年版,第 306—307 页。

② 副动词历来都表示相对时。现代俄语中的副动词是由古代的短尾主动形动词演变而来的。在古代,现在时主动形动词短尾表示跟谓语动作同时间的动作,过去时主动形动词短尾则表示在谓语时间以前的动作。因此,至今通常把副动词视为和谓语时间同时的意义(未完成体副动词)或在谓语时间以前的意义(完成体副动词)。(参看 Земский 等合著《俄语》第 1 册 253 页及 Л. А. Дерибас 发表于《РусскийЯзык в Школе》杂志 1954 年第 5 期的一篇论文:《Видо-временное значениедеепричастия》。)

③ 有的从属句(关于这种从属句以后还要谈到)因为它是补足主句谓语的意义,从属句的谓语动词常会有相对时的涵义,如 Виденко подтянулся к нему на руках и увидел, что мальчик спит. (Катаев)句中的 спит 是相对现在时的意义,它不表示跟讲话时间同时的动作,而表示跟主句的谓语动作同时的动作。(参看 B. B. Виноградов 主编的《现代俄语》,1952 年版,第 297—298 页。)

的时间来分别说明各种形式的形动词可能有的时间涵义。

1. 未完成体现在时形动词

现在时形动词通常表示和谓语时间同时的动作（即表示相对时），但有时也表示与讲话时间同时的动作（即表示绝对时）。在用有绝对时或相对时意义的形动词的句子中，谓语可以是现在时、过去时或将来时。

一、谓语动词为现在时

1) Я вижу соседа, выходящего из своей квартиры. (Пешковский)①

2) Сидящий у окна студент читает журнал.

3) Поднимается медленно в гору лошадка,

везущая хворосту воз. (Некрасов)(拉着装载枯枝大车的小马，慢慢地往山上走。)

4) До меня доносится песня рыбаков, заглуша-емая шумом волн.(传来被阵阵涛声淹没的渔夫的歌声。)

在以上的例句中形动词表示与谓语动作同时的动作，即表示相对时；但由于句子的谓语用于代表讲话时间的现在时，形动词也表示绝对时。在这种例句里，形动词既是相对时，又是绝对时，二者是吻合的。

5) Я вижу мальчика, носящего молоко. (Соболевский)②

---

① 本例句引自 Пешковский 著《俄语句法的科学解说》，1935 年版，第 114 页。本文以后出现的 Пешковский 的句子亦引自同书 114 页或 115 页。为了节省篇幅，同时节省读者时间，本文有些例句省去译文。

② 本例句及以后在本文里出现的 Соболевский 的例句均转引自 В. В. Виноградов 著《俄语》，1947 年版，第 275 页。

本句中的 носящего 表示广义现在时性质（расширенное значение настоящего времени）的绝对时。носящего 是由不定态动词 носить 变来的，它仍具有不定态动词的"时"和"体"的意义；因此 носящего 表示经常发生的行为，不表示和谓语时间（或讲话时间）同时进行的行为。这是因为由不定态动词构成的形动词也表示时间过程中一线段上屡次发生的行为，不表示时间过程中一点上正在进行着的行为。为了表达后一种意思，需要用定态动词的形动词。本句所谈的是一个经常提牛奶的男孩，如果把 носящего 改为 несущего，全句的意思就成了：我看见一个正在提着牛奶的男孩。

6) Мы говорим об открывающейся на днях выставке.

本句的形动词 открывающейся 因用了时间限定词组 на днях 的关系，可以推知是将来时的意义。根据讲话时间看是绝对将来时，根据谓语的时间来看是相对将来时，因为 говорим 实际代表了讲话时间，所以 откр-ывающейся 的绝对将来时和相对将来时也是吻合的。

应当指出，当谓语动词为表示经常行为或状态的现在时的时候，句子里的形动词也表示经常的行为或状态，也就是说，形动词只表示跟谓语同时的行为，不再表示行为是在讲话时间进行的。例如：

1) Ежедневно, по утрам, все студенты, собравшись на спортивной площадке, делают физзарядку под музыку, передаваемую по радио.

本句的谓语 делают 因时间限定词 ежедневно, по утрам 的关系，具有广义现在时的涵义，因此 передаваемую 仅表示与 делают

同时多次发生的动作,不表示和讲话时间发生的动作。

2) Камни, бросаемые в воду, идут ко дну.

这个句子所谈的是普遍真理,因此 бросаемые 只有相对时意义,表示跟 идут 同时的动作。

3) Земля, занимаемая колхозамн, закрепляется за ними в бесплатное и бессрочное пользование, то-есть навечно. (凡集体农场所用之土地,均归该集体农场无代价与无限期使用,即永久使用。)

本句是苏联宪法中的一条,所讲的是不变的事实,занимаемая 也只能有相对时的意义。

像以上三个例句中应用的仅有相对时意义的现在时形动词多用于应用文、科学技术著作及政论文章中。

二、谓语动词为过去时

1) Играющего теперь на рояле человека, я вид-ел вчера.

2) Человек, читающий зту книгу, заболел. (Пеш-ковский)

第一句的形动词表示绝对时,第二句的形动词 читающий 是广义现在时性质的绝对时。

3) День становился более ясным, облака уходили гонимые ветром. (Горький) (天空越来越明朗,被风吹着的浮云散开了。)

4) Дубровский поспешил в рощу инаехална пок-ровских мужиков, спокойио ворующих у него лес. (Пушкин)

(杜卜洛夫斯基慌忙进了小树林,正碰上几个坦然盗窃他的树木的保克罗夫斯基人。)

以上两句中的形动词都只有相对时的意义,表示和谓语同时的行为。

在谓语为过去时的句子里,表示相对时意义的现在时形动词可以跟表示绝对时意义的未完成体过去时形动词换用,两者表达的意思基本上相同,仅予人的语感不同而已。这又可分为两种情形:

(一)现在时主动形动词和未完成体过去时主动形动词换用。

这两种形动词换用后,意义上没有什么改变;只不过用现在主动形动词的时候,全句的意思表现得比较生动逼真,给读者一个历历在目的印象。利用现在时形动词可以使描述生动,这正和应用历史现在时的情况相似。因此,这种换用可以收到修辞上的效果。

但是,并不是在任何情况下都可以用表示绝对时的过去时未完成体主动形动词来代换表示相对时意义的现在时主动形动词。这又可分为两种情况:

1) 如果形动词主要表示事物的特征,时间的意义不强时,就不能用过去时主动形动词代替现在时主动形动词;因为动词过去时是个强的语法范畴(сильная грамматическая категория),① 他总是给人以过去的感觉,如果用过去时形动词代替现在时形动词,就会削弱了形动词的特征意义。例如 Дрожащими пальцами он отвернул первую страницу журнала 一句中的 дрожащими 就不能用 дрожавшими 代替。

2) 由不定态动词构成的现在时主动形动词不能为由同一动词构成的过去时主动形动词代替;因为前者具有广义现在时性质的绝对时意义,后者只有绝对过去时的涵义,如果互相换用,句子的意思就改变了。如 Я увидел (видел) мальчика, носящего молоко

---

① 参看 В. В. Виноградов 著《俄语》,1947 年版,第 543 页。

句中的 носящего 就不能代以 носившего，因为 носящего 表示现在经常提牛奶的行为，而 носившего 则表示过去经常提牛奶的行为。

（二）现在时被动形动词代替未完成体过去时被动形动词。

现在时被动形动词代替未完成体过去时被动形动词的情况带有很大的普遍性，这除了受一般的应用相对时的规律支配之外，还有一个构词上的原因。我们知道，未完成体过去时被动形动词仅有 читанный，виденный，пи. санный，несённый，слышанный，тёртый 等屈指可数的几个，而且这少数几个过去被动形动词的形式还很少使用。因此，为了表达过去动作的过程及其重复，便只得借助未完成体现在时被动形动词的形式了。这就是为什么现在时被动形动词常用于相对时意义的原因。

三、谓语动词为将来时

1）Я буду писать пером, лежащим около черни льницы.

2）Крепко спящему ребёнку скоро будет три года.

根据句子的逻辑意义，可以判定以上两句中的形动词的参考时间就是讲话时间，因此，лежащим 和 спящему 都是绝对时的意义。

3）Я увижу мальчика, носящего молоко.（Соболевский）

本句的 носящего 为有广义现在时性质的绝对时意义。由不定态动词构成的现在时形动词，不管句子的谓语用于什么时间，它只有广义现在时性的绝对时涵义。如 Я увижу（вижу，увидел，видел）мальчика, носящего молоко. 在这个句子中，不管谓语为什么时间，носящего 只表示一种时间意义，如果代以定语从属句，应当是：……который носит молоко.

4）Я увижу соседа, выходящего из своей квартиры. (Пешковский).

5）Через несколько лет из нашего универ ситета выйдут студенты, хорошо знающие ино-странные языки.

根据句子的逻辑意思，以上两句中的形动词都应当是相对时的意义，表示与谓语同时的行为。因为谓语为将来时，所以形动词 выходящего 和 зна-ющие 实际上也表示将来的行为。语法书中多提到形动词短语不能代替谓语为将来时的定语从属句的问题（因为在现代俄语中没有将来时形动词）。这应当是指的具有绝对时涵义的形动词而言，但如果考虑到形动词可以有相对时意义的情况，那么这种代替便可以认为是能够做到的。如本节所举第五个例句中的形动词短语 хорошо знающие иностранные языки 便可以用定语从属句 которые будут хорошо знать иностранные языки 来代替。这种替换是特殊情形，业已超出语法的一般规则。

关于现在时形动词需要注意的是它的时和体两个范畴的涵义，以及体的范畴对于时的范畴的影响。现在时形动词是由未完成体动词的现在时词干构成的，因此它含有未完成体动词固有的体的意义（表示动作的过程及反复），并且在某些场合中形动词时的范畴从属于它的体的范畴。从以上所举的例句中可以看出，当现在时形动词用于绝对时意义时，它确实还保留了原有的时间意义，但当现在时形动词用于相对时的意义时，形动词本身就不再表示任何时间，此时重要的是形动词的正在进行、反复进行的体的涵义，时的意义不过是作为一个参考罢了。这样，形动词的时的范畴就从属于体的范畴了。

2. 未完成体过去时形动词

一、谓语动词为过去时

(一)形动词的动作时间与谓语动作时间相同,可用未完成体过去时形动词来表达。例如:

1) Я увидел (видел) мальчика, нёсшего молоко. (Соболевский)

2) Бегавший мальчик скрылся за поворотом.

根据句意可以判定,上面两个例句里的过去时形动词所表示的动作都是跟谓语动作同时进行的。这和上面所讲过的用于相对时意义的现在时形动词一样,反映了形动词中时(相对时)和体(未完成体)的两个范畴。但是过去时形动词的动作确是发生在讲话时间之前,也就是说,从绝对时间着眼,它们也确是过去时。在这种形动词中,相对时和绝对时二者是吻合的。(在 Я увидел мальчика, несущего молоко 一类的句子里,形动词的相对时与绝对时不吻合。)

(二)形动词的动作,不仅发生在讲话时间以前,也发生在谓语动作时间以前。

1) Я увидел мальчика, нёсшего вчера мол-око. (Соболевский)

本句中用了时间限定词 вчера,可以推知 несшего 的行为发生在 увидел 之先。

2) Мальчики, бросавшие камни в пруд, ушли домой.

根据句意可断定 бросавшие 的动作发生在 ушли 以前。

3) Я увидел мальчика, носившего нам молоко.

носившего 是由不定态动词构成的过去时形动词,它表示在谓语的行为以前经常发生的行为。

4) Боец рассказывал нам обо всём, виденном им на фронте.

5) Однажды этот Агафонов, маленький русоволосый человек, писавший свои рассказы, волнуясь до рыданий, заболел... (Горький)(有一次这位阿格奉诺夫——一个有亚麻色头发的小个子的人,曾经写自己的故事时激动得大哭起来——病倒了。)

根据句子的意思可以断定以上两句中的过去时形动词都表示早于谓语时间的动作。

未完成体动词表示在某个动作以前的动作,是未完成体动词可以有的意义①。因此未完成体过去时形动词也可有这种时间涵义。本节所举的过去时形动词都不能用现在时形动词代换,因为用于相对时意义的现在时形动词只表示与谓语同时的行为,不能表示在谓语时间以前的行为。

表示发生在过去时谓语以前的行为的过去时形动词,具有以谓语时间为计算点的相对过去时的涵义,从讲话时间着眼,形动词的时间为绝对过去时。此时形动词的相对时对其绝对时起着一种确切的作用,因为在讲话时间以前时间很长,在谓语的时间以前时间便缩短了。这种关系可以图示如下(举本节第二个例句为例)

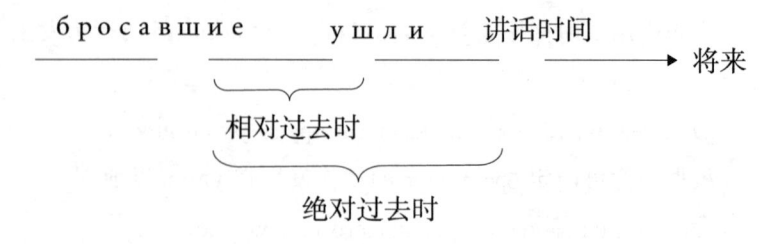

```
  бросавшие      ушли     讲话时间
 ─────────────────────────────────────▶ 将来
            ⎰─────────⎱
               相对过去时
       ⎰─────────────────⎱
             绝对过去时
```

---

① 见 В. В. Виноградов 主编《现代俄语》(形态学)第 310 页。

二、谓语动词为现在时

1）Я вижу мальчика, нёсшего вчера молоко. (Соболевский)

2）Говорит человек, выступавший вчера на собрании.

3）Вопросы, обсуждавшиеся на ряде собраний в прошлом месяце, теперь решены.

4）Некоторые из молодых людей, занимавшихся раньше русским языком, играют важную роль в дипломатических сношениях обоих государств.

在以上的句子中，因为谓语为现在时，形动词的绝对时和相对时是统一的。

三、谓语动词为将来时

1）Я увижу мальчика, нёсшего вчера молоко. (Соболевский)

2）Я напишу письмо товарищу Вану, учившемуся со мною в школе.

在以上两个例句中，形动词只有绝对时的意义，也就是说，形动词的动作仅表示发生在讲话时间以前，不再跟谓语的时间发生关系了。

未完成体过去时形动词也可以用在谓语为由实际表示过去时意义的完成体将来时来表达的句子中，而只具有绝对过去时的意义。例如：

В другой раз желчь хлынет к сердцу и поднимет со дна недавно бушевавшую там ненависть. (Гончаров)[①]

(有时愤怒涌上心头，又重新激起那不久以前狂烈的仇恨。)

---

① 转引自 В. В. Вингорадов 著《俄语》，1947 年版，第 276 页。

这个句子里的 хлынет 和 поднимет 形式上是完成体将来时，但实际为过去时，表示过去屡次发生的行为①。

用于谓语为将来时的句子中的未完成体过去时形动词，有时也可以表示在谓语时间以前的动作，如：

Наставникам, хранившим юность нашу,
Всем честию, и мёртвым и живым,
К устам подняв признательную чашу,
Не помня зла, за благо воздадим.

(Пушкин)②

(对那些维护我们的青年时代的导师们，不管他们去世了或者依然健在，我们一定不念旧恶，把感激的酒杯举向唇边，以万分的敬意来报答他们的教导之功。)

应当指出，二、三两种情况是比较少见的。В.В.维诺格拉多夫说③，未完成体过去时形动词在句子里的应用是有限制的；在现代俄语中，未完成体过去时形动词多用在谓语为过去时的句子里(或谓语为实际表示过去时的完成体将来时的句子里)，谓语为现在时或用于直接意义的将来时的句子中应用未完成体过去时形动词的情况比较少见，未完成体过去时形动词用于谓语为未完成体将来时的句子中的则更是绝无仅有的了。

3. 完成体过去时形动词

完成体过去时形动词具有完成体动词的完成时(перфект)④的

---

① 完成体将来时的这种用法，请参看前引 Виноградов 的著作第 577 页。
② 本例句引自 Виноградов 主编《现代俄语》第 307 页。
③ 见他著的《俄语》，1947 年版，第 276 页。
④ 关于完成时的意义，请参看苏联科学院《俄语语法》第一卷，第 491 页。

涵义。B. B. 维诺格拉多夫指出:"完成体过去时形动词表示作为完成了的动作结果的一种积极特征。这种形动词所表示的动作性质具有完成体所表示的鲜明的结果意义。因此,完成体过去时形动词能自由地与谓语动词的任何时间联用。"[1]完成体过去时形动词可以自由地用在谓语为任何时间的句子里,这一点跟未完成体过去时形动词不同,因为后者大多用在谓语为过去时的句子中。

一、谓语为现在时

1) Я вижу мальчика, принёсшего нам молоко. (Соболевский)

2) Я вижу молоко, принесённое нам мальчи-ком. (Соболевский)

3) Перед усталыми тройками, столпившимися у постоялого двора, скрипят тесовые ворота. (在疲惫的、群集在旅店门前的一些三套马车之前,薄板门发出了轧轧声。)

因为以上三个句子的谓语都是现在时,这些句子里应用的完成体过去时形动词的绝对时间(即绝对完成时)和相对时间(即相对完成时)是一致的。

谓语如果是表示经常行为或状态的现在时动词,这时候完成体过去时形动词便仅有相对时间,即表示动作是在谓语时间之前结束的,不再表示动作是在讲话时间以前结束的了。具有这种时间涵义的完成体过去时形动词多见于应用文、科技著作及政论文章中。例如:

1) Все книги, взятые в библиотеке, должны быть возвращены на следующей неделе.

---

[1] 见 В. В. Виноградов 著的《俄语》,1947 年版,第 276 页。

2) Тела, сделанные из разных веществ, в одинаковых объёмах, заключают разные массы.

3) Не вся знергия, заключённая в топливе, превращается в знергию пара.

这三个句子所讲的是经常状态和普遍真理，所以绝对不能把形动词的动作理解为发生在讲话时间以前。

二、谓语为过去时

1) Мальчик, бросивший камень в собаку, был наказан отцом.

2) Мать подошла к проснувщейся дочери.

3) Депутат обратился с вопросом к минист-ру, только что окончившему свою длинную речь.

4) На заработанные деньги крестьяне в старом Китае не могли прокормить свою семью.

5) Стихи, написанные на смерть Пушкина, навлекли гонение на молодого Лермонтова.

在以上的例句中，谓语是过去时，句中的完成体形动词各表示在其谓语时间之前完成了但结果在谓语时间仍然呈现着的动作。完成体形动词的这种时间是以某一个过去时（因为谓语是过去时）为参考时间而定下来的相对时（即位于过去时范畴的相对完成时）。具有这种时间意义的形动词和用在谓语为现在时的句子中的形动词不同之点在于：后者所表示的动作的结果在讲话时间还呈现着；前者所表示的动作是在距讲话时间较早的时间里完成的，动作的结果在讲话时间已经不存在了。这种时间关系可以图示如下（以本节第三个例句为例）：

相对完成时（动作结果呈现的期间）

```
                    обратился      讲话时间
────────●──────────────●─────────────●────────▶ 将来
   окончившему
                     绝对过去时
```

从上图可以看出，形动词的相对时确切绝对时。

三、谓语为将来时

用在谓语动词为将来时的句子里的完成体过去时形动词的时间涵义可能有两种情况①：

1. 在一般情况下形动词表示在讲话时间以前发生的动作，即表示绝对（完成）时。例如：

1) Я увижу молоко, принесённое нам мальчик-ом. (Соболевский.)

2) Я буду говорить с человеком, сделав-шим мне много зла. (Пешковский.)

这种句子里形动词的时间关系可以图示如下（以本节第一个例句为例）：

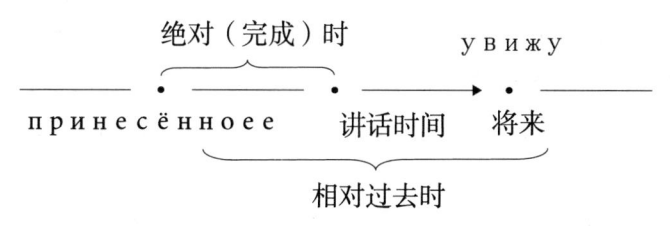

```
              绝对（完成）时        увижу
───────────────●─────────────●─────────▶
    принесённое е         讲话时间    将来
                      相对过去时
```

---

① 参看 В. В. Виноградов 著《俄语》，1947 年版，第 275 页上 Соболевский 的解释，及 Пешко-вский 著《俄语句法的科学解说》，1935 年版，第 115 页。

由上图可以看出，形动词的绝对时对其相对时起一种确切的作用，这和未完成体过去时形动词或完成体形动词（当谓语为过去时）的相对时确切其绝对时的情形刚好相反。

2. 有时形动词可以表示在讲话时间以后但又在谓语时间以前的动作，此时形动词具有相对完成时的涵义。例如：

1）Завтра мальчик принесёт нам молоко, и я попробую принесённое им молоко.（Соболевский.）

2）Через несколько лет из нашего университета выйдут молодые люди, овладевшие техникой.

以上两句，从句子的逻辑意义来看，形动词的动作在讲话时间尚未发生，它们的实现应在讲话时间之后，谓语动作之前。

形动词的这种时间关系可图示如下（以第一句为例）：

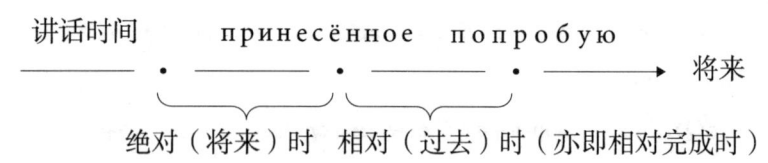

```
讲话时间      принесённое   попробую
─────●────────────●──────────●──────────▶ 将来
       ╰────────────╯ ╰──────────────╯
       绝对（将来）时   相对（过去）时（亦即相对完成时）
```

根据图解可以看出，形动词的绝对时和相对时是矛盾的，因为从讲话时间着眼形动词是将来时，但以谓语时间为标准而衡量，形动词又是过去时。在俄语中这种性质的时间通常是由完成体动词的将来时形式表示的。如，Я уже окончу письмо к тому времени, когда вы ве-рнётесь. 此句中的 окончу 所表示的行为发生在讲话时间以后，但在从属句谓语 вернётесь 时间以前。用于这种时间意义的完成体过去时形动词是极为少见的，因为这实质上已经成为将来时形动词了。

在这里我们有必要回顾一下形动词发展的历史情况。为了表示将来时的意义,在古代书卷语,特别是公文和科学纪事文件中曾经企图应用从完成体构成的以-ющий, -ящий (-ющийся, -ящийся) 结尾的形动词;果戈理还试图把这种形式的形动词从公文语中带到标准语的领域中来,然而将来时形动词并没有能在文学作品中作为规范而加以使用①。在古代文学作品中(主要是十九世纪的文学作品)可以见到由个别的完成体动词构成的将来时形动词。如:

1) Буде окажется в их губернии такой подоз-рительный человек, не предъявящий никаких свидетельств и пашпартов, то эадержать его немедленно. (Гоголь)② (设若于彼等之省内,发现有提交不出任何证件或护照之形迹可疑者,应立即予以扣押。)

2) Я воображаю, в каком странном недоуме-нии будет поток наш вздумающий искать нашего общества в мемуарах. (Гоголь)③ (我想象,我们的那种企图在传记中探求我们社会的潮流将会处于多么妄诞的困惑之境。)

在现代俄语中没有将来时形动词,在需要用将来时形动词的场合通常用其他的语法手段(例如用定语从属句代替形动词短语)来处理;但在现代俄语中有时会遇到实际上表示将来行为或状态的完成体过去时形动词。有这种时间涵义的完成体形动词,当然也可以被 который ＋将来时动词谓语的从属句所代替(如 Завтра мальчик принесёт нам молоко, и я попробую молоко,

---

① 参看 В. В. Виноградов 著《俄语》第 277 页。
② 转引自苏联科学院出版《俄语语法》第一卷,第 508 页。
③ 转引自 с. п. обнорский 院士著《俄语动词词法概论》,苏联科学院出版社 1953 年版,第 194 页。

принесённое им. 这个句子中的形动词短语便可改为定语从属句的形式……молоко, которое будет принесено)这种代替也是超出语法的一般规则的特殊情况。

谈论完成体形动词的时间涵义时,应当注意的是它的完成时意义的特点。跟谓语动词的时间对照,用在句子里形动词的完成时意义表现得很明显,使人很容易看出动作是在哪个时间以前开始的,动作的结果又继续到什么时间。其次,如果形动词的完成时意义完全偏重在动作结果的继续这一点上(此时形动词多不跟说明语),那么形动词就获得强烈的性质意义,它的动词性(глагольнос-ти)当然就相对减弱了。由于动词性的极度减弱,形动词的时间意义也随着变得不显著,所以形动词的时间跟谓语时间的对应关系自然也就不明显了。例如:

1) Городничий прочитал чиновникам получен-ное письмо.

2) В камере захохотал женский голос. Маслова тоже улыбнулась и повернулась к заре-шечённому оконцу у двери. (Л. Толстой)

(牢房里哈哈大笑起来,是个女人的声音。玛丝洛娃也微笑了一下,然后就转向门旁安着栏杆的小窗口。)

在以上的两个句子里,完成体形动词полученное和зареше-чённому所强调的是行为结果所产生的特征意义,至于形动词的行为是何时开始的则完全无关紧要(虽然形动词的行为也确实完成于谓语行为之前)。这样,完成体形动词的性质意义和它的动词性分开了,所以形动词就获得了积极特征的涵义。在这里顺便提一下,用于相对时意义而不带说明语的现在时形动词,也有类似的情况。如Старуха кричала дрожащим голосом,在这个句子里,声音什么时候发抖,那是全然无关紧要的;重要的是,老太婆用颤抖着的声音喊叫。老太婆喊叫的时候,她的声音的性质就是颤抖的,也就是说,дрожащим 的性质意义强于它的时间意义。正是由于形动词的时间意义居于次要地位,才用了相对时的。用于这种意义的完成体形动词和未完成体现在时形动词,虽然它们的时间意义极弱,但毕竟还可以觉察得出来。因此,它们和那些完全形容词化了的形动词(如:истекший месяц, пи-шущая машина, трудящиеся массы, прошедший год, любимый друг, избалованный ребёнок 等)不同,因为后者完全丧失了动词性,不再有时间和动作的意义了。

Ⅲ、与副动词或其他形动词发生关系时形动词的时间意义

1. 与副动词发生关系

副动词通常从属于谓语动词,因此它的时间是以谓语时间为参考时间的相对时,副动词的相对时表示跟谓语同时的行为,或表示在谓语以前的行为,有时也可以表示在谓语以后发生的行为。有的时候副动词从属于形动词,这种情况不多,仅在文学作品中可以见到。例如 Почтенный блюститель тишины гордо отправился под арку, как паук, возвращающийся в тёмный угол, эакусивши мушиными мозгами.(Герцен)(可敬的警察傲慢地从拱门下面走出去了,好像一只蜘蛛吃了苍蝇的脑袋以后,回到黑暗的角落里去一样。)从属于形动词的副动词,它的相对时是以形动词的时间为标准的。

因为副动词只表示相对时,所以从属于副动词的形动词的相对时具有双重的意义,即表示以相对时为参考时间的相对时。例句:

1) Увидя возвратившуюся с работы мать, де-ти бросились к ней.

2) Обнюхав неподвижное тело, остро пахнущее бензином, медведь лениво отошёл на поляну. (Полевой)

(熊嗅遍了一动也不动的、散发着强烈汽油味的人体以后,就懒洋洋地向林中空地走去了。)

3) Тоня остановилась, заметив у пруда взм-етнувшуюся удочку. (Островский)(冬尼亚看见一支钓竿在水面上浮动了一下,于是就站住了。)

4) Матросы, перепрыгнув через брусья, на-валенные у ворот, шагали по двору с деланно развязным видом. (Шолохов)

(水兵们跳过堆在门口的木头,装作放肆的样子在院子里走来走去。)

从属于副动词的形动词的时间关系可以图示如下(以本节第一个例句为例):

```
                        绝对时
          ┌──────┴──────┐
          │  相对时      │
──────•───┤            ├──•──────•──→ 将来
возвратившуюся│ увидя │ бросились
          │            │
          └──────┬──────┘
             相对时
          ┌──────┴──────┐
                相对时
                绝对时
```

从上表可以看出,形动词的以副动词时间为标准的相对时确切它的以谓语时间为标准的相对时,而以谓语时间为标准的相对时又进一步确切其绝对时。

2. 与其他的形动词发生关系

形动词的时间范畴内有相对时,也有绝对时。当形动词用于绝对时意义时,从属于它的另一个形动词为相对时,当形动词用于相对时意义时,从属于它的另一个形动词,和从属于副动词一样,在时间方面具有了双重相对时的涵义。例如:

1) Кутузов через своего лазутчика получил ноября известие, ставившее командуемую им армию почти в безвыходное положение. (Л. Тол-стой)(库图佐夫通过自己的侦探在十一月一日获得了一个使他所统率着的军队几乎陷于绝境的消息。)

这个句子中的 командуемую 和 ставившее 发生关系,把形动词独立语改成从属句(……ставило командуемую)后,从属的关系表现得更为明显。因为形动词 ставившее 用于绝对时意义,从属于它的 командуемую 为相对时。

2) А мы побежали в сад шаркать ногами по дорожкам, покрытым упадшими, жёлтыми листья-ми, и разговаривать. (Л. Толстой)(而我们就跑到花园里去,为的是在盖满落叶的小道上用脚沙沙作响地走走和谈谈。)

这个句子里应用的完成体过去时形动词的时间关系图示如下:

```
            покрытым побежали    讲话时间
————————•——————————•——————•—————————→ 将来
        упадшими
```

根据图示可以看出,упадшими 为双重相对时。时间的具体分析同前表。

Ⅳ、用于从属句中的形动词的时间意义

1. 形动词用在谓语动词可以使用相对时的从属句中

从属句的类型很多,但仅有两个类型(补语从属句和主语从属句)中的某些从属句的谓语可以使用相对现在时①(表示与主句谓语同时的行为)和相对过去时(表示在主句谓语行为以前发生过的行为),这种性质的从属句叫作内容从属句(придаточное предложение содержания)。在 В. В. 维诺格拉多夫主编的《现代俄语》297 页中把这种从属句写作：допо-лнительное（изъяснительное）придаточное предложение. 内容从属句表示思想、说话、感觉等内容,以其内容来补足主句动词(包括主句谓语动词及用于主句中的副动词及形动词的形式)的意义；这种性质的从属句多表现为补语从属句,有时表现为主语从属句。

下面所举的主从复合句中,都包含有形动词的内容从属句：

1) О товарище Ли Да-чжао говорили, будто он знает языки всех народов и читает все книги, издающиеся на земле.

从属句的第二个谓语 читает 表示与 говорили 同时的行为, изда-ющиеся 表示与 читает 同时的行为。

---

① 我们说可以使用,并不是非使用不可,在有的情况下,这些从属句中也应用绝对时。

2）Если бы я был живописцем, я давно бы изобразил, как спит город освещаемый луной.

3）Мы осмотрели также отдел выставки, как варварски уничтожают американские бан-диты жилища и поля мирных сельских жителей, как жестоко обращаются с ранеными попавши-ми в плен.

以上从属句里的形动词都是跟从属句的谓语发生关系的，因为谓语为相对时的意义，所以形动词的时间为相对时的相对时。

4）Она писала нам, что товарищ Ван говорил ей, что он уже прочитал книгу, отданную емумною.

本句的第一级从属句的谓语为相对过去时，表示在писала行为以前的行为；第二级从属句的прочитал亦为相对过去时，表示在（говорил）以前完成了的行为（俄语中从属句的过去时动词形式常常具有相对过去时的涵义[①]）；形动词отданную又表示前于прочитал而发生的行为。отданную时间关系图示如下：

отданную прочитал говорил писала　　讲话时间

从上图可以看出，形动词отданную是三重意义的相对时，它对прочитал的相对时确切对говорил的相对时。它对говорил的相对时又进一步说明对писала的相对时，最后，它对писала的相对时又起着一种确切其绝对时作用。

---

① 见 Е. Е. Израилевич 和 К. Н. Качалова 合著的《实用英语语法》，1953年版，第187页。

2. 形动词用在谓语为将来时的从属句中

与相对现在时和相对过去时在从属句中应用的情况相反,相对将来时可以用于各种类型的从属句里,因为从属句子应用的将来时动词(不论是完成体,还是未完成体)都表示在主句谓语行为以后才发生的行为[①]。这样看来,似乎当形动词从属于用将来时形式表示的从属句谓语时,它自然就有了相对时的涵义;但是我们在前面讲过,在谓语用于将来时的句子中除了现在时形动词之外,未完成体过去时形动词和完成体形动词大都有绝对时的意义,所以用在谓语为将来时的从属句里的形动词有没有相对时的涵义,还要看具体情况而定。现在我们把各种可能遇到的情况分别举例说明如后:

1) Утро было тихое, тёплое, серое. Иногда казалось, что вот-вот пойдёт дождь, сопровождающийся грозой.

本句的 пойдёт 为相对将来时(实际表示过去将要发生的行为),со-провождающийся 和 пойдёт 同时。

2) Вчера мне сказали, что послезавтра аспиранты нашего факультета будут эащищать свои кандитатск-ие диссертации, написанные ими под руководством профессоров.

```
              сказали    讲话时间    будут защищать
  ─────────────•──────────•───────────•──────────→ 将来
  написанные  написанные            绝对时(将来)
                  相对时(将来)
```

---

① 见 В. В. Виноградов 主编的《现代俄语》299 页。

根据本句的意思可以断定 будут защищать 的行为发生在绝对将来时的范畴内，因此可以推知 написанные 为绝对时的意义，表示行为完成于讲话时间之前，至于它和 сказали 的关系倒不固定，可能在 сказали 之前，也可能在它之后。

3）Однажды в начале прошлого месяца, заведующий кафедрой сообщил мне, что через неделю аспиранты будут защищать свои диссертации, написанные ими под руководством профессоров.

根据句意可断定从属句的行为发生于讲话时间以前，написанные 的行为可能在 сообщил 之前，也可以发生在它之后。

```
Сообщил      будут    защищать   说话时间
————•——————————•——————————•————————→ 将来
  написанные  написанные
```

4）Я узнал сегодня утром, что завтра товарищ Ван напишет статью и покажет нам написанную им статью.

根据句子的逻辑意义，推知 написанную 的行为在讲话时尚未实现，其实现则在 покажет 的行为之前。

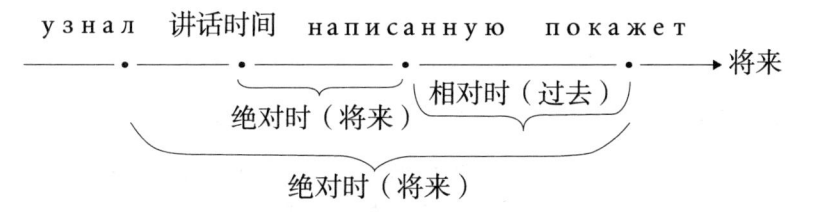

```
   узнал 讲话时间 написанную    покажет
————•——————•————————•—————————————•————→ 将来
              └──────┬──────┘
                相对时（过去）
         └────────┬────────┘
          绝对时（将来）
         └────────────┬────────────┘
               绝对时（将来）
```

написанную 的相对时具有双重意义，它的相对时与其绝对时矛盾。

5）В прошлом году, я узнал, что товарищ Ван ско-ро

напишет статью и покажет нам написанную им статью.

　　因为句子里应用了时间限定词 в прошлом году 和 скоро，可以推知 покажет 的将来行为实际发生在绝对过去时的范畴以内，而 напи-санную 的行为则发生在 узнал 的时间以后，但在 покажет 的时间以前。написанную 的时间关系如下图：

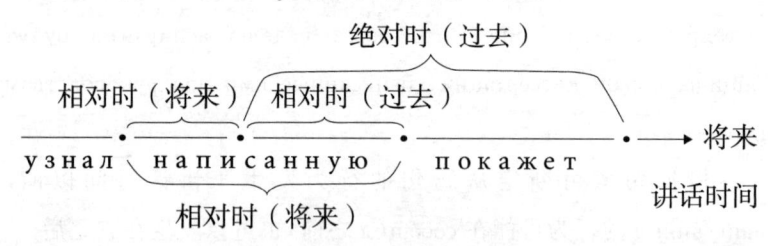

```
                    绝对时（过去）
         相对时（将来） 相对时（过去）
    ┌─────────┬──────────────┬──────────┬───→ 将来
      узнал    написанную     покажет
              相对时（将来）                讲话时间
```

　　Узнал 为绝对过去时。написанную 以 узнал 为标准是相对将来时（因为它表示 узнал 以后发生的行为），但是这种行为实际上是发生在绝对过去时的范畴中的。

小　　结

　　从以上的叙述中可以看出，全尾形动词的时间范畴的内容是很复杂的，它既有相对时间，也有绝对时间。这两种时间常处于错综的关系中：有时两个时间是统一的，有时一个时间进一步说明另一个时间，有时二者相互矛盾。形动词的名称（现在时形动词和过去时形动词）系就构成形动词的词干而言，并不是指的形动词本身的时间，因此形动词的名称远不能够反映形动词可能有的全部时间涵义。形动词用于绝对时（现在时和过去时），这种情况不难理解，但形动词很少用于绝对时的意义，因此，研究形动词的时间范畴时，应当注意的是它使用相对时的各种情况。在绝大多数的场合中，形动词的时间不是根据讲话时间而是根据谓语动词的时间或动词的其他形式（副动词、其他的形动词）的时间来决定的。这一方面有修辞上的原因：用相对时可以使形动词的性质意义加强，使描述生动逼真。另一方面有构词上的原因：如有些动词不能够构成某些形式的形动词，需要用另一种形式的形动词去代替，代用的形容词从而获得了相对时的意义。其次，在现代俄语中，全尾形动词在构成的分类上只有现在时形动词和过去时形动词，没有将来时形动词，但在实践中会遇到现在时形动词或过去时形动词用于将来时意义的情况，这样使用的形动词自然就具备了相对时的条件了。用于内容从属句或谓语为将来时的从属句中的形动词，它的时间关系最为错综复杂，这时需要根据形动词使用相对时和绝对时的一般原则才可能作出正确的判断。形动词是兼有动词和形容词特征的一个特殊的语法形式，它的混合性质使它在时间方面具有一系列的特点。要想学会正确地理解和运用形动词，必须对它的时间范畴有一个全面的了解。

1959年刊于《俄罗斯语文》第一辑